ENSAIOS REUNIDOS

José Inácio Gonzaga Franceschini

Editora Singular

2004

ENSAIOS REUNIDOS

José Inácio Gonzaga Franceschini

Editora Singular

Dados Internacionais de Catalogação na Publicação (CIP)

(Câmara Brasileira do Livro, SP, Brasil)

Franceschini, José Inácio Gonzaga

Ensaios Reunidos / José Inácio Gonzaga

Bibliografia

1. Direito 2. Ensaios I. Título.

04-6830 CDU- 34 (04)

ISBN: 85-86626-18X

Editoração: Flavia Pacheco

Impressão: Gráfica Palas Athena

EDITORA SINGULAR

Rua José Nóbrega Barbosa 100

Cep 02326-090 - São Paulo - SP

Tel/Fax: 55 11 38611242

e-mail: singular@editorasingular.com.br

www.editorasingular.com.br

SUMÁRIO

ÍNDICE

quand il s'agit d'infractions perpetrées dans le but de satisfaire l'intérêt collectif des dites personnes ou avec les moyens fournis par elles et qui entrainent ainsi leur responsabilité" (*Actes du Congres*, Paris, 1930, p. 705).

A crítica que se faz à teoria realista fundamenta-se, a este respeito, na alegação de que a pessoa moral, embora sendo uma realidade, o é apenas jurídica, criada pela lei. Porém, não obstante os perigos decorrentes do emprego da analogia, não se pode deixar de relembrar o pensamento do sociólogo Émile Durkheim expressado por ocasião da formulação da chamada "teoria do organicismo biológico" a qual pode, de certa forma, demonstrar que a realidade das pessoas jurídicas não se restringe a uma simples ficção. Para o pensador, em resumo apresentado pelo Prof. Goffredo Telles Jr., as sociedades são seres vivos, com existência própria e distinta até mesmo dos indivíduos humanos que as compõem. Os fenômenos sociais e os fenômenos da consciência individual são heterogêneos, mesmo porque aqueles se situam, não nos elementos, mas, antes no todo formado por sua união. Em outras palavras, toda sociedade é uma síntese *sui generis*" que origina fenômenos novos e diversos dos verificados nas consciências solitárias. É indiscutível que a sociedade é composta de indivíduos, porém não pode ser simplisticamente considerada uma mera soma de pessoas. Resulta ela de consciência ajustada, engrenada e dessa combinação surge a vida social. Tal ensinamento, embora não tendo sido obviamente dirigido às pessoas jurídicas, poderia explicar, por sua similitude, a própria culpabilidade destas. O que não se pode, com o devido respeito, é simplesmente esconder a realidade e a vitalidade econômica do mundo moderno por amor à tradição teórica.

Outrossim, não há esquecer que as pessoas jurídicas são sujeitos que, não obstante a mutabilidade do elemento humano que lhes dá alento e movimento, apresentam-se absolutamente inalterados perante a lei e especialmente o mundo econômico.

De qualquer forma, em relação à legislação antitruste brasileira, tendo ela por confessada fonte e embasamento a legislação norte-americana (sendo mesmo impressionantes as semelhanças), não poderia o transplante ser efetivado apenas em sua forma, independentemente de todo o fundamento e substrato jurídico e econômico que deu origem ao ordenamento alienígena, bem como de sua natureza criminal. Aliás, cumpre notar que tais aspectos foram indiretamente considerados em diversas oportunidades no decurso dos debates parlamentares que culminaram com a aprovação do projeto da atual Lei n. 4.137/62. Verifica-se, por exemplo, que o projeto substitutivo aprovado pela Comissão Especial da Câmara Federal, em 30.2.955 consignava no *caput* do art. 2.º a seguinte redação: "Consideram-se crimes de abuso do poder econômico..." (grifamos); sendo certo que a mesma não foi acolhida final basicamente pelo temor de que a nova lei revogasse as disposições similares da Lei n. 1.521, de 26.12. 51 (Lei dos crimes contra a economia popular), mais afetas às pessoas físicas (cf. Suplemento ao *Diário do Congresso Nacional* (*DCN*) n. 123, de 28.7.61, Seção I, p. 23-33), e não pela natureza jurídica intrínseca da conduta ilícita que se procurava reprimir.

De qualquer forma, a legislação brasileira, ainda que incipiente e casuisticamente, já apresenta sinais de reconhecimento da responsabilidade penal das pessoas jurídicas. Veja-se, a respeito, o disposto no § único do art. 6.º da Lei n. 4.137/62 ("As pessoas físicas, os diretores e gerentes das pessoas jurídicas que possuam empresas serão civil e criminalmente responsáveis pelos abusos do poder econômico por elas praticados"), no art. 6.º da Lei n. 4.729, de 14.7.1965, que define o crime de sonegação fiscal ("Quando se tratar de pessoa jurídica, a responsabilidade penal pelas infrações previstas nesta Lei será de todos os que, direta ou indiretamente ligados à mesma, de modo permanente ou eventual, tenham praticado ou concorrido para a prática da sonegação fiscal"), no art. 58 da Lei n. 4.117, de 27.8.62, que instituiu o Código Brasileiro de Telecomunicações ("Nos crimes de violação da telecomunicação, a que se referem esta Lei e o art. 51 do Código Penal, caberão ainda as seguintes penas: I - para as concessionárias ou permissionárias as previstas nos arts. 62 e 63, se culpados por ação ou omissão e independentemente da ação criminal. II - para as pessoas físicas: a) 1 (um) a 2 (dois) anos de detenção..."), no art. 44 da Lei n. 6.538, de 22.6.78, que dispõe sobre os serviços postais ("Sempre que ficar caracterizada a vinculação de pessoas jurídicas em crimes contra o serviço postal ou serviço de telegrama, a responsabilidade penal incidirá também sobre o dirigente da empresa que, de qualquer modo tenha contribuído para a prática do crime"), e no art. 2.º do Decreto-lei n. 16, de 10.8.66, que dispõe sobre a produção, o comércio e o transporte clandestino de açúcar e de álcool ("Quando se tratar de pessoa jurídica, a responsabilidade penal incidirá sobre o dirigente da empresa que, de qualquer modo, tenha contribuído para o crime capitulado no artigo anterior"), no art. 73, § 2., da Lei n. 4.728, de 14.7.65, que disciplina o mercado de capitais ("A violação de qualquer dos dispositivos constituirá crime de ação pública, punido com pena de 1 a 3 anos, de detenção, recaindo a responsabilidade, quando se tratar de pessoa jurídica, em todos os seus diretores"), no art. 44, § 7.º, da Lei n. 4.595, de 31.12.64, a chamada Lei de Reforma Bancária ("Quaisquer pessoas físicas ou jurídicas que atuem como instituição financeira, sem estar devidamente autorizadas pelo Banco Central da República do Brasil, ficam sujeitas à multa referida neste artigo e detenção de 1 a 2 anos, ficando a esta sujeitos, quando pessoa jurídica, seus' diretores e administradores") e, entre outros, no art. 2.º do Decreto-lei n. 326, de 8.5.67, que dispõe sobre o recolhimento do Imposto sobre Produtos Industrializados ("A utilização do produto da cobrança do imposto sobre produtos industrializados, em fim diverso do recolhimento do tributo, constitui crime de apropriação indébita definido no art. 168 do Código Penal, imputável aos responsáveis legais da firma, salvo se pago o débito espontaneamente, ou quando instaurado o processo fiscal, antes de decisão administrativa de primeira instância").

Para os adeptos da teoria tradicional, tais manifestações legislativas constituem apenas figuras de discutível validade dogmática (cf. Manoel Pedro Pimentel, *Direito penal econômico*, p. 72). Ousamos, contudo, "data vênia", pensar que referidos diplomas constituem indícios de uma nova era no Direito Penal pátrio. O que se verifica, de qualquer modo, é que, de uma forma ou de outra os dispositivos legais citados constituem provas do reconhecimento de fato da realidade contemporânea, embora encontrem dificuldades em relação à questão da individualização da pena, como reflexo da ainda existente primazia da teoria tradicional no Direito Penal brasileiro. Não deixam, porém, embora com maior ou menor cautela, de reconhecer que os tipos penais existem e que a eles podem estar vinculadas as pessoas jurídicas.

Como já afirmado, tais conceitos se chocam com a doutrina penal vigente no País, que não admite a responsabilidade penal das pessoas jurídicas. Todavia, considerando-se que toda norma é decorrência de um fato ao qual se atribui um determinado valor, a realidade dos fatos demonstra que as pessoas jurídicas praticam igualmente atos anti-sociais que merecem repressão, sendo irrelevante a impossibilidade da imposição de pena corporal a uma empresa. Com efeito, independentemente da natureza da pena cominada, a legislação antitruste, como qualquer norma criminal, visa, por meio do temor causado pela reprimenda potencial, estabelecer preventivamente padrões básicos de conduta, no caso padrões básicos de atividade econômica. Aliás, é importante notar a relevância do enquadramento da legislação antitruste no âmbito do Direito Penal e não na do Direito Administrativo, como pretendem alguns autores e, aparentemente, o próprio INPI (como demonstra o Ato Normativo n. 15/75). Com efeito, embora eventualmente servindo a propósitos imediatos de proteção à política econômica do Estado e de controle de contratos de tecnologia sob o prisma discricionário da conveniência e oportunidade, a longo prazo, pelo caráter nítida e absolutamente territorial das normas de Direito Administrativo, tal posição implicaria a impunidade de atos anticoncorrenciais praticados fora do território nacional e que não obstante produzam efeitos neste, pela não aplicação dos efeitos ultraterritoriais da legislação penal brasileira.

Em outras palavras, somos da opinião de que a legislação antitruste brasileira não visa a defesa da política econômica do Estado, mas, antes, à defesa da livre concorrência em si, constituindo as normas administrativas de defesa à mencionada política econômica do Estado simples limitações ou restrições que balizam a aplicabilidade da norma antitruste. Busca-se, portanto, a proteção e o desenvolvimento da livre concorrência até o momento em que esta atrite com os interesses da economia nacional, na época em que forem enunciados. Daí, portanto, a inexistência de conflito entre as normas da legislação antitruste e o incentivo governamental às fusões e incorporações, ou mesmo às normas controladoras de preços, aplicadas pelo Conselho Interministerial de Preços (CIP).

Da mesma forma, assim como as normas de Direito Administrativo Econômico limitam a aplicabilidade das leis antitruste, estas restringem a amplitude dos privilégios conferidos pelo Direito Industrial. Como bem observam os ilustres Professores da Universidade de Harvard, nos Estados Unidos, Henry J. Steiner e Detlev F. Vagts (*Transnational legal problems*, 2. ed., p. 996), deve-se ter em mente que as patentes, os direitos autorais, as marcas e, podemos acrescentar, até mesmo os inventos não patenteados, conferem a seus respectivos titulares um monopólio limitado, que derroga os princípios da livre concorrência. Ensinam os mestres que, motivadas pelo entendimento de que a concessão de direitos exclusivos estimulam a competição e o progresso pelo encorajamento aos inventores e escritores, as concessões de privilégios, *de fato*, cercam parcelas da economia e as tornam domínios privados. Todavia, tais restrições à livre concorrência são justificadas, porque, como anota Phillip Areeda (op. cit., p. 32), o progresso tecnológico contribui muito mais para o bem-estar do consumidor do que a própria eliminação de deficiências em processos industriais, sendo certo que tal progresso é largamente regulado pela atividade criativa.

Não obstante, é curioso observar que, se por um lado o Direito Industrial, ao conferir determinado privilégio a um inventor, busca estimular a criatividade pelos benefícios decorrentes do monopólio limitado, por outro pode acarretar efeitos destrutivos da própria iniciativa criadora.

De fato, lembra Phillip Areeda (op. cit., p. 32), que, à primeira vista, de acordo com teoria associada ao Prof. Schumpeter (*Capitalism, socialism and democracy*, 1942, capítulos 7-8, edição de), as criações inovadoras parecem ser estimuladas pelas empresas com considerável poder de mercado, o qual lhes garante uma estabilidade que induziria ao planejamento e ao investimento em novas tecnologias, com vistas aos ganhos decorrentes dos resultados de suas pesquisas; porém, não são as grandes empresas que despontam com o maior número de criações, preferindo ela, muita vez, desenvolver uma grande capacidade de copiar inovações alheias. A atividade criadora, em sua maior parte, cabe a indivíduos. Todavia, tais pessoas necessitam do concurso do capital, representado pela pequena e média empresas, que, na ânsia de se desenvolverem e de captar maiores parcelas do mercado, estimulam as criações revolucionárias, visando a sua aplicação. As empresas que detêm grande poder de mercado e que já possuem elevado grau de desenvolvimento tecnológico, são mais avessas às inovações, mesmo porque estas poderão afetar o mercado por elas já obtido. É nesse ponto que as leis antitruste agem como estímulo à atividade criativa, protegendo o progresso tecnológico contra uma eventual conduta restritiva das empresas controladoras de um determinado mercado.

As patentes de invenção, as marcas e os conhecimentos técnicos são patenteados, conferem àqueles *de direito*, pela outorga de benefícios temporários pelo Estado, e a estes *de fato*, pelo sigilo que os cerca, privilégios de natureza monopolística. Nenhuma restrição se pode opor à livre exploração ou uso de tais bens imateriais pelo próprio titular, ainda que tal fato lhe confira o domínio de um determinado mercado; porém, seu não uso ou a falta de exploração pelo titular ou seu emprego por terceiros podem ofender interesses sociais, em cujo benefício foram outorgados, podendo tais atos ou omissões tipificarem delitos de abuso do poder econômico.

Cuida-se, agora, do problema da circulação dos bens imateriais, sob o prisma da legislação antitruste. Como ensina o Prof. Tullio Ascarelli (*Teoria de la concurrencia y de los bienes inmateriales*, trad. espanhola, p. 350), os direitos atinentes aos bens imateriais são circuláveis, sendo freqüentes a constituição em favor de outrem de um direito de uso dependente do titular do bem (licença) e que, eventualmente, compreende uma faculdade ou um uso cronológica, quantitativa e territorialmente limitado. Trata-se de uma sucessão a título constitutivo, porque se erige como um novo direito exclusivo sobre o mesmo bem, que tem origem no direito absoluto de utilização. Como já se disse, tais licenças podem se referir tanto a inventos, como a marcas ou, mesmo, a inventos não patenteados, embora, neste caso, as partes não estejam garantidas contra a perda da novidade.

O problema da circulação dos bens imateriais, como já adiantado, pode se apresentar sob dois aspectos: o *estático*, decorrente da não utilização ou não exploração propositada do bem, em detrimento do interesse coletivo; e o *dinâmico*, decorrente de seu licenciamento ou cessão a terceiros, de forma anticoncorrencial.

Com efeito, o não uso de uma patente pode constituir abuso do poder econômico, máxime quando, por exemplo, uma empresa detentora de grande poder de mercado, passe a adquirir patentes de seus concorrentes de forma a, por via oblíqua, pelos privilégios inerentes às patentes, alcançar *status* monopolístico. Notável, sob este aspecto, foi o processo *Estados Unidos vs. Besser Manufacturing Co.* (1952), no qual se examinou o caso de duas empresas fabricantes de determinadas máquinas, detentoras de cerca de 65% do volume de vendas deste tipo de equipamentos, e que adquiriram as patentes de seus competidores, fazendo, assim, cessar a concorrência. Em suma, a aquisição de patentes por quem já detém boa parcela de um determinado mercado poderá implicar domínio deste mesmo mercado.

Sob o aspecto dinâmico, pode ocorrer que o titular de um bem imaterial prefira licenciar seu uso ou exploração, ou mesmo cedê-lo a terceiro, impondo, porém, limitações anticoncorrenciais, tais como, por exemplo, restrições à atividade futura do licenciado ou cessionário, ao uso em si, ao preço dos produtos beneficiados com a tecnologia, ao território de exploração ou comercialização, bem como restrições em relação a terceiros (proibição de venda de produtos concorrentes, boicotes, etc.). Dada a possível delimitação da licença ou da cessão, podem estas constituir instrumento de discriminação.

Com relação às patentes, ensina o Prof. Jaime Villegas Cayon, da Universidade de Madri, Espanha (op. cit., p. 121), que o titular, ao licenciar a outrem sua exploração, preserva seus direitos sobre a patente, facultando apenas seu uso. Trata-se de um contrato de não fazer, ou seja, de um acordo pelo qual o titular da patente se obriga a não agir contra o licenciado pela exploração da patente. Nestes casos, podem as licenças incluir condições anticompetitivas, tais como a fixação de preço de venda ou de revenda dos produtos beneficiados com a tecnologia, as cláusulas que visam controlar no mercado produtos não patenteados, as que condicionam a exploração da patente ao uso ou fornecimentos de componentes ou equipamentos de interesse do licenciador, as que objetivam a divisão de mercados, etc.

As marcas, por seu turno, também podem ser veículo de violações à legislação antitruste. Assim, por exemplo, no famoso processo *Timken Roller Bearing vs. Estados Unidos* (1951), o Supremo Tribunal norte-americano estabeleceu que a marca registrada não pode ser utilizada para a divisão de mercados internacionais ou para regular preços.

A bem da verdade, como lembra Jaime Villegas Cayon (op. cit., p. 123), as patentes e marcas dos países desenvolvidos, têm-se constituído em freqüentes instrumentos de ingresso em mercados estrangeiros, seja pelo próprio titular, por si só, seja mediante *joint-ventures*. Mesmo porque, não se pode olvidar, a marca confere um monopólio limitado em favor de seu titular, posto que não só restringe a competição e impede o ingresso de produtos semelhantes no mercado sob a mesma marca, como também dificulta a concorrência por força do bom desempenho dos produtos em que for aposta ou mesmo em decorrência de uma bem orientada atividade propagandística, sendo que estes fatores podem conferir a u'a marca uma reputação tal de qualidade que sensibilize grande parcela do mercado.

Não obstante, cumpre lembrar que nem todas as cláusulas restritivas da concorrência são violadoras da legislação antitruste. Ao promulgar a Lei n. 4.137, de 10.9.62, o Brasil não adotou o ortodoxo sistema norte-americano e canadense, permitindo, tal como o fazem as leis inglesas e dos demais países da Comunidade Econômica Européia, a justificação de acordos restritivos da concorrência. De fato, lembra o Prof. Benjamin M. Shieber (*Abusos do poder econômico*, p. 109), o art. 74 da Lei n. 4.137/62, outorga ao Conselho Administrativo de Defesa Econômica (CADE) o poder de legitimar acordos em restrição da concorrência, inclusive aqueles que, em tese, poderiam constituir modalidades típicas de abuso do poder econômico. Lembra o Prof. Shieber que o art. 74 em questão provém do Projeto Agamemnon Magalhães, de 1948, e representa uma consciente escolha pelo legislador de permitir tais acordos, desde que justificados, como comprova a rejeição de nada menos de três emendas que objetivavam suprimi-lo. Fundamenta-se o dispositivo legal no entendimento político econômico da possibilidade da existência de "bons trustes", tal como foi exposto por Nelson Hungria em depoimento de 3.2.56, perante a Comissão Especial incumbida de examinar o projeto da Lei Antitruste (Shieber, op. cit., p. 110), quando afirmou: "Os trustes, os consórcios e os cartéis, muitas vezes, são necessários para manter o equilíbrio entre a produção e o consumo ou mesmo para defender a indústria nacional. Ainda: somente tais consórcios podem fazer face à produção em massa e esta proporciona o barateamento de custo. É preciso não confundir ações beneméritas com as criminosas".

Urge aqui relembrar a questão da aplicabilidade da chamada "regra da razão", através da qual se pode-se examinar se uma determinada cláusula ou acordo em si restritivo da concorrência é ou não razoável e, por conseqüência, legal.

A "regra da razão", de origem norte-americana, visa evitar a interpretação literal da lei antitruste, tendo sido enunciada no processo *Standard Oil Co. of New Jersey* vs. *Estados Unidos* (1911), pelo Juiz White, nos seguintes termos: "Tendo em vista as numerosas formas de contratos e combinações que evoluíram das condições econômicas existentes quando a lei (Sherman Act) foi votada, achou-se imprescindível assegurar, por uma enumeração completa, que nenhuma forma de contrato ou ajuste pelo qual uma desarrazoada restrição do comércio interestadual ou internacional foi conseguido, pode salvar tal restrição de condenação. Sob esta vista, o Sherman Act evidenciava a pretensão não de restringir o direito de celebrar e fazer cumprir contratos, tais que resultam de uma combinação como quais que têm outra origem, que não constrangiam desarrazoadamente o comércio interestadual ou internacional; e sim de proteger este comércio de restrições desarrazoáveis, sejam conseguidas por meios velhos, sejam conseguidas por meios novos" (apud Shieber, op. cit., p. 75). Acresceu-se, assim, à expressão "restrição da concorrência", a importantíssima qualificação "desarrazoàda" , ou seja, seriam condenáveis apenas os atos dos quais decorram uma desarrazoada restrição da concorrência.

Os Professores Steiner e Vagts (op. cit., p. 997), lembram com muita propriedade que, a viabilidade de justificativa de acordos em restrição da concorrência pode possibilitar e estimular novas pesquisas, prevenir flutuações de preços, diminuir custos de produção em benefício do consumidor, além de propocionar inúmeras outras vantagens econômicas. De qualquer forma, onde a regra da razão for aplicável, permite-se a realização de uma análise mais detalhada dos efeitos adversos ou meritórios de cada caso concreto, antes de se chegar à conclusão de sua legalidade ou ilegalidade. Nesta análise, muitos fatores podem ser relevantes: os motivos da restrição em particular, a posição do mercado antes e depois do ato, a natureza e a severidade da restrição, seu atual ou provável efeito no mercado, etc. (Steiner e Vagts, p. 991-992).

No Brasil, em matéria de contratos de tecnologia, ocorre uma situação singular, e, ao mesmo tempo, potencialmente perigosa e até irregular:

Observa Attila de Souza Leão Andrade Jr. (*O Capital estrangeiro no sistema jurídico brasileiro*, p. 106), que o escopo da lei brasileira é fazer com que a transferência de tecnologia efetivamente ocorra e que o licenciado se torne independente do licenciador. A observação, como se poderá verificar, visava precipuamente à transferência de tecnologia estrangeira para o Brasil, mesmo porque, salienta o autor, "seria indesejável, sob os pontos de vista econômico, político e social, que as empresas nacionais se tornassem *ad infinitum* dependentes da tecnologia estrangeira". No plano internacional, tal linha de pensamento encontra seu fundamento no ainda embrionário Direito Internacional Econômico, tendo por fórum de maior relevância a Conferência das Nações Unidas para o Comércio e o Desenvolvimento (UNCTAD), órgão da Assembléia Geral das Nações Unidas, criado em 1964 e que atualmente serve de órgão de pressão dos países subdesenvolvidos que buscam uma nova ordem econômica internacional. O Brasil, neste campo, vem desenvolvendo larga atividade, como se pode observar de sua liderança na elaboração dos projetos do Código Internacional de Conduta sobre Transferência de Tecnologia, como integrante do chamado Grupo dos 77. Acresça-se a este quadro a Carta de Direitos e Deveres Econômicos dos Estados, aprovada pela Assembléia Geral das Nações Unidas, em 12.12.74.

Como resultado destas iniciativas, procuram os países de menor desenvolvimento econômico e industrial fazer prevalecer a tese de que, em matéria de transferência de tecnologia, cada País confere aos titulares desta tecnologia apenas os atributos e privilégios que a própria legislação interna reconhece. Tais fatores nos auxiliam na interpretação da atitude brasileira *vis-à-vis*. a tecnologia estrangeira, quando sob análise do INPI.

Com efeito, reza o Ato Normativo n. 15/75 em relação a todas as categorias de contratos de tecnologia que admite, que o contrato sob análise não poderá conter implícita e explicitamente, cláusulas restritivas e/ou impeditivas às quais se referem, direta ou indiretamente, o Código da Propriedade Industrial e a Lei n. 4.137/62. Entre as cláusulas em questão destacam-se as seguintes:

a) a cláusula que regule, determine, altere ou limite a produção, a venda, o preço, a publicidade ou difusão, a distribuição, a comercialização ou a exportação, bem como a contratação de pessoal e a reserva ou a distribuição de mercados ou a exclusão de alguns deles; excetuado, neste último caso, quando admitida pela legislação de propriedade industrial, quando exigida comprovadamente por legislação específica do país do titular do bem imaterial ou, ainda, quando decorrente de Ato ou Acordo Internacional de que o Brasil participe;

b) a cláusula que impeça a livre utilização do bem imaterial após a extinção de seus privilégios;

c) a cláusula que contenha disposições passíveis de limitar, regular, alterar, interromper ou impedir a política e as atividades de pesquisa e desenvolvimento tecnológico da parte interessada na tecnologia;

d) a cláusula que vise impedir a contestação, administrativa ou judicial, dos direitos de propriedade industrial pretendidos ou obtidos no País pelo titular do bem imaterial;

e) a cláusula que exima o titular do bem imaterial de responsabilidade frente a eventuais ações de terceiros, originadas de vícios ou defeitos inerentes ao conteúdo do objeto do contrato;

f) a cláusula que obrigue ou condicione a compra de insumos, materiais, máquinas ou equipamentos do titular do bem imaterial ou de outras fontes por ele determinadas. necessárias à fabricação ou comercialização do produto, bem como à prestação do serviço objeto do contrato;

g) a cláusula que introduza normas que restrinjam a publicidade ou difusão que possa ser realizada pela empresa contraparte contratante; e

h) a cláusula que imponha o uso de marca ou propaganda estrangeira para o fornecimento da tecnologia ou para a prestação de serviços.

Assim, com fundamento no Ato Normativo n. 15/75 e na política governamental de desenvolvimento tecnológico nacional (com inspiração na participação brasileira em foros internacionais), verifica-se que o INPI vem curiosamente se utilizando da legislação antitruste brasileira não como instrumento direto de defesa da livre concorrência, mas, ao contrário, como diploma administrativo de regulamentação estatal da economia, muita vez e paradoxalmente em detrimento da própria livre concorrência. Portanto, aparentemente, adota o órgão o entendimento de que ao menos no plano tecnológico, a proteção ou regulamento e planejamento governamental servem melhor à sociedade do que uma economia de mercado livre. Em outras palavras, a livre circulação da tecnologia, especialmente quando alienígena, e a competição ilimitada, levariam à dominação dos mercados nacionais pelas grandes empresas, notadamente estrangeiras. Por outro lado, busca o INPI o objetivo político de engrandecimento - das empresas nacionais, na esperança de torná-las internacionalmente competitivas em termos de pesquisa tecnológica e de comercialização, sem maiores preocupações quanto à eventual dominação de mercados nacionais por parte destas mesmas empresas.

Trata-se, portanto, de nítido exemplo de interferências de natureza político-administrativa na aplicação da legislação antitruste, sem maiores perquirições sobre sua efetiva natureza e finalidade. Tal ainda mais se verifica ao se constatar que a mera existência de cláusulas que se enquadrem dentro dos exemplos arrolados no Ato Normativo n. 15/75 basta à negativa de averbação de contratos de tecnologia pelo INPI. O órgão, desta forma, adota sistema ainda mais rígido do que o norte-americano ou canadense, ao considerar tais cláusulas violações *per se* da legislação antitruste e, portanto, sequer passíveis de justificação.

À toda evidência, porém, se nos parece inadequada e indevida a utilização da legislação antitruste como pretexto de ordem administrativa. Com efeito, já dizia Guilherme A. Canedo de Magalhães (op. cit., p. 19) que, para a perfeita aplicação da lei, é preciso que os fatos sejam apurados devidamente e que se procure, depois, indagar o quanto esses fatos apurados podem implicar um meio para caracterizar uma forma de abuso do poder econômico, nos exatos termos da lei.

Preliminarmente, cumpre notar que, mesmo em matéria de tecnologia, à falta de ressalva legal, perante a legislação brasileira, cumpre ao CADE e não ao INPI apurar e reprimir os abusos do poder econômico (art. 8.º da Lei n. 4.137/62), ainda que evidenciados em contratos de tecnologia. Portanto, somente o CADE, após análise dos elementos de cada caso concreto, é que poderá condenar e determinar a extirpação ou reconhecer a legalidade de convenções restritivas da concorrência encontradiças em contratos de tecnologia. Como observa Tullio Ascarelli (op. cit., p. 92), os limites convencionais da concorrência são lícitos quando haja um interesse social apreciável e são ilícitos quando visem apenas ao monopólio ou atos discriminatórios. Esta a orientação que corresponde, inclusive, à teoria germânica, que se refere à finalidade perseguida, como critério determinador da licitude ou ilicitude.

Assim, a mera existência de cláusulas tais como as repelidas pelo INPI não basta à configuração de abuso do poder econômico. Para tanto, faz-se mister a tipificação de uma das figuras previstas na Lei n. 4.137/62, cujos princípios básicos são: (a) o domínio de mercados nacionais; (b) a eliminação de concorrência; (c) a elevação sem justa causa de preços, em caso de monopólio natural; (d) a provocação de condições monopolísticas ou o exercício de especulação abusiva; (e) a formação de grupo econômico; e (f) o exercício de concorrência desleal.

Em realidade, não há como deixar de notar, as hipóteses previstas no Ato Normativo n. 15/75, constituem antes *meios* e não *formas* de abuso do poder econômico, não podendo, portanto, por si sós, constituir ofensa à legislação antitruste nacional. Ademais, justamente para se evitar uma aplicação rígida de critérios de violações *per se*, é que a Lei n. 4.137/62, adotou a chamada "regra da razão", destinada a qualificar as condutas econômicas. Aliás, outra não poderia ser a solução, porque, como ensina Ballantine (apud Jaime Villegas Cayon, op. cit., p. 36), a lei deve se adaptar à razão, porque onde não há razão, não há lei.

Finalmente, cumpre fazer breve referência ao interessante conteúdo do art. 4." da Lei n. 4.137/62, que determina a cassação automática da patente concedida pelo INPI (ou pelo antigo DNPI), desde que feita prova de já haver sido concedida e caducada em nação que mantenha acordos sobre a matéria com o Brasil. O preceito legal, como se sabe, foi inicialmente vetado pelo Presidente da República e mantido pelo Congresso Nacional, encontrando-se ainda em vigor, não obstante algumas opiniões em contrário no sentido de ter sido o mesmo ultrapassado pelo já revogado Decreto-lei n. 254, de 28.2.67 (antigo Código da Propriedade Industrial). (Cr. DOU, Seção I - Parte I, de 21.2.69, p. 1.584 e ss., e *Revista de Direito Econômico*, v. 5, p. 96 e ss).

A respeito, fértil é a jurisprudência administrativa do CADE, que, inclusive já acolheu a tese de que o uso de patente cujo invento já tenha caído no domínio público pode constituir forma de abuso do poder econômico a ser regularmente apurado e declarado para efeitos de cassação do privilégio (*Revista de Direito Econômico*, v. 5, p. 82). Porém, urge observar que o CADE somente pode provocar a cassação de uma patente quando se tratar de privilégio de invenção que tenha sido originariamente concedido e caducado no exterior, e (muito importante) que sua vigência, no Brasil, esteja criando dificuldades ao desenvolvimento harmônico da economia nacional, de modo a configurar uma das formas de abuso do poder econômico previstas no art. 2.º da Lei n. 4.137/62 (*DOU*, Seção I - Parte I, de 21.2.1969, p. 1.584 e seguinte; de 5.11. 1968, p. 9.652 e seguinte; de 6.11.1969, p. 9.627 e ss.; e *Revista de Direito Econômico*, v. 5, p. 96 e ss.). Não se aplica, outrossim, o dispositivo, se o pedido de patente, embora admitido no Brasil, fora denegado no País de origem (*DOU*, Seção 1 - Parte 1, de 21.2.1969, p. 1.584 e ss.).

Faz-se mister, por fim, esclarecer que a "nação que mantenha acordos sobre a matéria com o Brasil", de que trata o art. 4.º em questão, é a Pátria-Mãe do primeiro titular da patente, é o País onde se fez o depósito do primeiro pedido de patente, e não qualquer País-membro da União para a Propriedade Industrial (*DOU*, Seção I, Parte I, de 21.2.1969, p. 1.584 e ss.).

Obviamente, contudo, cumprirá ao CADE, na hipótese, de incidência do art. 4.º da Lei n. 4.137/62, limitar-se à repressão do abuso do poder econômico eventualmente verificado e à promoção da cassação automática da patente em questão pelo INPI, posto que ao referido órgão não compete a efetiva cassação. Da mesma forma, ao INPI não compete a rejeição liminar de cláusulas que, em tese, violem a legislação antitruste, porque somente ao CADE defere a lei tal atribuição, máxime face à inexistência de ofensas *per se* à Lei n. 4.137/62, podendo as partes contratantes eventualmente lograr justificar o acordo inicialmente inquinado de abusivo, demonstrando sua razoabilidade e interesse social, para fins de registro na forma do art. 74 da Lei antitruste nacional. Impõe-se o entendimento, sob pena, inclusive, de se cercear "ab ovo" o desenvolvimento da pesquisa e da jurisprudência pelo CADE em relação a uma das áreas mais férteis e mais relevantes da legislação antitruste, qual seja a do abuso do poder tecnológico, com possíveis e sérias repercussões no futuro, quando mais fortalecido e agressivo se encontrar o poder tecnológico das empresas nacionais.

POSSIBILIDADE, VANTAGENS E DESVANTAGENS DE UM DIREITO UNIFORME PARA AS EMPRESAS MULTINACIONAIS*

José Inácio Gonzaga Franceschini

O dinamismo das relações internacionais, notadamente sob o prisma econômico, tem feito surgir figuras e instituições de tal forma novas, que chegam a abalar os alicerces da tradicional dogmática jurídica, esmaecendo as fronteiras de diversas disciplinas da ciência do Direito e, ao mesmo tempo, rompendo estruturas e distinções, notadamente teóricas e estáticas. Indiscutivelmente, um dos grandes agentes dessas transformações corporifica-se numa entidade ainda juridicamente amorfa, mas constitutiva de uma indubitável realidade econômica – qual seja a empresa multinacional. Com efeito, a multinacional reflete uma mudança no conceito clássico do comércio internacional, que se baseava na idéia dicotômica da imobilidade relativa dos fatores em contraste com a mobilidade dos bens, como observa o Embaixador Roberto de Oliveira Campos. Com efeito, diz o diplomata, a multinacional representa não a exportação de produtos, mas de elementos de produção, especialmente capital e tecnologia, que, por seu turno, geram exportação de bens.

A primeira questão que se depara a quem se debruça sobre o assunto está relacionada com a dificuldade elementar de se definir, sob o ponto de vista jurídico, o que seja a empresa multinacional, não obstante a já farta literatura econômica e política a respeito. Alguns autores procuram a caracterização da multinacional no número de países em que determinada empresa opera (cf. David E. Lilienthal, *Management of the multinational corporation*); outros enfatizam a desvinculação das atividades mundiais da multinacional com qualquer Estado em particular (cf. Richard D. Robinson, in *International Business Policy*); há os que ressaltam os laços de propriedade comum e a direção estratégica única (cf. Raymond Vermon, *Economic Sovereignty at Bay*), bem como os que apontam a integração das atividades econômicas das subsidiárias no exterior com as da matriz e sua conseqüente transformação em entidade global, destinada a servir o mercado mundial (cf. Jack N. Berhman, *Multinational enterprises – its iniciatives and government reactions*).

* Publicado originalmente na Revista dos Tribunais ano 70, v. 548, jun 1981.

Não obstante ser imprecisa a definição de "multinacional", como salienta, curiosamente, Roberto de Oliveira Campos, essas empresas são tão facilmente identificáveis como um elefante. Nas palavras do ex-Ministro do Planejamento "pouquíssimas pessoas definiram um elefante como um "mamífero possuidor de uma longa tromba preênsil", mas ninguém deixaria de reconhece-lo na rua".

Justamente por este motivo é que buscando evitar controvérsias, de acordo com a Res. n. 1.721 (LIII), de agosto de 1973, do Conselho Econômico e Social da ONU, a denominação "empresa multinacional" deve ser utilizada em sentido amplo, para designar todas as empresas que controlem haveres – fábricas, minas, escritórios de venda etc. – situados em vários países.

As multinacionais configuram uma realidade do capitalismo na segunda metade do século XX. Porém, o "fato" da multinacional existiu muito antes de sua teorização, remontando à segunda metade do século XIX. Com efeito, advêm tais empresas da evolução das grandes sociedades anônimas, que passaram por intenso desenvolvimento no século XIX, graças ao progresso industrial. Segundo C. Tungendhat (cf. *The multinationals*), a primeira multinacional teria surgido quando a empresa alemã Bayer se instalou em Albany, nos Estados Unidos, no ano de 1865, sendo seguida, em 1867, pela empresa norte-americana Singer, que, em sentido contrário, fixou-se em Glasgow, Reino Unido.

Classificam-se elas, no entendimento de Howard V. Perlmutter, em seu artigo "Three conceptions of a world enterprise" (*Révue Économique et Sociale*, Paris, maio, 1965), em: a) empresas *etnocêntricas*, quando orientadas para o país-sede, pela matriz, em tema de tecnologia, administração e cultura; b) empresas *policêntricas*, quando orientadas para a diversificação cultural, sendo conduzidas pela matriz, mas com observância das peculiaridade do país hospedeiro; e c) empresas *geocêntricas*, quando orientadas por normas gerais internacionais uniformes.

Salienta o mestre que a empresa etnocêntrica é a mais difundida no atual momento histórico, não obstante o surgimento crescente de uma série de fatores tendentes a dificultar seu livre funcionamento. Observa-se, por outro lado, o aparecimento de multinacionais policêntricas, ainda praticamente restritas à área do Mercado Comum Europeu – MCE, onde a autoridade empresarial se exerce de forma variada e independente de país para país, podendo até mesmo haver pluralidade de empresas-matriz. Finalmente, na atual conjuntura econômica, as multinacionais geocêntricas constituem mero ideal ainda por atingir, de concretização longínqua, posto que exigem uma empresa verdadeiramente internacional com acionistas portadores de ações de qualquer procedência dentro do grupo, emitidas parte no país-sede, parte nos países hospedeiros. Diversas são as dificuldades opostas à formação de empresas geocêntricas privadas, seja do ponto de vista cultural, tais como o nacionalismo econômico e político dos países-sede e hospedeiros, seja sob o aspecto intra-organizacional, na medida em que são freqüentes nos países hospedeiros a inexperiência administrativa e as dificuldades de mercado, não se podendo olvidar a corriqueira desconfiança mútua entre o pessoal da matriz e os executivos estrangeiros, bem como a resistência à penetração de estrangeiros nas estruturas do poder, por motivos diversos, a começar pelo lingüístico. A este perfil Perlmutter denominou EPG, isto é *etnopoligoecêntrico*.

A empresa multinacional destaca-se logo ao primeiro relance, por seu enorme poderio econômico, financeiro, tecnológico e administrativo. Lembram os Professores. Henry J. Steiner e Detlev F. Vagts que o poder econômico das maiores multinacionais pode ser comparado, isoladamente, ao de alguns países médios e em conjunto, ao do próprio Fundo Monetário Internacional. Por este motivo, representam constante desafio aos princípios tradicionais da soberania dos Estados e da nacionalidade, máxime na medida em que transitam acima de ideologias, visualizando o mundo como um mercado global. De fato, ao inaugurar, em Salvador, a IV Mesa Redonda sobre Investimentos Privados na América Latina, o ex-Ministro João Paulo dos Reis Velloso lembrou que entre os 40 maiores PIBs do mundo, 10 a 15 pertencem às multinacionais; sendo certo que tais empresas tendem a tomar decisões que escapam à jurisdição estatal. E mais, não só não se identificam exatamente com o Estado onde têm sua sede mas, também, graças à sua maleabilidade, freqüentemente oferecem resistência às medidas restritivas que se lhes procura opor, podendo, mesmo, responder com pressões econômicas sobre os Estados onde operam. Como ressalta o Conselho Econômico e Social da ONU (cf. *Multinational corporation in world development*, Nova Iorque, 1973), em decorrência da enorme quantidade de recursos que possuem, as multinacionais são extremamente flexíveis e tem capacidades ilimitadas de adaptação, o que lhes permite ajustarem-se às novas realidades sempre que os governos locais nacionais, regionais ou internacionais tentam nivelá-las ou discipliná-las com vistas a evitar que exerçam pressões indevidas. Em outras palavras, detêm "poder de barganha", podendo escolher dentre sistemas econômicos e políticos que mais as favoreçam. Não é por menos que, por seu poderio, Raymond Vernon (cf. "Economic Sovereignty at Bay") chegou a classificá-las como "terceira potência mundial". Aliás, por impor-se, *de fato*, à comunidade internacional, tais empresas vêm pouco a pouco ganhando foros de sujeito de Direito Internacional, sendo exemplo do fenômeno o famoso caso Aramco, em que litigaram a Arabian-American Co. e o Reino da Arábia Saudita perante um Tribunal Arbitral Internacional. Todavia, embora já existam propostas para sua internacionalização, falta ainda às multinacionais fundamento legal para tal *status*, tendo em vista que os diversos Estados ainda preferem considerá-las como entidades regidas pelas respectivas leis nacionais, e não pelo Direito Internacional. Assim, ainda não estão as multinacionais sujeitas a uma disciplina jurídica própria, nem possuem personalidade jurídica, posto que cada unidade da empresa encontra-se formada sob as leis do Estado onde atua.

Sob o ponto de vistado Direito, observa-se que se trata de empresas privadas que operam com o objetivo de lucro, e não propriamente político, embora seus interesses econômicos acarretem, inevitavelmente, interesses políticos, em relação a países onde tenham presença. Por outro lado, anota José Luiz Bulhões Pedreira (cf. *Empresas multinacionais*, Revista do Instituto dos Advogados Brasileiros n. 25), essas empresas apresentam-se como grupamento de sociedades, comandado por uma corporação constituída e com sede em determinado país, cujo capital pertence, exclusiva ou predominantemente, a nacionais desse país e que controla diversas sociedades de diferentes nacionalidades, constituídas e existentes segundo as leis de outros países. Contudo, enfatiza o Prof. Haroldo Valladão, o problema que preocupa o mundo não é propriamente o da nacionalidade das sociedades ou de seus sócios, mas o do exercício por uma sociedade de atividades econômicas extranacionais ou extraterritoriais. Alerte-se, não obstante, não ser despicienda a questão da nacionalidade, como lembra o Prof. José Carlos de Magalhães. Assim é que, para obviar ao problema da nacionalidade das empresas que buscam localizar as respectivas sedes em "paraísos fiscais", os países exportadores de capital, tais como os Estados Unidos, a Inglaterra e a Alemanha, desenvolveram a chamada "teoria da empresa", que considera como unidade econômica todo o complexo de pessoas jurídicas formalmente autônomas e independentes, para sujeitálas ao foro nacional pela prática de atos ocorridos no exterior. Ignora-se, assim, a nacionalidade formal da empresa-matriz, que passa a responder pelas respectivas subsidiárias na medida em que detenha seu efetivo controle. Ao reverso, porém, e paradoxalmente, entre os países em desenvolvimento e receptores de investimentos, o conceito formal de nacionalidade é considerado defesa contra a interferência externa e meio de controle das atividades econômicas da multinacional dentro de suas fronteiras.

Como aponta o Relatório do Conselho Econômico e Social da ONU, de 1972, as multinacionais demonstram caráter predominantemente oligopolístico, ressaltando-se, por outro lado, serem, em geral, produtos de países desenvolvidos. Desses fatores advêm características tanto positivas como negativaa, não só perante os países em desenvolvimento, como também, diante dos próprios países desenvolvidos. É evidente, porém, e cumpre desde logo ressaltar , que nem todos os aspectos positivos ou negativos, sob o prisma dos países desenvolvidos o são do ponto de vistados interesses dos países em desenvolvimento e vice-versa.

Vejamos, inicialmente a questão em face dos países em desenvolvimento. Para estes, as multinacionais representariam: a) a possibilidade de implantação de economias de escala, ponto termo a práticas antieconômicas, contrárias ao desenvolvimento, e maximizando a eficiência e a produção por meio de investimentos de grande porte, geralmente mediante transferência de moedas fortes e, via de conseqüência, contribuindo para o crescimento industrial do país anfitrião; b) o incremento de tecnologias básicas por meio da transferência de *know-how*, bem como da competência administrativa, e conseqüente preparo de quadros técnicos competentes e especializados, com evidentes benefícios para o progresso, a ciência e a produtividade; c) a intensificação de exportações, com reflexo nos balanços de pagamento, favorecendo, assim, o comércio exterior, criando novos mercados e integrando mercados produtores e financeiros; e d) a criação de novos empregos e melhores salários. A tais benefícios opõe-se a possibilidade de as multinacionais: a) representarem a descapitalização do país, que, com freqüência, já sofre, com dificuldades de balanço de pagamentos, com carência de recursos e com a dependência da exportação de produtos primários, por meio de remessas de dividendos e *royalties* ou mediante superfaturamento de importações ou subfaturamento de exportações; b) criarem ou manterem dependência tecnológica, através de transferência de tecnologia obsoleta ou inadequada às disponibilidades de fatores, de maneira ou a manter o *know-how* junto às respectivas matrizes ou a fazerem com que, diante da própria carência de uma infra-estrutura local, a mão-de-obra nacional somente tenha condições de aplicar a técnica apreendida na própria empresa multinacional ou em outra empresa estrangeira; c) absorverem os poucos talentos humanos locais ou os subutilizarem, ou, mesmo, exacerbarem a demanda de profissionais qualificados, elevando o custo das empresas nacionais; d) sorverem as também parcas fontes locais de crédito através de seu prestígio e estabilidade financeira e incrementarem o endividamento externo; e) imporem-se com características monopolísticas ou oligopolísticas, em prejuízo do mercado e do consumidor, inibindo a expansão de empresas locais ou, mesmo, provocando sua extinção; f) reduzirem a soberania econômica, ou política do país, mediante o enfraquecimento dos instrumentos de política econômica. interferência direta ou indireta nos assuntos internos, políticos e administrativos ou desconsideração dos interesses nacionais de bem-estar social e progresso, na medida em que fixarem as respectivas estratégias globais de maximização; g) representarem interferência nos assuntos externos, na medida em que possam servir de instrumento de política externa de outros países (tais como a política antimonopólio ou de comércio com o inimigo) ou retirarem o controle da economia das autoridades governamentais nacionais para localizá-lo na matriz sediada no exterior; e h) representarem os interesses da burguesia em oposição aos das classes trabalhadoras urbanas e rurais, reforçando estruturas conservadoras e resguardando-as contra alterações sociais.

Segundo o pensamento do já referido Bulhões Pedreira, as multinacionais, no plano intergovernamental, oferecem um quadro institucional para projetos de investimento em torno de cujos objetivos seria, provavelmente, mais fácil a obtenção de um acordo entre governos do que em aberturas meramente setoriais de mercado, enquanto, no plano empresarial, concorrem para a eliminação de barreiras alfandegárias, para a compensação de impostos indiretos incidentes sobre bens cuja troca entre países interessados resulta das atividades da própria multinacional e para a distribuição, entre os países interessados, do poder tributário sobre o lucro das pessoas jurídicas associadas. Todavia, as multinacionais freqüentemente tendem a consolidar a concentração de poder nas mãos dos países-sede, colocando os países hospedeiros em posição secundária, ao mesmo tempo em que manipulam em âmbito internacional os diversos incentivos fiscais à exportação, em detrimento de empresas nacionais, em face do montante de seu capital e de seu alcance estrutural.

Em resumo, pode-se dizer, com Antônio Zoratto Sanvicente (cf. *Empresas multinacionais*), que os países em desenvolvimento em geral temem receber as multinacionais pelo medo de: a) ficarem sob o domínio industrial das empresas e respectivos países de origem; b) tornarem-se tecnologicamente dependentes das multinacionais e c) serem vítimas de perturbações nos respectivos planos nacionais.

Aliás, é em função de receios dessa natureza e à míngua de legislação internacional que procuram os países em desenvolvimento resguardar os respectivos interesses mediante promulgação de leis internas de natureza analítica ou restritiva, de que são exemplo, no Brasil, os Projetos de Lei n. 2.248-D/76, originário da Comissão Parlamentar de Inquérito para investigar o Comportamento e as Influências das Empresas Multinacionais e do Capital Estrangeiro no País (que busca instituir um Código de Ética das Multinacionais), e 3.082/80, do Deputado Herbert Levy (que "institui a fiscalização democrática das empresas de capital estrangeiro mediante a obrigatoriedade de divulgação de dados", seja por meio da compulsoriedade de representação das ações detidas direta ou indiretamente pelo capital estrangeiro por ações nominativas ou cotas de capital, seja mediante a exigência de auditoria independente e divulgação de informações nas respectivas demonstrações financeiras e sobre operações de câmbio, além de outras aplicáveis às companhias abertas). Já o projeto do Código de Ética das Multinacionais procura exatamente evitar que as multinacionais imiscuam-se nos assuntos internos e externos do País; sirvam de instrumento da política externa de outras nações, países; se recusem a se integrar nos objetivos e prioridades nacionais de desenvolvimento, ou a prestar contas de suas atividades no País, ou a contribuir para o desenvolvimento da capacidade científica e tecnológica deste; recorram a práticas restritivas de concorrência desleal ou de abuso do poder econômico ou desrespeitem a identidade social e cultural brasileira.

Vejamos, por outro lado, o problema em relação aos países desenvolvidos. Para estes, as multinacionais representam: a) forma satisfatória de transferência de tecnologia a custos relativamente baixos, mediante pesquisas introduzidas no país, treinamento de pessoal ou aperfeiçoamento de técnicas administrativas, que não ficam confinadas às multinacionais, sendo transmitidas, através da infra-estrutura disponível, às empresas locais pela força de trabalho; b) o incremento de exportações, ou a substituição de importações, pouco afetando, em decorrência da estabilidade financeira e monetária de que gozam tais países, pelas remessas de *royalties* e lucros; e c) da possibilidade de exportação das respectivas políticas externas, na medida em que as multinacionais são símbolos visíveis do poder e da liderança e se constituem em aliados potenciais ou efetivos do país-sede, na hipótese de disputas entre estes e os países hospedeiros.

Recentemente, porém, mesmo nos países desenvolvidos, têm havido certas preocupações em relação às multinacionais, de que são exemplos os depoimentos perante o Subcomitê sobre Empresas Multinacionais do Comitê sobre Relações Exteriores do Senado norte-americano. De fato, constituiu a tônica de referidos depoimentos a possibilidade de as multinacionais: a) serem instrumento de desestabilização de situações monetárias em decorrência do fato de deterem essas empresas, em muitos casos, fundos líquidos que excedem em muito as reservas de bancos centrais de governos que procuram manter crises periódicas sob controle; b) substituírem a força de trabalho local mais qualificada por mão-de-obra estrangeira mais barata, mediante a exportação de empregos; c) não contribuírem adequadamente para o Erário Público, que deixa de receber tributos de investimentos externos na medida em que as multinacionais beneficiam-se de créditos fiscais pelo pagamento de tributos no exterior; e d) acarretarem efeitos adversos sobre o balanço de pagamentos, em decorrência das respectivas políticas de exportação. Assim, a exemplo dos países em desenvolvimento, legislações locais de cunho restritivo também se encontram sob debate, como se verifica, *v.g.*, do projeto Hartke-Burke nos Estados Unidos, destinado a restringir, de um lado, as importações e, de outro, a exportação de tecnologia. Tais manifestações tendem, igualmente, a se desenvolver na mesma proporção em que as multinacionais se internacionalizam, deixando de representar o poder político e econômico do país-sede, por meio do incremento de operações no exterior, do aumento da participação de estrangeiros nas estruturas da administração da empresa ou do aumento da participação acionária alienígena.

Não se pode, outrossim, em qualquer análise que se faça das multinacionais, olvidar que não só os Estados possuem interesses ou são acometidos de temores. O mesmo fenômeno ocorre com o terceiro pólo desta complexa relação econômica, ou seja, as próprias multinacionais. Assim é que, na observação de Carlos von Doellinger e Leonardo C. Cavalcanti (cf. *Empresas multinacionais na indústria brasileira*), as multinacionais procuram investir no exterior visando; a) *a.* assegurar suprimento regular de matérias-primas com riscos -mínimos, viabilizando o planejamento a preços controlados; b) a manter posição oligopolista, pelo controle do suprimento de matérias-primas no mercado internacional; e c) a maximizar o lucro pela redução dos preços das matérias-primas. Todavia, temem essas empresas, como salienta Robert L Heilbroner (cf. *As empresas multinacionais e as nações*), instalarem-se em países sujeitos a crises político-econômico-sociais ou que representem riscos de monopolização de recursos ou de nacionalizações.

Em resumo, trata-se de uma incógnita, quando se consideram os efeitos nocivos e benéficos da conduta das multinacionais, sendo muito comum a análise do assunto no plano puramente emocional ou de politização sumária.

De qualquer modo, na atual conjuntura político-econômica mundial, o que mais se debate dentre os supra-referidos prós e contras, independentemente dos respectivos méritos da questão, encontra-se expressado no chamado *Relatório Watkins*. apresentado ao Congresso norte-americano. Nessa oportunidade, Melville Watkins salientou que "os países das subsidiárias são perpetuamente condenados a exercer o papel de imitadores ao invés de inovadores". A essa circunstância pode-se acrescentar a emotiva manifestação de John Kenneth Galbraith (cf. *The affluent society*) no sentido de que as multinacionais surgem como tentáculos que se estendem das sociedades opulentas para as não opulentas, para alimentar a ostentação das primeiras, sem enriquecer as outras. Daí, segundo diz, haver estreita ligação entre os países desenvolvidos e as multinacionais, porque conviria a uns e a outros o espraiamento da produção em nível internacional, para que seja possível obter maiores vantagens locacionais. Já no Brasil, p. ex., assim manifestou-se o Prof.Haroldo Valladão: "Se se permitir que continuem as multinacionais na sua espetacular marcha, progressista que mantêm, poder-se-ia pensar que se chegaria, com elas, a um novo governo mundial econômico, acima do político: organizações das sociedades extranacionais em vez de organizações das nações, governo extranacional em lugar de governo internacional, dominado pelo lucro dos poderosos e não pelos ideais jurídicos de nosso tempo; justiça social, proteção aos fracos".

Em conseqüência da ansiedade dos países em desenvolvimento, por meio da Res. n. 1.721 (LIII) do Conselho Econômico e Social da ONU, foi solicitado ao Secretário Geral que. "em consulta aos governos, designasse um grupo de personalidades com profundo conhecimento dos problemas econômicos, comerciais e sociais de âmbito internacional e das relações internacionais correspondentes e escolhidas em ampla base geográfica, para estudar a função e os efeitos das corporações multinacionais, especialmente nos países em desenvolvimento, assim como suas repercussões em suas relações internacionais, para, por fim, formular conclusões que eventualmente possam ser utilizadas pelos governos ao decidir soberanamente suas políticas nacionais a respeito e apresentar recomendações para uma ação internacional apropriada". O grupo em questão, uma vez reunido e tendo concluído suas pesquisas, apresentou relatório (CE/5500/Add. 1), relacionando recomendações, algumas destinadas aos países hospedeiros (no sentido de melhoria de suas. respectivas capacidades de negociação com as multinacionais, inclusive através de organizações regionais e mundiais, e de segurança das respectivas legislações sobre investimentos estrangeiros); e outras aos países-sede, no sentido de ser evitada a utilização das multinacionais como instrumento político (não permitirem a interferência dessas empresas nos processos políticos dos países hospedeiros e não intercederem em seu favor na hipótese de disputas relativas a processos de nacionalizações). O mesmo relatório sugeriu, ainda, a formação de uma comissão internacional sobre as multinacionais para supervisionar a coleta de informações sobre elas e proceder a debates tendentes a desenvolver um conjunto de recomendações destinadas a constituir um futuro código de conduta para as multinacionais e governos. Ainda mais especificamente, o grupo recomendou a negociação de maior número de tratados padronizados para a proteção do trabalho e em relação a questões antitruste. Como seria previsível, houve, por parte de uns, dissensões com relação às recomendações, enquanto que outros entenderam-nas demasiadamente conservadoras.

Com efeito, o indiscutível desnível existente entre países desenvolvidos e em desenvolvimento constitui fator de desajuste e desunião entre as nações, sendo certo, outrossim, que as multinacionais freqüentemente agravam as crises internacionais entre ambos os grupos. Aliás, como chegou a afirmar George Bali, citado por Celso D. de Albuquerque Mello, em tema de relações internacionais, o grande conflito de poder da atualidade não é mais o Leste-Oeste, mas sim o Norte-Sul.

A ONU voltou a tratar do assunto no âmbito da Conferência das Nações Unidas para o Comércio e o Desenvolvimento — UNCTAD em decorrência de discurso proferido pelo Pres. Echeverría, do México, na 3ª UNCTAD, em Santiago do Chile, em 1972, No decurso das conseqüentes discussões, as nações em desenvolvimento propugnaram por um incontrastável direito ou autoridade do Estado no controle das atividades das multinacionais, reclamando dos países desenvolvidos o *dever* respectivo de tornarem eficaz esse controle. Em contrapartida, os países desenvolvidos assinalaram a *obrigação* dos países em desenvolvimento para com as multinacionais contra medidas "arbitrárias e caprichosas", tais como as nacionalizações. O resultado desses debates foi a aprovação, pela Assembléia Geral da ONU, em dezembro de 1974, da importantíssima Carta de Direitos e Deveres Econômicos dos Estados, a qual estabeleceu como princípios das relações econômicas internacionais a soberania e igualdade dos Estados e a cooperação internacional para o desenvolvimento. Entre os direitos e deveres econômicos dos Estados destacam-se a soberania inabalável dos Estados sobre seus recursos e atividades econômicas e regulamentação e supervisão das atividades das empresas transnacionais dentro de sua jurisdição, sendo a estas vedada qualquer interferência nos assuntos do Estado. São, também, direitos e deveres a regulamentação do investimento estrangeiro e a nacionalização e expropriação de propriedades pertencentes a estrangeiros sob o controle tão-somente dos tribunais internos, bem como a cooperação em matéria econômica, social, cultural, científica e tecnológica, com vistas ao progresso econômico e social mundial. A Carta, entretanto, embora proclamando, direitos e deveres, deixou de estabelecer os meios através dos quais seria realizada a cooperação, além de conter, em diversos dispositivos, meras recomendações. Nesse contexto, como observa Alain Pellet (cf. *Le droit international du développement*), os países em desenvolvimento têm procurado transformar tais recomendações em costumes internacionais, curiosamente invertendo o processo existente no Direito Internacional clássico.

Também em âmbito regional, em decorrência de proposta formulada pelo Peru, em 1974, aprovada pela Assembléia Geral, a OEA (Organização dos Estados Americanos) recomendou a realização de estudos sobre as multinacionais e seus efeitos na América Latina e determinou a criação de grupo de trabalho para elaborar um corpo de princípios éticos nos quais deveriam lastrear-se as ações das multinacionais. Atualmente, nesse sentido, a OEA já tem consolidadas as legislações latino-americanas sobre as multinacionais (OEA/Serv. N. I.VI.I-CJI-94), não se podendo, obviamente, deixar de destacar o Relatório do Conselho Permanente da Organização, intitulado *Pautas de comportamiento que, deben observar las empresas transnacionales según 'aide memoire' presentado por el Grupo de América Latina, con fecha 13.1.75, en la 3ª reunión preparatoria del Grupo de Trabajo sobre Empresas Transnacionales de la reuníon de Ministros de Relaciones Exteriores*, contendo 11 princípios básicos para a possível elaboração de um código destinado a regular a conduta das multinacionais.

Diante desse quadro, embora seja ainda prematuro esperar que os países-sede e os hospedeiros cheguem a um consenso suficiente sobre a matéria, de forma a permitir a regulamentação do assunto em nível universal, parece haver entendimento comum no sentido da necessidade de alguma forma de regulamentação das atividades das multinacionais. Aliás, trata-se, ao que parece, de uma preocupação não exclusiva dos Estados, mas também das próprias empresas, haja vista que durante a IV Mesa Redonda sobre Investimentos Privados, realizada em Salvador, em 1974, a elaboração de um código de normas em matéria de investimentos estrangeiros a ser observado pelos países latino-americanos foi ardorosamente defendida pelas multinacionais como instrumento normativo, embora, como é natural, tal defesa tenha tido por escopo tolher as intervenções dos países hospedeiros, em prejuízo dos investimentos estrangeiros. Observa, a respeito, o ex-Ministro João Paulo dos Reis Velloso que não raro as multinacionais têm passado a posições mais flexíveis, desde que as novas funções ou condições lhes sejam apresentadas de forma racional e uma vez garantidas a integridade dos investimentos e a normalidade das remessas de resultados.Assim é que, em reunião de empresários realizada em San Francisco, Califórnia (cf. Maria da Conceição do Amaral Mönch), muito se discutiu sobre a elaboração de um código internacional de conduta para as grandes corporações. De qualquer modo, cumpre sempre ter em mente a anotação de Montesquieu, segundo quem todo aquele que detém o poder tende a dele abusar, caso se lhe não deparem limites.

Em prol de tal regulamentação, não se pode, outrossim, olvidar que as multinacionais constituem fator de integração econômica, uma vez que, na observação de Bulhões Pedreira, citado por Adherbal Meira Mattos, essas empresas englobam inversões em diversos sistemas econômicos nacionais, onde organizam e exploram a produção de bens e serviços para venda nos mercados internos e no mercado internacional. Em verdade, pode-se dizer ser imperativa, e não meramente conveniente, tal regulamentação, tendo em vista o prognóstico da ONU, segundo a qual, no ano 2000, a produção mundial deverá estar controlada por apenas 300 ou 400 multinacionais, tornando-se indispensável a tomada de providências por parte dos Estados, caso pretendam manter o equilíbrio entre os diversos tipos empresariais, alimentando a empresa privada, garantindo a empresa, estatal e controlando as multinacionais.

Diversas têm sido as sugestões sobre a forma pela qual se deveria manifestar essa regulamentação. No momento, afora algumas raras iniciativas de cunho internacional, os Estados têm promulgado legislações internas de controle e proteção, porém com efeitos restritos e de eficácia duvidosa. São exemplos dessas iniciativas as diversas legislações locais sobre investimentos estrangeiros (entre nós a Lei n. 4.131, de 3.9.62) e as eventuais legislações antitruste nacionais (no Brasil representada pela Lei n. 4.137, de 10.9.62), entre as quais se destacam os diplomas norte-americanos Sherman Act, de 1890, Clayton Act, de 1914, conforme alterado pelo Robinson-Patman Act, de 1936, e Federal Trade Comission Act, de 1914. Esses estatutos legais trazem em seu bojo algumas disposições ou implicações relativas às multinacionais, porém não as regulam especificamente. O quadro torna-se ainda mais esmaecido ao se verificar que, se por um lado os países em desenvolvimento temem a promulgação de normas demasiadamente restritivas, sob pena de criarem obstáculos à captação de recursos e tecnologia externos, por outro, nos países desenvolvidos, tal como ocorre, p. ex., nos Estados Unificados, ao mesmo tempo em que, internamente, a legislação antitruste é severamente aplicada (embora com tendência à suavização) como forma de controle dos sistemas operacionais das macroempresas, no âmbito extraterritorial sua incidência é bem mais flexível, como comprovou pesquisa realizada pelo Massachusetts Institute of Technology - MIT.

Ainda no plano interno brasileiro, é interessante rememorar que já o I PND (1972-1974) aludia à formação e operação das multinacionais no País. O assunto foi apresentado com ainda maior destaque no II PND (1975-1979), em cujo texto procurou-se explicitar as prioridades para a atuação da empresa estrangeira, em termos de funções a desempenhar e de setores para onde destinar-se preferencialmente, a saber, a expansão das exportações e a criação de novos mercados, principalmente em manufaturados não tradicionais, a contribuição ao desenvolvimento da pesquisa tecnológica, adotando orçamento próprio de pesquisa e contratando engenharia local, e a contribuição a desconcentração do desenvolvimento industrial e ao desenvolvimento regional (cf. João Paulo dos Reis Velloso), tudo mediante instrumentos econômicos de incentivos e desestímulos financeiros e fiscais.

A regulamentação proposta pode ser feita não só por meio de leis internas nos diversos Estados como, também, externamente, mediante tratados ou convenções. Em verdade, o assunto encontra-se sob exame da Comissão Jurídica Interamericana (sessões de outubro de 1974 e de fevereiro de 1976) e da Comissão no Instituto de Direito Internacional. Internacionalmente, a questão está ainda em estádio de certa forma incipiente, devendo-se destacar, contudo, dois grandes diplomas supranacionais, ambos de aspiração política, a saber: a) o Tratado de Roma, de 25.3.57, que criou o Mercado Comum Europeu — MCE, e b) o Acordo de Cartagena, de 1969, que instituiu o Pacto Andino. À toda evidência, não se poderia deixar de, igualmente, fazer referência a duas outras organizações de integração econômica supranacionais, a saber, a Comunidade Européia do Carvão e do Aço — CECA, criada pelo Tratado de Paris, de 18.4.51, e a Comunidade Européia de Energia Atômica — EURATOM, criada em Roma, em 1957.

No âmbito do MCE, p. ex., algumas medidas táticas têm sido toma das para controlar o desenvolvimento das multinacionais por meio de aquisições e fusões. A comissão da Comunidade Econômica Européia, em 1973, p, ex., afirmou que "many mergers, as a result of the structure of the markets in which they occur, in no way lessen competition but to the contrary can increase it. However, the commission can not overlook the EEC Treaty, in making it responsible for applying the rules of competition, requires it to preserve the unity of the Common Markets to ensure that the market remains open and ensure effective competition. Excessive concentration is likely to obstruct these aims". Como se pode verificar, a aplicação das regras pertinentes às multinacionais ainda apresenta como característica certa ambigüidade. Não obstante, é sempre bom lembrar, arts. 85 e 90 do Tratado de Roma constituem o primeiro conjunto de regras jurídicas antitruste de natureza supranacional, dentre as quais se destacam os arts. 85 e 86 (cuja redação foi parcialmente influenciada pelas seções l e 2, respectivamente, do Sherman Act norte-americano), que proíbem o acordo entre empresas suscetível de afetar o livre comércio entre os países-membros e que tenha por escopo impedir a concorrência dentro do próprio MCE.

Com relação ao Pacto Andino, é na Decisão n. 46, que complementa a Decisão n. 24, da Comissão ao Acordo de Cartagena, que se encontra a referência mais explícita e direta, em termos de diplomas supranacionais, as multinacionais. A Decisão n. 24, p. ex., tem por objeto o estabelecimento de um "régimen común de tratamiento a los capitales extranjeros y sobre marcas, patentes, licencias y regalias", Outrossim, exige o Grupo Andino que após um período de 15 anos, as subsidiárias de empresas estrangeiras tenham pelo menos 51% de seu patrimônio líquido em mãos de investidores nacionais. Relativamente à EURATOM, verifica-se em seu bojo a existência de inúmeras empresas privadas criadas pelo Estado e pelas multinacionais em campos relevantes da indústria nuclear. Enquanto isso, nos termos do art. 33 do Tratado da CECA, as multinacionais têm a possibilidade de apelar contra decisões tomadas pelas altas autoridades, em caso de violação do Tratado, excesso de poder legal, desrespeito à lei em geral e abuso do poder. Aliás, essa possibilidade também existe no próprio Tratado que criou o MCE, cujo art, 173 dispõe sobre a interposição de apelo contra pareceres do Conselho e da Comissão por qualquer pessoa jurídica em assuntos de seu interesse ou direito.

Verifica-se, de todo o exposto, certa incerteza com relação à melhor forma de regulamentação das atividades das multinacionais, surgindo, de regra, os diversos diplomas existentes, em decorrência de pressões casuísticas de determinado momento histórico, político e/ou econômico.

Para o Prof, Rubens Requião, mencionado por Antônio Zoratto Sanvicente, a empresa multinacional deve ser identificada de acordo com a nacionalidade do grupo controlador, sugerindo, em relação ao Direito interno brasileiro, reforma nesse sentido do Código Comercial. Todavia, como salientado pelo Prof. José Carlos de Magalhães e como brevemente já foi referido, inexiste consenso internacional com relação a nacionalidade das multinacionais, não parecendo ser, por isso, viável o controle de complexos multinacionais por um Estado ou um grupo de Estados, através de instrumentos jurídicos derivados do conceito de nacionalidade. Outrossim, pretender vincular a multinacional a determinado Estado seria ignorar a crescente interdependência e interação econômica do mundo contemporâneo.

Já para o Prof. Manuel Gonçalves Ferreira Filho, citado por Maria da Conceição do Amaral Mönch, o método mais adequado seria a promulgação de uma "legislação especial", tendo em vista que as multinacionais implicam centros de decisão localizados fora do alcance do governo. Porém, não se poderia omitir que a realidade da multinacional transcende a competência formal de qualquer Estado para legislar para todo o complexo econômico com base em padrões nacionais ou refletindo interesses e políticas nacionais.

Em vista das deficiências ou insuficiências das legislações nacionais, o Prof. José Carlos de- Magalhães sugere a institucionalização do caráter multinacional por meio de tratados bilaterais ou multilaterais, na medida em que seu poder consiga tornar comum os interesses em mantê-la sob controle internacional.

Bulhões Pedreira (cf. *Empresas multinacionais* cit.) acredita nas vantagens de uma legislação uniforme e, portanto, não nacional ou internacional, mas, antes, supranacional. Como embasamento de sua opinião, argumenta, o mestre relacionando diversas vantagens, a saber: a) eliminação ou compensação de impostos indiretos ou de bitributação; b) programação entre os países de complementaridade entre as unidades produtivas e sua conciliação com interesses e políticas nacionais; c) regulamentação de crises nas balanças de pagamentos; d) acordos de cooperação industrial entre as empresas e os governos com resguardo da ordem pública mas com suficiente flexibilidade; e e) controle mais eficaz da aplicação das leis nacionais e dos eventuais abusos do poder econômico e práticas ilegais. Nesse sentido, encontra o entendimento apoio entre aqueles que pretendem um esquema de controle internacional sob supervisão de um órgão central consultor, orientador, fiscalizador e sancionador, mediante tribunais internacionais (cf. Maria da Conceição do Amaral Mönch), quiçá a exemplo dos grandes organismos supranacionais da Europa (CEE, EURATOM e CECA). Como se sabe, esses organismos colocam-se em área intermediária entre a Federação e a Confederação, sendo certo que, no dizer de René Savatier (cf. Le marché commun au regard du droit internacional privé , *Révue critique de droit international privé* , XLVIII, 1959, n. 2. abr.-jun.), ser cidadão de um dos países membros da comunidade seria equivalente a ser cidadão da própria comunidade, na medida em que ela possui a soberania geral delegada pelos Estados. No mesmo diapasão encontramos a palavra de Neil Jacoby. Citado por Alfredo Lamy Filho (cf. Reforma da Lei das S/A, *Revista do Instituto dos Advogados Brasileiros* v. 17), segundo quem os fatos novos da atualidade exigem uma universalização da legislação de sociedades anônimas, máxime tendo em vista estarmos em época de profunda interpenetração de economias e de interdependência tecnológica.

Porém, a uniformização legislativa também encontra adversários. Assim, p.ex, J. C. Sampaio de Lacerda (cf. *O Direito comercial e sua atuação no âmbito internacional*) considera inadequada uma legislação uniforme para as sociedades anônimas, porque um estatuto supranacional de sociedades, em vez de eliminar obstáculos, constituiria fonte de novos problemas, tal como ocorre, atualmente, em seu entender, no MCE.

Também contrário ao movimento unificador coloca-se o Prof. Haroldo Valladão, para quem o Direito uniforme, visando a suprimir as divergências legislativas existentes entre os diversos Estados, constitui medida de natureza totalitária, incompatível com o respeito à personalidade humana e à autonomia de suas manifestações sociais. Argumenta mais, no sentido de que a uniformidade mundial das leis positivas é uma utopia e abafaria as condições históricas e geográficas, as exigências religiosas, étnicas, econômicas e sociais que justificam as normas de Direito Positivo. Cita, em seu apoio São Tomás de Aquino (cf. *Suma teológica*, 2ª Parte, Tratado das leis , *Quaestio* XCV, art. 2.º"), mostrando a necessidade de diversidade de leis nos seguintes termos: "Os princípios comuns da lei natural não podem ser aplicados a todos da mesma natureza, por força da grande variedade das coisas humanas". O Direito uniforme, continua o mestre, visa a suprimir, por intermédio de leis idênticas, a — no seu entender — melhor solução tradicional do Direito Internacional Privado qual seja a da seleção entre normas jurídicas divergentes. Fundamentando sua opinião rememora manifestação do Instituto de Direito Internacional que. acompanhando Relatório de Mancini e Asser (cf. *Clunet*, 1874, 224/5), afirma não deverem os tratados impor aos Estados "l'uniformité complète de leurs codes et de leurs lois", mas, "sans toucher à l'indépendance legislative ces traités devraient determiner d'avance laquelle d'entre les législations qui pourraient se trouver en conflit, sera applicable aux differents rapports de droit" (conclusão aprovada na Sessão de Genebra, 1874, An. 1, 123).

Em resumo, encontram-se os juristas, legisladores e diplomatas de certa forma perplexos diante da realidade. Reconhecem a insuficiência e inadequação de legislações nacionais, a incipiência e parcialidade de tratados internacionais, o idealismo de um Direito uniforme, de mui difícil execução (ao menos nas atuais condições especialmente quando pretendido em nível universal), porém de alcance não impossível.

Não obstante, resguardadas as individualidades com que tanto e justificadamente se preocupa o Prof. Haroldo Valladão, a realidade dos fatos econômicos representada pelas multinacionais se impõe, sendo inevitavelmente sensível a preocupação geral quanto a uma cooperação internacional organizada, tendente, inclusive, a estabelecer uma nova ordem econômica internacional em que se atenuem as diferenças entre Estados desenvolvidos, em prol de um relacionamento mais equânime e justo; inúmeras são, p. ex., as resoluções da ONU a respeito, destacando-se entre elas a de n. 3.362 (S-VII), adotada em 19.9.75 pela Assembléia Geral.

Torna-se, portanto, imperiosa a celebração de acordos de cooperação entre os diversos países e entre estes e as multinacionais, sem prejuízo de legislações internas instrumentais complementares que resguardem os interesses e peculiaridades nacionais, desde que não conflitantes com os princípios gerais de integração e cooperação internacionalmente reconhecidos. Ora, na atualidade, seria, de certa forma, acadêmico falar em cooperação e integração internacionais sem pensar nas empresas multinacionais, em face do papel que exercem de instrumento de integração econômica e até política. Observa

Wolfgang Friedmann (cf. *Mudança da Estrutura do Direito Internacional*) que as multinacionais são partícipes da evolução do Direito Internacional porque: a) participam de transações internacionais; b) tais transações fazem parte do Direito Econômico Internacional, cujo desenvolvimento processa-se através de elementos de Direito Público e de Direito Privado, na evolução dos princípios que regem as transações comerciais; e c) os caracteres de Direito Público dessas relações são acentuados pelos acordos de arbitragem em que os Estados e grupos privados gozam de idênticas posições perante o órgão judicante. Trata-se, no dizer de Philip C. Jessup (cf. *Direito Transnacional*), de manifestação embrionária de um Direito transnacional, que englobaria normas disciplinadoras de atos ou fatos que transcendem fronteiras nacionais e incluem regras de Direito Público e de Direito Privado, civil e criminal, internacional público e privado, visando à segurança por meio de um Direito uniforme.

Não se pode, também, deixar de levar em conta que o Direito Comercial é uma das disciplinas jurídicas que mais se presta à uniformização, devendo-se, por outro lado, observar que esta jamais poderá ser completa, em face das peculiaridades nacionais. No próprio seio da ONU já existe uma comissão para a uniformização do Direito Comercial no plano internacional, qual seja a Comissão das Nações Unidas sobre Legislação Comercial Internacional - UNCITRAL, criada em 1966 e que funciona em colaboração com a UNCTAD.

Como recorda o Embaixador Ilmar Penna Marinho, outrora o conceito de Direito Internacional era restrito às relações políticas e jurídicas. Hoje, apresenta novo conteúdo com as questões econômicas, comerciais e sociais. Estas, por seu próprio sentido interestatal, não mais podem ficar vinculadas a prescrições de caráter nacional ou bilateral, reclamando regulamentação interestataul ou, mesmo, supranacional. Lembra o diplomata que a economia tende, cada vez mais, a ser global e a exigir leis e órgãos internacionais incumbidos e capazes de dar soluções universalistas e proteiformes. A tecnologia passa aos poucos a ser considerada um bem da humanidade, sob pena de constituir-se em fator dependência e dominação, tornando-se imperativa uma nova política de cooperação técnica e científica, conforme dispõe o art. 13 da Carta dos Direitos e Deveres Econômicos dos Estados. Aliás, a cooperação internacional para a solução de problemas econômicos, sociais, culturais e humanitários constitui propósito da ONU, como reza o art. 1°, 3, da Carta de San Francisco. Cogita-se, na atualidade, de um Direito Internacional de Cooperação, que visa a uma cooperação internacional organizada no plano interestatal máximo, sob a égide da ONU e por meio de grupos regionais, onde exista integração de leis e de instituições. Este novo ramo do Direito Internacional, por sua vez, tenderia a um Direito de

Integração, quando o elemento cooperação atue em leis regionais, num plano sensivelmente econômico, que não exclui mas, antes, aspira à unidade política (cf. Celso Lafer, cit. por Adherbal Meira Mattos).

Verifica-se, assim, que a regulamentação das atividades das multinacionais localiza-se, sem prejuízo, como já dissemos, de legislações nacionais instrumentais complementares, junto ao chamado "Direito Internacional Econômico", ainda incipiente e em elaboração. Este ramo do Direito, anota o Prof. Celso D. de Albuquerque Mello, só tem alcançado maior desenvolvimento nos últimos anos (o que justifica sua pouca sistematização), decorrente principalmente do choque de interesses entre países pobres e ricos. Constitui o setor do Direito Internacional em que mais acerba se encontra a luta entre o nacionalismo e internacionalismo. Algumas de suas características são, no ensinamento de D. Carreau (cf. *Le système monétaire internacional*); a) no Direito Internacional Público o fundamento é a soberania, enquanto no Direito Internacional Econômico é a interdependência; b) tem sujeitos de direito não tradicionais, como as multinacionais e as associações de exportadores; c) não é formalista; d) não se adota a igualdade dos Estados; e e) suas normas são mais efetivas, porque seus autores têm meios de fazer que sejam respeitadas. As obrigações por ele estabelecidas são, em geral, de comportamento e as normas correspondentes não são detalhistas, mas impressionistas. Outrossim, o Direito Internacional Econômico não tem visão legalista e contenciosa da ordem internacional, tendendo a dirimir os eventuais litígios na ordem interna das organizações.

Da máxima importância para a viabilidade da regulamentação uniforme das atividades das multinacionais sob a égide do Direito Internacional Econômico é a verificação da exata extensão da referida uniformidade. De fato, esta não pode ser levada a um entendimento universalizante, desconhecedor da realidade e fundamentado em meros ideais utópicos. O Direito Internacional Econômico não objetiva uniformidade niveladora e generalizante em suas normas, de vez que leva em consideração a desigualdade econômica. Assim, objetiva o Direito Internacional Econômico o surgimento de normas distintas para; a) as relações entre países desenvolvidos; b) entre estes e os subdesenvolvidos; e c) entre os subdesenvolvidos.

Em termos de América Latina, a integração é uma conseqüência natural de sua origem comum e de suas perspectivas análogas. Mas toda integração comunitária, observa Limongi França, não apenas econômica; mas também política e social, depende em grande parte da integração jurídica. Esta, por sua vez, se opera numa esfera externa (por meio de tratados, convenções e outros atos constitutivos de órgãos plurinacionais ou regionais) e numa esfera interna (mediante a unificação do respectivo Direito Privado). Neste contexto latino-americano, as multinacionais podem exercer forte pressão para a integração regional, desde que são por si mesmas uma "mini-integração", na mesma proporção em que podem produzir efeito contrário à integração, caso não tenham regulamentadas as sua atividades. Ressalva, entretanto, o Embaixador Roberto de Oliveira Campos, infelizmente, ser visível a falta de desejo político de acelerar o progresso da integração latino-americana, havendo, de um lado, rivalidades, nacionalismo e protecionismo exacerbado entre as maiores potências e, de outro, o temor das pequenas nações de que a liberdade do comércio as torne marginais no processo de industrialização, reduzindo-as a situação semicolonial.

Em síntese de todo o exposto, chega-se à afirmação de que o surgimento de um Direito uniforme para as empresas multinacionais configura não uma mera possibilidade mas, antes, uma necessidade inarredável em benefício e em prol da segurança das relações internacionais entre países desenvolvidos, países em desenvolvimento e as próprias multinacionais e, notadamente, da cooperação entre os Estados e sua integração com vistas ao estabelecimento de uma nova ordem econômica internacional. Obviamente, tal regulamentação implica o abandono parcial de conceitos rígidos de soberania e mesmo de eventuais interesses nacionais específicos com vistas à eficácia dos preceitos uniformizados. Não se pode, todavia, levar tal uniformização a extremos generalizantes e desconhecedores das penalidades de cada Estado, sob pena de inevitável inviabilidade.

Cumpre, destarte, ter sempre em mente a observação de Maurice Flory, segundo quem "une nouvelle réalité s'impose donc. L'inégalité de fait, trop facilement, ignorée du bénefice de l'égalité juridique des États, est un phénomène complex qui suppose une analyse plus fine que celle dont s'etaient contentés les internationalistes jusqu'à présent et conduit à distinguer

Aujord'hui deux types très differrents de distorsion la vieille inégalité de pouissance et la nouvelle inégalité de developpement. La première conduit à reconnaître que le petit Luxembourg est moins puissant que l'Inde immense et prolifiqué, la seconde permet cependant d'affirmer que l'Inde est moins développée que le Luxembourg, ce qui va mettre à la charge de ce dernier des obligations de plus en plus précises"

Portanto, à regulamentação das atividades das multinacionais, futuros (quiçá até iminentes) sujeitos do Direito Internacional contemporâneo, isere-se nitidamente no contexto do Direito Internacional Econômico e, mais precisamente, do Direito Internacional do Desenvolvimento. Sua eficácia, porém, encontrase na dependência não de diplomas legais isolados ou conflitantes, ou simplesmente emotivos ou politizantes, mas, antes, de um complexo integrado de normas inter-relacionadas internacionais e supranacionais (seja em termos geográficos, a estilo - mas ressalvadas as próprias deficiências e defeitos - do MCE, do Pacto Andino ou do Conselho de Assistência Econômica Mútua - COMECOM, seja em termos de campos de atividade.com inspiração - também ressalvadas as respectivas deficiências - na EURATOM, na CECA ou na Organização dos Países Exportadores de Petróleo - OPEP), sem prejuízo de normas internas nacionais instrumentais complementares e identificadoras das respectivas diversidades culturais, históricas e sociais. Imprescindível, ademais, não só a sistematização dos respectivos diplomas, sob a égide da segurança da integração e do desenvolvimento mundiais, mas também a flexibilidade e realismo de seus dispositivos, cuja elaboração não pode apresentar características egocêntricas e inflexíveis, com desconsideração dos interesses e ansiedades de qualquer dos três pólos de atração, a saber, os países em desenvolvimento, os países desenvolvidos e as multinacionais, sob pena de não ultrapassar os lindes do mero idealismo.

Em conclusão, temos que o fato das multinacionais - acrescido aos valores inerentes aos princípios da integração e da cooperação mundiais - torna inarredável o surgimento da norma e conseqüente sistema jurídico correspondente.

Bibliografia

ALBUQUERQUE MELLO, Celso D. de. *Curso de direito internacional público*. 6. ed. Rio de Janeiro, 1979. v. 1 e 2.

AMARAL MÖNCH, Maria da Conceição do. A multinacional e o desenvolvimento econômico. *Revista Forense*, v. 263, p. 77 e ss.

ARMINJON, P. *Précis de droit international privé commercial*. Paris, 1948.

BONAVIDES, Paulo. As multinacionais e a desnacionalização do Estado e da soberania. *RF*, v. 249, p. 17 e ss.

FLORY, Maurice. *Droit international du développement*. Paris, 1977.

LIMONGI FRANÇA, R. *La unificación del derecho obligacional y contractual latinoamericano*. São Paulo, 1976.

MAGALHÃES, José Carlos de. Empresa multinacional: descrição analítica de um fenômeno contemporâneo. *RDM*, v. 14, p. 61 e ss., e *RF*, v. 253, p. 167 e ss.

___________. Nacionalidade da pessoa jurídica e a empresa multinacional. *RF*, v. 253, p. 183 e ss.

MEIRA MATTOS, Adherbal. Aspectos das multinacionais no direito internacional. *RF*, v. 255, p. 91 e ss.

____________. *Direito internacional público*. São Paulo, 1980.

OLIVEIRA CAMPOS, Roberto de. A empresa multinacional e a América Latina. *RF*, v. 253, p. 449 e ss.

PENNA MARINHO, Ilmar. *Novos horizontes do direito internacional*. Brasília, 1978.

PONTES DE MIRANDA, Francisco Cavalcanti. *Tratado de direito internacional privado*. Rio de Janeiro, 1935. t. I.

RAINELLI, Michel. *La multinationalisation des firmes*. Paris, 1979.

REALE, Miguel. *Teoria tridimensional do direito*. São Paulo, 1968.

REIS VELLOSO, João Paulo dos. A importância das empresas multinacionais. *RF*, v. 253, p. 452-453.

SIMONSEN, Mário Henrique. O Brasil e as empresas multinacionais. *RF*, v. 253, p. 453 e ss.

STEINER, Henry J. e DETLEV, F. Vagts. *Transnational legal problems*. 2. ed. Mineola, 1976.

TEIXEIRA VIEIRA, Dorival e CAMARGO, Lenita Correa. *Multinacionais no Brasil – diagnóstico e prognóstico*. São Paulo, 1976.

TENÓRIO, Oscar. *Direito internacional privado*. 8 ed. Rio de Janeiro, 1966. v. 2.

VALLADÃO, Haroldo. *Direito internacional privado*. 3 ed. Rio de Janeiro. v. 1 (1971) e v. 3 (1978).

[illegible]

CONFLITO ENTRE OS TRATADOS INTERNACIONAIS E AS NORMAS DE DIREITO INTERNO QUE LHES FOREM POSTERIORES*

José Inácio Gonzaga Franceschini

Como é de conhecimento generalizado entre os estudiosos de Direito Internacional, desde longa data, a questão do conflito entre os tratados internacionais e as normas de Direito interno vem preocupando os especialistas. De tal forma opostas as teorias adotadas, que se pode dizer inexistir, ainda em nossos dias, consenso sobre o assunto.

Classicamente, dividem-se as opiniões em duas grandes correntes principais, a saber, a do monismo e a do dualismo, a primeira sustentando a existência de uma única ordem jurídica e a outra, como sua própria designação antecipa, acreditando na coexistência de duas ordens jurídicas, uma externa e outra interna, perfeitamente independentes, cujas normas são insuscetíveis de conflito.

A teoria monista subdivide-se em duas: a) a que defende a primazia do Direito interno e b) a que reconhece preponderância ao Direito Internacional.

A teoria monista, deferindo primazia ao Direito interno; teve por defensores exponenciais Wenzel, Decencière-Ferrandière, Jellinek e, inicialmente, Verdross os quais formularam seu entendimento ao influxo de Spinoza e Hegel, cujas posições lastreavam-se na supremacia do Direito estatal. Assim, para Spinoza, o Estado, investido de parte do poder divino, seria superior aos acordos internacionais, deles podendo livrar-se na medida de seus interesses. Por outro lado, segundo o pensamento hegeliano, o Estado teria vontade absoluta, estando acima dos tratados internacionais por ele próprio concluídos. Em termos modernos, a vontade do Estado deve ser encontrada em sua própria ordem jurídica, tornando, portanto, a Constituição de cada Estado o fundamentado do Direito Internacional.

As principais críticas que se fizeram à teoria monista com primazia do Direito interno são no sentido de que, desde a Antigüidade, já se buscava a fundamentação dos tratados internacionais em uma base superior. Outrossim, segundo os críticos, a adoção de tal teoria implicaria a negação da existência do Direito Internacional como Direito autônomo e independente, impondo-se a

* Publicado originalmente na *Revista dos Tribunais*, ano 71, v.556, fev. 1982.

inteligência máxime porque uma regra de Direito, produto da vontade livre do Estado, não poderia ser realmente obrigatória e, simultaneamente, continuar a fazer parte da discrição do Estado.

A teoria monista com primazia do Direito Internacional, por outro lado, teve por arautos, entre outros, as figuras eternas de Kelsen e Verdross. Segundo Kelsen, uma norma tem sua, origem em outra que lhe é superior, dela haurindo sua obrigatoriedade. O Direito, portanto, seria um sistema único, uma vez que todas as normas, em última análise, extrairiam sua validade de uma norma originária hipotética, de uma norma-base (*Grundnorm*). A Teoria Pura do Direito de Kelsen, que de início permitia a cada Jurista a escolha da norma fundamental, por influência de Verdross evoluiu no sentido de se reconhecer a *Grundnorm* na norma costumeira internacional consubstanciada no axioma *pacta sunt servanda*. Em conseqüência, haveria uma preponderância moral da ordem internacional sobre a estatal, de forma a limitar a soberania dos Estados. Nestas condições, a norma internacional estaria para o Direito interno assim como a Constituição de cada Estado está para a lei ordinária, de maneira que, em caso de conflito entre uma norma de Direito Internacional e uma de Direito interno, segundo o pensamento de Verdross, teria a última no máximo uma obrigatoriedade apenas interna e provisória, pois outros Estados poderiam exigir sua revogação. A teoria monista em foco também enfrenta críticas, as quais salientam tratar-se de doutrina distante da realidade e dotada de um logicismo exagerado, não se podendo, outrossim, olvidar que, para que um Estado pudesse exigir a revogação de uma lei interna alheia, seria preciso conferir-lhe a possibilidade de fazer valer suas reivindicações.

A teoria dualista foi desenvolvida por Treipel e Anzilotti e sustenta, basicamente, que o Direito Internacional e Direito interno regem relações sociais distintas, Inexistindo, portanto, a possibilidade de conflitos entre as normas de cada uma dessas ordens jurídicas. Com efeito, segundo a teoria, para que uma norma internacional produza efeitos na ordem interna de um determinado Estado, torna-se Indispensável sua assimilação pelo Direito interno. Derivando de normas fundamentais autônomas, as normas internacionais se destinam a sujeitos diversos daqueles a que visam as normas internas, de tal sorte que, assim como uma lei interna não pode valer para o direito internacional, as normas internacionais não obrigam os sujeitos do Direito estatal interno e não podem ser aplicadas pelos Tribunais nacionais quando em conflito com leis internas. Em suma, toda norma só seria jurídica no âmbito do ordenamento de que faz parte e, no caso de haver evocação, por um ordenamento, de regras jurídicas de outro, faz-se mister um reenvio, ou seja, uma recepção, pela qual a norma invocada torna-se jurídica no ordenamento que a partilha. Nestas condições, logicamente impossível a própria existência de conflitos entre um tratado internacional uma lei interna, a não ser que aquele se transforme em norma estatal, hipótese em que o eventual conflito seria solucionado peia regra *lex posterior derogat legi priori*.

A teoria dualista também não está isenta de críticas, máxime porque não esclarece como as partes de um tratado podem pedir reparação pela violação do Direito Internacional, sendo certo, segundo os críticos, que a eventual reparação da ofensa restituiria ao Direito Internacional seu caráter supremo.

A doutrina brasileira também não teve como fugir à controvérsia, embora, aparentemente, haja um predomínio da teoria monista com primazia do Direito Internacional. Assim, p. ex., para o Prof. Marotta Rangel, por força da noção de unidade e solidariedade do gênero humano, haveria uma prevalência hierárquica da norma internacional sobre as leis internas. Por conseqüência, as normas internacionais prevaleceriam inclusive sobre as constitucionais, assim como estas prevalecem sobre as legais e ambas sobre as regulamentares, as federais sobre as estaduais e assim por diante (Haroldo Valladão). No dizer de Celso D. de Albuquerque Mello, o Estado é sujeito de Direito Internacional e de Direito interno, não podendo estar submetido a duas ordens jurídicas que se chocam, não sendo possível esquecer que a violação de um preceito de ordem internacional acarreta-lhe responsabilidade, havendo, portanto, primazia do Direito Internacional. Já Hildebrando Accioly prefere dizer que o Direito Internacional é superior ao Estado, porque derivaria de um princípio superior à vontade dos Estados, sendo, portanto, um limite jurídico ao poder estatal; Próximo a tal entendimento, Pontes de Miranda salienta que o Direito das Gentes revelara-se em todas as suas formas antes da divinização hegeliana do Estado, como"realidade" que se antepunha a ilusão da "onipotência pluralística dos soberanos". Em outras palavras, soberania, em termos superlativos, seria atributo unicamente da comunidade internacional, posto que a ordem jurídica estatal não seria absoluta, nem suprema, uma vez que aplicável somente em determinado território e a certas pessoas, sem o caráter universal dos preceitos internacionais.

Diversa a posição de Amílcar de Castro, para quem o tratado somente pode operar na ordem internacional, a qual seria independente da ordem nacional. O tratado internacional não seria lei, mas mero ato internacional que apenas obriga o governo de um Estado, e não seus jurisdicionados na ordem interna. Nestas condições e por influência da teoria dualista, as regras de Direito Internacional contidas em tratados normativos, para se converterem , em Direito nacional e serem, então, obedecidas internamente e adotadas pelos tribunais, devem ser postas em vigor por uma ordem de execução, sendo esta exarada com base ao Direito nacional, e não do Direito Internacional. Já na opinião de Wilson de Souza Campos Batalha, perante conflitos entre tratados e leis internas, devem estas preponderar (salvo se possível a convivência entre elas em suas respectivas esferas), mesmo porque, em princípio, nada obsta ao legislador de cada Estado elaborar leis internas ainda que frontalmente contrárias a um tratado internacional.

No plano jurisprudencial, como é óbvio e dificilmente se poderia imaginar o contrário, as Cortes internacionais consagram a primazia do Direito Internacional, sendo que. ao dizer de Akehurst, o Direito interno, para o juiz internacional, teria valor de simples fato sem características normativas, podendo apenas servir como prova da existência de um costume internacional. A respeito, notável um parecer consultivo da CPJI, de 31.7.30, no sentido de que: "É princípio geralmente reconhecido de Direito Internacional que, nas relações entre potências contratantes de um tratado, as disposições de uma lei interna não podem prevalecer sobre as do tratado".

Durante longo trato de tempo manifestou-se a jurisprudência brasileira no sentido do primado do Direito Internacional sobre o Direito interno, lembrando Haroldo Valladão inúmeras decisões do STF a este respeito, tais como os acórdãos que reconheceram a vigência de antigos tratados de extradição com a Itália, de 12.11.1872, e a Alemanha, de 17.12.1877, embora divergentes da Constituição de 1891 (ac. de 14.8.05, in "*O Direito*" 98/243, e ac. na Extr. 7, in M.Coelho Rodrigues, "*A extradição*", v. III/25), bem como a vigência dos tratados com o Uruguai, de 25.1.33, e com os Estados Unidos, de 2.2.35, que concediam ampla isenção de direitos aduaneiros. sem embargo de leis brasileiras posteriores em contrário (ac. na Ap. cível 8.332, de 7.7.44, 2ª T, in *DJU*, de 7.12.44, p. 5.688, e acs. de 4.10.49, Ap. cível 8.992. in *O Direito* LXVI/99; de 23.7.53, Ap. cível 9.593. *Arquivo Judiciário* 107/255; de 26.10.54, Ap. cível 9.594, *Arquivo Judiciário* 116/135; e de 21.8.51, Ap. cível 9.587, *RDA* 24/106).

Recentemente, porém (e não obstante a acerba crítica de Celso D. de Albuquerque Mello), no RE 80.004-SE (DJU 29.12.1977), o plenário do STF, através de acordo de 1.6.77. debateu amplamente a matéria, em suas diversas correntes, concluindo, embora por maioria de votos, pela revogabilidade do tratado internacional por lei ordinária posterior. De um lado, defendendo a teoria clássica da primazia do Direito Internacional, manifestaram-se os Ministros. Xavier de Albuquerque e Eloy da Rocha, o primeiro, principalmente, lastreado na jurisprudência do Pretório Excelso acima referida e invocando ensino de Orozimbo Nonato (Ap. cível 8.332 de 7.7.44, 2ª T, do STF), segundo quem o Estado, vinculado por tratado, não pode argüir lei alguma que contrarie esse mesmo tratado, sendo certo que, enquanto não denunciado, não poderia o Estado descumpri-lo. Trata-se da adoção da teoria do monismo radical. De outro lado, tomaram posição os Ministros. Cunha Peixoto, Cordeiro Guerra, Leitão de Abreu, Rodrigues de Alckmin e Thompson Flores. Para Cunha Peixoto, o cerne da questão encontrar-se-ia não nas teorias sobre o Direito Internacional, mas no Direito Constitucional de cada Estado. Assim sendo, tal como na Constituição brasileira, inexistindo vedação constitucional para que o legislador ordinário apresente projeto que revogue norma que tenha origem em tratado internacional, aplicar-se-ia, em caso de conflito, o princípio de *lex posterior derogat legi priori*. Impor-se-ia o entendimento, sob pena de transformar o tratado em superlei, em situação anterior à própria Constituição, permitindo, outrossim, a existência de diplomas legais que somente poderiam ser revogados pelo Poder Executivo, por meio de denúncia do tratado, o que seria inconstitucional. Para o Min. Cordeiro Guerra, a promulgação de um tratado dá-lhe força de lei, sem, porém, conferir-lhe força constitucional. Adotou o ilustre Ministro, em seu voto a lição de Triepel e Anzilotti, concluindo que da completa independência das duas ordens jurídicas, externa e interna segue-se, necessariamente, que o Direito interno, ainda no caso de haver sido editado com infringência do Direito Internacional, não deixa de vincular tanto os indivíduos sujeitos à jurisdição do Estado como os órgãos deste Estado aos quais o sistema constitucional atribua a função de aplicar a lei. A eventual derrogação de um tratado internacional por lei ordinária posterior poderia, quando muito, ensejar reclamação de outro Estado, sem que tal fato, contudo, afetasse a validade da norma interna e as questões de Direito interno. O Min. Rodrigues de Alckmin, por sua vez, emitiu voto no sentido de que a Constituição brasileira não encerra norma que, na hierarquia das leis, outorgue aos tratados posição de proeminência, exigindo sua prévia denúncia para que o Poder Legislativo possa dispor em sentido contrário. Assim, ainda que na órbita internacional eventualmente se possa alegar descumprimento de tratado, o reclamo não se refletiria na ordem jurídica interna, posto que somente a Constituição do Estado pode estabelecer a supremacia dos tratados. Portanto, na contradição entre tratado anterior a lei interna posterior, reconhece a validade desta.

Por seu turno, o Min. Thompson Flores também votou no sentido de que submeter a Constituição poderia conferir ao tratado internacional a prerrogativa de primazia em face do Direito interno diante da omissão constitucional sobre o tema; a lei ordinária e o tratado se equivaleriam, podendo um derrogar o outro. Buscando um entendimento intermediário, o Min. Leitão de Abreu não encontrou no Direito Positivo brasileiro texto que adote, quanto ao conflito entre tratado e lei, o princípio *lex posterior derogat priori*, posto que a Constituição Federal não teria conferido o mesmo *status* à lei federal e ao tratado internacional. Ambos, em verdade, situar-se-iam hierarquicamente abaixo da Constituição, mas manteriam seus caracteres específicos e diferenciais. Logo, a lei posterior em contrário não revogaria, em sentido técnico, o tratado, senão que lhe afastaria a aplicação pelos Tribunais nacionais. Por via de conseqüência, revogada a lei ordinária posterior, voltaria o tratado internacional à sua plena eficácia na ordem jurídica interna. Tratar-se-ia, quiçá, ponderamos nós, de entendimento influenciado pela orientação jurisprudencial atualmente predominante nos países do Mercado Comum Europeu, que busca evitar a aplicação do princípio *lex posterior derogat priori*, partindo da suposição de que o legislador não pretendeu violar o tratado, esforçando-se o intérprete para dar à lei ordinária posterior inteligência conforme o tratado. Este procedimento foi chamado pelo Prof. Munch de *hinwegdiscutieren* ("discutir sem levar em consideração"), porém sua adoção reconhece-se pode ter por conseqüência o falseamento da verdade, posto que o legislador pode ter pretendido violar propositalmente o Direito Internacional. De qualquer forma, no acórdão em questão observa-se, igualmente, que o Min. Antônio Neder procurou aplicar o princípio de interpretação extensiva, forçando, desta forma, evitar conflito entre o tratado e a lei interna posterior.

A nova tendência brasileira não se encontra isolada, notadamente nos países da *Common Law*, como notícia Celso D. Albuquerque Mello. Nos Estados Unidos, embora tribunais, ao aplicarem os tratados, procurem dar interpretação de modo a salvaguardar o tratado em face da lei posterior, quando tal não seja possível, o texto ordinário tem sua primazia reconhecida, sustentando a Suprema Corte que os tratados internacionais se submetem à Constituição Federal, tal como as leis. Por exemplo, no caso *Edye vs. Robertson* (112 U.S. 580, 597, 5 S. Ct. 247, 28 L. Ed. 798 (1884)): aquele Pretório observou que a Constituição não conferira ao tratado nenhuma superioridade sobre um ato do Congresso e, assim, o tratado estaria sujeito aos atos que o Congresso aprovasse com vistas à sua execução, modificação ou rejeição. Os mesmos princípios são evidenciados nos casos relativos ao chamado *Chinese Exclusion Act,* de 1892, tais como no processo *Fong Yue Ting vs. Estados Unidos* (149 U.S. 698, 13 S. Ct. 1016, 37 L. Ed. 905 (1893))e o processo Whitney vs. Robertson (124 U. S 190, 8. S. Ct. 456, 31 L. Ed. 386 (1888)), Merece friso, contudo, a opinião dos Professores Henry J. Steiner e Detlev F. Vagts, no sentido de que a promulgação de tal lei posterior, sob o ponto de vistado Direito Internacional, não revoga, tecnicamente, o tratado, sendo apenas uma das formas pelas quais o texto internacional deixa de ser a *supreme law* ("lei suprema").

Sob o prisma de legislação, observa-se que, mesmo com relação aos tratados internacionais, existe uma certa resistência atual à sua supremacia absoluta em fase das leis internas. De fato, é curioso notar que, no passado, a Convenção sobre Tratados, assinada em Havana (VI Conferência Interamericana), de 20.2.28, sancionada no Brasil pelo Dec. 5.647, de 8.1.29, ratificada à 30.7.29 e promulgada pelo Dec. 18.956 de 22.10.29), sob a influência da doutrina e jurisprudência então predominante (inclusive entre nós), de natureza monistica, com primazia do Direito Internacional, dispôs, em seus arts. 10 e 11 que:

"Art. 10. Nenhum Estado se pode eximir das obrigações do tratado ou modificar as suas estipulações, senão com o acordo, pacificamente obtido, dos outros contratantes".

"Art. 11. Os tratados continuarão a produzir os seus efeitos ainda quando se modifique a Constituição interna dos Estados constantes. Se a organização do Estado mudar, de maneira que a execução seja impossível, por divisão de território ou por outros motivos análogos, os tratados serão adaptados às novas condições."

Mas já à essa época observava-se certa reação, como se verifica não só do voto negativo à Convenção preferido pela delegação de El Salvador mas também de interessante reserva feita pela delegação da Bolívia quanto ao art. 15 da Convenção (relativo à caducidade dos tratados), visando a tornar suscetíveis de caducidade não só os tratados de aplicação não contínua, como estabelecido no mencionado artigo, mas também toda espécie de tratados, qualquer que fosse seu caráter ou denominação, "inclusive os chamados, 'tratados definitivos' que, como toda convenção humana, sãosuscetíveis de erro, já que nada há que seja imutável e eterno".

Por outro lado, talvez já sob o impacto de concepções mais recentes tendentes a salvaguardar a soberania dos Estados, lembrem-se os termos dos arts. 27 e 46 da Convenção sobre Direito dos Tratados de Viena (1969), que rezam:

"Art. 27. Uma parte não pode invocar as disposições de seu Direito interno como justificativa para o inadimplemento de um tratado. Esta regra não prejudica o art. 46".

(...)

Art. 46.1. Um Estado não poderá invocar o fato de que seu consentimento em obrigar-se por um tratado foi expresso em violação de uma disposição de seu Direito interno sobre competência para concluir tratados, a não ser que essa violação seja manifesta e diga respeito a uma regra de Direito interno de importância fundamental".

Como se pode verificar, à primeira vista, lembra o Prof. João Grandino Rodas, o art. 27 inculca a primazia do Direito Internacional sobre o Direito interno, mas o art. 46 estabelece, paradoxalmente, em que medida a violação do Direito interno influencia a validade dos tratados. Não obstante o dispositivo de escape, além de outros motivos, a convenção ainda não logrou entrar em vigor.

Ainda no âmbito dos tratados, a posição brasileira apresenta, na atualidade, tal como demonstrado pela jurisprudência do STF, tendências opostas às acatadas no passado, como corolário de sua participação no rol de países que defendem a instituição de uma nova ordem econômica internacional, sob a égide do ainda incipiente Direito Internacional Econômico, tais como a Carta de Direitos e Deveres Econômicos dos Estados, aprovada pela Assembléia Geral da ONU, em dezembro de 1974, e outros diplomas em que, p. ex., em matéria de transferência de tecnologia , fez-se prevalecer entre os países economicamente menos desenvolvidos o conceito da prevalência das normas direito interno sobre as internacionais.

No âmbito da legislação interna, consoante verificou Celso D. Albuquerque Mello, desde a Constituição austríaca após a Primeira Guerra, encontra-se na Europa Continental a tendência a incorporar as normas internacionais ao Direito interno. Tratar-se-ia de uma retardatária aplicação do princípio dominante na Inglaterra e nos Estados Unidos, enunciado desde o século XVIII por Blackstone, de que "the law of nations is held to be a part of the law of the land". Não obstante, Constituições como a francesa e, notadamente, a holandesa, consagram textualmente a supremacia do tratado, embora sob condição de observância de alguns requisitos: na Carta Magna francesa (de 1958), em seu art. 55, os tratados são superior à lei sob reserva da aplicação pelo outro contratante (condição que pode facilmente dificultar a atuação do juiz); na holandesa (de 1956), pelo seu art. 63, admite-se a conclusão de um tratado contrário à própria Constituição, desde que aprovado por quórum qualificado de 2/3 dos Estados-gerais.

No Brasil, a matéria é tratada de forma mediata no art. 119, III, *b*, da Carta Magna (EC n. 1/69), segundo o qual compete ao STF declarar a inconstitucionalidade de tratado ou de lei, colocando ambas as formas de diplomas em situação de igualdade (e, portanto, de inferioridade em face da própria CF). Portanto, no Brasil, não existe texto constitucional expresso que outorgue aos tratados predominância sobre as leis ulteriores, máxime perante o entendimento jurisprudencial dominante evidenciado no RE 71.154 (*RT* 58/70), no sentido de que os tratados aprovados e promulgados passam a fazer parte da legislação interna, equiparados às leis federais.

Enseja discussão o art. 98 do CTN (Lei n. 5.172 de 25.10.66), que reza: "Art. 98. Os tratados e as convenções internacionais revogam ou modificam a legislação tributária interna, e serão observados pela que lhes sobrevenha".

À primeira vista, pareceria a consagração do primado do Direito Internacional sobre o Direito interno, como, aliás, entendeu o Min. Xavier de Albuquerque no voto que proferiu no RE 80.004, acima referido. Porém, lembrou em sentido contrário o Min. Cunha Peixoto que o dispositivo (a par de ser de constitucionalidade duvidosa) se restringe à legislação tributária, cujos preceitos internacionais são de natureza contratual, e não normativa. Assim, tratando-se de contrato entre governantes, deve o acordo internacional ser respeitado pela legislação posterior, uma vez que regula um direito subjetivo. Outrossim, recordou o Ministro que, "se a lei ordinária não pudesse, pela Constituição, revogar a que advém de um tratado, não seria necessário dispositivo expresso de ordem tributária".

Analisadas, ainda que brevemente, a doutrina e a legislação, abalamo-nos, *data vênia*, a apresentar nossa opinião, não sem antes recordar a observação dos Professores. Marotta Rangel e Haroldo Valladão no sentido de que o conflito entre tratados e leis internas sucede apenas esparsamente, embora possa haver uma tendência natural ao seu incremento na proporção do desenvolvimento das relações internacionais.

Não se pode esquecer de que tratados há que não são facilmente suscetíveis de antinomia, tais como os tratado de garantia, os pactos de organização geral ou regional, o Estatuto da Corte Internacional de Justiça e outros. Outrossim, é raro verificar-se uma regra interna que vise, abertamente, a contraditar um texto internacional, sendo certo que, na dúvida, a interpretação corrente é no sentido de buscar compatibilidade entre as normas internacionais e as internas. Além disso, com freqüência, as disposições internas são gerais, enquanto as internacionais, quando convencionais, são especiais e circunscritas aos Estados contratantes, podendo, assim, conviver ambos os diplomas, prevalecendo a legislação interna com a exceção da externa.

Por outro lado, é curioso observar que não só as leis internas podem eventualmente ter por efeito a revogação ou modificação de tratados, o que pode decorrer, embora excepcionalmente, de simples acordos com particulares. Exemplo de tal singularidade foi o ocorrido com a Convenção de Varsóvia de 1929, em que a responsabilidade do transportador aéreo se tornou de tal forma insuficiente diante dos parâmetros adotados por países com nível de vida mais elevado que o Poder Executivo dos Estados Unidos, em vez de denunciá-lo (em verdade chegou a faze-lo, em novembro de 1965, voltando atrás em maio de 1966), concluiu um acordo, conhecido como Montreal Interim Agreement, aos 16.5.66, com transportadores americanos e estrangeiros, elevando a indenização mínima ou com escala nos Estados Unidos. Houve, assim, uma revisão parcial significativa da Convenção de Varsóvia sem participação do Poder Legislativo.

A realidade, porém, é que, no atual estádio da História mundial, inexiste uma ordem supra-estatal, embora se acentue, dia-a-dia, o reconhecimento da interdependência, notadamente econômica, entre os Estados (o que, eventualmente, no futuro, pode constituir-se em germe de um efetivo poder supra-estatal). Outrossim, como se pode facilmente verificar, como regra geral, as teorias doutrinárias partem sempre do pressuposto de norma e conceitos superiores (Direito Natural, *Grundnorm,* soberania da comunidade internacional, Constituições etc.), sem maiores preocupações com os fundamentos concretos e reais das normas internacionais. Assim, as teorias monistas com primazia do Direito Internacional tendem a considerar este ramo do Direito como distinto e superior aos demais ramos do conhecimento jurídico, colocando-o em posições oníricas de supremacia, como que decorrentes de benesses dos deuses. Já os monistas que reconhecem a primazia do Direito interno, embora mais próximos à realidade dos fatos, enaltecem a função das Constituições de cada Estado, sem maiores preocupações com os próprios fundamentos das normas constitucionais, como se estas fossem produto apenas de uma realidade concreta. Finalmente, os dualistas separam as ordens jurídicas externa e interna como se estanques fossem e como se pudesse conceber o Estado ao mesmo tempo jungido a dois ornamentos eventualmente contraditórios entre si.

Lembra Miguel Reale que a regra de Direito "não é criação arbitrária do espírito, nem fruto de um capricho de déspota, portanto, para ser tal, deve necessariamente pressupor um valor a realizar, a análise das condições culturais, a apreciação racional das soluções que os diferentes casos comportam, para que o valor ético do preceito emanado de uma autoridade competente possua real eficácia no seio do grupo". Em outras palavras, tal como leciona o mestre, é preferível, ao examinar o fundamento de uma determinada norma jurídica, partir do valor-fonte; assim, o valor da norma deve ser considerado perante os fatos, uma vez que a relação fato-norma constitui o ponto de partida da obrigatoriedade jurídica em concreto.

Ainda no dizer do jurisfilósofo, "não é indo além do Direito e procurando um "ser Direito" transcendente, mas é na própria ordem jurídica positiva que podem encontrar a integração fato-valor-norma à qual corresponde esta outra: validade social (ou "eficácia"), validade ética (ou 'fundamento') e validade jurídica (ou'vigência')". E mais: "Não podemos, pois, resolver o problema do fundamento da obrigatoriedade das normas jurídicas fazendo-as descer, por mero artifício lógico, de uma norma primária hipotética posta pelo jurista, à maneira de Kelsen".

Nestas condições, tem-se que, continuando, "a vida social apresenta uma incessante renovação de valores explicando a incessante renovação da ordem jurídica positiva".

Ora, a partir do momento em que o homem se reúne em sociedade e esta posteriormente transforma-se em Estado, inevitável é a ocorrência de fatos inerentes ao grupo social, aos quais os membros deste conferem valores, pressionado desta forma o poder competente (inexistindo sociedade sem ordem) para racionalmente promulgar a norma jurídica. Na medida do grau evolutivo da sociedade, faz-se mister um constante aperfeiçoamento do corpo de normas jurídicas dentro de um sistema, o qual, por definição, submete-se a regras básicas e fundamentais próprias ao grupo social que, em última análise, as criou, regras estas, que governam todas as demais. Não se trata, diga-se desde já, de uma norma hipotética extraída da lógica pura, mas antes de uma realidade social. Daí termos diplomas legais, costumes ou mesmo princípios maiores, dentre os quais destacam, na atualidade, porém sem exclusividade, as Constituições. Por outro lado, à medida que as sociedades humanas se desenvolvem, torna-se visível e natural a convivência com outras sociedades àquelas externas, verificando-se, então ,o surgimento, pelo mesmo fundamento, de normas que regulam o relacionamento entre elas. Observa-se entretanto, que aqueles diplomas legais, costumes ou princípios gerais, que inicialmente orientam a formação das normas jurídicas internas, passam, em decorrência de uma verdadeira "pressão social" interna, a orientar o surgimento de novas normas destinadas ao relacionamento externo. Lembramos mais uma vez que os preceitos maiores, de ordem geral, não se restringem, necessariamente, a uma Constituição, nada obstando a que uma determinada sociedade ou Estado, em certo momento histórico, não disponha de uma Constituição, sem que isto signifique a inexistência de um ordenamento maior. Portanto, as normas de Direito Internacional não têm por fundamento necessário de sua obrigatoriedade uma Constituição (posto que esta não pode existir), nem qualquer *Grundnorm* situada fora da realidade social. A Lei Maior (ou Leis Maiores), seja ela uma Constituição, um corpo de costumes ou conjunto de princípios gerais adotados pelas diversas sociedades humanas, antes de conferir, fundamento às normas de Direito Internacional, simplesmente as regula e interpreta.

Em outras palavras, é nestes diplomas, costumes ou princípios gerais de cada Estado ou sociedade humana que se deve verificar a hierarquia das normas jurídicas bem como a forma de sua criação, alteração e revogação específica. Assim, não há adotar uma teoria monista ou dualista, com ou sem primazia de Direito Internacional ou do Direto interno como verdade única, posto que cada Estado, por meio de sua Lei Maior (ou Leis Maiores), é que determinará o sistema a ser obedecido. Nestas condições, as diversas teorias nada mais são do que simples sistemas, e não realidades universais.

Assim sendo, pode a Lei Maior (ou Leis Maiores, conforme o caso) de cada Estado (note-se, não é o Estado quem o faz) livremente determinar a primazia seja dos tratados sobre as leis ordinárias posteriores, ou, mesmo, sobre a própria Lei Maior (ou Leis Maiores), seja destas sobre os tratados, podendo tais regras serem alteradas *a posteriori*, de acordo com a realidade do trinômio fato-valor-norma.

Justifica-se, assim, p. ex., por que Constituições como a francesa ou a holandesa expressamente admitem a primazia do Direito Internacional sobre elas próprias em determinadas circunstâncias. Justifica-se, da mesma forma, a Constituição brasileira, que coloca os tratados abaixo da Lei Maior e em idêntica posição hierárquica que as leis ordinárias federais; e, por via de conseqüências, a aplicabilidade do princípio *lex posterior derogat priori*. Outrossim, o entendimento também justifica e confere juridicidade á ratificação de tratados contrários a disposições de fundo das Constituições (tal como o ocorrido com a ratificação do tratado instituidor da Comunidade Européia do Carvão e do Aço pela Bélgica, por Luxemburgo e pelos Países Baixos), assim como a própria existência e validade dos acordos em forma simplificada, na medida em que fenômenos como estes sejam conseqüência e expressão da espontânea, e legítima "pressão social". Em outras palavras, trata-se do divórcio entre a letra e/ ou a emissão das leis constitucionais e o conteúdo normativo consubstanciado na Lei Maior (ou Leis Maiores), com primazia deste e decorrente derrogação ou ab-rogação daquelas. Parece-nos, portanto, precioso o ensinamento de Blackstone no sentido de que "the law of the nations is held to be a part of the law of the land", verificando-se que o Direito Internacioal ("the law of the nations") é parte ("is held to be a part") do Direito da terra ("of the law of the land"), isto é, da sociedade humana que compõe o Estado (e não de sua eventual Constituição). Não se pode, outrossim, deixar de apontar a tendência da atual teoria soviética citada por Celso D. de Albuquerque Mello e por ele classificada como uma das teorias "conciliatórias" entre a teoria monista e a dualista, pela qual o Direito Internacional e o Direito Interno têm o mesmo valor, havendo entre eles um "elo indivisível" (Mironov). É certo que tal teoria preceitua que o tratado revoga um tratado anterior, porém tal teoria preceitua que o tratado revoga a lei anterior, mas a lei posterior revoga o tratado anterior, porém a tal assertiva deve-se acrescer a expressão "se assim o determinar, implícita ou explicitamente, a Lei Maior (ou Leis Maiores) do Estado".

É indiscutível a possibilidade de reclamo por parte de um Estado em face da revogação de um tratado por lei interna posterior. Porém, para fins de responsabilidade internacional, faz-se imprescindível aclarar, antes de tudo, a legitimidade jurídica do protesto. Assim, em princípio, e como lembrado pelo Min. Cunha Peixoto (RE n. 80.004, cit.), cumpre verificar se se trata de tratado normativo ou de tratado-contrato. A primeira espécie exigiria a prévia verificação dos termos da Lei Maior (ou Leis Maiores), sendo que à reclamação deve ser desconsiderada (sob o prisma jurídico) se a revogação for permitida por aquela (ou aquelas). Já nos tratados-contratos, por se constituírem em acordos convencionais entre governantes, seriam maiores as dificuldades de justificativa, posto que na maior parte das vezes não se trata de normas oriundas de uma "pressão social", mas de mera oportunidade e conveniência do administrador.

De qualquer forma, prevista a revogabilidade do tratado pela Lei Maior (ou Leis Maiores), insubsistente é o reclamo porventura feito, mesmo porque poderá a "pressão social" do Estado reclamante, a qualquer tempo, alterar a própria Lei Maior (ou Leis Maiores), de forma a prever a mesma possibilidade.

Não se pode, por fim, deixar de consignar que a Lei Maior (ou Leis Maiores) somente assim pode(m) ser classificada(s) quando oriunda(s) da referida "pressão social" e do trinômio fato-valor-norma, e jamais da autoridade artificial e temporária de um déspota. As normas técnico-jurídicas arbitrárias e artificiais podem ter vigência, porém não são dotadas de eficácia ou fundamento. Portanto, tratando-se, p. ex., de uma Constituição puramente imposta pelo governante, e não oriunda da própria comunidade humana sob sua jurisdição, não se pode validamente justificar a revogação de um tratado internacional por lei interna posterior, salvo se tal revogabilidade fosse admitida pela Lei Maior (ou Leis Maiores) anterior(es) à Constituição imposta (que continuará (ão) eficaz (es)). Não ocorrendo a exceção, haverá legítima responsabilidade internacional.

Ante todo o exposto, uma palavra final. A teoria acima apenas incipientemente desenvolvida pode certamente não ser a mais conveniente sob o ponto de vista político de alguns Estados, ou mesmo, do desenvolvimento autônomo do, Direito Internacional (como Direito superior aos demais ramos do conhecimento jurídico), mas constitui aquilo que sinceramente se nos parece o espelho da realidade. Observa-se, ademais, que a teoria não nega a existência do Direito Internacional, posto que o mesmo indubitavelmente existe, não, porém, como ramo autônomo em relação ao Direito interno, mas sim e apenas cientificamente autônomo, da mesma forma, que o Direito Civil e o Direito Comercial são ramos autônomos do Direito.

Bibliografia

ACCIOLY, Hildebrando. *Manual de direito internacional público*. 9. ed. São Paulo, 1970.

ALBUQUERQUE MELLO, Celso D. de. *Curso de direito internacional público*. 6. ed. Rio de Janeiro, 1979. v. 1 e 2.

CAMPOS BATALHA, Wilson de Souza. *Tratado de direito internacional e privado*. 2. ed. São Paulo, 1977. v. II.

CASTRO, Amílcar de. *Direito internacional privado*. Rio de Janeiro, 1956. v. 1.

LOPES, Mauro Brandão. *Cambial em moeda estrangeira*. São Paulo, 1978.

PONTES DE MIRANDA, Francisco Cavalcanti. *Tratado de direito internacional e privado*. Rio de Janeiro, 1935. t. I.

RANGEL, Vicente Marotta. *Direito e relações internacionais*. São Paulo, 1971.

REALE, Miguel. 2. ed. *Fundamentos de direito*. São Paulo, 1972.

RODAS, João Grandino. *Alguns problemas de direito dos tratados, relacionados com o direito constitucional à luz da Convenção de Viena*. Coimbra, 1972.

STEINER, Henry J. e Detlev F. Vagts. *Transnational legal problems*. 2. ed. Mineola, 1976.

VALLADÃO, Haroldo. *Direito internacional privado*. 3. ed. Rio de Janeiro, 1971.

SUMÁRIO HISTÓRICO DOS ANTECEDENTES LEGISLATIVOS DA CHAMADA "LEI ANTITRUSTE" BRASILEIRA (LEI N. 4.137, DE 10 DE SETEMBRO DE 1962) * **

José Inácio Gonzaga Franceschini

Em seu art. 116 previu a Constituição Federal de 1934 a possibilidade de, através de lei especial e com ressalvas, "por motivo de interesse público" serem monopolizadas certas atividades econômicas. [1]

Obviamente não era o texto auto-exeqüível; e, a seguir, não foi objeto de regulamentação. Não deixou, contudo, de ser o primeiro preceito constitucional pátrio a preocupar-se em retirar o Estado da posição de mero espectador de fenômenos econômicos que atingissem à coletividade, correlacionando a organização da ordem econômica a "princípios de justiça e às necessidades da vida social", com o escopo de possibilitar "a todos existência digna". Só presentes esses parâmetros, garantia a Carta Magna a liberdade econômica. [2]

Como ponderou Pontes de Miranda, já vinha aí, implícito, o princípio da repressão ao abuso do poder econômico. [3] Segundo Mestre de análogo quilate tornara-se "moeda corrente a teoria da intervenção do Estado na vida econômica"; [4] mas na prática não foi imediata, entre nós, sua entrada em franca circulação.

---

* Publicado originalmente em *Poder econômico: exercício e abuso*, São Paulo; Revista dos Tribunais, 1985

** Compilado através de pesquisas nas coleções do Diário do Congresso Nacional e do Diário Oficial da União, dados obtidos na Diretoria dos Serviços Legislativos da Câmara dos Deputados e na Subsecretaria de Edições Técnicas do Senado Federal, bem como em elementos colhidos nas obras que serão indicadas no curso da exposição.

[1] "Art. 116. Por motivo de interesse público e autorizada em lei especial, a União poderá monopolizar determinada indústria ou atividade econômica, asseguradas as indenizações devidas, conforme o art. 112, n. 17, e ressalvados os serviços municipalizados ou de competência dos poderes locais".

[2] "Art. 115. A ordem econômica deve ser organizada conforme os princípios da justiça e as necessidades da vida nacional, de modo que possibilite a todos existência digna. Dentro desses limites, é garantida a liberdade econômica. Parágrafo único. Os poderes públicos verificarão, periodicamente, o padrão de vida nas várias regiões do País."

[3] Comentários à Constituição de 1946, 2.ª ed , v. IV, p. 501, da.

[4] Waldemar Martins Ferreira, História do direito constitucional brasileiro, São Paulo, Max Limonad, 1954, p. 184-185.

Tão-só para o suprimento de "deficiências da iniciativa individual", autorizada ainda a coordenação de fatores de produção, a Carta de 1937 admitiu intervenção estatal no domínio econômico "de forma mediata e imediata", com vistas a se evitarem ou solucionarem seus conflitos. [5]

Deve-se ao Deputado Agamenon Magalhães [6] - paladino, no Brasil, do combate aos abusos do Poder Econômico - quando Ministro da Justiça, a promulgação do Decreto-lei n. 7.666, [7] dispondo sobre "os atos contrários à ordem moral e econômica" e que, entre outras inovações, criou a Comissão Administrativa de Defesa Econômica, predecessora do atual Conselho Administrativo de Defesa Econômica - CADE, órgão com a específica destinação de velar pela fiel aplicação do diploma; rememorando o Prof. Benjamin Shieber, que o mencionado diploma conteve em si "um esboço do Projeto Agamenon Magalhães, de 1948, tanto quanto da lei vigente". [8]

O Decreto-lei n. 7.666 tais reações provocou, de ordem política e jurídica, bem como ponderações de sua inconveniência,[9] que, embora em vigor a partir de 1.º de agosto de 1945, [10] não chegou a efetivamente a atuar, sendo revogado pelo Min. José Unhares, [11] ocasional e provisoriamente à testa da Nação, imediatamente após a derrubada do Estado Novo.

[5] "Art. 135. Na iniciativa individual, no poder de criação, de organização e de invenção do indivíduo, exercido nos limites do bem público, funda-se a riqueza e a prosperidade nacional. "A intervenção do Estado no domínio econômico só se legitima para suprir as deficiências da iniciativa individual e coordenar os fatores da produção, de maneira a evitar ou resolver os seus conflitos e introduzir no jogo das competições individuais o pensamento dos interesses da Nação, representados pelo Estado. A intervenção no domínio econômico poderá ser mediata e imediata, revestindo a forma do controle, do estímulo ou da gestão direta."

[6] Com freqüência o antenome sói ser citado pela forma simplificada e mais moderna de "Agamenon". O parlamentar, entretanto, tinha seu prenome segundo a grafia clássica, título da tragédia de Esquilo: Agamemnon. Confiram-se, v. g., a capa, p. de rosto e mais passagens de sua obra Abuso do Poder Econômico, Folha da Manhã, Recife, 1949.

[7] Dec.-lei n. 7.666, de 22 de junho de 1945, DOU de 22 de junho de 1945, pp. 11.034-11.036.

[8] Benjamin M. Shieber, Abusos do Poder Econômico, 1966, da Ed. Revista dos Tribunais, p. 7.

[9] V. "Suplemento" A', ao n. 123, de 28.7.61, do Diário do Congresso Nacional (que, daqui por diante, citaremos apenas pelas iniciais DCN.), p. 4.

[10] V. Decreto-lei n. 7.685, de 28 de junho de 1945, DOU, de 30.6.45.

[11] Dec.-lei n. 8.167, de 9 de novembro de 1945, in DOU, de 13.11.45.

Na Constituinte de 1946 cristalizou-se no art. 148 o seguinte preceito: "A lei reprimirá toda e qualquer forma de abuso do poder econômico, inclusive as uniões ou agrupamentos de empresas individuais ou sociais, seja qual for a sua natureza, que tenham por fim dominar os mercados nacionais, eliminar a concorrência e aumentar arbitrariamente os lucros". [12]

Remarcou Heribaldo Vieira, relator na Comissão de Justiça do Senado, do texto que afinal se converteu na vigente Lei Antitruste, que o referido dispositivo constitucional "passou a orientar a nossa estrutura jurídico-econômica anticapitalista" (sic!), [13] sendo fonte de inspiração de subseqüente legislação especial relativa à tutela da Economia Popular, inclusive no tormentoso e amplíssimo campo locatício.

Quanto à "economia", sua guarda e seu emprego, "já tínhamos o Decreto-lei n. 869, de 18 de novembro de 1938, [14] Projeto da lavra de Nelson Hungria, que declaradamente se inspirara no Projeto de Código Penal argentino de J. Coll e Eusébio Gomez, nas propostas de Comissão de reforma do Direito Penal na Alemanha e na legislação e jurisprudência norte-americanas. [15] Esse diploma foi mais do que uma lei antitruste, como se verifica da classificação das entidades criminais que ele define. [16] Aos 26 de dezembro de 1951 sobrevieram a

---

[12] Como lembrou o Deputado Paulo Germano, "na qualidade de Relator do Capítulo Da Ordem Econômica e Social Agamenon Magalhães contribuiu decisivamente quando da elaboração do art. 148 da Constituição de 46": DCN de 2.7.57, p. 4.397, 4.ª coluna. No texto, as palavras "seja qual for sua natureza", foram inseridas por sua intervenção (v. José Duarte, A Constituição Brasileira de 1946, v. 3.°, p. 129), pois tendo em linhas gerais prevalecido emenda do Sen. Ferreira de Souza, fora em tal emenda eliminada a frase "seja de que natureza forem" constante de proposta de Subcomissão (v. José Duarte, loco cit., p. 128).

[13] DCN de 17 de fevereiro de 1962, p. 152.

[14] Decreto-lei n. 869, de i8 de novembro de 1938, publicado no DOU de 21.11.38, seguido de legislação complementar (Decreto-lei n. 1.041, de 11.1.39, sobre aplicação do art. 3.°, inciso IV, do Decreto-lei n. 869/38; Decreto-lei n. 1.113, de 22.2.39, sobre modificações em taxas de juros; Decreto-lei n. 1.607, de 16.9.39, sobre a criação da Comissão de Abastecimento; Decreto-lei n. 1.641, de 29.9.39, sobre a criação da Comissão de Defesa da Economia Nacional; Decreto-lei n 1.716, de 28.10.39, sobre a configuração e julgamento dos crimes contra a economia popular; Decreto-lei n. 2.254, de 23.8.40, sobre alterações ao Decreto-lei n. 869/38; Decreto-lei n. 9.125, de 1946, definindo "mercadorias". Finalmente, o Decreto-lei n. 9.840, de 11.9.46, publicado no DOU de 13.9.46, consolidou as infrações relativas à Economia Popular).

[15] V. Nelson Hungria, *Dos crimes contra a economia popular*, Livraria Jacinto, 1939, p. 17.

[16] Hungria, loc. cit., p. 16.

Lei n. 1.521 (alterando dispositivos atinentes aos Crimes contra a Economia Popular) e a Lei n. 1.522 (autorizando o governo federal a intervir no domínio econômico para assegurar a livre distribuição de produtos necessários ao consumo do povo). [17] Segundo o Prof. Hermes Lima, o conjunto desses diplomas dispensaria até a elaboração de uma lei especial sobre o abuso do poder econômico. [18] Dada a identidade de natureza penal da Lei n. 1.521 e de eventual texto específico que viesse a ser baixado sobre o assunto, identidade, V.g., enfatizada por Pontes de Miranda, [19] não era de todo extravagante o entendimento de Hermes Lima; mas o ilustre Professor não atentou para a diversidade, como regra, dos sujeitos ativo e passivo nas infrações e do objeto da proteção jurídica dispensada pela questionada lei e a que, sem infirmá-la, afinal acabou por sobrevir.

Ademais, como sublinhado por Nelson Hungria em depoimento perante Comissão Especial na Câmara de Deputados, [20] "os abusos do poder econômico enumerados na Lei n. 1.521 estão muito aquém da realidade conforme tem demonstrado a experiência. Não fez mais do que repetir o Decreto 869, que, como .já disse, foi por mim elaborado; mas devo confessar que ele foi feito de afogadilho. Encomendado com urgência tive que organizá-lo um tanto atabalhoadamente. Há falhas a serem supridas. Há vários fatos que não se compreendem na previsão da lei atual e do Projeto Agamemnon, ou seu substitutivo. Isto mesmo poderia demonstrar em esboço que estou pronto a fornecer a esta ilustre Comissão".

Aliás, sobre a necessidade de uma lei específica e abrangente para apuração e repressão aos abusos do poder econômico, já se manifestara a

[17] As duas leis foram sucessivamente publicadas pelos DOU de 27 e 28.12.51

[18] Depoimento prestado em 23.2.56, perante Comissão Especial incumbida de opinar sobre o Projeto Agamemnon, retomado por seu filho, Deputado Paulo Magalhães, a que adiante se aludirá. Apud cito Suplemento A, p. 24, V. também parecer de Otto Eduardo Vizeu Gil, "Lei de repressão ao abuso do poder econômico", citado na Bibliografia e transcrito a fls. desta obra. O Congresso não endossou o pensamento de Hermes Lima; frisando o Deputado Munhoz da Rocha, na Comissão de Economia da Câmara, que os dois referidos diplomas (Leis n. 1.521 e 1.522) "não puderam alcançar nem poderiam ter alcançado, os resultados esperados e desejados" (DCN de 27.7.51, p. 5.121); aditando que o Projeto que afinal se converteu em lei tinha "outra envergadura" e previa"outros meios de execução".

[19] Ob. e v. cits. p. 504, da 2.ª ed. V. também a respeito José Frederico Marques, Miguel Reale e Oscar Barreto Filho em pareceres transcritos no capo 4. Em sentido contrário, V. Jorge Medeiros da Silva e Manoel Pedro Pimentel, este em o estudo "O crime de colarinho branco", ambos citados na bibliografia.

[20] V. Suplemento A, ao n. 123, de 28.7.61, do DCN, p. 16. Citações e referências ao anexo indicado no começo desta nota serão feitas apenas com a referência Suplemento A.

sociedade industrial e comercial pátria, como se verifica da chamada "Carta Econômica de Teresópolis", [21] tão raramente relembrada e que propugnava pela intervenção do Estado no domínio econômico contra a atividade das organizações monopolísticas nocivas ao equilíbrio social.

Aos 15 de abril de 1948, Agamemnon Magalhães apresentou Projeto de Lei versando sobre a matéria objeto deste escorço, [22] tendo esclarecido, em conferência pronunciada no Clube Militar do Rio de Janeiro, aos 22 de junho de 1949, haver adotado "as diretrizes da legislação dos EUA com as modificações impostas pelas nossas condições econômicas e políticas". [23] A reação à tentativa de "regulamentação do art. 148 da Constituição" "tem sido sem tréguas», informou seu Autor um ano depois, na apresentação de seu já citado opúsculo; e, efetivamente, sua tramitação não percorreu longa estrada: em novembro, o Projeto recebeu parecer das Comissões da Constituição e Justiça (Rel. Hermes Lima) e de Indústria e Comércio (Rel. José Leomil); sendo objeto de longo voto do Deputado Alde Sampaio, que ofereceu um Substitutivo, reduzindo para 21 os 58 artigos da proposição originária. [24] As entidades de classe da indústria paulista, como expressão de seu ponto de vista a respeito da proposição, incumbiram uma comissão de juristas e economistas (entre os quais os Professores Tullio Ascarelli, Alexandre Kafka e Oscar Barreto Filho), que elaboraram trabalho objeto de várias revisões antes de ser encaminhado à Camara dos Deputados. [25] Ficou, contudo, o assunto paralisado, apesar de, em 20.4.51, o Deputado Oswaldo Fonseca

[21] V. cito Suplemento A, pp. 5 e 7, destacando-se excerto citado no Parecer do Relator da Comissão de Indústria e Comércio, Deputado José Leomil: "Reconhecendo que formas monopolísticas de fato podem contribuir para o melhor aparelhamento técnico, embora muitas vezes se tornem nocivas ao equilíbrio social, recomendam que o Estado exerça ação fiscalizadora a fim de evitar que tais organizações limitem o comércio, eliminem totalmente a concorrência, elevem os preços, retardem o desenvolvimento econômico e prejudiquem a segurança nacional".

[22] Projeto n. 122/48, in DCN de 16.4.48. Os detratores do Projeto, tendo em mente as críticas feitas ao Decreto-lei n. 7.666/45, mas, desta feita, sem sucesso, procuraram inculcar ao novo texto o apelido pejorativo de "Lei Malaia", como era conhecido aquele draconiano diploma. V. os Deputados Bruzzi Mendonça e Lincoln Feliciano, In DCN de 9.7.57 e 24.8.57.

[23] V. Agamemnon Magalhães, *Abuso do poder econômico*, Recife, Folha da Manhã, 1949, p. 18.

[24] V. Suplemento A, pp. 5 a 12.

[25] Apud Oscar Barreto Filho, como relator do Parecer n. 150, de 21.6.55, providenciado pela Federação das Indústrias de São Paulo, e também encaminhado à Câmara dos Deputados. Os elaboradores desta Coletânea não conseguiram localizar o parecer do Mestre Tullio Ascarelli e de seus ilustres companheiros.

haver requerido e obtido o desarquivamento do processo, que foi enviado à Comissão de Finanças, que deliberou que antes deveria ser ouvida a Comissão de Economia. E a matéria ficou esquecida, pelo que anos mais tarde o Deputado Jorge de Lima aludiu ao "sono da eternidade" em que dormitava, apesar do abuso do poder econômico ser "um dos fatores mais negativos nesta República das negociatas e maroteira". [26]

Após o falecimento de Agamemnon Magalhães, aos 8 de fevereiro de 1956 seu filho, o Deputado Paulo Magalhães, *ipsis litteris* reapresentou o trabalho paterno, [27] havendo quem o criticasse por ter retomado, "por assim dizer, ao marco inicial", olvidando-se dos crivos a que já fora submetido, *ut supra*. [28] Ao início da legislatura de 1957, o Deputado Paulo Germano solicitou o desarquivamento do Projeto, [29] e a matéria passou, então, a ser amplamente esmiuçada, sendo a redação várias vezes refundida e objeto de diversos Substitutivos até final aprovação na Câmara dos Deputados após longos e espaçados trâmites, a que não foram alheios "embaraços políticos". [30]

Eis alguns destaques da mencionada tramitação.

Por se tratar de legislação complementar da Constituição, nomeou-se antes de mais, uma Comissão Especial, servindo como relator o Deputado Adauto Cardoso, que aos 20.2.57 publicou seu parecer, oferecendo um Substitutivo. [31] Antes, porém, foram pela Comissão colhidos três abalizados depoimentos, respectivamente de Nelson Hungria (aos 3.2.56), de Alexandre Kafka (22.2.56) e de Hermes Lima (26.2.56). [32]

No Suplemento A , p. 33 e ss., lêem-se as 22 emendas oferecidas em plenário, vinte das quais de autoria do Deputado Bruzzi Mendonça.

A Comissão de Constituição e Justiça (Rel. Deputado Prado Kelly),

[26] DCN de 25.7.59, p. 4.505. Bruzzi Mendonça, por sua vez, considerava "espantoso" o "meio abandono" a que fora a matéria na Câmara relegada, onde tão-só se arrastava (Lucídio Ramos, DCN, de 2.7.57, Sérgio Magalhães, DCN de 25.7.59).

[27] Projeto n. 3 da Casa Originária, que na Câmara Alta depois tomou o n. 144/61 (DCN de 7.9.61, Seção I, p. 2.426 2.429).

[28] Oscar Barreto Filho, como relator do Parecer n. 150, de 21.6.55, já citado, formula análoga crítica. V. no Suplemento A, p. 13.

[29] V. DCN de 2.7.57, p. 4.397, 4.- coluna.

[30] Deputado Lincoln Feliciano, in DCN, de 24.8.61, p. 6.453.

[31] Suplemento A, fls. 29-31.

[32] Suplemento A, pp. 14-29.

aos 15.11.57, ofereceu parecer, praticamente se limitando a opinar pela constitucionalidade do Projeto. [33]

Em março de 1961, um Grupo de Trabalho integrado por Daniel Faraco, Jacob Frantz e Munhoz da Rocha concluiu suas apreciações e ofereceu parecer. [34] Aos 22.3.61, a Comissão da Economia publicou "para estudos" um Substitutivo parcial que elaborara. [35]

No dia 5 de abril de 1961, à mesma Comissão os Ministros de Estado Pedroso Horta e João Agripino ofereceram "sugestões elaboradas por uma Comissão Ministerial incumbida, pelo Presidente da República", de "fornecer subsídios aos órgãos parlamentares." [36] Nesse mês e no trimestre seguinte, foi intensa a movimentação de Grupos de Trabalhos de diversas Comissões, notadamente das de Constituição e Justiça e de Economia, sendo apresentado Anteprojeto a ser convertido em Substitutivo.

O Deputado Pedro Aleixo, que na Comissão de Constituição e Justiça por redistribuição sucedera ao Deputado Prado Kelly, perfilhando a colaboração do Executivo, aos 14.04.1961, ofereceu outro Substitutivo. [37]

Os Deputados Ulysses Guimarães e San Tiago Dantas redigiram emendas substitutivas (20.4.61); e cinco dias depois o primeiro deles foi designado novo relator, face a preferência atribuída a um seu Substitutivo. No dia 25 de abril e no dia imediato, [38] sobrevieram manifestações, sendo de 2 de maio de 61 Parecer e Substitutivo do Deputado Jacob Frantz, como relator na Comissão de Constituição e Justiça. [39] Um mês mais tarde (em 25 de maio) reuniram-se

[33] Suplemento A, p. 36.

[34] V. notícia in DCN de 21.3.61, p. 1.917.

[35] Rel. Daniel Faraco, p. 1.998 do DCN da mencionada data.

[36] V. DCN de 7 de abril de 1961, p. 2.223 e de 13.4.61, p. 2.376. O exemplar de 6 de abril. p. 2.186, 4.- coluna e ss., divulgou tais sugestões. Idem, idem, pp. 38-39 do Suplemento A.

Houve quem estranhasse que o Executivo, não tendo enviado mensagem relativa a matéria, se dispusesse a remeter "sugestões". V. manifestação do Deputado Humberto Lucena. no DCN, de 20.4.61, p. 2.604, que também criticou, tempos depois, um dos célebres "bilhetes" do Presidente Tânio Quadros, enviado ao Ministro da Justiça Pedroso Horta, solicitando-lhe encarecesse "junto aos líderes do Governo, na Câmara e no Senado, uma excepcional urgência na elaboração de lei prática, severa e eficiente, no sentido da repressão aos abusos do poder econômico" (v. DCN, de 13.6.61, p. 3.175).

[37] Suplemento A, p. 36.

[38] V. DCN, de 9 a 11.5.61.

[39] No Suplemento A, pp. 45-49, o Parecer e Substitutivo de Tacob Frantz.

os membros da Comissão de Economia com enviados de entidades interessadas da Indústria e do Comércio (o ilustre Prof. Oscar Barreto Filho, enviado pela Federação das Indústrias do Estado de São Paulo, Sr. Israel Guterman, da Federação das Indústrias do Estado da Guanabara, etc.), para em conjunto serem ponderados aspectos da matéria em tramitação. A FIESP enviou depois, por escrito, sugestões e indicações para a lei em elaboração. [40]

No dia 26 de maio a Comissão de Justiça aprovou trabalho de Guimarães [41] e em esforço concentrado foram apreciadas emendas dos Deputados Marinho, Oswaldo Lima Filho, Ocelio Medeiros, San Tiago Dantas e do Ulysses Guimarães.

Aos 30 de maio formou-se uma Subcomissão integrada pelos Deputados Horácio Lafer, Guilherme Machado e Alde Sampaio, [42] e em diversos ensejos foi o Projeto declarado de interesse nacional.

Em sessões de 31 de maio, 6, 7, 8 e 13 de junho e dias de julho, [43] em Comissões foram votadas emendas e Substitutivos, subindo a matéria ao Plenário, onde, após novos pareceres, agora orais, careceu de retomar às Comissões de Justiça, de Economia e de Finanças, por terem sido oferecidas 52 emendas. [44]

No curso dos trabalhos acima referidos, por discordar de deliberação da Mesa, o relator da Comissão de Economia, Deputado Jacob Frantz, que vinha tendo destacada atuação, renunciou; sendo substituído "para relatar o restante da matéria", pelo Dep: Munhoz da Rocha. [45] Houve apelos ao renunciante, que acabou por aceder, retomando ao cargo, encerrando-se, assim, o incidente regimental, [46] tendo então elaborado Substitutivo que serviu de base aos trabalhos das Comissões.

[40] V. DCN, de 8.6.61, p. 3.816, 4.- Coluna. Os AA. da Coletânea não lograram localizar, na íntegra, esse documento.

[41] V. seu teor no Suplemento A, pp. 38-41, que divulgou, a seguir, pp. 41-43, outro Substitutivo, adotado pela Comissão de Constituição e Justiça. Às pp. 44-45, considerações do Deputado Ulysses Guimarães sobre o novo Substitutivo e voto vencido do Deputado Pedro Aleixo.

[42] V. DCN, de 8.6.61, p. 3.817.

[43] V. Coleção do DCN de junho e julho de 1961.

[44] V. DCN, de 26.8.61, pp. 6.197 e ss. A pp. 6.199 a 6.203, lêem-se as 52 emendas, com suas justificações. A pp. 19 a 23 do Suplemento A, os pareceres sobre as emendas do Plenário.

[45] V, DCN de 1.°.7.61, p. 4.478.

[46] V. DCN de 13.7.61.

Acolhendo total ou parcialmente algumas emendas,[47] sem êxito a Comissão de Economia ofereceu Substitutivo a seu anterior Substitutivo, em proposta que profundamente modificaria o Projeto; e por inconstitucionalidade e inconveniência foi rejeitada a idéia (anteriormente já impugnada por Bruzzi Mendonça) que ao CADE outorgaria poderes que o transformariam em órgão deliberativo, investindo-o de poderes judicantes.[48]

Após a apreciação das já referidas emendas de Plenário, novos Substitutivos foram elaborados, quase um por Comissão... Um deles, de 12 de setembro de 1961, da Comissão de Economia, rejeitou a maioria das emendas,[49] o que não ocorreu com o da Comissão de Finanças, de 20 de setembro, que passou a merecer a preferência da Câmara,[50] e o da Comissão de Constituição e Justiça.[51]

Após manifestações orais de diversas Comissões, o que resultou retomou ao plenário, em discussão única iniciada aos 22 de setembro. Aos 27 do mesmo mês, rejeitado pedido de nova discussão, foi o Projeto para redação final, conforme a matéria vencida;[52] e, submetido a votos aos 3 de outubro, foi "aprovado sem observações".[53]

Remetido o expediente ao Senado, ali chegou no dia 6 de novembro de 1961, tomando o n. 144-61 e sendo *incontinenti* despachado às Comissões de Justiça, Economia, Serviço Público e Finanças.

Publicado o Parecer da Comissão de Justiça,[54] relatado pelo senador Heribaldo Vieira e já mencionado neste sumário histórico, aos 16.5.62 deferiu-se pedido, formulado pelo Sen. Jefferson de Aguiar, de urgência para o andamento do Projeto. No dia seguinte, contudo, o Sen. Afrânio Lages postulou e no dia

---

[47] V. DCN, de 15.9.61, O "Substitutivo ao Substitutivo" pode ser lido no Suplemento A, pp. 23 e ss.

[48] Segundo o Deputado Gileno de Carli, tentou-se criar um "*Frankenstein* jurídico" (DCN, de 1.7.61, p. 4.478). O Deputado Alde Sampaio, por sua vez, ofereceu voto em separado, combatendo o novo Substitutivo da Comissão de Economia: v. DCN de 26.8.61, p. 6.196, 4." coluna.

[49] V. DCN de 15.9.61, p. 6.630, Suplemento A, pp. 26 e ss.

[50] V. DCN de 28.9.61, p. 6.980.

[51] Rel. Sen. Djalma Marinho. V. DCN de 4.10.61, p. 7.153.

[52] V. DCN de 28.9.61, pp. 7.005 a 7.014.

[53] V. a redação final e notícia de sua aprovação no DCN de 4.10.61, p. 7.167 a 7.170.

[54] V. Parecer n. 372/62, favorável com três emendas, DCN de 17.8.62.

subseqüente obteve, o cancelamento do regime de urgência. Em Plenário, no dia 4 de junho foi lido ofício do Presidente da Confederação Nacional da Indústria, transmitindo considerações de ordem jurídica contrárias à matéria.

Aos 15 de agosto de 1962 o Senador Jefferson de Aguiar, voltou a requerer premência na tramitação do processo, sendo acolhida emenda do Sen. Daniel Krieger, transformando a "urgência comum" em "urgência especial".

Na data por último indicada, em sessão noturna foram lidos o retro mencionado parecer do Sen. Heribaldo Vieira, do Sen. Sérgio Marinho, da Comissão de Economia, favorável nos termos de Substitutivo que ofereceu, [55] e do Senador Nogueira da Gama, concluindo, pela Comissão de Justiça, pela inconstitucionalidade do Substitutivo. [56]

No dia imediato, em sessão matutina, emitiram pareceres orais favoráveis os Senso Aloysio de Carvalho, pela Comissão de Serviço Público e Mem de Sá, pela Comissão de Finanças. Lidas as novas emendas apresentadas, de ns. 5 a 27, para encaminhamento da discussão usaram da palavra os Senadores Sérgio Marinho e Paulo Fender. Em sessão vespertina da mesma data prosseguiram os trabalhos, oficiando oralmente pela Comissão de Justiça, o Sen. Lourival Fontes, favorável às emendas n. 5, 7, 8, 9, 10, 12, 13, 15 e 22 a 27 e contrário às de n. 6, 11, 17. 19, 20 e 21, por considerá-las inconvenientes, prejudicada a emenda n. 14. O Sen. Sérgio Marinho, pela Comissão de Economia, manifestou-se pela acolhida das emendas, pois, a seu ver, corrigiam falhas e deficiências do Projeto originário da Câmara dos Deputados Pela Comissão de Serviço Público falou o Sen. Aloysio de Carvalho: após concluir que somente as emendas n. 9, 21 e 29 eram da alçada do referido órgão, opinou a favor da emenda n. 9 e do I, do art. 11, bem como da emenda n. 21, e contrário à primeira parte da emenda n. 27, não considerando da competência do órgão sua eventual complementação. [57]

O Sen. Jefferson de Aguiar declarou que a Comissão de Justiça, reformulando anterior manifestação, opinava pela rejeição das emendas n. 12, 13, 18 e 22 a 27; pelo que o parecer era favorável às de n . 5, 7 a 10, 15 e 16, e contrário às de n. 6, 11 a 14 e 17 a 27.

---

[55] V. Parecer n. 373/62. no DCN, de 17.8.62, pp. 1.745 e ss.; e Parecer n. 166/62, do Prof. Oscar Barreto Filho, já citado, que, após destacar os aspectos essenciais de tal Substitutivo, embora formulando restrições, reconhecia que o trabalho do Sen. Sergio Marinho apresentava "um aprimoramento das redações anteriores da proposição" em exame no Senado.

[56] V. Parecer n. 374/62, na mesma fonte, p. 1.748.

[57] V. DCN, de 17.8.62, Seção 11, Suplemento ao n. 24. p. 14.

Pela Comissão de Finanças, o Sen. Mem de Sá declarou que as emendas não continham matéria da alçada de seu órgão.

O Sen. Paulo Fender solicitou e obteve preferência para a votação do Projeto antes dos Substitutivos e das suas emendas, e isso sem embargo da oposição do Sen. Sérgio Marinho, que preferia ver examinado o Substitutivo que elaborara. [58]

Esse mesmo Senador, agora com êxito, pleiteou fossem sigilosas as votações a serem procedidas.

A seguir, em escrutínio secreto, por 30 votos contra 8 foi o projeto aprovado, [59] ficando, graças ao passe de mágica de Paulo Fender, prejudicados os laboriosos Substitutivos e as emendas a eles apresentadas. Aprovadas, a seguir, as emendas 5, 7 e 9, determinou-se o encaminhamento do expediente à Comissão de Redação.

A redação final foi lida em Plenário e aprovada aos 22 de agosto de 1962, [60] subindo à sanção presidencial com a Mensagem n. 88, de 28 do mesmo mês.

Aos 18 de setembro de 1962 foi recebido pelo Congresso o texto da lei sancionada pelo Presidente João Goulart (Lei n. 4.137, de 10 de setembro de 1962), mas com veto parcial a alguns dispositivos. [61]

Convocado o Congresso para o dia 14 de novembro, [62] em sessão noturna conjunta da Câmara e do Senado foram discutidos em bloco e votados separadamente os dispositivos vetados (relacionados com enumeração de 1 a 13), sendo mantidos os vetos quanto aos itens 2, 5, 6, 7, 8, 11 e 13 e rejeitados os relativos aos itens 1, 3, 4, 9, 10 e 12. [63]

Esse, em breve bosquejo, o histórico de nossa Lei Antitruste, cujo texto vem regulamentado pelo Decreto n. 52.025, de 20 de maio de 1963. [64]

---

[58] O requerimento do Sen. Paulo Fender, de n. 493, vem noticiado no DCN de 17.8.62. V. Suplemento A, pp. 14 e ss.

[59] DCN, de 25.8.62.

[60] DCN, de 23.8.62, p. 1.808. Parecer n. 466/62, relator Sen. Ary Vianna.

[61] Mensagem n. 184/62 (na origem, n. 217/62). DCN de 19.9.62, pp. 2.065-2.066. A Lei n. 4.137/62 foi publicada no DOU de 27 de setembro de 1962, sendo a divulgação retificada no dia 30 do mesmo mês e ano. Idem, idem, DOU de 12.11.62, publicação emendada no DOU de 6.12.62.

[62] Relatório n. 25/62, publicado no DCN de 14.11.62.

[63] Partes vetadas pelo Sr. Presidente da República e rejeitadas pelo Congresso: V. DOU de 27.11.62, p. 12.197, publicação retificada nos DOU de 30.11.62 e 20.3.63.

[64] V. DOU de 21 de maio de 1963, com retificação no DOU de 4.6.63. Posteriormente, o

Em sua parte processual, os arts. 52 e 57 da Lei n. 4.137 necessitaram de ser adaptados à nova sistemática recursal do Código de Processo Civil de 1973, através do art. 10 da Lei n. 6.014, de 27.12.73.[65] Outrossim, por força do art. 1.º da Lei n. 6.205, de 29.4.75,[66] a multa prevista no art. 43 da Lei n. 4.137/62, passou a ser calculada com base no denominado salário-referência.

Pelo Decreto n. 53.670, de 9 de março de 1964,[67] foi aprovado o Regimento Interno do CADE,[68] parcialmente reformulado pela Portaria n. 677, de 1.º de setembro de 1978, do Ministério da Justiça.

Em outra ordem de idéias: a par da Lei n. 4.137, são de interesse em tema de repressão ao abuso do poder econômico e assuntos correlatos, além da já citada Lei n. 1.521/51, ainda vigente, os seguintes diplomas: Lei Delegada n. 4, de 26.9.62,[69] sobre a intervenção no domínio econômico para assegurar a livre distribuição de produtos necessários ao consumo do povo; Lei n. 5.772, de 21.12.71, conhecida como Código da Propriedade Industrial;[70] Ato Normativo n. 15, de 11. 9.75,[71] derrogado em seu item 6.° pelo Ato Normativo n. 60, de 24.3.82, ambos do Instituto Nacional da Propriedade Industrial (INPI), sobre contratos de transferência de tecnologia; Portaria n. 251, de 2.7.76,[72] conforme alteração pela Portaria n. 374, de 27.9.76,[73] ambas do Ministério da Fazenda, versando, inter alia, sobre o cancelamento do registro cadastral de importador junto à CACEX, da empresa ou entidade punida por abuso do poder econômico.

Dec. n. 53.647, de 28.2.64, alterou o art. 26; e o § 2.° do art. 34 do Regulamento (v. DOU de 2 .3.64).

[65] DOU de 31.12.73, pp. 13.527 e ss.

[66] DOU de 30.4.75.

[67] DOU de 10.3.64 e retificação no mesmo órgão, ed. de 13.03.64.

[68] DOU de 4 .09.78.

[69] DOU de 27 .9.62, com retificação no dia 2 de outubro seguinte.

[70] DOU de 31.12.71. V. em especial o art. 29, §§ 2.° e 3.°, sobre restrições à comercialização, exportação de produtos e importação de insumos e sobre propriedade de aperfeiçoamentos em contratos de exploração de patentes; art. 33 e § 1.°, sobre licenciamento obrigatório de patentes; art. 39 sobre desapropriação de privilégios; e art. 90, § 2.°, sobre restrições à industrialização, comercialização e exportação de produtos em contratos de exploração de marcas ou de expressões ou sinais de propaganda.

[71] V. Revista da Propriedade Industrial, n. 256, de 16.9.75.

[72] DOU de 8.7.76, p. 9.239.

[73] DOU de 29.9.76, p. 12.895.

Para terminar: A Carta de 24 de janeiro de 1967, com a redação dada pela EC 1/69, abandonou a exposição genérico-exemplificativa do art. 148 da Constituição de 1946, sob cujo império fora promulgada a Lei Antitruste ("A lei reprimirá *toda e qualquer forma de abuso* do Poder Econômico, *inclusive* as uniões ou agrupamentos de empresas individuais ou sociais, seja qual for a sua natureza, que tenham por fim dominar os mercados nacionais, eliminar a concorrência e aumentar arbitrariamente os lucros"), optando pela seguinte redação:

"Art. 160. A ordem econômica e social tem por fim realizar o desenvolvimento nacional e a justiça social, com base nos seguintes princípios: (...)

V - repressão ao abuso do poder econômico, caracterizado pelo domínio dos mercados, a eliminação da concorrência e o aumento arbitrário dos lucros".

Quando da elaboração da Constituição de 1967 pelo Congresso Nacional, o Deputado Oswaldo Lima Filho, pela emenda n. 508, subscrita por 110 deputados, tentou ver pura e simplesmente restabelecida a redação do art. 148 da Constituição de 1946. Sua justificação era de menos de uma linha: "O texto de 1946, acima renovado, é mais perfeito". Viu ele, de começo, acolhido seu propósito, pois o Sub-Relator Djalma Marinho o endossou com a supressão tão-só de uma palavra; e esse parecer foi subscrito pelo Relator geral, Sen. Antonio Carlos Konder Reis. Na Câmara a emenda foi aprovada por 307 votos e 32 abstenções; e no Senado, 50 representantes do povo votaram a favor. Foi-lhe contrário o parecer da Comissão Mista e não integrou o texto definitivo. [74]

Vem tomando corpo uma corrente segundo a qual, com a reformulação constitucional que prevaleceu, derrogadas estariam as disposições coativas atinentes àmatéria que estritamente não se enquadrem num dos termos do trinômio: dominação de mercados nacionais - eliminação de concorrência, aumento arbitrário de lucros. Mais especificamente: teriam deixado de vigorar os incisos IV e V do art. 2.° da Lei n. 4.137/62. Essa inteligência, contudo, ainda permanece no campo doutrinário, [75] não tendo enfrentado os crivos

[74] V. *Anais da Constituição de 1967*, Brasília, Diretoria de Informação Legislativa do Senado Federal, 1970, v. 6, t. 2, p. 529-530, com remissão ao v. 4, p. 588-589.

[75] V. Celso Neves, em seu parecer no cap. 4. V. Octávio Bueno Magano, *Introdução ao direito econômico*, citado na Bibliografia, em especial à p. 113, e Eros Roberto Grau *Legislação antitrust contratos de transações internacionais*, indicado na Bibliografia em especial os ns. 14 e 15 do item VII do trabalho, divulgado pela *RDP* 51-52/298, V. na mesma "Revista", 55-56/205 item 2, também indicado na Bibliografia, estudo de

administrativos e judicial. A Lei Antitruste, assim, em todos os seus termos, continua a ser tranqüilamente aplicada pelo Conselho Administrativo de Defesa Econômica - CADE e pelo Instituto Nacional de Propriedade Industrial - INPI.

De lege ferenda, tramita no Congresso Nacional, já acolhido pela Câmara dos Deputados, Projeto de Lei que institui um Código de Ética das Multinacionais, exigindo das empresas transnacionais abstenção de práticas abusivas do poder econômico, além de outras contrárias aos interesses políticos e econômicos do país. [76]

Por fim, através da Portaria n. 304, de 17 de julho de 1984, do Ministro da Justiça, Ibrahim Abi-Ackel, tem-se notícia do Anteprojeto de Lei modificativo da Parte Especial do Código Penal, cujos arts. 375 a 384, incorporam os crimes contra a ordem econômica à legislação geral codificada[77], dirimindo, sem derrogação ou ab-rogação da Lei Antitruste, a questão da aplicabilidade da legislação repressora do abuso do poder econômico às pessoas físicas.

Eduardo Domingos Botallo. V. ainda a opinião de Pontes de Miranda, *Comentários à Constituição de 1967.*

[76] Trata-se do Projeto n. 2.248, de 1976, da Câmara de Deputados (atualmente Projeto n. 68, de 1979, do Senado), de autoria da Comissão Parlamentar de Inquérito para Investigar o Comportamento e as Influências das Empresas Multinacionais e do Capital Estrangeiro no País, baseado em Projeto que o Brasil, Argentina, Barbados, Colômbia, Equador, México, Peru, Trinidad-Tobago, Jamaica e Venezuela apresentaram à Comissão Intergovemamental sobre Corporações, instituída pela ONU para o estudo do impacto da atuação das corporações multinacionais sobre a economia dos países em que atuam. V. *DCN* de 5.10.79, p. 4.986. O Projeto foi aprovado pela Câmara dos Deputados em 1979 e, no Senado Federal, já foi aprovado pelas Comissões de Relações Exteriores e de Constituição e Justiça, estando, no momento, sendo apreciado pela Comissão de Economia.

[77] *DOU* de 19.7.84, Seção I, p. 10.542 e ss.

A LEI ANTITRUSTE BRASILEIRA E O CONSELHO ADMINISTRATIVO DE DEFESA ECONÔMICA (CADE): ALGUNS ASPECTOS *

José Inácio Gonzaga Franceschini

SUMÁRIO: 1. Conceitos fundamentais. Objetivos da lei - 2. Origem histórica - 3. Conceituação do abuso do poder econômico - 4. Formação da legislação nacional. Embasamento constitucional - 5. Natureza jurídica da Lei Antitruste. Objeto jurídico protegido - 6. Responsabilidade penal das pessoas jurídicas - 7. Hermenêutica da Lei Antitruste - 8. Controle judicial das decisões do CADE - 9. Competência extraterritorial do CADE - 10. Formas de abuso do poder econômico - 11. Elemento subjetivo do abuso do poder econômico. Paralelismo consciente - 12. Principais condutas restritivas da concorrência (horizontais e verticais) - 13. Regra da razão. Justificação de abusos restritivos à concorrência - 14. Assistência. Participação processual da vítima de abuso do poder econômico - 15. Dificuldades na aplicação da Lei Antitruste.

1. Conceitos fundamentais. Objetivos da lei

Consoante ensina Phillip Areeda[1], emérito Professor da Universidade de Harvard, nos EUA, a competição perfeita, ou seja, a economia de mercado sob a soberania do consumidor, somente seria verificável uma vez reunidas as seguintes condições:

a) quando os compradores e vendedores forem tão numerosos que nenhuma ação, de qualquer deles, produziria impacto no preço de mercado, inexistindo qualquer conluio entre aqueles;

b) quando cada consumidor demonstrar sua preferência subjetiva entre os vários bens e serviços existentes, mediante operações de comércio a preços de mercado plenamente conhecidos;

c) quando todos os preços relevantes de mercado forem patentes a todos os produtores, os quais devem conhecer todos os entrelaces de insumos tecnica-

* Publicado originalmente em Revista de Informação Legislativa, ano 22, n. 88, out.-dez. 1985.

[1] *Antitrust Analysis*, 2. ed., p. 6.

mente capazes de produzir qualquer combinação específica de produtos finais, e tomem decisões sobre a dicotomia insumos-produtos finais apenas para ativar o retorno de seu capital; e

d) quando cada produtor tiver igual acesso a todos os mercados de insumos, inexistindo barreiras artificiais à produção e venda de qualquer produto.

Nesse hipotético sistema econômico, prevaleceria o princípio do *laissez-faire*, sendo perfeitamente dispensável qualquer intervenção estatal. A realidade, entretanto, apresenta-se bem diversa e distante de uma concorrência perfeita, tornando-se imperiosa a intervenção governamental, que pode variar de acordo com as peculiaridades de cada sistema econômico, bem como com as características dos valores adotados pelas comunidades envolvidas. É nesse quadro que surge a legislação antitruste, cujos objetivos, conforme o Estado que a promulgar, visam ora a finalidades políticas, ora econômicas, tais como, p. ex., a competitividade entre empresas, a defesa da soberania pela independência tecnológica etc.

Como salienta o igualmente ilustre Professor da Faculdade de Direito de Berkeley. Califórnia, Lawrence Anthony Sullivan,[2] a legislação antitruste representa uma interação de conceitos econômicos e jurídicos. De fato, os objetivos da lei e seu desenvolvimento repercutem na maneira como os economistas especializados em organização industrial se apercebem de seu universo intelectual, sendo verdadeira a recíproca em relação aos juristas dedicados ao exame da legislação repressora do abuso do poder econômico. Todavia, como seria natural, as perspectivas de ambos os ramos da ciência são bastante distintas, embora interdependentes. Assim, enquanto para os economistas a legislação antitruste objetiva a eficiência na alocação de recursos, para os juristas a matéria está afeita a aspectos políticos e sociais. Consoante o entendimento do Prof. Jaime Villegas Cayon,[3] as leis antitruste têm, em síntese, quatro objetivos fundamentais, a saber: a) a proteção das liberdades políticas e individuais, na medida em que permitem ao consumidor optar entre concorrentes, evitando, assim, a dependência à mera tolerância de um grupo monopolista; b) a proteção ao consumidor quanto à boa qualidade dos produtos e aos preços razoáveis; c) contribuir para a máxima eficiência econômica, mediante decisões livremente tomadas pelos empresários, sob a égide da concorrência, e não sob imposições de monopólios; e d) a melhor utilização da inventiva e da iniciativa

[2] *Antitrust*, p. 1 e ss.

[3] *Monopolio y competencia - las leyes antitrust de los Estados Unidos - Base de la libertad económica*, p. 5.

individuais, oferecendo maiores oportunidades de participação na atividade econômica.

Três elementos são essenciais à análise da concorrência sob a legislação antitruste, a saber: a) a *performance* de mercado; b) a conduta de mercado; e c) a estrutura do mercado, podendo esta ser monopolística, oligopolística ou competitiva.

Caracteriza-se o monopólio pelo controle de preços e a exclusão da concorrência. A Lei n. 4.137, de 10.9.62, conhecida como a Lei Antitruste brasileira, não define com exatidão o monopólio, mas permite, em seus arts. 3.º e 5.º, a identificação de seus elementos fundamentais. Assim, conjugadamente, entender-se-ia como monopólio a situação em que uma empresa ou grupo de organizações, em relação ao qual exista um restrito número de empresas que não tenha condições de lhe fazer concorrência num determinado ramo de negócio ou de prestação de serviços, controle em tal grau a produção, distribuição, prestação ou venda de determinado bem ou serviço, que passe a exercer influência preponderante sobre os respectivos preços. A conceituação, porém, não exclui, mas, ao contrário, reforça a verificação de monopólio quando, inexistindo outras organizações menores, for o mercado constituído de, tão-somente, uma única empresa, hipótese em que, com maior precisão, teríamos o "monopólio natural" ou "de fato", a que se refere o art. 2.º, II, da Lei Antitruste pátria. Outrossim, a existência de um pequeno grupo de empresas atuando em condições monopolísticas configura, também, mais precisamente um "oligopólio", cuja característica própria é a consciência da interdependência.[4]

O poder monopolístico, por seu turno, deve ser examinado sob sua tríplice especificação, conforme acima indicado, ou seja, sob o aspecto estrutural (examinando-se, p. ex., o grau de concentração do mercado, a existência ou não de barreiras ao ingresso de novos empreendimentos nesse mercado etc.), de conduta (verificando-se, *v.g.*, se a conduta é predatória ou não, ou seja, se é ou não excludente da concorrência) e de *performance* (sintomaticamente passível de identificação pela elasticidade em maior ou menor grau da resposta do mercado à imposição de preços supracompetitivos).

A estrutura do mercado, por sua vez, há que ser examinada sob dois aspectos: a) por produto, levando-se em conta a natureza dos produtos sob exame, a saber: produtos homogêneos, diferenciados, substitutivos ou diversificados; e b) geográfico, apreciando-se este sob os prismas local, regional, nacional e internacional, conforme o caso.

---

[4] Cf. Sullivan, ob. cit., p. 331 e ss.

2. Origem histórica

Historicamente, a legislação antitruste teve como divisor de águas o surgimento, nos Estados Unidos, da Lei Sherman (Lei Pública n. 190, de 2.7.1890), de iniciativa do Sen. John Sherman seguida da Lei da Comissão Federal de Comércio (Lei Pública n. 203, de 26.9.14), da Lei Clayton (Lei Pública 212, de 15.10.14), proposta pelo Sen. Henry de Lamar Clayton, e da Lei Robinson-Patman (Lei Pública n. 692/36), as quais constituem o arcabouço do sistema antitruste norte-americano. O período histórico anterior à Revolução Industrial pouco contribuiu para o florescer da novel legislação, posto ser a regulamentação antitruste produto da reação popular e estatal contra o chamado "capitalismo selvagem", fenômeno cronologicamente recente. De qualquer forma, conforme relata o Prof. Geraldo de Camargo Vidigal, reportando-se a estudos feitos pelos Professores Wilberforce, Campbell e Elles, em sua obra *Restrictive trade practiccs and monopolies*,[5] já na Índia e na Grécia, em época anterior ao nascimento de Cristo, leis tinham sido promulgadas contra a formação de monopólios, contra a elevação arbitrária de preços e a provocação artificial de escassez de gêneros. Embora, por outro lado, em Roma, a Lex Julia de Annona, no ano 50 a.C., cominara pesadas multas para os que tentassem açambarcar o mercado de cereais e um édito de Diocleciano, em 201, cuidara da defesa do comércio contra atividades visando à formação de monopólios, os citados Professores. Wilberforce, Campbell e Elles preferem encontrar a inspiração remota para a promulgação da Lei Sherman na Constituição de Zeno, que, em 483, buscara ordenar os mercados romanos, criando para a ação restritiva do comércio sanções que iam até o confisco e o banimento. Não deixam, porém, os mestres de fazer menção a leis antimonopólios da Boêmia e das cidades italianas de Urbino e Viterbo, no século XIII, assim como de certas regiões alemãs, da França e da Inglaterra, a partir do século XIV. Minha família possui uma preciosidade: um edital perfeitamente conservado, baixado em Bolonha, em 27.08.1612, minuciosamente regulamentando o comércio da uva e do vinho e impondo graves penalidades (inclusive tortura)' aos atravessadores, especuladores e câmbio-negristas. Outra curiosidade: o diploma antecipou idéia que ressurgiu séculos depois, a da pena indeterminada, ou seja, a critério da autoridade. Assim. punia certas condutas com tortura explícita (*v.g.*, *tratti di corda*), se coisa outra não determinasse o chefe local e, na ocasião, o Eminentíssimo Sr. Cardeal Maffeo Barberino.

No plano jurisprudencial, bem ao gosto dos adeptos do sistema da

---

[5] Apud *Teoria geral do direito econômico*, p. 24 e 25.

Common Law destacam-se, em seus primórdios, três precedentes.

No primeiro, chamado *Dyer's Case*, examinou-se a questão de um tintureiro que contrariara obrigação de não concorrência, pela qual se comprometera a não exercer o comércio de sua especialidade em determinada cidade pelo período de seis meses. O Tribunal, em 1414, com grande veemência julgou o autor carecedor de ação, sob o argumento de que era nula a disposição contratual que impedisse alguém de exercer seu comércio.

No segundo, conhecido por *Merchant Tailor's Case* (*Davenant vs.. Hurdis*), de 1599, debateu-se sobre os estatutos da "Guilda de Alfaiates de Londres, que exigiam de seus membros a obrigatoriedade de reservar ao menos a metade do trabalho de acabamento para membros da própria corporação, em detrimento de artesãos independentes. Neste caso, em que se defrontaram Lorde Coke, pelo acusado, e Thomaz Moore, prevaleceu o entendimento do primeiro, no sentido de que a disposição estatutária era desarrazoada e, portanto, ilegal, na medida em que permitia à Guilda exigir reserva de mercado sem qualquer contra-exigência de qualidade dos serviços e de razoabilidade de preços.

O último referido, ou seja, o *Case of Monopolies* (*Darcy vs. Allen*), decidido em 1602, tratava de uma patente concedida pela Rainha Elizabeth ao cortesão Darcy, conferindo-lhe monopólio na fabricação e importação de cartas de baralho. O réu, Allen, violando a patente, produziu e vendeu cartas em Londres. O Tribunal de King's Bench, adotando a defesa apresentada pelo Prefeito de Londres em favor do réu, anulou a patente sob a argumentação de que o privilégio era contrário ao interesse público, na medida em que permitia a elevação de preços e a redução da qualidade das cartas de baralho, além de privar trabalhadores de seu meio de subsistência.

Anota, porém, Sullivan[6] que referidos precedentes não tinham por objetivo primacial a defesa da livre iniciativa, mas, antes, questões em geral políticas, tais como as reações contra imposições das guildas e as querelas de poder entre Prefeito e Rainha.

Nitidamente sob o prisma antitruste, os primeiros grandes processos ocorreram nos Estados Unidos, no início do século XX, destacando-se, exemplificativamente, o caso *Northern Securities Co.* (1904) e o caso *Standard Oil Co. of New Jersey* (1911).[7]

[6] Cf. Sullivan, ob. cit., p. 156-158.

[7] Cf. Sullivan, ob. cit., p. 35 e 36.

Na demanda *Northern Securities* tratou-se da fusão de ferrovias de forma a deixar sob controle conjunto uma linha-tronco anteriormente disputada por dois grupos econômicos, o grupo Moran e Hill e o grupo Harrimam. Decidiu-se, na espécie, que era ofensiva à Lei Sherman a consolidação de empresas cujo efeito fora eliminar parte substancial da concorrência entre elas.

No caso *Standard Oil* examinou-se a questão de pessoas físicas e jurídicas que, após constituírem a empresa em 1870, obtiveram transporte ferroviário a custos preferenciais e forçaram concorrentes a aderir ao truste, sob pena de serem eliminados do mercado, notadamente mediante redução predatória de preços. Através desses métodos, a Standard passou a controlar acima de 90% do mercado de petróleo refinado. Ao julgar ilegal o truste, a Suprema Corte americana determinou sua dissolução, mediante distribuição das participações acionárias entre os sócios, em base pro rata.

A legislação européia relativa a abusos de posições dominantes (cuja diferenciação do conceito estrito da legislação antitruste veremos adiante) constitui, enquanto regulamentação sistemática, fenômeno recente. Embora alguns países já tivessem inserido nos respectivos sistemas jurídicos disposições sobre matéria (de que são exemplos, na França, os arts. 419 e 420 do CP de 1810 e 50 e 51 da Ordonnance n. 45/1483, de 30.6.45; na Inglaterra, o Monopolies and Restrictive Practices Act, 1948: na Noruega, a Lei dos Trustes, 1926; na Dinamarca, a Lei Antitruste, de 1931, que não chegou a ser aplicada; e, na Alemanha, as leis aliadas antimonopólio, notadamente a U. S. Military Government Law n. 56, de 2.2.47[8]), as quais influenciaram a promulgação da lei japonesa antimonopólio (Lei 54, de 14.4.47), de fato,[9] o primeiro diploma verdadeiramente europeu que tratou da matéria foi o Tratado da Comunidade Européia do Carvão e do Aço - CECA (Tratado de Paris, de 18.4.51), que foi seguido pela promulgação de leis nacionais em países particulares, como as da Alemanha, Holanda, Dinamarca, Bélgica e França. Contudo, não foi senão aos 25.3.57 que, com o Tratado de Roma, criador do Mercado Comum Europeu - MCE, a matéria passou a merecer a devida atenção.

Não obstante recente a legislação, o conceito jurídico europeu de abusos de posições dominantes ou de abuso do poder econômico (mesmo porque a doutrina do *laissez-faire* é originária do Velho Mundo)[10] teve, porém, larga

---

[8] Cf. Edward H. Chamberlin, *Monopoly and competition and their regulation*.

[9] Cf. Alfred F. Crotti, *Trading under ECC and US Antitrust Laws*, p. 13.

[10] Cf. Crotti, ob. e loc. cits.

influência na formação da nossa Lei n. 4.137, notadamente no que tange à rejeição da doutrina norte-americana dos' delitos *per se*.

3. Conceituação do abuso do poder econômico

A Lei n. 4.137/62 teve confessada inspiração e fonte histórica na análoga legislação norte-americana; porém, no dizer do autor de seu projeto original, Agamemnon Magalhães, "com as modificações impostas pelas nossas condições econômicas e políticas" [11]Com efeito, e como primeira diferenciação conceitual, a legislação brasileira, antes de ser tipicamente, um conjunto de normas "antitruste", no sentido restrito da palavra, é um sistema jurídico, tal qual o europeu, repressivo dos "abusos do poder econômico" ou dos "abusos de posições dominantes". Já observara Corwin Edwards, citado por Alberto Venâncio Filho[12] que "em alguns países o conceito de ação contrária ao interesse público é definido na frase "abuso do poder econômico", que resume atitudes desenvolvidas durante vários séculos, pela inter-relação de instituições religiosas, políticas e econômicas (...). Antes da Reforma, a atitude da Igreja era de não desafiar a existência do poder econômico temporal, nem preocupar-se com a sua concentração, mas, aceitando as hierarquias do poder, insistir para que tal fosse moralizado e que se tornasse religioso. Toda a conquista de poder trazia uma correspondente conquista de deveres. O fracasso em assumir seus deveres instituía uma conduta imoral e irreligiosa. Essa concepção é claramente precursora do conceito legal atual de abuso do poder econômico, a qual sobreviveu à Reforma, não somente nos países católicos mas também naqueles países nos quais o protestantismo adotou a concepção de que as atividades comerciais privadas têm deveres morais correspondentes à sua autoridade".

Assim, atenta Guilherme A. Canedo de Magalhães[13] que o legitimo uso do poder econômico não sofre qualquer restrição, sendo certo que sua amplitude é até mesmo estimulada pelo Estado, uma vez que implica o desenvolvimento econômico do País.

Como resultado da simbiose, adotou o sistema brasileiro posição eclética, na medida em que, p. ex., se, por um lado, como visto, repeliu o rígido conceito de

[11] *Abuso do poder econômico*, p. 18.

[12] Corwin Edwards, Foreign antitrust laws in the 1960'S, apud Alberto Venâncio Filho, *A intervenção do estado no domínio econômico*. p. 291 e 292.

[13] *O abuso do poder econômico*, p. 16.

delitos *per se* do sistema norte-americano, em favor do mais flexível conceito europeu de abuso do poder econômico, por outro lado, autoritariamente, desprezou o princípio do duplo grau de jurisdição (com evidente perigo para as garantias individuais, a tempo resguardadas pelo princípio maior da inafastabilidade do Poder Judiciário, constitucionalmente contemplado no art. 153, § 4º, da Carta Magna vigente), enquanto o sistema norte-americano, expressa e democraticamente, consagrou a recorribilidade das decisões administrativas da Comissão Federal de Comércio perante as Cortes de Apelação dos Estados Unidos (Justiça Federal) (cf. art. 5.º, c, da Lei da Comissão Federal de Comércio).

Na genealogia de nossa lei, o começo das dúvidas conceituais e hermenêuticas que até hoje dificultam a inteligência e a aplicação do diploma.

Com raízes em ordenamento jurídico alienígena (*Common Law*) substancialmente diverso da orientação romanística, foi a matéria introduzida no panorama jurídico nacional, em caráter pré-sistemático, por meio da legislação relativa aos crimes contra a economia popular. Assim, enquanto a Lei Sherman e os textos que a seguiram, no dizer do Juiz Charles E. Hugues,[14] "apresentam generalidade e adaptabilidade comparáveis com as que se consideram desejáveis nos preceitos constitucionais", recomendando, portanto, a adoção de "normas maleáveis" ou *standards*, diante da impossibilidade de especificação taxativa das práticas consideradas abusivas do poder econômico, a legislação repressiva brasileira (em cujo contexto obviamente se incluem os diplomas atinentes às infrações contra a economia popular) está adstrita aos princípios fundamentais da reserva legal (*nullum crimen, nulla poena sine leg*). Exige-se do intérprete da Lei Antitruste a convivência com a ambigüidade e a flexibilidade de adaptação de conceitos tão dispares entre si, como os da *equity* do sistema anglo-saxão e o da tipicidade; e o formalismo civilista e o pragmatismo da "regra da razão".

4. Formação da legislação nacional. Embasamento constitucional

No Brasil, o princípio da livre concorrência tem raízes na própria cultura nacional, de que o Direito é mera expressão. Como verdadeiro marco da manifestação dos Tribunais pátrios a respeito da matéria (e quiçá como primeiro grande precedente jurisprudencial relativo ao conceito moderno de liberdade de iniciativa), não se pode deixar de relembrar o processo que envolveu, de um lado, a Cia. Nacional de Tecidos de Juta, sob o patrocínio de J. X. Carvalho de Mendonça, e, de outro, o Conde Álvares Penteado e a Cia.

[14] Apud Jaime Villegas Cayon, ob. cit., p. 27.

Paulista de Aniagem, defendidos por Rui Barbosa. Versava a questão sobre a cláusula de não-restabelecimento, após a venda de um negócio industrial, posto ter o alienante, no caso, o Conde Álvares Penteado, se restabelecido com o mesmo negócio, no mesmo lugar e dentro do raio de ação do adquirente. Em primeira decisão, o STF, aos 10.4.13, por maioria de votos, firma que a cláusula de não-restabelecimento estaria implícita na venda de um determinado negócio, tendo por fundamento legal os arts. 209, 214 e 215 do CCom., reformando, assim, a decisão de primeira instância, que fora favorável aos réus.[15] Posteriormente, aos 12.08.1914, em sede de embargos, a Suprema Corte reverteu o julgado, entendendo não só que "não estava, entretanto, Antônio Álvares Penteado legalmente inibido do exercício de indústria similar, porque não se presume a renúncia do direito ao exercício de determinado ramo de comércio ou industria", como também que, "além de restrita no tempo, no espaço e no objeto a renúncia deve ser expressa, ou pelo menos resultar de modo inequívoco dos termos do contrato para que na solução dos conflitos não prevaleça contra o princípio soberano da livre concorrência.[16] Consagrou-se, assim, o primado da livre iniciativa, permitindo-se sua restrição apenas quando expressa e justificadamente convencionada e, importante, desde que limitado o empecilho "no tempo, no espaço e no objeto". Para os que desejarem aprofundar-se no exame deste rumoroso caso, lembramos a nota de rodapé de n. 9 inserida no *Tratado de direito comercial brasileiro*, 2.ª Parte, 2. ed., v. VI, p.159, de Carvalho de Mendonça, onde se informa a publicação por Rui Barbosa de suas alegações forenses, sob o título *As Cessões de clientela e a interdição de concorrência nas alienações de estabelecimentos comerciais e industriais* (1913), às quais Carvalho de Mendonça opôs seus memoriais em três volumes recomendando e solicitando "encarecidamente" que "ninguém firme juízo sobre esta famosa causa sem apreciar as razões dos dois litigantes" (cf. nota cit., p. 160).

Historicamente, ainda, em seu art. 116 previu a Constituição Federal de 1934 a, possibilidade de, por meio de lei especial e com ressalvas, "por motivo de interesse público", serem monopolizadas certas atividades econômicas. Obviamente, não era o texto auto-exeqüível; e, a seguir, não foi objeto de regulamentação. Não deixou, contudo, de ser o primeiro preceito constitucional pátrio a preocupar-se em retirar o Estado da posição de mero espectador de fenômenos econômicos que atingissem a coletividade, correlacionando a

---

[15] Cf. *RT* 6/239 e *Revista do Supremo Tribunal* 2/480.

[16] Cf. *RT* 12/180 e *Revista do Supremo Tribunal* 3/187.

organização da ordem econômica a "princípios de justiça e às necessidades da vida social", com o escopo de possibilitar a todos existência digna". Só atendidos esses parâmetros, garantia a Carta Magna a liberdade econômica.

Como ponderou Pontes de Miranda,[17] já vinha aí, implícito, o princípio da repressão ao abuso do poder econômico, Segundo, Waldemar Martins Ferreira,[18] tomara-se "moeda corrente a teoria da intervenção do Estado na vida econômica"; mas, na prática, não foi imediata, entre nós, sua entrada em franca circulação.

Tão-só para o suprimento, de "deficiências da iniciativa individual", autorizada ainda a coordenação de fatores de produção, a Carta de 1937 admitiu intervenção estatal no domínio econômico "de forma mediata e imediata", com vistas a se evitarem ou solucionarem seus conflitos (cf. art. 135 da Carta de 1937).

Deve-se ao Deputado Agamemnon Magalhães, como dito, quando Ministro da Justiça, a promulgação do draconiano Dec.- lei n. 7.666, de 22.6.45, conhecido por "Lei Malaia", dispondo sobre "os atos contrários à ordem moral e econômica" e que, entre outras inovações, criou a Comissão Administrativa de Defesa Econômica, predecessora do atual CADE, órgão com a específica destinação de velar pela fiel aplicação do diploma. O Dec.- lei n. 7.666 tais reações provocou, de ordem política e jurídica, bem como ponderações de sua' inconveniência, que, embora em vigor a partir de 1.8.45, não chegou a efetivamente atuar, sendo laconicamente revogado pelo Min. José Linhares, em novembro do mesmo ano, quando ocasional e provisoriamente se encontrou à testa da Nação, imediatamente após a derrubada do Estado Novo.

Na Constituição de 1946 cristalizou-se no art. 148 o seguinte preceito: "A lei reprimirá toda e qualquer forma de abuso do poder econômico, inclusive as uniões ou agrupamentos de empresas individuais ou sociais, seja qual for a sua natureza, que tenham por fim dominar os mercados nacionais, eliminar a concorrência e aumentar arbitrariamente os lucros."

Quanto à "economia, sua guarda e seu emprego", já tínhamos o Dec-lei n. 869, de 18.11.38, projeto da lavra de Nélson Hungria, que declaradamente se inspirara no projeto de Código Penal argentino de J. Coll e Eusébio Gomez, nas propostas da Comissão de Reforma do Direito Penal na Alemanha e na legislação e jurisprudência norte-americanas. Esse diploma foi mais do que uma lei antitruste, como se verifica da classificação das entidades criminais

[17] *Comentários à Constituição* de 1946, 2.º ed. v. IV, p. 50l.

[18] *História do direito constitucional brasileiro*, p. 184 e 185.

que define. Aos 26.12.51 sobrevieram as Leis n. 1.521 (alterando dispositivos atinentes aos crimes contra a economia popular) e n. 1.522, autorizando o Governo Federal a intervir no domínio econômico para assegurar a livre distribuição de produtos necessários ao consumo do povo. Segundo o Prof. Hermes Lima, em depoimento perante o Congresso Nacional em 23.2.56, o conjunto desses diplomas dispensaria, até, a elaboração de uma lei especial sobre o abuso do poder econômico.

Dada a identidade de natureza penal da Lei n. 1.521 e de eventual texto específico que viesse a ser baixado sobre o assunto, identidade, essa, enfatizada por Pontes de Miranda,[19] não era de todo extravagante o entendimento de Hermes Lima; mas o ilustre Professor não atentou para as diversidades, como regra, dos sujeitos ativo e passivo nas infrações e do objeto da proteção jurídica dispensada pela questionada lei e a que, sem infirmá-la, afinal acabou por sobrevir.

Ademais, como foi sublinhado por Hungria, em depoimento perante a Câmara de Deputados,[20] "os abusos do poder econômico enumerados na Lei 1.521 estão muito aquém da realidade, conforme tem demonstrado a experiência. Não fez mais do que repetir o Decreto 869, que, como já disse, foi por mim elaborado; mas devo confessar que ele foi feito de afogadilho. Encomendado com urgência, tive que organizá-lo um tanto atabalhoadamente", declara o saudoso penalista.

Aliás, sobre a necessidade de uma lei específica e abrangente para a apuração e repressão aos abusos do poder econômico já se manifestara a sociedade industrial e comercial pátria, como se verifica da chamada "Carta' Econômica de Teresópolis", tão raramente relembrada e que propugnava pela intervenção do Estado no domínio econômico contra a atividade das organizações monopolísticas nocivas ao equilíbrio social.

Aos 15.4.48, versando sobre a matéria, Agamemnon Magalhães apresentou projeto de lei, que tomou o n. 122. A reação à tentativa de "regulamentação do art. 148 da CF" "tem sido sem tréguas", informou seu autor um ano depois; e, efetivamente, sua tramitação não percorreu longa estrada. Após pareceres das Comissões de Constituição e Justiça e de Indústria e Comércio, o assunto ficou paralisado, pelo que, anos mais tarde, o Deputado Jorge de Lima aludiu ao "sono da eternidade" em que dormitava, apesar de o abuso do poder econômico ser um dos fatores mais negativos nesta República das

[19] Ob. e v. cits., p. 504.

[20] Cf. Suplemento A ao. *DCN* 123, de 28.7.61.

negociatas e maroteira" [21]

Falecido Agamemnon Magalhães, aos 8.2.56, seu filho, o Deputado Paulo Magalhães, *ipsis litteris* reapresentou o trabalho paterno, agora sob o n. 3 (posteriormente, na Câmara Alta, O projeto tomou o n. 144). A matéria passou, então, a ser amplamente esmiuçada, sendo a redação várias vezes refundida e objeto de diversos substitutivos até final aprovação na Câmara dos Deputados, após longos e espaçados trâmites a que não foram alheios "embaraçados políticos".[22] Remetido o expediente ao Senado, ali chegou no dia 6.11.61, onde, graças a um passe de mágica de Paulo Fender, que tornou prejudicados laboriosos substitutivos e as emendas a eles apresentadas, foi o projeto aprovado por trinta votos contra oito, subindo à sanção presidencial. Aos 18.9.62 foi recebido pelo Congresso o texto de lei sancionado pelo Pres. João Goulart, mas com veto parcial a alguns dispositivos.[23] Convocado o Congresso para o dia 14 de novembro, em sessão noturna conjunta, foram discutidos em bloco e votados os vetos, dos quais sete foram mantidos e seis rejeitados.[24]

Aos 20.5.63 foi a Lei n. 4.137 regulamentada pelo Dec. n 52.025, ainda em vigor, exceto quanto a adaptações que foram exigidas pela nova sistemática recursal do Código de Processo Civil de 1973 (art. 10 da Lei n. 6.014, de 27.12.1973). Outrossim, por força do art. 1.° da Lei n. 6.205, de 29.4.1975, a multa prevista no art. 43 da Lei n. 4.137 passou a ser calculada com base no denominado salário-referência".'

Pelo Dec. n. 53.670, de 9.3.64, foi aprovado o Regimento Interno do CADE, parcialmente reformulado pela Portaria n. 677, de 1.9.78, do Ministério da Justiça.

A Carta de 1967, com a redação dada pela EC n. 1, de 17.10.1969, abandonou a exposição genérico-exemplificativa do art. 148 da CF de 1946, sob cujo império fora promulgada a Lei Antitruste, optando pela seguinte redação:

"Art. 160. A ordem econômica e social tem por fim realizar o desenvolvimento nacional e a justiça social, com base nos seguintes princípios:
(...)

---

[21] Cf. *DCN* de 25.7.59, p. 4.505.

[22] Cf. Lincoln Feliciano, *DCN* de 24.8.61, p. 6.453.

[23] Cf. Mensagem 184/62, *DCN* de 19.9.62, p. 2.065 e 2.066.

[24] Cf. *DOU* de 27.11.62, retif. 30.11.62 e 20.3.63.

V - repressão ao abuso do poder econômico, caracterizado pelo domínio dos mercados, a eliminação da concorrência e o aumento arbitrário dos lucros".

Quando da elaboração da Constituição de 1967, o Deputado Oswaldo Lima Filho, pela Emenda n. 508, subscrita por 110 deputados, tentou ver pura e simplesmente restabelecida a redação do art. 148 da CF de 1946, sob a justificação de que "o texto de 1946, acima renovado, é mais perfeito". A emenda, embora inicialmente acolhida na Câmara e no Senado, não integrou o texto definitivo, após ser-lhe contrário o parecer da Comissão Mista.[25]

Perante a redação que prevaleceu, vem tomando corpo uma corrente segundo a qual, com a reformulação da Carta Magna, derrogadas estariam as disposições coativas atinentes à matéria que estritamente não se enquadrem num dos termos do trinômio: dominação de mercados nacionais - eliminação de concorrência - aumento arbitrário de lucros. Mais especificamente: teriam deixado de vigorar os incs. IV e V do art. 2.º da Lei n. 4.137/62. Essa inteligência, contudo, ainda permanece no campo doutrinário, não tendo enfrentado os crivos administrativo e judicial.

De lege ferenda, tramita no Congresso Nacional, já acolhido pela Câmara dos Deputados, projeto de lei que institui um Código de Ética das Multinacionais, exigindo das empresas transnacionais abstenção de práticas abusivas, do poder econômico, além de outras contrárias aos interesses políticos e econômicos do País.[26]

Menção merece o anteprojeto de lei que altera a Parte Especial do código Penal (cf Portaria n. 304, de 17 de julho de 1984 doMinistério da Justiça, DOU, 19/07/84, Seção I p. 10522 e ss) para, inter alia, incluir naquele diploma básico os delitos contra a ordem econômica (arts. 375 e 384).

5. Natureza jurídica da Lei Antitruste. Objeto jurídico protegido

O sumário histórico acima apresentado já faz pespontar questões de intrincada solução. Assim, p. ex., o problema da natureza jurídica da Lei Antitruste. De fato, regulamentando dispositivo da Lei Maior, a Lei n. 4.137 encontra-se inserida no contexto dos objetivos da ordem econômica c social constitucionalmente almejados.

[25] Cf. *Anais da Constituição de 1967*, v. 6., t.2, p. 529 e 530.

[26] Cf. Projetos n. 2.248/76 da Câmara dos Deputados, e 68/79, do Senado.

Portanto, teleologicamente, o diploma tem por fim colaborar com a realização do desenvolvimento nacional e da justiça social, conforme entendidos à época de sua aplicação. Não tem o estatuto como objeto jurídico de sua proteção a política econômica do Estado, pois tutela, antes, a liberdade econômica e a livre concorrência.

Com efeito, a Lei Antitruste nacional não é, como chegou a ser sustentado, tema aderente ao poder de polícia, ou seja, vinculado ao Direito Administrativo, mas, sim, um diploma penal, enquadrado no novíssimo ramo do Direito Penal Econômico. Impõe-se o entendimento, embora por alguns contestado, não só pelas já referidas origens históricas do diploma, tanto indígena quanto estrangeira, como, também, por lhe serem estranhos e inaplicáveis os atributos específicos e peculiares ao exercício do questionado poder de polícia: a) a discricionariedade; b) a auto-executoriedade e c) a coercibilidade.

Laivos do primeiro desses atributos despontam, tão-só, em iniciativas investigatórias quando ex officio providenciadas pelo CADE (cf. Res. 4/67 e 1/80 do CADE).

Assim, enquanto a "discricionariedade" se traduz, segundo Hely Lopes Meirelles,[27] na livre escolha, pela Administração, da oportunidade e conveniência de exercer o poder de polícia, de aplicar as sanções e de empregar os meios conducentes a atingir o fim colimado, o CADE, na aplicação do diploma que o rege, não pode afastar-se das indicações legais e regulamentares, atuando por meio de atos administrativos "vinculados" ou "regrados".[28] Enquanto a "auto-executoriedade" do Poder de Polícia faculta à Administração decidir e executar diretamente, por seus próprios meios, suas deliberações, sem intervenção do Judiciário, as decisões do CADE coisa julgada não geram; e, sujeitas ao crivo do Poder Judiciário, somente através de processo judicial podem ser executadas (art. 48 e ss. da Lei n. 4.137). Esse, aliás, o expresso intuito de Agamemnon Magalhães em seu projeto de lei: "a repressão aos abusos do poder econômico será feita pelo Poder Judiciário" (cf. Justificação do Projeto de Lei 122/48). Por fim, enquanto a "coercibilidade", como característica do Poder de Polícia, leva à imposição coativa das medidas emanadas da Administração, e isso até mediante recurso à Força Pública, o atributo é incompatível com a solução obrigatoriamente judicial, para fins executórios, das decisões do CADE, sujeitas, insista-se, a amplo controle jurisdicional, não só quanto às questões de formalidade

[27] *Direito Administrativo Brasileiro*. 8.º ed., São Paulo: Revista dos Tribunais, p. 114-117.

[28] Cf. Nelson de Azevedo Branco e Celso de Albuquerque Barreto, *Repressão ao abuso do poder econômico*, p. 118.

extrínseca como também em relação à legalidade intrínseca, aos motivos determinantes do ato administrativo.

A legislação antitruste, não só por seu já apontado fundamento histórico, oriundo do ordenamento jurídico congênere norte-americano, mas também por força de sua própria natureza intrínseca (haja vista encontrar-se, desde seu surgimento, mesclada à legislação protetora da economia popular), é de natureza penal.

Quanto à primeira remissão (origem histórica), basta lembrar com Sullivan[29] que "toda violação das leis antitruste (norte-americanas) é um crime punível com prisão de até um ano e multa no valor máximo de US$ 1 milhão, caso o réu seja uma pessoa jurídica, ou US$ 100,000.00, caso seja uma pessoa física".

Da mesma forma, relembrem-se, em reforço do entendimento, as antigas disposições criminais cominadas às restrições ao livre comércio dos já citados arts. 419 e 420 do Código Penal francês (1810) e do art. 498 do Código Criminal canadense (1889), este introduzido "provavelmente e de certa maneira como resultado da agitação nos Estados Unidos que levou, um ano mais tarde, à promulgação da Lei Antitruste Sherman".[30] Mais recentemente, vejam-se os preceitos penais dos arts. 89 a 97 da Lei japonesa antimonopólio, de 1947.

Em relação à natureza intrínseca, cumpre iniciar o exame pela definição de Direito Penal, o qual, como muito bem assinala o emérito Prof. Manoel Pedro Pimentel,[31] deve ser conceituado sempre com referência expressa ao seu conteúdo substancial, fugindo, assim, de uma definição meramente formal. Por isso, acompanhando referido mestre, adotamos a definição de Stampa Braun,[32] a saber: "Direito Penal é o ordenamento jurídico autônomo, pertencente ao direito público, que tutela determinados interesses fundamentais do indivíduo e da sociedade, mediante a aplicação de uma pena ou de uma medida de segurança às condutas que contra aqueles interesses atentem (delitos)".

Quanto à natureza pública da Lei Antitruste, o entendimento é inquestionável, posto não servir aquele diploma para dirimir ou regular quesilhas ou interesses particulares ou entre particulares, matéria esta afeita aos Direitos Civil e Comercial, cujo foro competente é a Justiça Comum e não o CADE. Assim, no meridiano dizer do saudoso Prof. Oscar Barreto Filho,[33] "assentado

---

[29] Ob. cit., p. 148

[30] Cf. Chamberlin, ob. cit., p. 14.

[31] *Legislação penal especial*, p. 3.

[32] *Introducción a la ciencia del Derecho Penal*, p. 19, apud Manoel Pedro Pimentel, ob., loc. cit

está, pois, que a intervenção, seja qual for a forma de que se revista, deverá fundar-se no interesse da coletividade (e não no interesse restrito de classes ou grupos), visando à promoção do bem comum, bem como será demarcada pelos direitos fundamentais proclamados pela mesma Constituição".

No que diz ao objeto jurídico protegido, já salientamos não ser este a política econômica do Estado, mas, antes, e muito antes, a livre concorrência e a liberdade de iniciativa, constitucionalmente garantidas. De fato, no dizer de Enrique R. Aftalión,[34] nos delitos econômicos, transparece, acima da eventual lesão a particulares ou a organismos ou a regulamentos administrativos, o dano efetivo ou potencial à economia nacional considerada em seu conjunto ou, ao menos, contra instituições desse conjunto funcionalmente importantes.

6. Responsabilidade penal das pessoas jurídicas

Assentada a natureza do diploma, impende enfrentar, ainda que sucintamente, a correspondente questão da responsabilidade penal das pessoas jurídicas. Assim, e como é de conhecimento generalizado, duas são as correntes fundamentais que tratam da matéria, a saber, a dos tradicionalistas, apegados ao princípio do Direito Romano *societas delinquere non potest*, e a dos realistas, cujos maiores representantes são Gierke e Mestre. Segundo aqueles, que foram apoiados por Savigny, às pessoas jurídicas faltaria imputabilidade, posto que, em verdade, são dirigidas por pessoas físicas, seres humanos. Ademais, alega-se serem inadequadas as cominações de Direito Penal para reprimir a conduta ilícita a elas atribuível. Por outro lado, de acordo com a teoria realista, as pessoas morais têm poder de deliberação e vontade e vivem vida verdadeira e própria, desenvolvendo atividade pessoal que poderá ser de natureza criminosa. Lembram Cesare Pedrazzi e Paulo José da Costa[35] que a responsabilidade penal das pessoas jurídicas constitui princípio adotado de há muito pelos ordenamentos jurídicos anglo-saxões,[36] os observando-se no mesmo sentido, tendências na doutrina francesa.[37]

Veja-se, igualmente, Aftalión.[38]

[33] Cf. 'Limites Constitucionais da Intervenção do Estado na Economia Privada', *RT* 291/13.

[34] *Tratado de direito penal especial*, t. I, p. 109 e 110.

[35] *Tratado do direito penal econômico*, v. I, p. 27.

[36] Cf. Leigh, *The criminal liability of corporations*.

[37] Cf. Donnedieu de Vabres, "Les limites de la responsabilité pénale des personnes morales", *Revue Internationale de Droit Pénal*, 1950. p.339; e Lavasseur. Les personnes morales victimes, auteurs ou complices d'infractions, *Revue de Droit Penal et de Criminologie*, 1954/55, p. 840.

A crítica que se faz à teoria realista fundamenta-se a este respeito, na alegação de que a pessoa moral, embora sendo uma realidade, o é apenas jurídica criada pela lei. Porém, não obstante os perigos decorrentes do emprego da analogia, não se pode deixar de relembrar o pensamento do sociólogo Émile Durkheim, expressado por ocasião da formulação da chamada teoria do organicismo biológico, a qual pode, de certa forma, demonstrar que a realidade das pessoas jurídicas não se restringe a uma simples ficção. Em resumo, elaborado pelo Prof. Gofredo Telles Jr.,[39] para o pensador, as sociedades são seres vivos, com existência própria e distinta dos indivíduos humanos que as compõem. Os fenômenos sociais e os fenômenos da consciência individual são heterogêneos, mesmo porque aqueles que se situam, não nos elementos, mas, antes, no todo formado por sua união. Em outras palavras, toda sociedade é uma síntese *sui generis* que origina fenômenos novos e diversos dos verificados nas consciências solitárias. É indiscutível que a sociedade é composta de indivíduos, porém não pode ser simplisticamente considerada mera soma de pessoas. Resulta ela da consciência ajustada, engrenada e dessa combinação surge a vida social. Tal ensinamento, embora não tendo sido obviamente dirigido às pessoas jurídicas, poderia explicar, por sua similitude, a própria culpabilidade destas.

Quanto à inadequação das cominações penais às pessoas jurídicas, é óbvio ser a reprimenda privativa de liberdade inaplicável àquelas, não o sendo, porém, as penas de multa e as medidas de segurança. Observam os tradicionalistas que apenas as cominações privativas da liberdade ou as pecuniárias conversíveis em prisão seriam *penais*, não tendo esta característica as pecuniárias não conversíveis e as medidas de segurança. Assim sendo, não seria penal o diploma que inflingisse, tão-somente, castigos pecuniários, a exemplo da Lei n. 4.137/62. Ora, com o devido respeito, não se.:pode simplesmente esconder a realidade e a vitalidade econômica do mundo moderno por amor à tradição teórica, mesmo porque, não há esquecer, as pessoas jurídicas são "sujeitos que. não obstante a mutabilidade do elemento humano que lhes ensejar alento e movimento, apresentam-se absolutamente inalterados perante a lei e especialmente diante do mundo econômico. De fato, no dizer de Stampa Braun, acima citado, a norma é penal desde que tutele "determinados interesses fundamentais do indivíduo e da sociedade" (através de preceito primário, descritivo da conduta típica), "mediante a aplicação de uma pena ou de uma medida de segurança" (preceito secundário indistinto, ou seja, pena - privativa de liberdade ou pecuniária - ou medida. de segurança). Ora, a tais requisitos atende plenamente a Lei n. 4.137/62, posto

[38] *Derecho penal económico*, p. 91.

[39] *Filosofia do direito*, t. 2.º.

tratar-se de diploma indubitavelmente de Direito Público (com prevalência flagrante do interesse coletivo ao particular), que tutela determinados interesses fundamentais do indivíduo e da sociedade (a saber, a livre iniciativa, a livre concorrência e correspondentes garantias individuais, constitucionalmente protegidas), mediante a aplicação de uma pena ou de uma medida de segurança às condutas que lhe forem ofensivas (no caso, a multa prevista no art. 43, a intervenção de que tratam os arts. 48 e ss. e a liquidação judicial e desapropriação da empresa faltosa, na forma do art. 61, todos da Lei Antitruste). Entendimento contrário seria tornar possível, por exemplo, considerar-se meramente administrativa a norma do art. 121 do CP ("matar alguém") caso, somente *ad argumentandum* é óbvio, sua pena fosse reduzida a elevada sanção pecuniária ou a uma ressocializadora medida de segurança. Em resumo, a norma é penal não em função da natureza da sanção, mas, antes, da sua substância intrínseca. Ademais, não se verifica qualquer heresia jurídica na equiparação conceitual das reprimendas pecuniárias e das medidas de segurança às penas privativas de liberdade. O fato de não serem aquelas eventualmente conversíveis em prisão não impede seu nivelamento conceitual, mas apenas formal. E, para concluir, é interessante notar que a pena privativa da liberdade não foi cogitada no Projeto Agamemnon Magalhães, mais por sua ineficácia em tema de abusos do poder econômico do que pela análise da natureza jurídica da lei então sob exame. É o que nos diz o parecer de Hermes Lima, como relator da Comissão de Constituição e Justiça da Câmara: "Assim, consagra o projeto a intervenção como medida adequada aos fins que colima. Toda a experiência das leis repressoras dos abusos do poder econômico confirma o restrito e medíocre alcance das medidas que se limitam a impor multas e penas de prisão".[40]

7. Hermenêutica da Lei Antitruste

De qualquer modo, em relação à legislação brasileira antitruste, tendo ela por confessada fonte e embasamento a legislação norte-americana (sendo mesmo impressionantes as semelhanças), não poderia o transplante ser efetivado apenas em sua forma, independentemente de todo o fundamento e substrato jurídico e econômico que deu origem ao ordenamento alienígena, bem como de sua natureza criminal. Verifica-se, por exemplo que o projeto substitutivo aprovado pela Comissão Especial da Câmara Federal, em 30.2.55, consignava o caput do art. 2.º a seguinte redação: "Consideram-se crimes de abuso do poder econômico..."

[40] Apud Agamemnon Magalhães, *Abuso do poder econômico*, p. 64.

(grifamos); sendo certo que a mesma afinal não foi acolhida, basicamente pelo temor de que a nova lei revogasse as disposições similares da Lei n. 1.521/51 (Lei dos Crimes Contra a Economia Popular) [41]

Cumpre, portanto, na exegese dos dispositivos legais antitruste, examiná-los sob o prisma da hermenêutica das normas penais, caracterizada pela rigidez de interpretação do tipo e pela inadmissibilidade da aplicação analógica, sem que tal implique interpretações canhestras e literais, notadamente ante os fins econômicos da legislação especial representados pelo binômio constitucional "desenvolvimento nacional" e "justiça social" (cf. art. 160 da Carta Magna).

8. Controle judicial das decisões do CADE

Como conseqüência de sua estreita vinculação às garantias e liberdades individuais, as decisões do CADE não podem, em hipótese alguma, ser consideradas "atos discricionários" (emanados tão-somente sob a égide da oportunidade e conveniência administrativas), mas, sempre, "atos vinculados",[42] "sujeitos a amplo controle judicial. Impõe-se o entendimento, máxime quando se verifica que das decisões do CADE não cabe qualquer recurso hierárquico, fazendo periclitar o princípio jurídico de toda não civilizada, consagrado no duplo grau de jurisdição. As decisões administrativas do CADE não podem ser soberanas e definitivas, como que emanadas de senhor feudal, mesmo porque constitui princípio cediço entre os Estados de Direito, que a administração não há de exercer função formalmente jurisdicional, cumprindo ao Poder Judiciário, por mandamento constitucional, a ampla revisão da legalidade dos atos administrativos. De fato, o primado do Poder Judiciário, em realidade, é, na espécie, irrestrito, de sorte que, perante o mesmo, sem qualquer vinculação à etapa administrativa, poderá ser reaberta a discussão sobre toda a matéria ali deduzida.

O controle judiciário não se limita aos aspectos extrínsecos da legalidade, descendo ao exame da motivação e da finalidade da decisão proferida pelo CADE. Isto porque não tem o órgão poder para manifestar-se livremente, traduzindo sua atuação em atos desvinculados de qualquer prévia regra de Direito; antes, concretiza sua vontade positiva ou negativamente, desde que preenchidos ou não, no caso concreto, determinados requisitos vinculatórios

[41] Cf. Suplemento A ao *DCN* 123, de 28.07.1961, Seção I, p. 23-33.

[42] Cf. Nelson Branco e Celso Barreto, ob. cit., p. 118.

fixados a priori pela lei. Como ensina Hely Lopes Meirelles[43], "o princípio da legalidade impõe que o agente público observe, fielmente, todos os requisitos expressos por lei como da essência do ato vinculado. O seu poder administrativo restringe-se, em tais casos, ao de praticar o ato, mas de o praticar com todas as minúcias especificadas na lei. Omitindo-as ou diversificando-as na sua substância, nos motivos, na finalidade, no tempo, na forma ou no modo indicados, o ato é inválido, e assim pode ser reconhecido pela própria Administração ou pelo Judiciário, se o requerer o interessado".

Comum é o argumento de que, no exame da legalidade das decisões do CADE, não poderia o Poder Judiciário apreciar o "mérito" da decisão. A verdade é que tal argumentação confunde a noção de mérito administrativo" com os conceitos de "mérito processual", e de "motivos determinantes", Como corretamente observa Hely Lopes Meirelles [44] "não há confundir, entretanto, o "mérito administrativo" do ato, infenso à revisão judicial, com o exame de seus 'motivos determinantes', sempre passíveis de verificação em juízo, Exemplificando: o Judiciário não poderá dizer da conveniência, oportunidade e justiça da aplicação de uma penalidade administrativa, mas poderá e deverá sempre examinar o seu cabimento e a regularidade formal de sua imposição. E mais:[45] "Com efeito, nos atos vinculados, onde não há faculdade de opção do administrador, mas unicamente a possibilidade de verificação dos pressupostos de direito e de fato que condicionam o *processus* administrativo, não há falar em 'mérito', visto que toda a atuação do Executivo se resume no atendimento das imposições legais".

Portanto, a apuração do motivo da eventual condenação pelo CADE pelo estudo das provas pelo Poder Judiciário, não é mérito, e quando um ato administrativo do CADE se funde em motivos ou em pressupostos de fato, sem a consideração dos quais, da sua existência, da sua procedência, da sua veracidade ou autenticidade, o ato, em realidade, inexiste. Caio Tácito[46] arremata a questão com sua costumeira acuidade ao dizer que "é necessário insistir, porém, na tecla a que tanta vez aludimos de que a 'existência' e o '.valor jurídico' dos motivos são condições de legalidade do ato administrativo e somente poderão ser aferidas mediante o contato prudente mas indispensável com as questões de fato". "Se o Judiciário se detiver, sob um errôneo respeito ao poder discricionário, no exame puramente externo da conduta administrativa, não poderá

[43]. Ob. cit., 5. ed., p. 89.

[44] Cf. ob. cit., p. 666.

[45] Cf. ob. cit., p. 123.

[46] *Direito administrativo*, p. 105.

surpreender, na maioria dos casos, as violações sub-reptícias (e por isso mesmo socialmente perigosas) com que se acoberta a arbitrariedade ou o favoritismo."[47]

No âmbito específico do CADE, não há deixar de mencionar o que consignou o emérito Consultor-Geral da República, Luiz Rafael Mayer, no Parecer n. L-84, de 12.11.75, aprovado pelo Presidente da República (cf. *DOU* de 2.12.75), ao cuidar da inexistência de recurso administrativo e do controle judicial das decisões proferidas pelo órgão. Disse-o: "Resta acentuar que, no caso concreto, admitida a probabilidade recursal, *ad argumetandum*, nenhum efeito produziria a medida, a esta altura, porquanto já ajuizada a cobrança da multa, proporcionando, assim, a manifestação do Poder Judiciário que, por certo, apreciará o mérito, dizendo de sua legalidade e procedência" (grifamos) e claro, e tal entendimento vem sendo inequivocamente comprovado na prática dos Tribunais, Mo está o condenado pelo CADE adstrito a aguardar a execução da multa para somente então debater da legalidade da decisão do órgão, podendo fazê-lo por iniciativa antecipada, por meio da competente ação ordinária anulatória, no pleno exercício de seu direito de ação.

Na sistemática da Lei n. 4.137, pode-se inferir que, a exemplo do que ocorre com o Tribunal Marítimo, o CADE é daquelas instituições que refletem a tendência do Estado moderno de atribuir o exercício de funções quase-jurisdicionais a órgãos da Administração. Porém, tal como o Tribunal Marítimo, o CADE é instituição, ainda que autônoma, auxiliar do Poder Judiciário, sendo certo que suas decisões não fazem coisa julgada, constituindo, não propriamente julgamento, mas perícia, prova, a ser apreciada pelo Poder Judiciário (e reformada se contrária à evidência, no sentido anglo-americano da expressão). Sob pena de invasão do Poder Judiciário pelo Poder Executivo, não poderia a lei marginalizar a competência natural do Poder Judiciário para atribuir procedência forçada de manifestação ao CADE.

9. Competência extraterritorial do CADE

Conseqüência outra da taxinomia da Lei n. 4.137, é a competência extraterritorial do CADE.

A extraterritorialidade da Lei norte-americana Sherman está claramente prevista em suas disposições, de tal forma a abranger as atividades empresariais tanto domésticas quanto estrangeiras, mas que afetem o comér-

[47] Ob. cit., p. 103.

cio exterior americano. Em outras palavras, segundo Sullivan,[48] todo e qualquer contrato, combinação ou acordo, mesmo aqueles que envolvam apenas empresas estrangeiras, pode violar a Lei Sherman, caso afetem a concorrência no mercado externo americano ou o próprio comércio exterior americano. Ao reconhecimento de ofensa à lei, não é necessário demonstrar uma redução no fluxo da mercancia exterior, mas, tão-somente, uma violação que afete substancialmente tal comércio.

No plano europeu,[49] sem prejuízo das legislações antitruste nacionais, a matéria é objeto dos arts. 85 e 86 do Tratado de Roma. Referidos dispositivos alcançam os "acordos entre empresas, as decisões por associações de empresas e as práticas conjuntas (desde que anticoncorrenciais) que possam afetar o comércio entre Estados-Membros", bem como os abusos de posições dominantes no Mercado Comum ou em parcela substancial do mesmo, "desde que possam afetar o comércio entre Estados.Membros". Em outras palavras, o principal critério para aplicação das disposições antitruste comunitárias é o efeito no mercado entre Estados.Membros, por meio da conduta seja de empresas localizadas fora da jurisdição geográfica da Comunidade Econômica Européia, seja de empreendimentos situados na própria Comunidade.[50]

No caso brasileiro, a Lei n. 4.137 é inteiramente omissa a respeito, permitindo, até mesmo, interpretação contrária posto seu primeiro tipo considerar como forma de abuso do poder econômico a dominação dos "mercados nacionais" (art. 2,°, I, da Lei n. 4.137). Aliás, pela territorialidade estrita da Lei Antitruste (embora reconhecida como lei penal) no Processo de Averiguações Preliminares n. 55 (cf. *DOU* de 19.11.75, Seção I, Parte 1, p. 15.468 e ss,) já se manifestara por maioria o próprio CADE. Outrossim, entendida a Lei Antitrustre como manifestação do Poder de Polícia e, portanto, localizando-a na seara do Direito Administrativo, estariam impunes os atos anticoncorrenciais praticados fora do território nacional, ainda que aqui produzissem graves efeitos, diante do caráter nítida e absolutamente territorial das normas do Direito Administrativo.

Todavia, em face de sua natureza penal, produz a Lei n. 4.137/62, efeitos ultraterritoriais por força do art. 4.° do CP, que assim dispõe: "Aplica-se a lei brasileira, sem prejuízo de convenções, tratados e regras de direito internacional, ao crime cometido, no todo ou em parte, no território nacional, ou

---

[48] Ob. cit., p. 715.

[49] Cf. Cornelis Canenbley, in, *Enforcing antitrust against foreign enterprises*, p. 2.

[50] Cf. Canenbley, ob. cit., p. 9.

que nele, embora parcialmente, produziu ou devia produzir seu resultado". Portanto, todas aquelas condutas anticoncorrenciais tipificadas na Lei Antitruste, tanto as praticadas no País, ainda que apenas parcialmente, como as inteiramente consumadas no exterior, desde que produzam ou devam produzir resultados no Brasil, são consideradas como tendo sido aqui praticadas, sujeitas, portanto, às nossas penalidades. A expressão "mercados nacionais" interpretada em toda sua extensão e plenitude, abrange, assim, e sem qualquer percalço, não só os mercados "internos" como também os "externos". Aliás, sintomático desse entendimento é o disposto no art. 3.º do Dec. 55,282, de 22.12.64, que dispõe sobre as medidas destinadas a incrementar a exploração e exportação de minério de ferro, que atribui ao CADE, juntamente com o DNPM e as demais autoridades responsáveis pelo comércio exterior, competência para coibir, no exercício de suas atribuições legais, formas de concorrência contrárias ao interesse geral da expansão das receitas cambiais do País ou tendentes à criação de monopólios. Assim também a Portaria n. 251/76, do Ministério da Fazenda, alterada pela Portaria n. 374, do mesmo ano, que prevê a suspensão e o cancelamento do registro cadastral de importador na CACEX, da empresa acusada de abuso do poder econômico, ou condenada pela prática do delito.

Ademais, como salientado pelo ilustre causídico José Carlos de Magalhães, em interessante artigo sobre o assunto publicado no jornal *O Estado de S. Paulo* (edição de 3.10.82, p. 58), por força do art. 74 da Lei n. 4.137, os atos, ajustes, acordos ou convenções entre empresas, de qualquer natureza, ou entre pessoas ou grupo de pessoas vinculadas a tais empresas ou interessadas no objeto de seus negócios que tenham por efeito: a) equilibrar a produção com o consumo; b) regular o mercado; c) padronizar a. produção; d) estabilizar os preços; e) especializar a produção ou distribuição; ou f) estabelecer uma restrição de distribuição em detrimento de outras mercadorias do mesmo gênero ou destinadas à satisfação de necessidades conexas, praticados ou celebrados no exterior ou parcialmente no Brasil, mas que produzam ou devam produzir tais resultados no país, não terão validade no território nacional senão depois de examinados e registrados pelo CADE. Tratam-se, a aprovação e registro, de formalidades essenciais, de ordem pública, cuja observância é compulsória na forma do art, 9.º, § 1.º, da LICC, sem prejuízo das peculiaridades formais externas exigidas pela lei estrangeira (*locus regit actum*). Reza o preceito conflitual: "Destinando-se a obrigação a ser executada no Brasil e dependendo de forma essencial, será essa observada, admitidas as peculiaridades da lei estrangeira quanto a requisitos extrínsecos do ato".

10. Formas de abuso do poder econômico

Mas quais seriam as formas de abuso do poder econômico? A Lei n. 4.137 prevê seis tipos, sendo cinco no art, 2.º e um no art, 5.º, § único, a saber: a) dominar os mercados nacionais ou eliminar total ou parcialmente a concorrência pelos meios escritos nas alíneas *a* a *g*; b) elevar sem justa causa os preços, nos casos de monopólio natural ou de fato, com o objetivo de aumentar arbitrariamente os lucros sem aumentar a produção; c) provocar condições monopolísticas ou exercer especulação abusiva com o fim de promover a elevação temporária de preços pelos meios descritos nas alíneas *a* a *d*; d) formar grupo econômico, por agregação de empresa, em detrimento da livre deliberação dos compradores ou dos vendedores, pelos meios previstos nas alíneas *a* e *b*; e) exercer concorrência desleal pelos meios previstos nas alíneas *a* e *e*; e f) interromper, em grande escala, ou reduzir sua produção (a empresa que operar em condições monopolísticas) sem justa causa comprovada, perante o CADE, para provocar alta dos preços ou a paralisação de indústrias que dela dependam. Como se vê, a Lei n. 4.137 reprime como abuso do poder econômico determinados status e não os meios utilizados para alcançá-los ou mantê-los. Freqüentes são as representações formuladas junto ao CADE (ou até mesmo condenações) tendo por fundamento apenas o nexo causal, tais como o "ajuste ou acordo entre empresas (alínea "a" do inc. 1 do art. 2.º), a "criação de dificuldades à constituição, funcionamento ou o desenvolvimento de empresa" "alínea *g* do inc. I do art. 2.º), a "utilização de meios artificiosos para provocar a oscilação de preços em detrimento de empresas concorrentes ou de vendedores de matérias-primas". (alínea *d* do inc. I do art. 2.º), a "subordinação de venda de qualquer bem à aquisição de outra utilidade ou à utilização de determinado serviço; ou à subordinação de utilização de determinado serviço à compra de determinado bem" (alínea *b* do inc. IV do art. 2.º) etc. Todavia, como é cediço, o tipo há de ser examinado em sua inteireza, tanto sob os prismas objetivo como subjetivo (dolo, elemento subjetivo do injusto, elemento normativo etc.), não bastando ao reconhecimento da infração a prática dos meios, senão quando alcançados os fins previstos na lei. Assim, por exemplo, a criação de dificuldades ao desenvolvimento de empresa não é suficiente à condenação, a menos que por ela se alcance ou se mantenha o domínio dos mercados nacionais ou a eliminação total ou parcial da concorrência. O percurso do *iter criminis* pode, tão-somente, e desde que verificado o dolo, permitir o acolhimento da figura da tentativa. Não é menos certo, porém, que sua verificação, *prima facie*, basta à instauração de processo de averiguações preliminares e ao próprio reconhecimento do "real motivo' (ou justa causa de procedimento administrativo) de que trata o art. 27 da Lei n. 4.137, ensejando, assim, o processo administrativo destinado à apuração do eventual abuso do poder econômico.

11. Elemento subjetivo do abuso do poder econômico. Paralelismo consciente

No tocante, porém, ao elemento subjetivo, é cediço e já reiterado na própria jurisprudência do CADE, que os tipos da Lei n. 4.137/62, são de natureza dolosa. De fato, exigindo o art. 148 da CF de 1946 que as formas de abuso do poder econômico seriam reprimidas desde que (elemento teleológico) tivessem "por fim" dominar os mercados nacionais, eliminar a concorrência ou aumentar arbitrariamente os lucros, perderia sentido o art. 1: da Lei n. 4.137, que faz expressa menção ao preceito constitucional, a menos como elemento consagrador da necessidade de averiguação da existência de dolo por parte do agente do abuso de poder econômico.[51] "Porém, diante das dificuldades da verificação de tal elemento subjetivo, máxime em se tratando de pessoas jurídicas, pode ele ser inferido dos próprios fatos ou condutas, não havendo necessidade de comprovação formal. Entre tais elementos, de interesse particular ao campo da legislação antitruste, é a figura do "paralelismo consciente". De fato, considerando que evidências circunstanciais podem ser utilizadas para comprovar conduta ofensiva à Lei Antitruste, a demonstração de que pluridade de empresas concorrentes agiram da mesma forma, cada qual ciente daquilo que a outra fazia, pode evidenciar um acordo ou ajuste tácito de natureza anticompetitiva.[52] A tal desiderato, porém, não basta a mera constatação fática de condutas paralelas, sendo indispensável a existência de, ao menos, um fator adicional (*plus factor*), a saber, a existência de: a) proposta para ação conjunta; b) conjunto de respostas idênticas embora complexas; c) comunicação direta ou oportunidade para tal; d) recusa ou omissão em desmentir o acordo; ou e) conjunto de circunstâncias que façam cada partícipe ciente de que haveria vantagem geral na participação de todos e desvantagem se houvesse concorrentes não-partícipes.[53]

12. Principais condutas restritivas da concorrência (horizontais e verticais)

As principais condutas monopolizadoras são as fusões, os acordos para atuação conjunta visando à constituição de monopólio, as práticas predatórias, os aumentos de barreiras ao ingresso de novos concorrentes no

[51] A respeito, v. Benjamin M. Shieber, *Abusos do poder econômico*, p. 35.

[52] Cf. Sullivan, ob. cit., p. 315 e ss.

[53] Ct. Sullivan, ob. cit., p. 317

mercado, certas políticas de preços (*e.g.* de maximização de preços, delimitação de lucros monopolísticos, discriminação de preços etc.), a discriminação de clientes etc.

Outrossim, em termos de co-participação de mais de um nível de produção (por exemplo), acordos envolvendo produtores de matérias-primas e/ou fabricantes e/ou comerciantes, as restrições ao livre comércio podem ser tanto horizontais como verticais.

Entre as principais restrições horizontais, temos a fixação de preços, ou seja, todo o acordo cujo propósito ou efeito é de elevar, dirimir, fixar ou estabilizar preços, a divisão de mercado, as restrições à livre oscilação de preços (notadamente pela formação de cartéis), os boicotes (sejam implícitos ou explícitos), a disseminação de informações em associações de classe, os programas de estandardização (seja de produtos, preços, contratos, horários, instalações ou estilos de comercialização), as decisões conjuntas, as negociações em bloco com fornecedores, clientes e sindicatos, as agências conjuntas de compras ou vendas, as pesquisas conjuntas, a construção conjunta de mercados, a propaganda associada etc. Já entre as principais restrições verticais, temos a fixação de preços de revenda (inclusive de preços máximos ou mínimos), as restrições geralmente impostas em contratos de distribuição (*e.g.* as limitações territoriais, as restrições à localização de lojas, as cláusulas de exclusividade, as rescisões contratuais a pedido de outro distribuidor etc.), os contratos vinculados, (destacando-se as "vendas casadas), as cláusulas de proibição de venda de produtos concorrentes, a fixação de preço único para mais de um produto, conhecida por *package pricing*, a obrigatoriedade imposta de compra ou venda de toda uma linha de produtos, conhecida como full line requirement, o licenciamento plúrimo, inclusive o licenciamento recíproco ou exigente de *royalties* pós-patente, técnicas promocionais instituídas por fabricantes para incentivo de distribuidores ou vendedores, técnicas destinadas a vincular o consumidor a um determinado vendedor, os contratos de exclusividade, os contratos de fornecimento da total necessidade do comprador, conhecidos como *requirement arrangements*, os contratos de reciprocidade, notadamente entre conglomerados etc.

13. Regra da razão. Justificação de abusos restritivos à concorrência

É importante, todavia, relembrar que a legislação brasileira não adotou o sistema norte-americano da *per se condemnationem*, isto é, da condenação por si, mesmo porque arrepia ao sistema jurídico pátrio a chamada responsabilidade objetiva. Preferiu o sistema europeu (também adotado pelo

Japão) que permite a justificativa das condutas pela aplicação geral da doutrina da regra da razão (ou *rule of reason*) desenvolvida pelos juízes norte-americanos Holmes e White. Com efeito, conforme já alertava o deputado Alde Sampaio,[54] "a legislação repressiva dos cartéis não poderá abster-se de ter em conta as condições em que são formados e o objeto que pretendem alcançar, para assim distingui-las entre os que vêm simplesmente disciplinar ou ordenar a concorrência e os que se constituem com o fim de eliminá-la, preservando para um grupo a exclusividade de utilização de um campo de negócios. Assim não fora, as próprias cooperativas não poderiam subsistir. A adoção da regra da razão já é pacífica na doutrina e jurisprudência do CADE, máxime diante do art. 74 da Lei n. 4.137, que trata da aprovação e registro, pelo CADE, de atos, ajustes, acordos ou convenções em princípio contrários à livre concorrência, mas por alguma forma justificáveis, sob o aspecto, por exemplo, social, econômico ou político (no bom sentido é claro). A própria existência da COFIE é clara demonstração da adoção, pela legislação brasileira, da doutrina que permite a justificativa de, entre outras, concentração de empresas mediante fusões e incorporações. No dizer de Benjamin M. Shieber,"[55] o poder do CADE de legitimar acordos em restrição da concorrência, consagrado no mencionado art. 74, provém do Projeto Agamemnon Magalhães e representa uma consciente escolha pelo legislador de permitir tais acordos, desde que justificados, como comprova. a rejeição de nada menos de três emendas que objetivaram suprimi-lo. Fundamenta-se o dispositivo legal no entendimento político-econômico da possibilidade da existência de bons trustes, tal como foi exposto por Nelson Hungria em depoimento de 03.02.1956 perante o Congresso Nacional, quando afirmou que os trustes, os consórcios e os cartéis, muitas vezes, são necessários j)ara manter o equilíbrio entre a produção e o consumo ou mesmo para defender a indústria nacional. Ainda somente tais consórcios podem fazer face à produção em massa e esta proporciona o barateamento de custos. É preciso não confundir ações beneméritas com as criminosas.[56]

Segundo a regra da razão, toda ação conjunta cujo propósito ou efeito é de restringir *substancialmente* a concorrência, viola a lei. Em outras palavras, só deve haver repressão quando haja uma limitação à concorrência de caráter *desarrazoado*, injustificado. Objetiva a regra examinar a licitude do acordo como forma de se regular o mercado sem limitação substancial à concorrência,

[54] Cf. Abuso do poder econômico - regulamentação do art. 148 da Constituição, *RF* 122/591.

[55] Ob. cit., p. 109.

[56] Cf. ob. cit., p. 110.

inclusive, porém sem limitações, sob o prisma dos eventuais benefícios sociais alcançados pelo ajuste.

Na sua aplicação, devem ser considerados os seguintes pontos: a) o estabelecimento dos fatos, mediante exame das peculiaridades do mercado específico; b) as condições do mercado antes e após a restrição; c) o histórico da restrição; d) o motivo da ação restritiva; e) o propósito e efeito da restrição; f) a intenção. das partes; e g) a análise do poder de mercado dos partícipes.[57]

De posse de tais respostas, e somente então, é que poder-se-ão estabelecer os prós e contras da restrição e o grau de influência anticoncorrencial no mercado relevante, com base nos quais se chegará a um juízo de convencimento sobre a existência ou não de abuso do poder econômico.

De fato, como lembram os Professores. Henry J. Steiner e Detlev F. Vagts,[58] a viabilidade de justificativa de acordos em restrição da concorrência pode possibilitar e estimular novas pesquisas, prevenir flutuações de preços, diminuir custos de produção em benefício do consumidor, além de outras vantagens econômicas.

14. Assistência. Participação processual da vítima de abuso do poder econômico

Questão de interesse é também saber se, no decurso do processo administrativo instaurado pelo CADE, pode a pretensa vítima de abuso do poder econômico intervir no feito como assistente. E mais, se poderia haver tal assistência durante o processo judicial, notadamente na ação ordinária anulatória de eventual decisão adversa. A resposta é negativa, especialmente diante da expressa rejeição da figura quando da elaboração legislativa da Lei n. 4.137/62, por ocasião da tentativa de sua inclusão no diploma repressivo do abuso do poder econômico.

De fato, de tal sorte pública é a natureza da Lei Antitruste (o que faz esmaecer o interesse do particular em favor do interesse maior da coletividade), que Gratuliano da Costa Brito, quando Presidente do CADE, chegou a afirmar que o CADE não defendia sequer os interesses da União Federal, como pessoa jurídica de Direito Público, mas, sim, a coletividade, ou seja, o interesse social organizadamente mobilizado na repressão ao abuso do poder econômico.[59]

---

[57] Cf. Sullivan, ob. cit., p. 165 e ss.

[58] *Transnational legal problems*, 2. ed., p. 997.

[59] *Revista de Direito Econômico*, 1142.

Em sede do processo administrativo, perante o CADE, já se manifestou o Conselho pela mesma voz, no voto de Gratuliano Brito, no Processo Administrativo n. 10/72 (apud fls. do processo), no sentido de que "a Lei n. 4.137/62, no seu Capítulo VI, do Título I, quando regula o processo administrativo, não prevê a figura do assistente como eventual integrante da relação processual. Também não a prevêem o Regulamento (Decreto n. 52.025, de 20.5.63, arts. 47/68) e o Regimento (Decreto n. 53.670, de 9.3.64, arts. 57/76). Dada a amplitude de atuação que pode ter o assistente na relação processual, resulta evidente que a sua existência, para ser admitida em determinada sistemática processual, há de estar expressamente prevista. Como, em nenhum momento a legislação do CADE refere o assistente, entendo inexistente tal figura em nosso processo, que é específico".

No plano judicial, a assistência exige à sua admissão a verificação de interesse jurídico, não bastando a tal desiderato o mero interesse de fato, econômico ou moral, como, entre outros, bem salientam José Frederico Marques[60] e Pontes de Miranda»[61] A jurisprudência brasileira, adotando orientação de Liebman, esclarece que o interesse que autoriza a intervenção é o jurídico, significando que a eficácia da sentença. a prolatar-se possa refletir-se a benefício ou em prejuízo do terceiro com influência sobre a existência ou sobre as modalidades de suas próprias relações jurídicas. [62]

No dizer de Celso Neves em parecer oferecido na fase judicial da chamada "Guerra dos Pneus" (apud fls. do processo), "pressuposto da intervenção é, pois, no caso da *assistência simples*, a existência efetiva de algum *interesse jurídico* do assistente,suscetível de ser alcançado pelos efeitos *constitutivos* ou *condenatórios* da sentença, vale dizer, pela sua *executividade*, ou interior à própria sentença, ou exterior e complementar dessa (CPC, art. 50). No caso de assistência litisconsorcial, a viabilidade da intervenção há de decorrer de relação jurídica já configurada entre o assistente e o adversário do assistido (CPC, art..54)". E, versando especificamente sobre o tema, conclui que, "no caso (...) nenhuma dessas hipóteses ocorre, porque o *thema decidendum* (...) da *ação anulatória* (...) concerne(m.) a uma relação de direito público, plano em que não se podem subjetivar interesses jurídicos de natureza privada. Quanto àquela, *a fortiori*, porque conceitualmente, só tende a assegurar a efetividade futura da pretensão anulatória, Quanto à última, porque de se anular, ou não, a decisão do CADE proferida no Processo Administrativo

[60] *Manual de direito processual civil*, v. t, 2.º ed., p. 269.

[61] *Comentários ao código de processo civil*, 1974, t. II, p. 56.

[62] Cf. RT 284/588

n. 10/72, no plano do direito público, nenhuma afetação pode ocorrer para as firmas denunciantes, no plano do direito privado, mormente quando, neste, nenhuma relação jurídica as vincula. seja às autoras, seja à ré União Federal."

Mesmo tormando-se por base a legislação procedimental penal, observa E. Magalhães Noronha,[63] que assistente é o titular do bem jurídico lesado pelo delito. No caso da Lei Antitruste, como visto, ofendido não é o particular, pessoa natural ou jurídica, individualmente considerado, mas, sim, a coletividade, na qualidade de única titular do bem jurídico protegido pela Lei Antitruste vigente. Anota mais, Manoel Pedra Pimentel,[64] em seu trabalho intitulado "A figura do assistente do Ministério Público no direito processual brasileiro", que "o prejudicado pelo delito nem sempre é sujeito passivo da infração, e que esta deve ser analisada em seus dados objetivos: quem é o ofendido no sentido legal e, portanto, quem tem o direito de ação privada - se se tratar de crime reservado à perseguição particular - ou quem tem o direito de se habilitar como Assistente do Ministério Público, se se tratar de crime de ação pública". E continua:[65] "os *crimes contra a incolumidade pública* não se integram com um evento lesivo, ou de modo mais completo, o dano resultante desses crimes é de todo indiferente para a existência mesma do crime. O resultado de *dano* é estranho ao conceito jurídico de tais infrações, considerando-se *ofensa* a simples colocação em perigo de um bem ou interesse da coletividade. O *dano* efetivamente causado por esses delitos é um *plus*, levado em conta *quod poenam*, funcionando como circunstância agravante. Vale dizer, portanto, que nos crimes de perigo comum o *ofendido* não é aquele que sofreu o *dano* material eventualmente ocorrido, mas o Estado. titular do bem jurídico *incolumidade pública*, pela simples exposição a perigo de tal bem", "E conclui, com precisão:[66] "não se confundem. também, as figuras do *ofendido* e do *prejudicado* pelo delito, sendo certo que somente o primeiro tem legítimo interesse para habilitar-se como Assistente do Ministério Público".

No caso da legislação antitruste, como visto, *mutatis mutandis*, o ofendido é a própria coletividade (sequer o Estado representado pela União Federal), e não o prejudicado direto (em geral, o representante perante o CADE) pelo eventual abuso do poder econômico.

---

[63] *Curso de direito processual penal*, 1971, p. 137.

[64] *Revista Interamericana de Direito Processual Penal*, vols. 112, p. 24.

[65] Ob. cit., p. 27.

[66] Ob. cit., p. 29.

Admitida a figura do prejudicado como assistente, e, em atingindo a infração, toda a coletividade; o número de assistentes em potencial seria incomensurável, tornando o processo tanto administrativo como judicial verdadeiramente amazônico. Arremata, a respeito, Celso Neves no citado parecer que "o *interesse difuso* por toda uma coletividade não pode, jamais, constituir supedâneo de pretensão de intervir, como assistente, em processo alheio, porque essa pressupõe, *de lege lata, interesse jurídico próprio* ou *relação jurídica* definida e, conceitualmente, subjetivada".

A conclusão, porém, em nada impede a convocação do prejudicado como testemunha de acusação, em qualquer das fases, o que, aliás, é até recomendável. Da mesma forma, não impede, como é óbvio, que, reconhecido o abuso do poder econômico em caráter definitivo, promova o prejudicado a competente ação indenizatória para ressarcir-se das perdas e danos sofridos. Referida ação judicial poderá envolver não só a empresa que porventura tenha violado a Lei Antitruste, como também, eventualmente, as pessoas físicas acionistas ou quotistas controladores daquela pessoa jurídica, bem como seus diretores e gerentes (art. 6.º, § único, da Lei n. 4.137), desde que, é claro, tenham eles praticado ou co-participado de atos abusivos do poder econômico. Por outro lado, atente-se, a decisão administrativa do CADE ou judicial que reconhecer a improcedência da representação não impede, é claro, o acolhimento de eventual ilícito civil pela Justiça Comum.

15. Dificuldades na aplicação da Lei Antitruste

Para concluir, observamos. que a grande complexidade, as dificuldades e a delicadeza da aplicação da Lei n. 4.137, levaram o legislador a limitar a escolha dos Conselheiros do CADE entre personalidades que, além de ostentar o galardão da "reputação ilibada" (sinete que deveria ser indeclinável a todo e qualquer homem público), façam jus à designação de egrégias pelo "notório saber jurídico ou econômico" (cf. art. 9.º da Lei). E mais, para impossibilitar eventuais tentativas de ingerência do próprio abuso do poder econômico que se procura coibir, concedeu a Lei Antitruste aos membros do CADE, durante o período dos respectivos mandatos, as garantias atribuídas aos membros do Poder Judiciário (art. 9.º, § 3.º - dispositivo vetado pelo Presidente da República e mantido pelo Congresso Nacional) .

De fato, tais requisitos são indispensáveis à satisfatória aplicação da legislação antitruste, em face da enorme elasticidade dos conceitos legais e da mutabilidade inerente aos fatos sociais. Como muito bem observa Crotti,[67] seria bastante conveniente, se uma pessoa pudesse pesquisar junto a um índice e. encontrar uma página que lhe dissesse o que os tribunais decidiram ou decidiriam a respeito da legalidade daquilo que, exatamente, sua diretoria ou seu gerente de vendas quisesse fazer. Porém, a menor variação dos fatos iria alterar, no caso concreto, o conselho assim obtido. Poder-se-ia esperar que, se os mesmos fatos fossem submetidos a outro tribunal, o resultado seria o mesmo. Esta, contudo, não seria uma presunção segura. Os tribunais freqüentemente decidem um caso com base em motivos completamente diversos da hipótese anterior, não obstante a semelhança dos fatos, ou então encontram fatos particulares ao caso sob exame e, assim, chegam a um resultado diferente. Deve ser observado, contudo, que embora um tribunal possa chegar a uma conclusão diversa daquela a que chegou no caso anterior, os princípios legais permanecem íntegros.

As supra-referidas contingências menos favoráveis à desembaraçada aplicação da Lei Antitruste são também detectadas pelos que, em atuação profissional, têm necessidade de haver-se com a matéria no desempenho de funções consultoriais ou na defesa de interesses tanto de vítimas de abusos do poder econômico, como de empresas e organizações da mais escorreita correção, que se vêem injusta e, por vezes, até caluniosamente atingidas por inescrupulosos que a esse meio recorrem para tentar lograr vantagens indevidas ou para justificar suas próprias angústias econômicas, imputando seus fracassos à responsabilidade alheia. Efetivamente, bem mais freqüentes do que se imagina, denúncias fantasiosas, com laivos de escândalo, apontam à pública execração concorrentes ou fornecedores melhor sucedidos, recomendando, *de lege ferenda*, a adoção do princípio da sucumbência, com todas as suas seqüelas. "De qualquer modo, em se tratando de acusação objetivamente falsa, isto é, referindo-se a fato inexistente ou que não foi praticado pela pessoa (física ou jurídica) acusada,[68] sujeita-se o ímprobo representante, *ex vi legis*, às penalidades do art. 339 do Código Penal (denunciação caluniosa), desde que determinados o fato e a pessoa objeto do libelo, ou do art. 340 do mesmo estatuto criminal básico (comunicação falsa de crime), quando não se atribua a pessoa determinada a autoria[69] do pretenso abuso do poder econômico, tudo sem prejuízo, é claro, da correspondente responsabilidade civil (art. 1.525 do Código Civil brasileiro).

[67] Ob. cit., p. 1 e 9.

[68] Cf. Heleno Cláudio Fragoso. *Lições de direito penal*, v. 4.º, 2.ª ed.. p. 1.204.

[69] Cf. Fragoso, ob. cit., p. 1.209.

O PROCESSO DE APURAÇÃO DO ABUSO DO PODER ECONÔMICO NA ATUAL LEGISLAÇÃO DO CADE *

José Inácio Gonzaga Franceschini

SUMÁRIO: I. Processo penal-econômico: a) Objetivo da sanção. Função quase-jurisdicional do CADE; b) Natureza e finalidade da ação penal-econômica; c) Introdução aos procedimentos penais-econômicos - II. Sindicância: a) Notícia e representação da vítima direta do abuso do poder econômico - forma e requisitos; b) Instauração - natureza jurídica e propósitos; c) Não obrigatoriedade do procedimento; d) Medida liminar ou cautelar - conveniência de sua introdução; e) Sindicância e sindicância administrativa - diferenciação; f) Sindicância e procedimentos processuais - inviabilidade de sua equiparação; g) Caráter inquisitivo e sumário; h) Sigilo na sindicância; i) Procedimento; j) Parecer-denúncia da Procuradoria - natureza,efeitos e requisitos; l) Julgamento - III. Averiguações preliminares: a) Desnecessidade do procedimento; b) Objetivo regulamentar e natureza sumária; c) Efeitos quanto ao representante de má fé - sugestão; d) Procedimento; e) Participação da Procuradoria - natureza e efeitos de seu parecer-libelo acusatório; f) Julgamento - limites e apreciação do real motivo à instauração do processo administrativo - IV. Processo administrativo: a) Instauração - vinculação ao processo penal comum; b) Princípios fundamentais - aplicabilidade; c) Princípio da ação ou oficialidade; d) Princípio da indisponibilidade, irretratabilidade ou obrigatoriedade; e) Princípio do contraditório - exceção de suspeição; f) Princípio da verdade real ou material; g) Princípio da persuasão ou do livre convencimento; h) Princípio da publicidade; i) Notificação-citação – modalidades; j) Formação da culpa - interrogatório do acusado; l) Prova testemunhal - princípios e procedimentos; m) Prova documental - produção e limites temporais; n) Julgamento - sustentação oral; o) Recorribilidade e seus limites – natureza jurídica do CADE e de suas decisões; p) Controle judicial e princípio da inafastabilidade do Poder Judiciário - parâmetros - V. Compromisso de cessação: a) Origens e efeitos - conveniência de sua implantação; b) Objetivos; c) Interesse do acusado; d) Política antitruste - conciliação do princípio da livre concorrência com a eficiência e o desenvolvimento; e) Propositura - exclusividade da iniciativa do acusado; f)

* Publicado originalmente na Revista de Informaçãoo Legislativa a. 24 n. 96 outubro/ dezembro 1987

Preclusão do direito e admissibilidade restrita; g) Processo transacional - procedimentos, efeitos e extensão; h) Homologação pelo Plenário - ampliação "de lege ferenda" da competência do Colegiado; i) Prazo e ruptura - efeitos; j) Coisa julgada administrativa e alterabilidade - Bibliografia

I. Processo penal-econômico

Todas as leis, indiferentemente, em tese buscam o bem comum, sendo, portanto, de interesse geral. O direito cria, assim, mandamentos e deveres, que *sanciona* como garantia de autoridade. As sanções visam, sobretudo, pela ameaça de sua cominação, à permanência da ordem jurídica.

Ao distinguir o lícito do ilícito, o direito se defronta com material heterogêneo e, para ser eficaz na ordenação da conduta humana, deve ter *proporção, oportunidade e adequação de meios*. Para algumas infrações, a mera *restituição* ou o *ressarcimento de danos* basta à preservação da ordem jurídica; para outras, torna-se necessária à imposição de uma *pena*. O objetivo da reprimenda é, antes de tudo, resguardar o prestígio da lei substantiva. Assim sendo, a lei penal-econômica é, principalmente, de interesse público e sua efeitvação aproveita à *coletividade*, mais do que aos individualmente ofendidos.[1]

A observância coativa da lei penal-econômica beneficia a todos, indistintamente, sendo de proveito geral, desse abono necessitando a sociedade para que não sejam ilusórios os privilégios individuais de seus membros.

O Estado defende seus direitos-deveres e desempenha suas funções usando de força própria. A faculdade de legislar, de administrar, de julgar etc., não tem endosso judiciário, mas garantias puramente administrativas. Os agentes competentes atuam, de regra, por coação direta.

Por isso, a função quase-jurisdicional do CADE, ou seja, a atividade – poder específica de seus Conselheiros de decidir qual a vontade da lei em relação a um caso concreto e de conferir à decisão autoridade pública e, por via judicial, exeqüibilidade compulsória, foi instituída para tutelar direitos coletivos, exprimindo-se no poder de conhecer e julgar acerca de abusos do poder econômico. Dispõe o órgão, portanto, de funções e exerce atividade parajurisdicional penal, embora conservando ele próprio, estruturalmente, caráter administrativo.

As normas penais-econômicas e processuais penais-econômicas são

[1] J. Canuto Mendes de Almeida, *Processo penal*, p. 109.

cogentes, objetivando não só o dever de uniformizar a conduta com a vontade nelas expressa, mas, também, o direito subjetivo público do Estado de exigir que o comando contido na norma de direito penal-econômico seja atuado e, precisamente, nos modos, nas formas e nos limites prescritos por normas de direito processual. A esse direito do Estado, nas hipóteses de abuso do poder econômico, exercitado pelo Conselho Administrativo de Defesa Econômica – CADE, corresponde o do acusado (sujeito secundário processual) de que o órgão não aja senão nesses moldes, maneiras e lindes previstos em lei.[2]

A ação penal-econômica, portanto, constitui a atividade destinada a dar satisfação ao interesse social de restabelecimento do equilíbrio da sociedade, preservado pela livre concorrência, abalado pelo abuso do poder econômico. A ação penal-econômica configura meio idôneo para efetivar a proteção do direito subjetivo. Segundo ALTAVILLA (*Manuale li procedura penale*, p. 35-36), se as normas abstratas de conduta são violadas, determina-se uma vontade concreta do Estado para aplicar as sanções, o que significa atender à concretização de um direito, crendo-o realizável. Trata-se de uma pretensão do Estado à punição do infrator, mediante prévia verificação da procedência da acusação que lhe é feita, com a conclusão de ser-lhe aplicada a pena, à qual, em caso positivo, terá de submeter-se.[3]

Isto não significa, porém, que sempre se movimente uma ação penale-econômica objetivando-se a imposição da sanção ao acusado. Ao CADE cabe a garantia da livre concorrência ofendida pelo abuso do poder econômico. Não defendendo direito próprio (do Estado), mas da coletividade, procura sua atuação o restabelecimento da ordem econômica violada mediante remédios que mais se amoldem à preservação desta e da autoridade da lei. A atividade processual do CADE, portanto, pertence à sociedade, devendo o órgão buscar, mais do que a punição do infrator, a consecução de um desempenho social, econômico e tecnológico desejável, pressupostos da realização do desenvolvimento nacional e da justiça social constitucionalmente almejados (art. 160 da Constituição Federal). O Conselho tem o direito de persecução penal-econômica, em expressão subtraída a BERNER, procurando tornar efetivo o *jus puniendi* resultante do abuso do poder econômico para impor ao infrator a sanção pertinente.

A jurisdição de que o CADE é dotado, porém, é um poder estático. A ação penal-econômica põe em atividade esse poder, constituindo-se na via adequada para levar a pretensão punitiva a juízo. O CADE é, assim, o mandatário

[2] J. Canuto Mendes de Almeida, *Processo penal*, p. 112.

[3] Eduardo Espínola Filho, *Código de Processo Penal*, v. I, p. 323.345.

da coletividade na tarefa de restaurar a paz e a ordem econômico-jurídica atingidas pelo abuso do poder econômico, ou seja, pela violação dos preceitos assecuratórios da livre concorrência.

O processo penal-econômico se instaura com a propositura da ação. Não se cuida aqui de representação da vítima direta do abuso do poder econômico (arts. 28, *b*, e 29 da Lei n. 4.137/62), posto que, tratando-se a ação penal-econômica de ação pública, o *dominus litis* é a Procuradoria. Esta ação, no entanto, é precedida de uma fase de pesquisas ou sindicância (art. 9.º do Decreto n. 92.323/86 – Regulamento da Lei Antitruste), em que se colhem os dados necessários para ser pedida a imposição da pena. Neste estágio, desenvolve-se atividade preparatória, de caráter preliminar e informativo, enquanto consiste a ação penal-econômica no pedido de julgamento da pretensão punitiva. Esta surge para o Estado com a prática do abuso do poder econômico e representa a exigência de que seu *ius puniendi* no caso prevaleça sobre o exercício da liberdade econômica do acusado, com a sujeição deste à pena cabível na espécie.[4]

II. Sindicância

A persecução penal-econômica tem início com a notícia da ocorrência de acontecimento enquadrável numa das figuras típicas com que a lei define e estrutura os abusos do poder econômico. Pode ela ser *espontânea*, quando se dá por cognição imediata ou comunicação não formal (*e.g.* a *vox populi*, as informações da imprensa, a investigação e estudos do próprio órgão, a matéria surgida no decurso de outro feito etc.), atuando o CADE *ex officio* (art. 28, *a*, da Lei n. 4.137/62), ou *provocada*, quando alguém a leva ao conhecimento do órgão, por meio de representação (art. 28, *b*, da Lei n. 4.137/62). Merece aprimoramento, aliás, o Regimento Interno (Portaria n. 501, de 26 de setembro de 1986, do Ministério da Justiça), que utiliza como sinônimas as expressões "representação" e "denúncia" (arts. 14, 15, I, 23, II, e 25, II e III, do Regimento Interno), termo este que, nesses artigos, é utilizado em seu sentido leigo. tal como a palavra "queixa" (peça inicial da ação penal privada comum) é popularmente usada para definir o requerimento de abertura de inquérito policial.

Exige a Lei n. 4.137/62 (art. 29) que a representação seja escrita, devidamente fundamentada e (requisito burocrático a ser tão logo possível abolido) traga reconhecida a firma do signatário, que se identificará, devendo, mais, conter

[4] J. Frederico Marques, Elementos..., v. I, p. 130.

exposição do fato argüido como caracterizador de abuso do poder econômico e identificar o acoimado infrator (art. 10, § 1.°, do Regulamento).

Embora prevalecendo o princípio da forma escrita, recomendável seria que futura legislação fizesse concessão à oralidade. Assim, exemplificativamente, poderia a Subcoordenadoria de Orientação, à qual já compete instruir o público sobre as formas de abuso do poder econômico e os mecanismos de defesa e orientar o consumidor (aliás, e por que não também os empresários?) na formulação de representações (art. 23, I e II, do Regimento Interno), ser admitida a receber delações verbais, a exemplo das reclamações feitas à Justiça do Trabalho, de forma a permitir que pessoas naturais ou jurídicas desprovidas de maior assistência possam adequadamente expor a lume argüidos abusos do poder econômico. As reclamações assim formuladas, reduzidas a termo pela Subcoordenadoria de Orientação, engendrariam a iniciativa *ex officio* do CADE.

De qualquer modo, diante da *notitia* da prática de abuso do poder econômico e recebendo o requerimento, a Secretaria Executiva instaurará *sindicância* ou *inquérito* (art. 9.° do Regulamento), que tem por objeto a avaliação prévia das circunstâncias de fato e de direito referentes aos atos e sucessos apresentados como constitutivos do alegado abuso (art. 9.°, § 2.°, do Regulamento). Trata-se de procedimento *investigatório*, que não se confunde com a instrução processual. Busca a obtenção de dados para que a Procuradoria, na qualidade de órgão da acusação, verifique se deve ou não propor a ação penal-econômica e não uma colheita de provas tendentes a corporificar a formação da culpa ou a legitimidade do direito de defesa. A sindicância é a forma por excelência da investigação.[5]

Exatamente por se tratar de trâmite pré-processual, não foram incluídos entre os procedimentos (processuais) arrolados no art. 10, § 2.°, do Regulamento estes componentes do processo penal-econômico propriamente dito.

A Lei n. 4.137/62 não contemplou a sindicância – e nem precisava fazê-lo. A investigação preliminar é instituição indispensável à justiça penal-econômica, sendo seu primeiro mérito proteger o inculpado. Dá à defesa a faculdade de dissipar suspeitas, combater indícios, explicar os fatos e destruir prevenções no nascedouro; propicia-lhe meios de desvendar prontamente precipitações e inverdades e de evitar a sempre prejudicial e por vezes escandalosa publicidade de julgamentos indevidos. Por outro lado, é meio de caracterização precisa dos eventos e um crisol decantador da moralidade das ações.

[5] J. Frederico Marques, op. cit., p. 142.

Não constitui a sindicância inovação do atual Regulamento, pois já fora contemplada no art. 41 do antigo diploma regulamentar (Decreto n. 52.025/63). Praticamente esquecida enquanto vigente esse decreto, foi revitalizada no atual Regulamento, notadamente diante da usual inocuidade dos procedimentos de averiguações preliminares (art. 30 da Lei n. 4.137/62), em verdade inanes (adstritas ao prazo improrrogável, freqüentemente desrespeitado, de 30 dias para sua conclusão). Trata-se de instrumento de desenganado valor e utilidade, por sua rapidez, objetividade e precisão. Não se reveste, porém, de caráter obrigatório, por não previsto na Lei n. 4.137/62. Assim, dispensável: *a*) quando se trate de representação de Comissão Parlamentar de Inquérito da Câmara ou do Senado (art. 28, § 2.°, da Lei n. 4.137/62); *b*) quando flagrante, fundamentada e comprovada *ab initio*, a tipicidade do abuso do poder econômico (embora, ainda nesse caso, seja recomendável sua instauração, permitindo explicações ao infrator; ou *c*) quando, também evidentemente, mas ao reverso, seja atípica a conduta acoimada de violadora da Lei do CADE ou óbvia a incompetência do órgão em relação à proposta da lide. Inaplicável, porém, a rejeição liminar e imprescindível à instauração de sindicância, nos casos de mera insuficiência da representação.

Na primeira hipótese (representação de CPI), trata-se de comando legal coativo que determina a imediata instauração do processo administrativo (não sem que antes tenha a Procuradoria, embora sem possibilidade de recusa, sobre ela se manifestado, quer adotando suas conclusões, quer aditando-as, como lhe facultam os incisos *c* e *f* do art. 25 da Lei n. 4.137/62, de modo a assumir a posição de *dominus litis* por via de denúncia). Na segunda (tipicidade e autoria evidentes), basta à Secretaria Executiva, mediante parecer sumário, encaminhar o feito à Procuradoria para que esta, desde logo, requeira a instauração da ação penal-econômica com lastro nos elementos vestibularmente trazidos à colação. Na última (atipicidade ou incompetência flagrantes), rejeitando a Secretaria Executiva, *in limine*, a representação, segue-se o arquivamento a pedido da Procuradoria e *ad referendum* do Conselho. Nesta hipótese, por analogia ao art. 9.°, § 2.°, do Regulamento, tem a prática interna admitido que, em caso de divergência sobre a rejeição *ab ovo* do requerimento inicial entre a Secretaria Executiva e a Procuradoria, seja o debate dirimido pelo Presidente. Não nos parece adequado. Sendo a Procuradoria a titular da ação penal-econômica, sua manifestação contrária ao sobrestamento liminar deveria bastar à instauração da sindicância, sem que para tanto se tenha que provocar a Presidência ou o próprio Plenário.

Por outro lado, *de lege ferenda*, desde que presentes o *fumus boni iuris*, ou seja, o juízo de probabilidade e verossimilhança do direito cautelar a ser acertado (WILLARD DE CASTRO VILLAR, *Medidas cautelares*, p.

59) e o *periculum in mora*, isto é, o receio *fundado* e *objetivo* de dano plausível à ordem econômica (não bastando que o dano afete o patrimônio ou negócios da vítima imediata do abuso do poder econômico), o CADE, sempre ao prudente critério do Plenário, após manifestação da Presidência, à qual poderia o pedido ser dirigido, deveria ser dotado de poderes para conceder *medida liminar* ou *cautelar* (sujeita ou não a contra-cautela) tendente à sustação temporária da conduta *prima facie* abusiva do poder econômico. Não se concebe que infrações de trato continuado (a medida, obviamente, não se coadunaria com os delitos consumados) persistam em detrimento, quiçá irreparável, da ordem econômica e social, no aguardo do desfecho futuro da ação penal-econômica. Eventuais excessos de autoridade encontrariam, por seu turno, remédio adequado junto ao Poder Judiciário.

Não há confundir a sindicância de que trata o Regulamento (a despeito da homonímia e semelhança - homenagem à natureza administrativa do CADE) com a *sindicância administrativa*, meio sumário de que se utiliza a Administração Pública para, sigilosa ou publicamente, com indiciados ou não, proceder à apuração de ocorrências anômalas no serviço público (J. CRETELLA JR., *Tratado de direito administrativo*, v. VI, p. 153). De fato, não só diversos seus objetivos e destinatários, como também suas características. Assim, por exemplo, sem um indiciado, seria inconcebível a sindicância perante o CADE.

Aplicam-se à sindicância, "no que couber", as regras processuais pertinentes à averiguação preliminar e ao processo administrativo, é o que dispõe o incompreensível § 3.° do art. 9.° do Regulamento. Urgente sua supressão não só porque dispensável matéria-prima da indústria de nulidades, mas também por não encontrar maior suporte nos princípios que regulam o processo penal-econômico. Salva-se o preceito (e comprova-se sua inutilidade) tão-somente por conter a expressão "no que couber", ou seja, ao menos em relação ao processo administrativo, virtualmente nada. Pretende equiparar o inequiparável, a natureza inquisitiva e administrativa da sindicância com a contraditória e quase-jurisdicional do processo administrativo. Inútil, outrossim, a remissão às averiguações preliminares, sendo estas sumário de culpa inconfundível com o inquérito preliminar. Se aplicado, redundaria em duplicação (ou triplicação) de esforços procedimentais e cautelas, resultado inconciliável com a disposição programática do art. 35 da Lei do CADE, que exige do Conselho, como um todo, a celeridade compatível apenas com o pleno esclarecimento dos fatos.

A sindicância tem caráter *inquisitivo*, nela não interferindo o infrator, salvo na exata medida de sua convocação para esclarecimentos. Não dispõe a Secretaria Executiva do CADE, à qual compete a execução das atividades investigatórias (art. 13, I, do Regimento Interno), sem prejuízo de seu acompanhamento ativo pela Procuradoria em sua dupla função e interesse como titular da ação penal-econômica e fiscal da lei (art. 12, IV, do Regimento Interno), de poderes arbitrários, conduzindo-se, porém, de maneira *discricionária*.

Processa-se de forma *sumária*, sem prejuízo do esmero na coleta de elementos que fundamentem a ação. Cabe à Secretaria Executiva, nesta fase, por si ou por manifestação da Procuradoria, investigar e apurar o que de real existe, mesmo porque a justiça penal-econômica não se cinge à mecânica aplicação da *norma agendi* do direito punitivo, mas se amplia em face do princípio da individualização da pena (art. 4.° do Regulamento) e os imperativos da ordem social contra a delinqüência econômica. Com tais responsabilidades, não pode a sindicância conter-se dentro de prazos herméticos (tais como os exigidos para a conclusão das averiguações preliminares), sob pena de se tornar inservível às suas finalidades, devendo desenvolver-se por período compatível com a necessidade de esclarecimento dos fatos. Não poderá eternizar-se, sob pena, aliás, de promoção da responsabilidade das autoridades, servidores e funcionários causadores da injustificada delonga (art. 35 da Lei n. 4.137/62). Dever-se-ia, porém, estabelecer um prazo para sua conclusão, digamos, 3 (três) meses, mas sempre prorrogável, a prudente critério da Presidência (art. 23, *f*, da Lei n. 4.137/62).

No exercício de suas funções (art. 13, I, do Regimento Interno), poderá a Secretaria Executiva, entre outras atividades, por iniciativa própria ou mediante concurso das demais unidades, inclusive das Inspetorias Regionais ou mesmo das autoridades policiais ou quaisquer outras, conforme o caso, pedir informações e pareceres às Coordenadorias competentes, solicitar diretamente providências (art. 17, *c*, do Regulamento) e determinar diligências necessárias à sua instrução dentro dos prazos (que hão de ser razoáveis) que fixar. Possível defeito de redação permite o entendimento de que a eventual convocação do agente imputado para que preste esclarecimentos no termo assinalado somente seja feita pelo Plenário (art. 9.°, § 4.°, do Regulamento). A discricionariedade administrativa e a natureza puramente inquisitiva da sindicância constituem óbice natural a essa interpretação. A redação regulamentar, porém, merece reparo e futura alteração.

A sindicância tem-se desenvolvido, indiscriminadamente, em caráter *reservado* (item II, 4, da Resolução Regimental n. 1/87), embora inexista, nesse sentido, comando na Lei n. 4.137/62, sob duplo pretexto de resguardo do interesse do acusado e da atividade investigatória na medida do necessário à elucidação dos fatos ou no interesse da sociedade. Não nos parece a melhor solução - aliás passível de questionamentos jurídicos posto que ofensiva aos incisos XV, XVI e XVII do art. 89 da Lei n. 4.215, de 27 de abril de 1963 (Estatuto da Ordem dos Advogados do Brasil). De fato, a sindicância deve se processar de forma *sigilosa*, ou seja, *não pública*, sem que com isso se obste o acesso do advogado do indiciado aos autos, que poderá não só examiná-las a qualquer tempo, como também copiar peças, tomar apontamentos e deles ter vista, sob sua responsabilidade profissional. A licença, porém, não é irrestrita. Ao causídico não é permitido interferir no desenvolvimento da sindicância, manter contatos com os setores técnicos do CADE encarregados de elaborar pareceres ou estudos ou manifestar-se em julgamentos de inquéritos. Claro está que em situações determinadas de reserva *prevista em lei* ou *quando justificadamente necessário* à preservação do interesse público (assim, *e.g.*, quando indispensável para se evitarem situações que dificultem o prosseguimento da sindicância ou a consecução de sua finalidade ou do processo penal-econômico), poderá o CADE (quiçá mediante despacho de sua Presidência, recorrível ao Plenário) determinar *segredo de justiça*. Portanto, a *reserva* deve ser excepcional, não a regra, limitando-se a sindicância à sua natureza *sigilosa*, isto é, não acessível ao público em geral. Assim, nesta fase, nem mesmo o patrono do representante deverá ter acesso aos autos, posto não ser seu constituinte *parte* na ação penal-econômica, não se lhe possibilitando a lei sequer admissão como assistente da Procuradoria.[6]

Uma vez recebido o requerimento e acolhida a representação, no exercício de suas funções de órgão condutor da sindicância, a Secretaria Executiva deve, nos termos do art. 9.° do Regulamento, *antes* ouvir a Procuradoria, para, *afinal*, emitir parecer conclusivo, opinando pela existência ou não de indícios à instauração das "averiguações preliminares". A prática tem demonstrado a erronia da inversão procedimental e, sem qualquer nulidade (mesmo porque a sindicância é procedimento administrativo não obrigatório, onde não prevalece o direito de defesa), tem primeiro opinado a Secretaria Executiva, após informações dos setores técnicos da unidade, para somente então pronunciar-se a Procuradoria. A irregularidade regulamentar, entretanto, recomenda retificação do dispositivo.

De fato, embora refira-se o art. 9.° do Regulamento à simples "oitiva" (parecer) da Procuradoria-Geral, tal manifestação, quando positiva, equipara-se à *denúncia* (*opinio delicti*), no sentido processual penal, iniciadora, desde

[6] José Inácio Gonzaga Franceschini, A Lei Antitruste brasileira e o Conselho Administrativo de Defesa Econômica - CADE: alguns aspectos, Revista de Informação Le*gislativa*, n. 88, p. 337 e ss.

que aceita, da ação penal-econômica. Não há confundir início da ação penal-econômica com seu requerimento e muito menos com a instauração da relação processual. Aquele se dá com a oferta da peça vestibular pela Procuradoria (art. 9.° do Regulamento); o requerimento com a representação ou indiciamento *ex officio* do CADE (art. 28 da Lei n. 4.137/62) e a relação processual se perfaz, triangularmente, com a notificação do indiciado (chamamento, art. 32 da Lei n. 4.137/62).[7]

Excessiva a exigência de que a inicial há de ser oferecida pelo Procurador-Geral (art. 9.° do Regulamento), podendo perfeitamente sê-lo por um dos Procuradores do CADE (é claro, havendo-os). Eventualmente, a concentração burocratizante do poder poderá ser objeto de futura reforma regulamentar.

De qualquer modo, a manifestação da Procuradoria, com tais efeitos, é imprescindível diante do sistema acusatório, *ne procedat judex ex officio*, separando-se a "acusação" da "quase-jurisdição". Recebendo os autos da sindicância, a Procuradoria poderá, na dependência do caso concreto: *a*) solicitar novas providências à Secretaria Executiva (art. 25, *e*, da Lei n. 4.137/62) essenciais ao oferecimento da inicial; *b*) requerer a decretação da extinção da punibilidade; *c*) pedir o arquivamento (art. 25, *b*, da Lei n. 4.137/62); *d*) se entender que o CADE não é competente, pleitear a remessa dos autos à autoridade que o for; ou *e*) oferecer a peça vestibular da ação penal-econômica.

A denúncia é o ato processual por meio do qual a Estado-Administração, por seu órgão competente, no caso a Procuradoria, se dirige ao CADE dando-lhe conhecimento de um fato que se reveste dos caracteres de infração penal-econômica, manifestando a vontade de ver aplicada ao acusado a *sanctio juris*. Ao oferecê-la, deverá a Procuradoria cuidar para que a peça contenha: *a*) a exposição do fato presuntivamente delituoso, com todas as suas circunstâncias; *b*) a qualificação do acusado ou esclarecimentos pelos quais se possa identificá-lo; *c*) a classificação do argüido abuso do poder econômico; e *d*) quando necessário (*neste momento e não em qualquer outro*), o rol das testemunhas de acusação (art. 41 do Código de Processo Penal). A Lei do CADE não indica quantos depoentes poderão ser listados pela Procuradoria, mas o faz mercê da sua fonte subsidiária, o art. 398 do Código de Processo Penal (art. 36 da Lei n. 4.137/62), ou seja, 8 (oito). Nem poderia ser de outra forma, sob pena de ofensa ao princípio da igualdade das partes, uma vez que caberá ao acusado indicar igual número máximo (art. 37 da Lei n. 4.137/62).

---

[7] Fernando Tourinho Filho, *Processo Penal*, v. 1, p. 338.

A matéria se encontra quase que inteiramente omissa no atual Regulamento e na própria Lei n. 4.137/62, merecendo urgentes cuidados *de lege ferenda.* Com efeito, não só faz jus a Procuradoria ao explícito reconhecimento de sua qualidade de *dominus litis*, como também a enganosa honraria da exigência da manifestação do Procurador-Geral se esvai no absolutamente desnecessário e burocrático requisito de que as sindicâncias sejam submetidas a "julgamento" (art. 9.°, § 5.°, do Regulamento). A inobservância dos princípios elementares que tratam da matéria chega às raias de cogitar de "divergências" entre a Secretaria Executiva e a Procuradoria-Geral, a serem resolvidas pela Presidência do Conselho (art. 9.°, § 1.°, do Regulamento), a despeito da mais absoluta diversidade de funções e atribuições daqueles órgãos.

Com maior funcionalidade, celeridade e consonância com os princípios jurídicos pertinentes, bastaria que, após o parecer da Secretaria Executiva e manifestação (denúncia) da Procuradoria (por meio de Procurador do CADE), abolindo-se o prescindível "julgamento" da sindicância, mediante simples despacho do Presidente e distribuição do processo ao competente Relator (art. 28, § 1.°, da Lei n. 4.137/62), fossem instauradas, de imediato, as averiguações preliminares (enquanto, também, não forem dispensados). Fica aí nossa sugestão.

Perante o vigente Regulamento, porém, concluída a sindicância, após parecer do Relator previamente designado, o CADE deve decidir ou pelo arquivamento dos elementos coligidos ou pela instauração de averiguações preliminares (art. 9.°, § 5.°, do Regulamento). Se, por um lado, desnecessário tal pronunciamento, por outro inconcebível a possibilidade que se abre ao Plenário de determinar o prosseguimento investigatório, a despeito de pedido em contrário formulado pela Procuradoria, em flagrante ofensa ao princípio *nemo judex sine auctore*. Preferível seria que, recusando-se o Procurador, fundamentadamente, a oferecer denúncia, após as averiguações preliminares que autorizem o CADE a divergir daquele, fossem os autos remetidos ao Procurador-Geral, a fim de submetê-los à sua apreciação (art. 25 da Lei n. 4.137/62 e art. 27, I, do Regimento Interno), Se o Procurador-Geral entender improcedente a manifestação do Procurador oficiante, poderá ele próprio oferecer denúncia, designando outro Procurador para acompanhar o processo (art. 27, VI, do Regimento Interno); caso contrário, não poderá o Plenário deixar de sustar o feito. Mais coerente, nesse ponto, o Regimento Interno, que, de certa forma, contraria o disposto no art. 9.° do Regulamento. Com efeito, de acordo com o art. 27, § único, I, do Regimento, compete aos Procuradores a emissão de "pareceres" nos processos que lhes forem distribuídos, cabendo ao Procurador-Geral (art. 27, I, IV e VI, do mesmo diploma) "opinar" sobre seus pronunciamentos, distribuir processos entre os Procuradores e determinar sua substituição na distribuição. Não nos parece adequado, porém, que o CADE, titular do poder quase-jurisdicional, usurpe da Procuradoria o poder de ação e *exproprio marte* se transforme em *parte*.

Outro pormenor. As sessões de "julgamento" de sindicância desenvolvem-se de forma *reservada* (item II, 4, da Resolução Regimental n. 1/87). Se questionável esse caráter quando do desenrolar daquela fase liminar, ainda mais injustificável se afirma sua aplicação ao ensejo do "julgamento", impedindo a simples presença do advogado do indiciado em sessão na qual não pode sequer manifestar-se (exceto como garante da legalidade) e quando nada mais poderia ser feito para impedir o desenvolvimento das diligências investigatórias encaminhadas pelo inquérito. Repita-se: não há confundir *reserva* (fonte de eventuais ilegalidades e arbitrariedades), com *sigilo* (vedação de acesso ao público ou a não-partes) e *segredo de justiça* (lastreado em critérios de necessidade, conveniência fundada ou exigência legal). Tem o acusado, sempre, direito de saber o que se lhe imputa.

III. Averiguações preliminares

Historicamente desprestigiadas e de efeitos práticos questionáveis, permanecem as averiguações preliminares como um dos procedimentos da ação penal-econômica (art. 10, § 2.°, do Regulamento), mais pelas dificuldades de alteração da Lei do CADE (art. 30 da Lei n. 4.137/62) do que por seus próprios méritos, máxime diante da existência do procedimento investigatório da sindicância.

Destinam-se as averiguações preliminares a verificar se há *real motivo* para a instauração de processo administrativo. A expressão "provocado por representação", inserida no art. 27 da Lei n. 4.137/62 permite até o entendimento da desnecessidade de sua realização quando a ação penal-econômica tiver sido desencadeada *ex officio*. Não nos parece a melhor hermenêutica, não só por subtrair a determinados acusados, discriminatoriamente e em ofensa ao princípio da isonomia, o benefício dessa fase prevista em lei, como também porque, esclarece o art. 28, *c*, da Lei n. 4.137/62, as averiguações preliminares serão igualmente realizadas em processos iniciados *ex officio* pelo CADE. Por presunçosa disposição legal, dispensam-se as averiguações apenas quando o processo tiver por peça inicial representação de Comissão Parlamentar de Inquérito, da Câmara ou do Senado (art. 28, § 1.°, da Lei n. 4.137/62).

As averiguações, dirigidas por Conselheiro-Relator (art. 30 da Lei n. 4.137/62), processam-se de forma *sumária*, sem intervenção do indiciado (sem que isto impeça sua convocação - conf. art. 27 da Lei n. 4.137/62), devendo estar concluídas dentro do prazo *improrrogável* de 30 (trinta) dias.

Qual sua natureza jurídica?

Trata-se de procedimento de *formação de culpa* que objetiva um *juízo de acusação* (*judicium accusationis*), como que uma *pronúncia* no processo penal comum. Não determina o fundamento condenatório ou absolutório, mas, apenas, o alicerce acusatório, exprimindo o direito de inculpar e seus limites. Se o CADE se convencer de que não há nos autos indícios veementes da existência de abuso do poder econômico ou de sua autoria, em vez da "pronúncia", equivalentemente decretará a "impronúncia", decisão de não instauração do processo administrativo, verdadeira *absolutio ab instancia*.

As averiguações preliminares foram instituídas para salvaguardar a inocência contra acusações infundadas e o CADE contra o custo e inutilidade que destas redundariam. O mal causado pela ação penal-econômica deixada ao arbítrio dos acusadores seria uma injustiça, na hipótese de absolvição.

Aliás, tratando-se de queixoso de má fé, ou seja, aquele que *a*) deduzir pretensão cuja falta de fundamento não possa razoavelmente desconhecer *b*) alterar, conscientemente, os fatos *c*) omitir, intencionalmente, dados essenciais à apreciação da causa, ou *d*) usar o CADE para conseguir objetivo ilícito, deveria o órgão proclamar a circunstância, para que respondesse ele por perdas e danos sofridos pelo representado e, *de lege ferenda*, arcasse com as despesas e custas decorrentes da sindicância e averiguações preliminares indevidamente processadas, sem prejuízo de, se fosse o caso, ser responsabilizado por denunciação caluniosa. Mais: deveria o CADE, nestas situações, estar legalmente autorizado a impor multas ao representante inescrupuloso, nos mesmos níveis cominatórios a que estariam sujeitos os representados – atualmente 5 (cinco) a 10.000 (dez mil) vezes o maior valor de referência – art. 43 da Lei n. 4.137/62, atualizado pelo art. 4.° do Regulamento). É inaceitável que, livre de conseqüências patrimoniais ou morais, se desencadeie a atuação do CADE para propósitos mesquinhos ou inconfessáveis, em desrespeito às suas alevantadas finalidades e autoridade.

Poderá o Conselheiro-Relator designado (art. 28, § 1.°, da Lei n. 4.137/62), em face dos resultados da sindicância e dos termos da denúncia oferecida pela Procuradoria, limitar-se a adotar as conclusões daquela. Insatisfeito, porém, com os dados até então coligidos, poderá: *a*) pedir informes ou pareceres às Coordenadorias competentes; *b*) solicitar esclarecimentos, diretamente ou não, e determinar diligências; *c*) pedir esclarecimentos à Procuradoria; *d*) requisitar informações a quaisquer pessoas físicas ou jurídicas (art. 17 do Regulamento; e *e*) tomar outra providência que repute necessária à instrução.

Permite, igualmente, o art. 12, V, do Regimento Interno, à Procuradoria requerer diligências e elementos que houver por cabíveis. Nada mais protelatório e injustificável, *data venia.* As averiguações preliminares constituem procedimento pré-jurisdicional, destinado a proteger o inocente, após ter a acusação esgotado todas as providências investigatórias na fase de sindicância. Trata-se, exatamente, de procedimento em que, na busca do *real motivo*, examina o CADE a própria consistência da denúncia, sendo inconcebível que à acusação se permitam serôdias "complementações", quando entenda parcas as suas possibilidades de sucesso.

Findas as averiguações preliminares, aí sim, admissível à Procuradoria a vista dos autos – sendo que a prática interna do CADE tem para tal deferido o prazo de 5 (cinco) dias –, para que esta, ouvida, ofereça espécie de antecipado libelo acusatório, ou seja, um resumo articulado e delimitativo da acusação, com o pedido de instauração do processo administrativo. A essa altura, à Procuradoria é vedado retratar-se da acusação e requerer o arquivamento do processo. Embora *dominus litis*, a Procuradoria *não é dona da ação penal-econômica.* Oferecida a denúncia e dado início à ação, pelo princípio da indisponibilidade, deve a Procuradoria ficar subordinada tão-somente à lei, no desenvolvimento de sua atividade processual. Inaceitável, portanto, *venia concessa*, o disposto no art. 12, II, do Regimento Interno.

Chega-se, assim, ao julgamento colegiado das averiguações preliminares (art. 30 da Lei n. 4.137/62). Após o relatório e com base na letra do art. 30 da Lei n. 4.137/62, tem-se dado a palavra à Procuradoria para sustentação oral. Outra providência, com o devido respeito, dispensável. Tendo a acusação já se pronunciado em duas oportunidades (denúncia e libelo acusatório), após amplo acesso aos autos e às providências dele constantes (de que teve irrestrita faculdade de acompanhamento e participação – art. 12, V, do Regimento Interno), repetitiva essa adicional manifestação. Parece-nos mais adequado que a oitiva de que trata o art. 30 da Lei n. 4.137/62 seja entendida como a oportunidade de que goza a Procuradoria de, concluídas as averiguações preliminares, formalizar o libelo. A presença da Procuradoria no julgamento se nos afigura, sem dúvida, imprescindível, mas no exercício de suas funções como *custos legis*, sem interferência senão para garantia da legalidade do ato.

De qualquer modo, as averiguações preliminares não comportam apreciação de questões de alta indagação nem permitem amplas considerações atinentes ao mérito da pretensão punitiva. Em face dos meios de prova até então coligidos, devem apenas determinar a presença ou não de *real motivo* para a instauração de processo administrativo, ou seja, se existem indícios veementes de que houve ou há abuso do poder econômico (tipicidade) e de que é ele imputável a determinada pessoa, física ou jurídica (culpabilidade). Deve mais: não só verificar a possível ocorrência de um delito econômico punível, mas também *fixar* os *limites da acusação*, tipificando, com base no libelo, uma das formas de abuso de poder econômico previstas na Lei n. 4.137/62, de modo a impedir o futuro julgamento *ultra* ou *extra petita* do processo administrativo.

IV. Processo administrativo

A existência de abuso do poder econômico será apurada em *processo administrativo* instaurado pelo CADE (art. 26 da Lei n. 4.137/62). Tratando-se de ação penal-econômica, tem o procedimento (art. 10, § 2.º, *b*, do Regulamento) essa denominação em homenagem à natureza administrativa do órgão colegiado julgador.

De fato, por expressa disposição legal, na instauração do processo observar-se-á o rito dos feitos e do julgamento dos crimes comuns de competência do Juiz singular, conforme enunciado no Livro II, Capítulo III, Título I, do Código de Processo Penal, obviamente com as alterações exigidas pela Lei n. 4.137/62 (art. 36).

Assim sendo, é claro que a referência implica a automática aplicação ao processo penal-econômico dos princípios fundamentais do processo penal comum. São eles seis: *a*) o princípio da *ação*; *b*) o da *indisponibilidade*; *c*) o do *contraditório* e da *imparcialidade*; *d*) o da *verdade real*; *e*) o da *persuasão*; e *f*) o da *publicidade*.

Pelo princípio da *ação* ou *oficialidade*, não se admite procedimento penal-econômico *ex officio*. Para constituir-se, a relação processual depende sempre de acusação da Procuradoria, órgão oficial. Igualmente, o princípio delimita o campo do poder de decisão do CADE, pela determinação do fato submetido à sua apreciação, impedindo, desta forma, o julgamento *ultra petita*.

Pelo princípio da *indisponibilidade* ou *irretratabilidade* se reconhece que o Estado não tem apenas o *direito*, mas o *dever* de punir. Portanto, a Procuradoria não dispõe de poderes discricionários para apreciar a oportunidade ou conveniência da instauração, quer do processo penal-econômico, quer do inquérito preliminar, desde que, evidentemente, enquadrado um fato na tipificação legal do abuso do poder econômico (princípio da *obrigatoriedade*). A Procuradoria não age senão em nome da coletividade, que ela representa, tendo, portanto, o exercício, mas não a disposição, da ação penal-econômica, que lhe não pertence. O princípio comporta abrandamentos, tal como ocorre no processo penal comum, mas com maior razão. O crime, em geral acarreta lesão irreparável ao interesse coletivo, tornando a pena indispensável à restauração da ordem jurídica violada. Já em tema da Lei Antitruste, prevalece o aspecto utilitário-preventivo do direito penal-econômico, pondo em relevo o processo competitivo e o desempenho econômico, social e tecnológico desejável. Competitividade, eficiência e progresso são palavras-chave, interessando muito mais o restabelecimento da ordem econômica e social ofendida do que propriamente sua reparação. Daí, em boa hora, instituiu-se o chamado *compromisso de cessação* da prática economicamente indesejável (art. 15 do Regulamento).

Pelo princípio do *contraditório*, garantia fundamental de Justiça, consagra-se a igualdade da acusação e defesa dentro do processo penal-econômico. Coloca-se o CADE eqüidistante em face da parcialidade das partes, possibilitando a ambas expor suas razões, apresentar provas e influir no convencimento do Conselho. O contraditório é composto de dois elementos: a informação ou notificação do indiciado (arts. 32 e 33 da Lei n. 4.137/62) e a possibilidade de reação. Ao contrário, porém, do princípio da indisponibilidade, este não comporta exceções, prevalecendo em sua aplicação o aspecto substancial (direito de defesa constitucionalmente garantido) sobre o formal (art. 40 da Lei n. 4.137/62). Não representa desvio à revelia, desde que se conceda à parte omissa a oportunidade de exercer seu direito em qualquer fase do processo (art. 34 da Lei n. 4.137/62). Por outro lado, a isenção dos Conselheiros é condição *sine qua non* para que o CADE exerça suas funções no processo penal-econômico. E pressuposto para que a relação processual se instaure validamente. As partes têm o direito de exigir a retidão dos Conselheiros, razão pela qual urge a restauração do capítulo do antigo Regimento Interno (arts. 43 a 50 do Decreto n. 53.670, de 9.3.64), relativo à *exceção de suspeição*, embora a atual ausência não implique, obviamente, revogação do princípio.

Desde as averiguações preliminares, desponta a aplicabilidade do princípio da *verdade real* ou *material* (que se contrapõe à da *verdade formal*, prevalecente no processo civil), predominando o sistema da livre investigação da prova. O CADE, notadamente o Conselheiro-Relator, não pode manter-se como simples espectador da contenda, permitindo-se-lhe ampla gama de atividades instrutórias. É claro que sua atuação não pode ser arbitrária, pautando-se, porém, pelo poder discricionário na condução do processo instrutório (art. 8.°, I, do Regimento Interno). Pode, assim, requisitar dados e pareceres às

Coordenadorias competentes, solicitar diretamente informações a quaisquer pessoas físicas ou jurídicas, públicas ou privadas (art. 17 do Regulamento), determinar diligências, perícias e outras provas, inclusive complementares (art. 39 da Lei n. 4.137/62) etc. Compete-lhe o impulso oficial (art. 31, § único, da Lei n. 4.137/62).

Outrossim, ao CADE é vedado decidir com base em provas ou elementos inexistentes nos autos, embora possa avaliar os colhidos segundo critérios críticos e racionais (princípio do *livre convencimento*), desde que, é claro, o faça de forma motivada (art. 44, *a*, da Lei n. 4.137/62), observando as regras legais existentes e as máximas de experiência.

Finalmente, a *publicidade* dos autos e dos julgamentos (item II, 3, da Resolução Regimental n. 1/87) configura o instrumento de fiscalização popular do CADE. Constitui princípio amplamente reconhecido no processo administrativo. Não só as decisões do órgão nesta fase são publicadas no *Diário Oficial* (art. 43, § 2.°, da Lei n. 4.137/62), louvadamente em seu inteiro teor, como também se permite a qualquer interessado requerer certidão de atos, pareceres ou decisões ou informações sobre qualquer matéria que se inclua na esfera de competência do Conselho (art. 18 do Regulamento), com ligeiras e compreensíveis restrições, preservadoras do direito à privacidade ou de situações de reserva previstas em lei (art. 18, § 1.°, do Regulamento).

O processo administrativo é célere mas não sumário. Deve ser conduzido e concluído com a maior brevidade compatível com o pleno esclarecimento dos fatos (art. 35 da Lei n. 4.137/62). Inicia-se com a designação de Conselheiro-Relator diverso do das averiguações preliminares (art. 31 da Lei n. 4.137/62), providência esta fiadora da imparcialidade do Colegiado. Prática interna do CADE recomenda ao Relator que, em 48 (quarenta e oito) horas, especifique as provas que serão produzidas e. o modo de sua realização, sem que isto o impeça de determinar novas providências no curso do procedimento. Deverá, entretanto, desde logo, designar dia, hora e local para o início da instrução e fazer notificar o indiciado (art. 32 da Lei n. 4.137/62). Trata-se da *citação*, que será feita *pessoalmente*, por carta com recibo de volta ou por cartório do Registro de Títulos e Documentos (art. 32, § 2.°, da Lei n. 4.137/62), ou *por editais*, quando baldados os esforços de notificação pessoal (art. 32, § 3.°, da Lei n. 4.137/62).

A prova será iniciada dentro de 10 (dez) a 45 (quarenta e cinco) dias a contar da instauração do feito (art. 32, § 1.°, da Lei n. 4.137/62), o que ocorrerá com o chamamento do acusado. Começa com o interrogatório do indiciado pelo Conselheiro-Relator, ato indelegável de autoridade, como aliás consagra o art. 16

do Regulamento, que poderá ser acompanhado pela Procuradoria, na qualidade de *custos legis*, e pelo defensor do acusado, não lhes sendo permitido interferir, salvo para apresentação de questões de ordem. O interrogatório é o meio atribuído ao Relator para se instruir, pessoalmente, sobre a verdade real e firmar sua convicção, registrando nos autos os elementos colhidos.

Ouvido o acusado, segue-se o tríduo para a defesa prévia (que não é obrigatória para a defesa), podendo-se nesta peça oferecer testemunhas (art. 395 do Código de Processo Penal), até o número de 8 (oito) (art. 37 da Lei n. 4.137/62).

Além dos depoentes de acusação e os de defesa, poderá o Conselheiro-Relator ouvir informantes (que não prestarão compromisso) e testemunhas referidas, sem prejuízo de poder convocar quantas mais entender necessárias (art. 37 da Lei n. 4.137/62), sempre, é claro, sem perder de vista os critérios da prudência, pertinência e celeridade do processo, sob pena de responsabilização (art. 35 da Lei n. 4.137/62).

As testemunhas estão sujeitas à coação processual, devendo seus depoimentos serem tomados sob compromisso (art. 37, §§ 1.° e 2.°, da Lei n. 4.137/62). Se não for encontrada qualquer delas, o Relator poderá deferir pedido de sua substituição, desde que não tenha por fim frustrar o disposto nos arts. 42, *in fine*, e 395 do Código de Processo Penal, suprindo imperdoável anterior omissão das partes. Se os depoentes de defesa não forem encontrados, e o acusado, dentro de 3 (três) dias, não indicar outros em substituição, prosseguir-se-á nos demais termos do processo (art. 405 do Código de Processo Penal). Podem as partes, por outro lado, desistir da oitiva de testemunhas arroladas (art. 404 do Código de Processo Penal), sem que isto impeça que o Relator tome seus depoimentos se assim entender necessário ou conveniente à instrução.

A audiência das testemunhas, a exemplo do interrogatório do acusado, também constitui indelegável ato de autoridade (art. 16 do Regulamento). Como indica o art. 37, § 1.°, da Lei n. 4.137/62, a inquirição deverá observar o disposto nos arts. 202 a 225 do Código de Processo Penal, devendo, assim, o depoimento ser oral (art. 204 do Código de Processo Penal), sujeitar-se à contradita (art. 214 do Código de Processo Penal) e às perguntas e reperguntas das partes (art. 212 do Código de Processo Penal). Os depoentes de acusação, como é intuitivo, serão ouvidos primeiramente (art. 396 do Código de Processo Penal), já que os de defesa se destinam a contrariar as provas de incriminação.

Terminadas as inquirições, as partes, primeiro a Procuradoria, em 24 (vinte e quatro) horas, e, depois, a defesa, dentro de igual prazo, sem interrupção, poderão requerer as diligências, inclusive perícias, cuja necessidade ou conveniência exsurja das circunstâncias ou de fatos apurados na instrução (art. 499 do Código de Processo Penal). Tem o Conselheiro-Relator, desde que não prejudique o direito de defesa ou o de acusação, autoridade para repelir qualquer pretensão probatória que repute abusiva, impertinente, ilegal ou meramente protelatória.

Para que a instrução não se eternize, a prova determinada pelo Relator, bem como a requerida pelo acusado, a inquirição de testemunhas e a realização de diligências (inclusive perícias), deverá estar concluída em 30 (trinta) dias (art. 38 da Lei n. 4.137/62). O Relator poderá determinar a realização de diligências complementares e conceder dilação para a conclusão da prova dentro de 20 (vinte) dias adicionais. Esses prazos, porém, não são fatais. Nem poderiam sê-lo. Não há exigir do órgão julgador a decisão da causa quando ainda não tenha pleno conhecimento dos fatos que lhe permitam adequadamente exercer a prestação quase-jurisdicional. Porém, sempre que concluir a instrução fora dos prazos, o Conselheiro-Relator deverá consignar nos autos os motivos da demora (art. 402 do Código de Processo Penal). Delonga não justificada configuraria constrangimento ilegal de sua responsabilidade (art. 35 da Lei n. 4.137/62).

A prova documental, por seu turno, poderá ser oferecida em qualquer fase do processo, admitindo a prática interna do CADE que possa sê-lo até a inclusão deste em pauta para julgamento. Mais adequado seria, nos parece, que a prova documental pudesse ser produzida até as alegações finais, salvo motivo justificado, a critério do Relator.

Esgotada a fase probatória, será aberta vista dos autos para alegações finais, sucessivamente, por 3 (três) dias, à Procuradoria e à defesa (art. 500 do Código de Processo Penal). Esse prazo correrá em cartório, independentemente de intimação (art. 591 do Código de Processo Penal). Subseqüentemente, os autos serão de pronto conclusos ao Conselheiro-Relator, que, dentro de 5 (cinco) dias, poderá ordenar diligências para sanar nulidades ou suprir faltas que prejudiquem o esclarecimento da verdade. Poderá, inclusive, se não houver ele próprio, em decorrência de substituição, interrogado o acusado ou inquirido as testemunhas, determinar a reiteração desses atos instrutórios (art. 502 e seu § único do Código de Processo Penal).

O processo administrativo culminará no julgamento em Plenário, podendo cada Conselheiro ter vista dos autos (art. 12 do Regulamento). Nesta fase, a Procuradoria e, após, o acusado ou seus advogados terão, nessa ordem, direito à palavra por 15 (quinze) minutos cada um (art. 42 da Lei n. 4.137/62). Chama-se atenção para a faculdade de, nos debates, o acusado sustentar diretamente a própria causa. Trata-se de permissivo a ser abolido. De fato, em sua grande maioria, os indiciados são maus defensores da própria causa, não estando a seu alcance o que devem ou não dizer, nem o que calar. Supondo que estão se desculpando, poderão estar se comprometendo definitivamente. Ao patrono cabe, profissionalmente, proteger seus interesses.

Com o julgamento conclui-se o processo de apuração do abuso do poder econômico na atual legislação do CADE, mesmo porque, dependendo a *recorribilidade* da lei, à falta de previsão legal, nenhuma decisão do órgão, seja nas fases prévias (sindicância e averiguações preliminares), seja em tema de processo administrativo, é recorrível administrativa ou hierarquicamente. O Conselho, órgão dotado de autonomia, não está subordinado a qualquer autoridade superior, nem mesmo ao Ministro da Justiça. Todavia, embora a Procuradoria não tenha acesso a qualquer via recursal, por força do preceito constitucional consagrador do princípio da inafastabilidade do Poder Judiciário (art. 153, § 4.°, da Constituição Federal), inestimável salvaguarda dos direitos individuais, poderá o condenado pelo CADE pleitear o controle judicial do ato administrativo representado pela decisão final adversa que repute ilegal. Sabe-se ser essa resolução colegiada ato administrativo *vinculado* ou *regrado*, sujeitando-se, portanto, à revisão. Caberá, então, à Justiça Federal civil (e não à criminal, posto que, como visto, se trata de ação anulatória de ato administrativo) reexaminar o pronunciamento quase jurisdicional impugnado, reapreciando o *mérito da causa* (*thema decidendum*) com ampla liberdade (não há confundir esse conceito com o de *mérito administrativo*, ou seja, a oportunidade, ou conveniência, da decisão), podendo anular ou confirmar (mas não modificar) o decisório proferido.

V. Compromisso de cessação

Por último, uma breve palavra sobre esta forma excepcional de suspensão do processo penal-econômico, que é o *compromisso de cessação.*

Fiel à progênie utilitarista (posto que originário dos chamados *consent decrees* do Direito norte-americano) e ao sentido teleológico preventivo que consagra a legislação antitruste nacional, o Regulamento (art. 15) introduziu a possibilidade de instalação de extraordinária crise na relação processual, *por acordo*, sem que o avençado implique a confissão da ocorrência de abuso do poder econômico (inexistindo, por conseqüência, penalidade a ser aplicada). Trata-se de instrumento de real valor para a pronta e eficaz restauração dos princípios da livre concorrência, cujo emprego deve ser estimulado. Nos Estados Unidos, por exemplo, nos últimos quarenta anos, o número de casos cíveis no âmbito do Departamento de Justiça que foram solucionados por essa via monta a cerca de

70% (setenta por cento).[8]

Os interesses econômicos da sociedade, em cuja seara viceja o pragmatismo das soluções e resultados, se sobrepõem ao formalismo dos atos e preponderam sobre a pretensão punitiva do Estado. A demora decorrente dos trâmites legais, durante os quais, em muitos casos, subsiste a conduta restritiva da concorrência sob apuração, é freqüentemente mais danosa à livre competição do que a eventual solução transacional da lide, ainda que, dessa forma, permaneça impune o agente ativo da infração. Por outro lado, pode o CADE obter acordos em termos mais rigorosos e eficazes do que aqueles resultantes da ação penal-econômica, na medida em que o acusado se mostre ansioso em poupar o tempo e evitar as despesas, a publicidade e os riscos do processo. Ainda quando acredite o acusado na própria inocência, desde que o resultado econômico que se lhe proponha seja considerado aceitável, poderá ele preferir dispor de certos benefícios comerciais ou financeiros resultantes da questionada conduta (que poderá ser eventualmente repreensível ou indesejável ou aética, mas não ilegal) em troca do ônus processual ou do clamor público decorrente da contenda. A primazia das soluções de mercado para as anomalias concorrenciais há de ser sempre preferível ao controle estatal repressivo da economia.

Seriam basicamente cinco os principais estímulos ao acusado para propor compromisso: *a*) a economia (aliás também para o Estado) ao se evitarem as dificuldades inerentes ao julgamento do processo antitruste; *b*) a informalidade das negociações; *c*) o interesse de se esquivar a uma condenação que já preveja, bem como à subseqüente ação por perdas e danos que lhe seria eventualmente movida pelas vítimas diretas da conduta abusiva do poder econômico; *d*) a possibilidade de o CADE se manifestar concretamente sobre a legalidade ou ilegalidade de determinadas condutas empresariais de seu interesse específico; e *e*) a possibilidade de se amortecer o clamor publicitário desfavorável decorrente do julgamento.[9]

A política antitruste nacional deve objetivar a conciliação do processo competitivo com o desempenho econômico, social e tecnológico desejável. Cumpre, precipualmente, impedir que o poder excessivo de mercado redunde em conduta abusiva, restritiva da concorrência. Diante dessa perspectiva, há que se ter em mente que o exercício da política antitruste busca *resultados econômicos*, tendo por moeda corrente a *eficiência* e o *desenvolvimento*. Compreende-se por eficiência a inter-relação adequada entre preços e custos de produção,

---

[8] S. C. Oppenheim, G. Weston e J. T. McCarthy, *Federal antitrust laws*, 4. ed., p. 1033.

[9] S. C. Oppenheim et al., op. cit., p. 1034.

entre capacidade e produtividade e entre demanda e capacidade, em regime de produção de escala. Consiste o desenvolvimento no incremento da produção em geral, no aumento desta por unidade produtiva, no desenvolvimento de novas técnicas e na geração de bens e serviços novos e melhores, com o progressivo melhoramento do estado da técnica.

Assim, para que os pressupostos de uma política antitruste se concretizem mais rapidamente, muitas vezes é preferível que a lide seja prontamente solucionada sob forma quase contratual, preservando-se a ordem econômica e social de maior desgaste e trauma e restaurando-se de plano o princípio da livre concorrência.

O compromisso há que contar com a *iniciativa do indiciado.* Não poderão propô-lo a Procuradoria ou o Conselheiro-Relator, estes por estarem sujeitos aos princípios da indisponibilidade ou irretratabilidade (poder-dever).

Segundo o art. 15 do Regulamento, o compromisso poderá ser *assumido* durante qualquer fase da sindicância ou dos procedimentos quase-jurisdicionais (averiguações preliminares e processo administrativo). O preceito merece cuidados hermenêuticos. De fato, não se poderia interpretá-lo como se permitisse a *propositura* de compromisso em *qualquer* fase (poderá ele ser apenas *assumido*), sob pena de se consagrar escárnio à sociedade e à autoridade do CADE. Fosse assim, poderia o indiciado requerê-lo até mesmo no ato de julgamento do processo administrativo, substituindo a sustentação oral por "compromisso de cessação", impeditivo da inscrição de seu nome no registro dos culpados e de imposição da pena. O Regulamento não indica o derradeiro ensejo para a oferta de compromisso. Pelo sentido teleológico do instituto, parece-nos que a licença de peticionar por transação torna-se *preclusa após a defesa prévia.* Com efeito, após essa oportunidade, a maior parte dos benefícios objetivados com o compromisso já se teria esvaído. É claro, por isso mesmo, que quanto mais tempo levar o indiciado para tomar a iniciativa, mais rigorosos haverão de ser os termos do compromisso.

Outrossim, a franquia regulamentar não se aplica indistintamente a todas as modalidades de abuso do poder econômico. Assim, não há admitir compromisso de *cessação* quando se trate de ilícito *consumado.* Há que se cuidar de infração *permanente*, cujos efeitos danosos ainda persistam no curso do processo penal-econômico. Não pode haver *cessação* do que já não mais existe.

O *compromisso de cessação* é o resultado documental de delicado e importante *processo transacional prévio.* Sua *assunção* deve ser entendida como sua aceitação, pelo indiciado, dos termos e condições que lhe forem ofertados pelo CADE. Assim, pretendendo acordo, por petição nos autos (preferivelmente a ser autuada em apartado), deve o Secretário Executivo (se o feito estiver em fase de sindicância), *ad referendum* da Presidência, ou o Conselheiro-Relator (nas demais fases), *sem suspensão do procedimento* então em curso (até, é claro, a fase de julgamento definitivo do processo administrativo, sob pena de se frustrar o acesso ao compromisso daquele que tempestivamente o houver requerido), determinar estudos, pareceres e/ou pesquisas às Coordenadorias competentes, no sentido de ofertarem subsídios para a fixação das condições contratuais (em termos econômicos e jurídicos) *que melhor se adaptem à realidade e às peculiaridades do mercado relevante.* Restariam baldados os propósitos do compromisso se o indiciado fosse compelido a repeli-lo por inviabilidade ou inadequação dos termos propostos ao mercado específico ou, ao contrário, se aceito, não resultarem no restabelecimento da livre concorrência e da ordem econômica violentada.

Concluídas essas providências e colhidas as sugestões, desenrolar-se-ia informal negociação entre a Secretaria Executiva, a Procuradoria (aqui atuando como fiscal da lei e não como titular da ação penal-econômica e da pretensão punitiva) e o indiciado. Não se deve permitir a interferência do representante; seu desejo de vingança privada pode, *ab initio*, impossibilitar ou inviabilizar o sucesso das tratativas. A circunstância não impede, porém, que o queixoso formule considerações ou sugestões *escritas* ao Secretário Executivo e/ou à Procuradoria, que poderão, livremente, a seu exclusivo critério, levá-las ou não em consideração.

É claro que tais diligências prévias e negociações devem ser céleres, máxime diante da não suspensão dos procedimentos investigatórios e/ou instrutórios de apuração do abuso do poder econômico em curso. O efeito não suspensivo atribuível ao pedido do indiciado demanda, por conseqüência lógica, a fixação de prazo pelo Presidente do CADE (quando o pedido for formulado em sede de sindicância) ou pelo Conselheiro-Relator (nas demais fases), conforme o caso, termo este, é claro, prorrogável por despacho fundamentado e criterioso. Recomendável seria a pronta regulamentação da matéria.

Bem sucedidas as conversações, deve ser redigido documento formal de *compromisso de cessação*, por meio do qual o indiciado unilateralmente se obriga não só a cessar a prática incriminada, mas também observar os demais termos e condições acordados e submeter-se à *fiscalização* (que há de ser efetiva e constante) do CADE. Sem esta, o documento seria natimorto, na maioria dos casos.

Recebendo o compromisso devidamente subscrito pelo interessado, com o necessário "de acordo" da Secretaria Executiva e da Procuradoria, caberá ao

Plenário *homologá-lo*, sem alterações (posto que o art. 15 do Regulamento determine que, assumido o compromisso, o CADE *suspenderá* a ação penal-econômica). *De lege ferenda*, reforma regulamentar deverá considerar a ampliação da competência do Plenário, concedendo-se-lhe poderes de controle, participação e/ou veto *pro societate* quanto aos termos acordados com o indiciado.

O compromisso de cessação deve, por seu turno, ter período de vigência. Seria inconcebível sua eternização, máxime diante do mercado, sempre volúvel e mutável. Inexiste comércio que não seja dinâmico por natureza. Igualmente inaceitável que o processo permaneça "suspenso" de forma perene. O termo deve ser fixado caso a caso, de acordo com a hipótese concreta e diante das características específicas. *Não deve, porém, ser inferior ao prazo prescricional da ação penal-econômica subjacente*, isto é, 2 (dois) anos (art. 114 do Código Penal). Solução em contrário resultaria em ofensa ao princípio da indisponibilidade da ação. Enquanto não extinta a punibilidade, permanece íntegra a pretensão punitiva do Estado, que, por força do compromisso, permanece em estado hibernal. Assim, verificado, a qualquer tempo (enquanto não ocorrer prescrição, é claro), o descumprimento do acordo, dar-se-á ou a abertura imediata do processo administrativo, se já instaurada a sindicância ou as averiguações preliminares, ou a pronta reativação e julgamento, em caráter prioritário, do processo administrativo, se já em curso (art. 15 do Regulamento). Consumada a prescrição e verificada a violação do compromisso, deverá o CADE, *ex officio*, de imediato e também em caráter prioritário, determinar a instauração dos procedimentos competentes para a apuração do novo abuso do poder econômico. Todavia, nesta hipótese, não há falar em reincidência para os efeitos do art. 46 da Lei n. 4.137/62; ao infrator recalcitrante, porém, não se deveria conceder novo acesso ao benefício.

Finalmente, cumpre observar que o compromisso de cessação, por sua natureza obrigacional, pode ser alterado pelo CADE, quiçá, mediante petição dirigida ao Presidente do Conselho, subscrito pelo compromissário, desde que demonstrada modificação das circunstâncias do mercado relevante que exija a emenda. Neste caso, com o indispensável "de acordo" da Secretaria Executiva e da Procuradoria, após os convenientes estudos e renegociações informais com o interessado, poderá o Plenário *homologar* o aditivo. A transação, quando ratificada, produz para o CADE o efeito de *coisa julgada administrativa*. Assim, não poderá o órgão ou qualquer de suas unidades pretender modificá-la sem anuência do compromissário, a menos que, *expressamente*, se reserve o direito do CADE de alterar o acordo para sua adaptação a supervenientes condições do mercado relevante, conforme especificadas na avença.

A previsão do instituto, como se sabe, é de pobreza franciscana, reduzida a um único e impreciso artigo do Regulamento, merecendo, portanto, por sua utilidade e valor, imediato disciplinamento e pronta sistematização. Urge impedir que incompreensões, atitudes menores ou entendimentos leigos impeçam seu desenvolvimento.

Bibliografia

ALMEIDA, J. Canuto Mendes de. *Princípios fundamentais do processo penal.* São Paulo: Revista dos Tribunais, 1973.

____________. *Processo penal, ação* e *jurisdição.* São Paulo: Revista dos Tribunais, 1975.

AREEDA, Phillip. *Antitrust analysis.* 2. ed. Boston: Little, Brown and Company, 1974.

AZEVEDO, Paulo Vicente de. *Curso de direito judiciário penal.* São Paulo: Saraiva, 1958.

CINTRA, Antonio Carlos de Araújo; GRINOVER, Ada Pellegrini; e DINAMARCO, Cândido Rangel. *Teoria geral do processo.* São Paulo: Revista dos Tribunais, 1974.

ESPÍNOLA FILHO, Eduardo. *Código de Processo Penal brasileiro anotado.* Rio de Janeiro: Borsoi, 1954.

KAYSEN, Carl e TURNER, Donald F. *Antitrust policy – an economic and legal analysis.* Cambridge: Harvard Press, 1959.

MARQUES, José Frederico. *Elementos de direito processual penal.* Rio de Janeiro: Forense, 1961.

NORONHA, E. Magalhães. *Curso* de *direito processual penal.* 6. ed. São Paulo: Saraiva, 1973.

OPPENHEIM, S. Chesterfield; WESTON, Glen E.; e McCARTHY, J. Thomas. *Federal antitrust laws.* 4. ed. St. Paul: West Publishing Co., 1981.

SULLIVAN, Lawrence Anthony. *Antitrust.* St. Paul: West Publishing Co., 1977.

TOURINHO FILHO, Fernando da Costa. *Processo penal.* 5. ed. Bauru: Jalovi, 1979.

A PRESCRIÇÃO DA AÇÃO PENAL-ECONÔMICA PERANTE O CONSELHO ADMINISTRATIVO DE DEFESA ECONÔMICA - CADE *

José Inácio Gonzaga Franceschini

SUMARIO: I. Antecedentes: Direito penal-econômico vs. direito administrativo. II. Novos entendimentos: Direito penal-econômico vs. direito econômico. III. Análise das recentes decisões do CADE. Posições em favor da imprescritibilidade. IV. A posição do autor: localização da matéria no direito penal-econômico e aplicabilidade do art. 114 do Código Penal.

I. Antecedentes

1. Antes amorfa e basicamente indiferente, a questão da prescritibilidade da ação penal-econômica perante o Conselho Administrativo de Defesa Econômica - CADE, vem ganhando foros de vexata quaestio, com implicações que podem transbordar os restritos lindes do próprio tema.

Diante do até então praticamente pacífico reconhecimento da natureza penal da legislação antitruste nacional, consagrado na jurisprudência do próprio CADE (*cf.*, e.g., FRANCESCHINI, Poder econômico: exercício e abuso, ementas n.s 1-A, 7, 9, 11, 14, 15, 16, 19, 21, 22, 339 e 368), nos reiterados pronunciamentos de sua douta Procuradoria-Geral (cf. ELBRUZ MOREIRA DE CARVALHO, ex-Procurador-Geral do CADE, *Abuso do poder econômico), entendimento este que, como se verá, prevalece até os dias de hoje*, como referido no Processo Administrativo n. 47 abaixo examinado, nas decisões judiciais, seja de primeira instância (cf. sentença do MM. Juiz FLEURY ANTONIO PIRES, da 13.ª Vara Federal em São Paulo, n. Processo n. 5276403), seja do Egrégio Tribunal Federal de Recursos (cf. Acórdão da 4.ª Turma do TFR na Apelação Cível n. 56.282-SP, de que foi Relator o Ministro ILMAR GALVÃO) e na ainda hoje amplamente majoritária posição da doutrina (cf. Pareceres em FRANCESCHINI, op. cit.) em que se sobressaem, entre outros, os nomes de OSCAR BARRETO FILHO (comercialista), JOSÉ FREDERICO MARQUES (processualista), PONTES DE MIRANDA

---

* Originalmente publicada na Revista de Informação Legislativa a. 25 n. 10 outubro/ dezembro 1988

(constitucionalista), OROZIMBO NONATO (civilista), MIGUEL REALE (jurisfilósofo) e CELSO NEVES (processualista), a questão da prescritibilidade era apenas marginal, tendo sido objeto de poucas decisões do CADE, das quais se destacam as ementas encontradiças em FRANCESCHINI, op. cit., a saber:

Ementa n. 341 (p. 304)

"A prescrição é causa extintiva da punibilidade de abuso do poder econômico."

Ementa n. 369 (p. 322)

"A punibilidade dos delitos de abuso do poder econômico se extingue pelo decurso do prazo prescricional de dois anos previsto no art. 114 do CP."

2. A esta época já se encontrava virtualmente afastado o enquadramento da Lei Antitruste no direito administrativo, com o que, aliás, concordou o Plenário do Conselho no Processo Administrativo n. 58 também analisado abaixo, acompanhando voto da Conselheira-Relatora, ANA MARIA FERRAZ AUGUSTO. De fato, apenas para relembrar FRANCESCHINI, "A Lei Antitruste brasileira e o CADE: alguns aspectos, (*Revista do Direito Público*, v. 75, p. 297), "a Lei Antitruste nacional não é (...) tema aderente ao poder de polícia, ou seja, vinculado ao direito administrativo, mas sim, um diploma penal, enquadrado no novíssimo ramo do direito penal econômico. Impõe-se o entendimento (...) não só pelas já referidas origens históricas do diploma, tanto indígena como estrangeira, como, também, por lhe serem estranhos e inaplicáveis os atributos específicos e peculiares ao exercício do questionado poder de polícia: (a) a discricionariedade; (b) a auto-executoriedade; e (c) a coercibilidade".

Desnecessário, entretanto, prosseguir no debate, na medida em que esta questão já se encontra ultrapassada.

Cumpre, agora, enfrentar os novos desafios ao enquadramento da lei antitruste nacional no direito penal econômico.

II. Novos entendimentos

3. A partir das decisões tomadas pelo Conselho nos Processos Administrativos n. 47, de que foi Conselheiro-Relator GEORGE MARCONDES COELHO DE SOUZA (*DOU* de 15.9.87, Seção I, p. 14908), e 58, sendo Conselheira-Relatora ANA MARIA FERRAZ AUGUSTO (idem supra, p.

14909), o tema da prescrição passou a constituir matéria polêmica, chegando ambos os arestos, por vias diversas, à conclusão comum da inaplicabilidade do art. 114 do Código Penal aos delitos de abuso do poder econômico.

Cumpre, portanto, examinar o conteúdo dessas decisões.

4. No primeiro caso (Processo Administrativo n. 47), assim se manifestou o CADE em decisão de lavra do ilustre Conselheiro GEORGE MARCONDES COELHO DE SOUZA:

> "Não parecendo ser este momento adequado a maior digressão sobre a árdua matéria da prescrição e da decadência e *considerando que sobre ela é silente a Lei n. 4.137/62*, oportuna é a lição de um clássico de nosso direito para distinguir: 'Prescrição é a extinção de uma ação ajuizável, em virtude da inércia de seu titular durante um certo lapso de tempo, na ausência de causas preclusivas de seu curso"
>
> (. . .)
>
> Uma nova consideração faz-se necessária. No art. 47, *caput*, a Lei dá ao CADE ação judicial para fazer cumprir a decisão que proferiu, acrescentando, no parágrafo único do mesmo artigo, que, 'na execução da multa, será adotado o rito processual das ações executivas fiscais'. Inclina-se o Colegiado a admitir, por isso, que a prescrição *dessa ação de cobrança* tenha o prazo de prescrição das ações de cobrança das dívidas fiscais.
>
> A hipótese é de multa já aplicada, não podendo, portanto, ser invocada no caso dos autos.
>
> Volta-se, então, à possível *aplicação analógica* da regra do Código Penal a respeito da prescrição da pena pecuniária (art. 114), aplicação rejeitada no Processo Administrativo n. 58 com argumentos que são irrespondíveis.
>
> Resta enfrentar o problema na área do direito econômico e, no caso, do *direito econômico administrativo, uma vez que a apuração e a repressão dos abusos do poder econômico foram confiadas a órgão administrativo*, integrante da Administração Pública Federal.
>
> Ora, como ensina HELY LOPES MEIRELLES (*Direito administrativo brasileiro*, 13.ª ed., Ed. RT, 1987, p. 622), 'a prescrição das ações da Fazenda Pública contra o particular é a comum da lei civil ou comercial,

conforme a natureza do ato ou contrato a ser ajuizado', o que afasta a ocorrência de prescrição na espécie dos autos.

Para arrematar, é de notar que *o douto Procurador-Geral manifestou a opinião de que lhe parecia estar atingida pela prescrição a aplicação de penalidade*, afastou depois a hipótese tendo em consideração a continuidade da prática abusiva" (grifamos).

No segundo caso (Processo Administrativo n. 58), aliás mencionado no primeiro, decidiu o Conselho, pelas mãos da insigne Conselheira ANA MARIA FERRAZ AUGUSTO:

"Pretendeu a indiciada, em alegações finais, o reconhecimento da prescrição de multa, segundo a legislação penal vigente. *Esta pretensão exige a identificação das sanções aplicáveis, segundo a legislação específica da repressão ao abuso do poder econômico, em confronto com o regime de prescrição das sanções típicas do direito penal invocado.*

Não explicitados os motivos da pretendida declaração de prescrição, cogitar-se-ia de aplicação, *por analogia*, do art. 114 do Código Penal.

A legislação penal admite a prescrição da pena pecuniária, após decorrido o prazo de 2 (dois) anos, em três hipóteses:

1.ª – quando a multa tenha sido a única pena aplicada;

2.ª – quando a multa seja a única pena não cumprida; e

3.ª – quando a multa seja a única pena cominada.

Tratando-se de processo em julgamento, supõe-se que a indiciada pretenda o reconhecimento da prescrição da sanção pecuniária na condição de única pena cominada pela lei de repressão ao abuso do poder econômico

A aplicação da regra prescricional de direito penal implicaria em negar ao direito econômico matéria que engloba a política econômica relativa ao uso e ao abuso do poder econômico, *a legalidade e legitimidade da aplicação de sanções adequadas ao restabelecimento da ordem jurídico-econômica.*

Observa-se que, *na maioria dos casos* de repressão aos abusos do poder econômico, a multa é, e deve ser, aplicada juntamente com *sanções administrativas posteriores.*

No regime jurídico-econômico brasileiro, *a pena pecuniária é imposta juntamente com a sanção administrativa, representada pela determinação de providências adequadas à cessação do abuso do poder econômico*, a critério do CADE, no exercício da competência que lhe é atribuída pelo art. 17, alínea *c*, da Lei n. 4.137, de 10 de setembro de 1962.

Não cessando o abuso do poder econômico, seguidamente à aplicação da sanção pecuniária e da sanção administrativa, o *CADE aplicará sanções econômicas*, por via do processo judicial de intervenção na empresa ou pelos mecanismos jurídicos próprios à desapropriação do acervo da empresa.

Nestas hipóteses, a aplicação de sanções econômicas se concretiza como instrumento de execução da política de proteção da concorrência, *importando em medidas que atingem o 'status libertatis'* do agente econômico, particularmente quanto ao exercício da própria atividade econômica.

Assim, as sanções cominadas pela lei de repressão ao abuso do poder econômico constituem uma *seqüência punitiva*, somente não aplicável aos casos de abusos do poder econômico originários de relação jurídico-econômica contratual, em que a cessação do ilícito ocorre com o vencimento do prazo contratual não prorrogado ou não renovado.

À alegação de prescrição punitiva, nos termos da legislação penal, o atual advogado da representada, em sustentação oral, acrescenta a da decadência administrativa.

A lição dos administrativistas não se aplica ao caso em julgamento porque:

(. . .)

b- *a decadência administrativa é um instituto de direito administrativo*, regido por princípios próprios, que se caracteriza pela determinação legal do prazo para exercício de ação. Este requisito fundamental elimina a pretensão de seu reconhecimento por analogia. Considerando, tanto a prescrição punitiva, regida pelo art. 114 do Código Penal, quanto a decadência administrativa como institutos próprios do direito penal e do direito administrativo, respectivamente, decide o Conselho pela rejeição desta preliminar, pelos seguintes fundamentos:

1 – não se aplica a analogia a institutos jurídicos de natureza diversa;

2 – a decadência e a prescrição não podem ser admitidas, por analogia, também por força da característica destes institutos, cujos efeitos dependem da existência de lei;

3 – ainda que se admitisse a prescrição por analogia, não se cogita, no caso em julgamento, de prescrição de pena pecuniária, visto que o processo de repressão ao abuso do poder econômico não se exaure com a aplicação de multa;

4 – *a Lei n. 4.137/62 não admite a prescrição da ação punitiva, por conseqüência, não se concebe o reconhecimento da prescrição de uma das sanções cominadas anteriormente a*o julgamento do processo administrativo" (grifamos).

III. Análise das recentes decisões do CADE

5. A digna decisão proferida no Processo Administrativo n. 47 tem por fundamentos os seguintes pontos:

(a) a Lei n. 4.137/62 é silente quanto à prescrição da ação penal econômica;

(b) a prescrição da ação de cobrança de dívidas fiscais é inaplicável por versar apenas sobre multas já aplicadas;

(c) a aplicação do art. 114 do Código Penal seria analógica;

(d) a matéria se rege pelo direito econômico administrativo, tendo em vista que a apuração e a repressão dos abusos foram confiadas a órgão administrativo; e

(e) a prescrição das ações da Fazenda Pública deve ser determinada conforme a natureza do ato a ser ajuizado.

Não há o que discordar do item (b), posto que não há confundir prescrição da ação penal-econômica com prescrição da pena, ou com a parcela final do item (e), na medida que observa que a prescrição é matéria que deve ser determinada conforme a natureza da lei a que se aplica.

Os itens (a) e (c) hão de ser examinados conjuntamente.

Com efeito, reconhecida a natureza penal-econômica da Lei n. 4.137/62, inaceitável, com o devido respeito, é a conclusão de que a legislação especial é omissa a respeito da prescrição, exigindo o concurso da analogia. Isto porque resultaria na *negação de vigência de lei expressa*, qual seja o art. 12 do Código Penal, que reza:

> "As regras gerais deste Código aplicam-se aos fatos incriminados por lei especial, se esta não dispuser de modo diverso."

Portanto, a implícita imprescritibilidade da ação penal-econômica é que exigiria preceito especifico na Lei n. 4.137/62 *e não o reverso*, como aliás é cediço, de acordo com o princípio da especialidade.

Caso contrário, todos os delitos previstos na legislação penal-econômica, na qual se incluem a Lei n. 1.521/51 (Lei de Economia Popular, que, antes da Lei n. 4.137/62, se constituiu em verdadeira lei antitruste nacional) e o Decreto-lei n. 7.903/45 (na parte que versa sobre os crimes em matéria de propriedade industrial), seriam imprescritíveis, por ausência de dispositivo especial expresso.

Portanto, legem habe*mus* - o art. 114 do Código Penal, combinado com o art. 12 do mesmo diploma.

A interpretação, como já adiantado, implicaria injustificável reconhecimento da imprescritibilidade das infrações de abuso do poder econômico, sob todos os primas. Assim é que, como informa o inesquecível BASILEU GARCIA (*Instituições ...*, v. I, t. 2, p. 699), a prescrição é instituto admitido em todas as legislações modernas. Embora tenha no passado enfrentado a oposição de alguns filósofos e penalistas, na medida em que seria desmoralizante e concorreria para o afrouxamento da repressão, preponderaram, no consenso geral, as razões justificativas de sua adoção.

Com efeito, com o caminhar do tempo, modificam-se as condições pessoais do infrator que logrou subtrair-se à ação da Justiça, deixando a pena, possivelmente, de ser-lhe útil. De outro lado, o alarma social que o abuso do poder econômico causou já se esvaneceu com o lento perpassar dos anos, não tendo a pena a exata correspondência no reclamo público, sem contar que os longos intervalos importam em incertezas perigosas na apreciação do fato.

Como salienta o ilustre professor, "nem o ódio dos homens costuma ser invariavelmente implacável e irredutível" (op. cit., p. 700). Assim, a imprescritibilidade dos delitos de abuso do poder econômico os tornariam mais graves do que os crimes contra a vida, a honra ou a liberdade, todos prescritíveis. E, mais perigoso ainda, teria um conteúdo intrínseco de inadmissível arbitrariedade, na medida em que admite a sujeição do acusado à vontade e inércia do Estado *por tempo indefinido*, ainda que seja inocente. Certamente um resultado inconcebível!

E, como referido acima, a prescrição não constitui preocupação tão-somente da doutrina nacional. Veja-se, por exemplo, o que ocorre na legislação antitruste da Comunidade Econômica Européia (art. 1.° do Regulamento n. 2.988/74/EEC do Conselho):

> "(1) The power of the Commission to impose fines or penalties for infringement of the roles of the European Economic Community relating to transport or competition shall be subject to the following limitation periods: a) three years in the case of infringements of provisions concerning applications or notifications of enterprises or associations of enterprises, requests for information, or the carrying out of investigations; b) five years in the case of all other infringements."

Quanto ao item (d), a argumentação oferece uma dificuldade inicial de determinação de seu exato conteúdo pela utilização da expressão "Direito Econômico Administrativo". Pelo que se depreende, pretende-se que a Lei n. 4.137/62 seja matéria afeta ao direito econômico (o que será objeto de análise adiante), cujos princípios, contudo, devem merecer influências do direito administrativo (provavelmente no tocante à interpretação mais flexível e menos formalística de seus dispositivos), tendo em vista que a apuração e a repressão dos abusos foram confiadas a órgão administrativo.

Não se trata, portanto, propriamente, de resquício de tentativa de enquadramento da Lei Antitruste no direito administrativo. De qualquer modo, pretende a exclusão do instituto da prescrição (possivelmente considerado "formalista") em face da natureza do órgão repressor. Em outras palavras, conclui-se que a natureza da Lei Antitruste deve ser estabelecida pela natureza do CADE ou pela pretensa natureza menos formal (administrativa) dos procedimentos.

Ora, é evidente que a natureza de uma lei não se determina pela natureza do agente executor, mesmo porque quem executa a Lei n. 4.137/62 não é o CADE, mas, sim, o Poder Judiciário, em observância ao princípio da separação de Poderes, sob pena de invasão de área proibida ao Executivo. Também não é essa natureza reconhecida pela do correspondente procedimento, mesmo porque o tema "prescrição" não constitui matéria *processual*, mas antes *direito substantivo*.

A natureza jurídica da lei antitruste nacional é de ser determinada em face de sua *substância intrínseca*.

Aliás, como dito, o não reconhecimento da prescrição em tema de abuso do poder econômico traz ínsitos enormes riscos de ofensas futuras aos direitos e garantias individuais pelo Estado onipotente. Por isso mesmo é que ENRIQUE R. AFTALIÓN, em sua clássica obra *Derecho penal económico*, pondera que o surgimento do direito penal econômico, com todas as suas conseqüências, foi fruto de longa elaboração, em demorado processo histórico, como afirmação dos direitos e garantias individuais. Decorre disto a verdade de que não é possível, sem grave risco para esses direitos e garantias, deixar de lado tão valioso repositório de normas tutelares, sob pena de se deixarem indefesos os acusados frente às possíveis arbitrariedades dos órgãos do Estado (cf. op cit., apud MANOEL PEDRO PIMENTEL, *Direito penal econômico*, p. 13).

Como leciona JOSÉ FREDERICO MARQUES (*Elementos de direito processual penal*, v. I, p. 77):

> "Ora, a moldagem do processo penal, como contenda entre partes, implica no integral repúdio da forma inquisitiva de procedimento, e no reconhecer, outrossim, que o acusado não é apenas objeto de investigações, mas também sujeito de direitos, ônus, deveres e obrigações dentro do procedimento destinado a apurar a procedência ou não da pretensão punitiva do Estado."

No que se refere ao item (e), pretende-se equiparar o CADE à Fazenda Pública, o que, *prima facie*, é inaceitável, posto não proteger a Lei Antitruste nacional interesse do erário. Ademais, não se trata de processo movido pelo CADE contra o representado, eis que o CADE não é parte, como aliás já decidiu o próprio Conselho ("o CADE é juiz e não parte nos processos de averiguações preliminares e administrativos regidos pela Lei n. 4. 137, de 1962", apud FRANCESCHINI, "Poder econômico: exercício e abuso", Ementa n. 173, p. 175). O Conselho tem o direito de persecução penal econômica, em expressão subtraída a BERNER, procurando tornar efetivo o *jus puniendi*, resultante do abuso do poder econômico para impor ao infrator a sanção pertinente (FRANCESCHINI, O processo de apuração do abuso do poder econômico na atual legislação do CADE, *Revista de Informação Legislativa*, v. 96, p. 158/159). O CADE é mandatário da coletividade na tarefa de restaurar a paz e a ordem econômico-jurídica atingidas pelo abuso do poder econômico, mas o *dominus litis* da ação é a Procuradoria-Geral, ou seja, a *Justiça Pública.* O CADE não poderia ser, ao mesmo tempo, parte e. Juiz, sob pena de ofensa ad princípio *ne procedat judex ex officio* e à imprescindível separação que deve haver entre a "acusação" e a "quase-jurisdição" do Conselho.

De qualquer modo, nada há a opor ao reconhecimento de que a matéria prescricional segue, quanto à sua natureza jurídica, a da legislação em que se insere (que, como se verá, é penal-econômica).

6. Passando à respeitável decisão proferida no Processo Administrativo n. 58, verifica-se estar ela embasada nas seguintes teses:

a) o reconhecimento ou não da prescrição exige a identificação das sanções aplicáveis segundo a legislação específica da repressão ao abuso do poder econômico;

b) a aplicação do art. 114 do Código Penal somente seria viável por via de analogia;

c) a aplicação da regra prescricional de direito penal implicaria negar ao direito econômico a legalidade e legitimidade da aplicação das sanções previstas na Lei Antitruste;

d) na maioria dos casos, a pena pecuniária é imposta juntamente com a sanção administrativa (ordem de cessação do abuso) que, se não observada, será seguida de uma sanção econômica (intervenção e desapropriação), importando em medidas que atingem o *status libertatis* do agente econômico em verdadeira seqüência punitiva (o que impediria a incidência do art. 114 do Código Penal, que exige, no caso, ser a multa a única pena cominada);

e) o direito administrativo é estranho ao tema; e

f) a Lei n. 4.137/62 é omissa quanto à prescrição.

Vejamos:

Não há objeções ao item e), tendo sido os itens b) e f) objeto de anterior análise excludente.

O item c) é, em verdade, o argumento nodal, que pretende inserir a legislação antitruste no direito econômico em substituição ao direito penal econômico. Implicitamente, a tese resulta na negativa da própria existência do ramo de direito mundialmente conhecido como direito penal-econômico, que seria absorvido pelo não menos novo direito econômico.

Inicialmente, há que se reconhecer que pretender desconhecer a existência do direito penal-econômico tem o mesmo resultado de desconhecer a existência do direito econômico - ou seja, é impossível!!! A evolução da ciência do direito, com o surgimento do direito econômico e do direito penal-econômico, é inarredável, cumprindo aos estudiosos a delimitação de cada campo, mesmo porque não são eles excludentes um do outro, mas, antes, complementares.

Desde EDWIN H. SUTHERLAND, que, já em1938, empregava a expressão que o tornou famoso, "crime do colarinho branco", o direito penal-econômico tem tido reconhecimento universal, chegando mesmo as Nações Unidas a incorporarem a seus estudos a noção de "abuso do poder". Desarrazoada, portanto, *data venia*, qualquer tentativa localizada de seu desconhecimento.

Como salienta RICARDO ANTUNES ANDREUCCI ("O direito penal econômico e o ilícito fiscal", in *RT*, v. 426, p. 299):

> "Um problema jurídico da atualidade é o direito econômico, juntamente com o qual evolui o direito penal-econômico ou direito penal sócio-econômico, ambos com origem no intervencionismo estatal, fenômeno este que se sente com intensidade e que apresenta entroncamento com as funções que o Estado moderno desenvolve."

A tese adotada implicitamente pela decisão é resultado de ser o direito econômico um composto híbrido de vários ramos da enciclopédia jurídica, com conteúdo ainda não definitivamente circunscrito, embora tendente à inarredável autonomia como ramo do direito. Todavia, seu conteúdo necessário, econômico, não pode fazer supor que os demais ramos do direito sejam não econômicos.

O próprio direito penal-econômico é também vago quanto ao seu conteúdo, sabendo-se, porém, que, ao contrário do direito econômico, o penal-econômico não aspira à autonomia. Como preleciona MANOEL PEDRO PIMENTEL (op. cit., p. 15 e 21), não se trata de um direito desligado dos compromissos dogmáticos próprios do direito penal comum, e alerta:

> "(...) o direito penal-econômico, sem embargo da especialidade de que se revestem as leis que o organizam, não é autônomo. Trata-se, simplesmente, de um ramo do direito penal comum e, como tal, *sujeito aos mesmos princípios fundamentais destes*".

"Nem mesmo a alegação de que este direito necessita de maior agilidade, na defesa dos bens e interesses objetivados, poderia justificar a quebra dos princípios gerais do direito penal, aqueles mesmos já mencionados, como os da '*reserva legal*' e da '*responsabilidade subjetiva*' "(grifamos).

KLAUS TIEDEMAN, citado por MARIA G. MORAIS DE GUERRERO (*Introducción a la criminalidad económica,* Caracas, Universidade Católica Andrés Bello, p. 48), define o delito econômico como:

"la infracción jurídico-penal que lesiona o pone en peligro el orden económico entendido como regulación jurídica del intervencionismo estatal, en la economía de un país".

E, de modo mais amplo:

"aquella infracción que, a un bien jurídico patrimonial individual, lesiona o pone en peligro, en segundo término, la regulación jurídica de la producción, distribución y consumo de bienes y servicios".

Por seu turno, o direito econômico é a parte do ordenamento que reflete a política econômica ou, em outras palavras, que assimila ou traduz, no âmbito normativo, a direção emprestada pelo Estado ao processo econômico (RICOSSA, *A proposito del diritto dell'economia*, citado por MODESTO CARVALHOSA, *Direito econômico*, p. 355). E complementa CARVALHOSA (op. cit., p. 354):

"Seria, portanto, o direito da matéria econômica vinculada, ou seja, da estrutura econômica racionalmente eleita pelo Estado."

No dizer de FÁBIO KONDER COMPARATO (O indispensável direito econômico, in *RT*, v. 353, p. 22):

"O novo direito econômico surge como. o conjunto das técnicas jurídicas de que lança mão o Estado contemporâneo na realização de sua política econômica. Ele constitui assim a disciplina normativa da ação estatal sobre as estruturas do sistema econômico, seja este centralizado ou descentralizado".

Percebe-se, portanto, que as conceituações do direto econômico enfatizam o cunho da participação ativa do Estado, com a constituição de um sistema de normas jurídicas destinadas a regulamentar a realização da política econômica.

Em outras palavras, a inclusão da Lei n. 4.137/62 no âmbito do direito econômico implicaria a *transferência da titularidade do bem jurídico "livre concorrência" da sociedade para o Estado*, o que, evidentemente, é inaceitável e até inconstitucional (art. 170), na medida em que transforma o Estado em agente preferencial da organização das atividades econômicas.

A respeito desse risco já alertava CARVALHOSA (op. cit., p. 355):

> "Ainda que o direito econômico seja o resultado histórico da extensão do papel do Estado na economia, exprime ele – como direito positivo – o fenômeno específico do poder público de intervir sistemática e racionalmente no processo. Escapam, por conseguinte, de seu âmbito, *as matérias repressivas de caráter administrativo-penal, que são tratadas pelo Direito Penal Econômico, que, por sua vez, é informado por outros princípios e categorias*" (grifamos).

Exemplo desses princípios é a prescrição.

Aliás, como dizia AFTALIÓN, citado por JOSÉ NABANTINO RAMOS (Sistema brasileiro de direito econômico, p. 94):

> "Se bastasse a presença do elemento econômico para incluir uma atividade no campo do direito econômico, também o furto, o roubo, a herança e as obrigações deveriam pertencer-lhe (. . .) "

Não só. Seria, por exemplo, parte integrante do direito econômico toda a matéria fiscal atualmente objeto do direito tributário, posto evidente seu conteúdo econômico?

Não se pode, em resumo, olvidar que a remissão da Lei n. 4.137/62 ao direito econômico traz consigo o risco de que o Estado, no exercício de seus poderes intervencionistas, atinja a própria liberdade econômica, não sendo aceitável conceder-lhe a tutela da "livre concorrência" sob a reivindicação de maior elasticidade no magistério punitivo, sob pena de, a qualquer tempo, se ferirem os direitos e garantias individuais protegidos pelo direito penal. Como salientado por RICARDO ANTUNES ANDREUCCI (op. cit. p. 310):

> "Não é este o desiderato do autêntico direito penal, que foi justamente chamado por ANÍBAL BRUNO de um sistema jurídico de dupla face, pois se, por um lado, protege a sociedade, de outro, preserva o indivíduo do excesso de poder que contra ele possa se desenvolver."

Poder-se-ia argumentar, outrossim, que inconcebível seria a criação de um direito penal especial para cada novo ramo do direito.

Quanto a este ponto bastaria lembrar que, a par do fato de o direito penal econômico ter reconhecimento universal, não é ele, como visto, ramo autônomo, constituindo, antes, mera especialização do direito penal, sujeito aos mesmos princípios fundamentais que o norteiam. Não se trata, portanto, de criação de um novo direito sancionatório de cada novo ramo jurídico que surja.

Em resumo, a aplicação da regra prescritiva de direito penal aos abusos do poder econômico não nega ao direito econômico sua aspiração à autonomia na ciência do direito como um sistema normativo voltado à orientação do processo econômico, mediante a regulação, sob ponto de vista macrojurídico, da atividade econômica, de sorte a definir uma disciplina destinada à efetivação da política econômica estatal (EROS ROBERTO GRAU, *Elementos de direito econômico*, p. 31). Todavia, suas regras são desprovidas de pena (no sentido retributivo ou aflitivo), tal como o direito civil, o direito comercial, o direito administrativo e o direito constitucional, dos quais o direito econômico hauriu suas origens. Não pode o direito econômico portar-se como verdadeiro "buraco negro", absorvendo todos os institutos jurídicos que porventura com ele tenham relacionamento. Por isso mesmo o Estado lança mão da sanção penal cominando penas a determinados comportamentos que, no âmbito dessas relações econômicas, vêm reclamar repressão mais drástica (MANOEL PEDRO PIMENTEL, *Direito penal econômico*, p. 10).

Ao direito econômico nada se pretende retirar, mas, antes, apenas reconhecer que o aspecto penal não lhe pertence, mas pertence sim ao direito penal-econômico, cuja existência a tese esposada no Processo Administrativo n. 58 se esforça em vão por negar.

Os itens (a) e (d) acima referidos são, em realidade, corolários da posição adotada no item (c) e procuram justificar a inaplicabilidade da prescrição aos delitos de abuso do poder econômico na medida da pretensa (com todo o respeito) existência de uma punibilidade plúrima.

Ocorre que a única sanção por violação à lei antitruste é a pecuniária de que trata o art. 43 da Lei n. 4.137/62.

Não constitui sanção a ordem de cessação do abuso do poder econômico. A ordem representada por uma obrigação de fazer ou não fazer é o *resultado natural* do reconhecimento da antijuridicidade do ato praticado pelo infrator e não uma *pena*. Caso contrário, a ordem implícita na sentença condenatória por lesões corporais de que não deve mais o criminoso lesar a integridade física alheia seria igualmente uma sanção! A pena é *retributiva* e acarreta uma privação de bens jurídicos, imposta ao infrator, em face do ato, ou omissão, praticado, não sendo este o caso da ordem de cessação.

E mais. Como bem observado na decisão do Egrégio Conselho, a chamada "sanção administrativa" é imposta "na maioria dos casos", ou seja, nem sempre. Ora, o preceito secundário da norma punitiva pode ser cominado de forma exclusiva e/ou alternativa (multa e/ou prisão), mas nunca eventual.

A ordem de cessação do abuso do poder econômico, portanto, não é pena. Quando muito, configurava *medida de segurança* que, como se sabe, tem natureza administrativa, e em que predomina o cunho preventivo sobre o aflitivo. De qualquer modo, mesmo para os doutrinadores que consideram as medidas de segurança uma sanção (mas nunca uma *pena*), é pacífico que, em tema de prescrição, não se cumulam penas e medidas de segurança para evitar a aplicação do art. 114 do Código Penal, posto que esse entendimento, no mínimo, implicaria a revogação indireta do comando legal.

Por outro lado, a "sanção econômica" que se seguiria às "sanções pecuniárias e administrativas" de que trata a decisão do Conselho não repreende o abuso do poder econômico objeto do Processo Administrativo finalizado, mas, *sim o não cumprimento das determinações do CADE* (portanto, outra infração) (art. 47 da Lei n. 4.137/62).

Da mesma forma, no direito penal, o não pagamento da pena da multa (ato ilícito) resulta na sua conversão em detenção (art. 38 do Código Penal). Nem por isso a possibilidade impede a aplicação do art. 114 do Código Penal.

O mesmo raciocínio, se válido, seria aplicável, portanto, ao direito penal (apenas para argumentar, é claro). À sanção pecuniária poderia se seguir uma medida de segurança (sanção administrativa) e mais, caso não cumprida aquela, uma sanção ulterior (conversão da pena em restritiva da liberdad – seqüência punitiva, na linguagem da decisão.

É importante anotar, contudo, que reconhece a referida decisão que as medidas impostas pelo CADE "atingem o status libertatis do agente econômico, particularmente quanto ao exercício da própria atividade econômica". Não se poderia concordar mais, posto que, implica, *quantum satis, no enquadramento da Lei Antitruste no âmbito do direito penal-econômico.*

IV. A posição do autor

7. Que a Lei Antitruste nacional é de natureza penal-econômica é indubitável, como alhures salientado (FRANCESCHINI, A Lei Antitruste brasileira e o CADE: alguns aspectos, *Revista de Direito Público*, v. 75, p. 298), não só por seu já apontado fundamento histórico, oriundo do ordenamento jurídico congênere norte-americano, mas também por força de sua própria natureza intrínseca (haja vista encontrar-se, desde seu surgimento, mesclada à legislação protetora da economia popular).

Quanto à primeira remissão (origem histórica), basta lembrar com SULLIVAN (*Antitrust...*, p. 148) que "toda violação das leis antitruste (norte-americanas) é um crime punível com prisão de até um ano e multa no valor máximo de US$ 1 milhão, caso o réu seja uma pessoa física, ou US$ 100.000,00, caso seja uma pessoa jurídica".

Da mesma forma, relembrem-se, em reforço do entendimento, as antigas disposições criminais cominadas às restrições ao livre comércio dos arts. 419 e 420 do Código Penal francês (1810) e do art. 498 do Código Criminal canadense (1889), este introduzido, provavelmente e de certa maneira, como resultado da agitação nos Estados Unidos, que levou, um ano mais tarde, à promulgação da Lei Antitruste Sherman. Mais recentemente, vejam-se os preceitos penais dos arts. 89 e 97 da Lei japonesa antimonopólio, de 1947.

Em relação à natureza intrínseca, cumpre iniciar o exame pela definição de direito penal, o qual, como muito bem assinala o emérito Prof. MANOEL PEDRO PIMENTEL (*Legislação penal especial*, p. 3), deve ser conceituado sempre com referência expressa ao seu conteúdo substancial, fugindo, assim, de uma definição meramente formal. Assim, temos a definição de STAMPA BRAUN (*Introducción a la ciencia del derecho penal*, p. 19), a saber: "Direito penal é o ordenamento jurídico autônomo, pertencente ao direito público, que tutela, mediante a aplicação de uma pena ou de uma medida de segurança, as condutas que contra aqueles interesses atentem (delitos)". Ora, como se sabe, dentro do ordenamento neo-capitalista adotado pelo sistema jurídico brasileiro, a "livre concorrência" configura esse interesse fundamental do indivíduo e da sociedade de que fala o mestre, cuja violação acarreta a aplicação de uma pena (pecuniária) e, eventualmente, de uma medida de segurança.

Esse entendimento é, em verdade, virtualmente pacífico na doutrina de várias tendências e formações e de várias épocas, não se limitando, portanto, aos estudiosos do direito penal e/ou aos juristas que antecederam o surgimento do direito econômico.

Vejamos, por exemplo, a lição:

a) do comercialista OSCAR BARRETO FILHO (Parecer, apud FRANCESCHINI, *Poder econômico*, p. 463):

> "A objeção que deve ser formulada, todavia, é a de que, *antes de ser uma lei de caráter econômico, a Lei Antitruste é uma Lei de caráter Penal*, de tal sorte que aos julgadores é essencial o conhecimento do direito e do processo penais, além do direito privado inerentes à formação jurídica" (grifamos);

b) do processualista JOSÉ FREDERICO MARQUES (Direito penal econômico - princípios sobre a interpretação de suas normas, apud FRANCESCHINI, op. cit., p. 476 e 477):

> "A intervenção do Estado, na vida econômica das empresas particulares, ditada pelos modernos princípios da economia dirigida, acabou criando 'une branche nouvelle du Droit Pénal', designada pelo 'nomen juris' de Direito Penal Econômico.
>
> (...)
>
> Verifica-se, do exposto, que os fatos descritos na consulta estão no âmbito do direito penal econômico brasileiro e submetidos a suas normas e princípios, regras legais e postulados, uma vez que tanto a Lei n. 1.521, *como a Lei n. 4.137, de 1962*, constituem o sucedâneo e base desse ramo da ciência jurídica, em nossos sistemas legislativos" (grifamos);

c) do constitucionalista PONTES DE MIRANDA:

> "A lei, a que se refere o art. 148, é *Penal* e pode ser parte da lei especial de que cogita o art. 146, ou de alguma lei geral, *inclusive o Código Penal*"(grifamos) (*Comentários à Constituição de 1946*, v. IV, 2. ed., p. 504).
>
> "Corresponde isso à intervenção penalística dos governos na economia" (*Comentários à Constituição de 1967, com a Emenda n. 1, de 1969*, 2. ed. p. 50) (grifamos).
>
> "Pergunta-se: - Tratando-se de caracterização de delitos, punidos com penas severas, como os que se definem na Lei n. 4.137, é de exigir-se rigoroso enquadramento da falta imputada na definição legal, para que se possa cogitar de delito?
>
> Respondo: – Fora de qualquer dúvida, se interpreta *regra jurídica penal*, ou mesmo civil ou comercial, se contém pena ou multa, ou elemento desconstitutivo" (grifamos) Acusação injustificada de abuso do poder econômico, apud FRANCESCHINI, op. cit., p. 485);

d) do civilista OROZIMBO NONATO (Cláusula de exclusividade em contrato de fornecimento, apud FRANCESCHINI, op. cit., p. 490):

> "O caso da consulta é de caracterização de 'delitos', punidos severamente, como os definidos na Lei n. 4.137.
>
> Daí a indagação: para sua ocorrência não se torna exigível enquadramento rigoroso da falta imputada na definição legal?
>
> A resposta afirmativa se impõe irresistivelmente e se contém no art. 1.° do CP: *'Não há crime sem lei anterior que o defina. Não há pena sem prévia cominação legal'* (grifamos);

e) do jurisfilósofo MIGUEL REALE (Abuso do poder econômico e garantias individuais, apud FRANCESCHINI, op. cit., p. 521):

> "As mencionadas disposições constitucionais não possuem, como poderia parecer, mera 'destinação penal', mas cobrem todos os domínios da experiência jurídica, *como se dá, por exemplo, com a Lei n. 4.137, de 10 de setembro de 1962*, que regula a repressão ao abuso do poder econômico, discriminando as suas formas e criando um Conselho Administrativo de Defesa Econômica (CADE) com

uma Procuradoria, à qual foram reconhecidas funções equiparadas às do Ministério Público" (grifamos); e

f) do processualista CELSO NEVES (Disciplina da Lei Antitruste no sistema jurídico brasileiro, apud FRANCESCHINI, op. cit., p. 588):

> "No que se refere às atribuições administrativas do CADE, é evidente que, envolvendo matéria de caráter penal, a observância rigorosa dos preceitos de forma, a subordinação ao princípio da ampla defesa, a vinculação à prova provada, com a conseqüente repulsa às imputações calcadas em meros indícios ou circunstâncias e, especialmente, às simples suposições ou conjecturas, sem contrapartida objetiva em elementos de convicção dotados de efetiva atendibilidade, constituem pressupostos inelimináveis de validade e eficácia de suas decisoes" (grifamos).

Despiciendo é falar o óbvio, ou seja, que os penalistas reconhecem a existência do direito penal-econômico, tais como MANOEL PEDRO PIMENTEL (*Direito penal econômico*) e RICARDO ANTUNES ANDREUCCI (*O direito penal econômico e o ilícito fiscal*), nele inserida a Lei n. 4.137, de 1962.

E mais:

No recente I Seminário Nacional sobre Abuso do Poder Econômico, realizado em Brasília, também se verificaram intervenções favoráveis ao enquadramento da Lei n. 4.137/62 no plano do direito penal econômico, tal como a palestra proferida por GERSON PEREIRA DOS SANTOS (autor de *Direito penal econômico* e que sugeriu, até mesmo, a inclusão do tema no próprio Código Penal, na linha do Anteprojeto do Código Penal (arts. 372 a 383), publicado no *DO* de 28.10.87, Seção I, p. 17.777 e ss., cuja elaboração contou com a contribuição de juristas de escol, a saber, FRANCISCO DE ASSIS TOLEDO, LUIZ VICENTE CERNICCHIARO, MIGUEL REALE JUNIOR, RENÉ ARIEL DOTTI, MANOEL PEDRO PIMENTEL, EVERARDO DA CUNHA LUNA, JAIR LEONARDO LOPES, RICARDO ANTUNES ANDREUCCI, SÉRGIO MARCOS DE MORAES PITOMBO e JOSE BONIFÁCIO DINIZ DE ANDRADA), além do autor deste (O processo de apuração do abuso do poder econômico, *Revista de Informação Legislativa*, n. 96, p. 155 e ss.), tudo conforme os Anais do proveitoso Seminário (*Revista de Direito Econômico*, Nova Fase, v. 3, p. 54-57 e 91-103).

Isto para não mencionar, por ocioso, a doutrina estrangeira, na qual se destaca, evidentemente, AFTALIÓN com sua monumental obra *Derecho penal económico*.

Não difere a tendência jurisprudencial:

a) sentença do MM. Juiz FLEURY ANTONIO PIRES, da 13.ª Vara Federal em São Paulo, no Processo n. 5276403:

> "E isto porque, regulamentando dispositivo constitucional, a Lei n. 4.137/62 *tem efetivamente natureza penal, situando-se dentro do campo do direito penal econômico*, não só por sua origem histórica como também por força de sua natureza intrínseca, vez que o diploma legal em tela não se destina a dirimir interesses particulares, sendo seu objeto jurídico não propriamente a política econômica do Estado, mas, sim, a livre concorrência e a liberdade de iniciativa constitucionalmente garantidas" (grifamos); e

b) acórdão da 4.ª Turma do TFR, de 29 de outubro de 1986, da lavra do Min. ILMAR GALVÃO, na Apelação Cível n. 56.282-SP:

> "Neste passo, convém observar que *o delito de abuso do poder econômico* não se consuma pela simples existência de um dos fatos descritos nas letras dos incisos do art. 2.° da Lei n. 4.137/62.
>
> É preciso que aqueles fatos provoquem o resultado previsto na redação dos incisos. O fato, sem o resultado, é penalmente indiferente" (grifamos).

Quanto à Procuradoria-Geral do CADE, seria aborrecido e desnecessário citar todas as passagens em que aquele órgão se manifestou nesse sentido, como se pode verificar da coletânea de ELBRUZ MOREIRA DE CARVALHO, *Abuso do poder econômico*.

Apenas a título exemplificativo, além da já apontada manifestação do douto Procurador-Geral no Processo Administrativo n. 47, apontada pelo ilustre Conselheiro GEORGE MARCONDES COELHO DE SOUZA, observa-se o pronunciamento exarado pelo representante do *parquet* no Processo Administrativo n. 71 (fls. 728 do Processo):

> "Em princípio, quer-nos parecer que os fatos estariam a indicar práticas restritivas da concorrência, através da eventual ofensa aos ditames da letra 'g', do inciso I, ambas do art. 2.° da lei. E *sendo inegável o caráter penal da lei antitruste em vigor*, tudo estaria a aconselhar o cuidadoso prosseguimento do exame da hipótese até a obtenção de um juízo de admissibilidade tendente à inauguração da fase contenciosa" (grifamos),

Aliás, em inequívoca demonstração de que não são pacíficos os novos entendimentos sobre a matéria, no mesmo Processo Administrativo n. 71 (fls. 1.194 dos autos), assim se pronunciou o honrado Conselheiro MAURO GRINBERG, esposando, *concessa venia*, a melhor doutrina, em recente despacho de 4 de maio de 1987:

> "*O Processo Administrativo que corre no CADE, sendo de natureza penal econômica, é de interesse geral da sociedade*, de tal sorte que a Representante nem sequer é parte no processo"(grifamos).

Tendo em vista o acima, o não reconhecimento da localização da Lei Antitruste nacional no âmbito do direito penal-econômico seria, em verdade, violador da preciosa máxima *minime sunt mutanda, quae interpretationem certam semper habuerunt*, que impõe o respeito à exegese pacífica, fazendo observar as normas de acordo com o sentido e o alcance definidos durante anos pela doutrina e pela jurisprudência.

Resta indubitável, portanto, a aplicabilidade do art. 114 do Código Penal em tema de abusos do poder.

DISCIPLINA JURÍDICA DO ABUSO DO PODER ECONÔMICO *

José Inácio Gonzaga Franceschini

SUMÁRIO: 1. Introdução – 2. Aspectos constitucionais – 3. Definição de Direito Antitruste: 3.1 "Direito Antitruste..."; 3.2 "... (é) o ramo do Direito Penal-Econômico..."; 3.3 "... que disciplina as relações de mercado..."; 3.4 "... entre os agentes econômicos..."; 3.5 "... tutelando-lhes, sob sanção,..."; 3.6 "... o pleno exercício do direito constitucional da livre concorrência..."; 3.7 "... em prol da coletividade..."; 3.8 "... (da coletividade) nacional" – 4. Considerações complementares: 4.1 "Reserva de mercado" e "controle de preços"; 4.2 Ramos jurídicos afins: 4.2.1 "Economia popular"; 4.2.2 "Direitos do consumidor"; 4.2.3 "Lei Delegada n. 4/62"; 4.2.4 "Concorrência desleal" – 5. Objetivo final.

1. Introdução

Inserida no contexto maior da ordem econômica e financeira, em meio a temas mais polêmicos e de maior apelo popular, a matéria relativa à prevenção e repressão ao abuso do poder econômico encontra-se relegada a certo descaso e imprecisão técnica incompatíveis com seu real significado e alcance.

De fato, a legislação antitruste objetiva, antes de tudo, a proteção das liberdades políticas e individuais, como, aliás, salienta o emérito Prof. espanhol Jaime Villegas Cayon (*Monopolio* y *competencia*, p. 5).

Para ele, as leis que cuidam dos chamados *abusos do poder econômico* perseguem quatro objetivos fundamentais.

O primeiro é o resguardo da liberdade individual, ao permitir a todo cidadão a escolha entre vários empresários concorrentes entre si para seus negócios ou profissão, evitando e desta forma, que parcela significativa do povo dependa, para suas atividades, da tolerância de grupos monopolísticos ou, mesmo, do Estado.

O segundo é a proteção do consumidor, no sentido de que os produtos sejam de boa qualidade e comercializados a preços compatíveis.

O terceiro é a contribuição para a maximização dá eficiência econô-

* Originalmente publicado na Revista dos Tribunais, ano 78, v. 640, fev. 1989.

mica mediante decisões livremente tomadas pelos empresários.

O quarto é a melhor utilização da inventividade e da iniciativa individuais pelo oferecimento a todos de maiores oportunidades de participação na atividade econômica do País.

A prevenção e a repressão aos abusos do poder econômico não só promovem a livre deliberação da sociedade e de seus membros no âmbito da livre iniciativa e do consumo, protegendo-a contra o autoritarismo do poder econômico descontrolado, como também incentivam a criatividade e o crescimento da produção em níveis adequados, tanto quantitativos como qualitativos, e sua comercialização a preços regidos por critérios de razoabilidade, sob as leis do mercado, e não da ganância.

E mais: o controle dos abusos do poder econômico repercute favoravelmente no campo da valorização do trabalho, pelo estímulo a novos e melhores empregos, ao aprimoramento profissional, à qualidade do ambiente de trabalho e à dignidade da remuneração salarial, nesta incluída a melhoria da distribuição da renda, bem como, no plano ecológico, pela preservação do meio ambiente mediante atualização tecnológica e controle do desperdício. Beneficiam-se com ele o próprio Estado e as liberdades políticas do cidadão, acuados pelo poder de mercado e pelo malefício do tráfico de influências, que só em mui raras oportunidades apresentam-se com finalidades altruísticas e de proveito geral. Contrapõe -se, atualmente, o poder econômico ao poder político, chegando aquele a pleitear, no plano internacional, equiparação aos próprios Estados soberanos e, no interno, o privilégio, em favor de interesses individuais, em detrimento dos coletivos e sociais.

A imprecisão dos textos legais, a partir do constitucional, a par de ingerências políticas e administrativas indevidas, tem alcançado sucesso relativo em seu objetivo de impedir o pleno desenvolvimento e execução de uma salutar política antitruste nacional, de forma séria e coerente. De um lado, não interessa ao titular do poder o cerceamento de sua liberdade econômica; de outro, muitos são os que se servem da precariedade da instituição para preservar o conforto da obsolescência, de seus processos produtivos e produtos ou manter, perenemente, o subsídio paternalista à sua própria ineficiência, muitas vezes escondendo interesses pessoais sob falso manto nacionalista, em verdade pleno de real impatriotismo.

2. Aspectos constitucionais

O atual texto constitucional não foge à regra. A magnitude do assunto ainda nesta vez enfrenta o desprestígio com que o legislador brasileiro cuida desse importante mecanismo de interesse público. Verifica-se assim, que não mereceu ele senão singelo parágrafo, equivocadamente ubiquado dentro da temática da exploração direta de atividade econômica pelo Estado.

Temos, pois, o art. 173, § 4.º, que dispõe: "A lei reprimirá o abuso do poder econômico que vise à dominação dos mercados, à eliminação da concorrência e ao aumento arbitrário dos lucros".

A inadequação de tratamento, como dito, principia pela própria localização da matéria no corpo da Constituição. A legislação antitruste não pretende defender direito do Estado ou ser aplicada apenas às atividades econômicas diretamente exercidas pelo Estado, como indica o *caput* do art. 173, mas, sim, da coletividade, representado pela livre concorrência. O assunto mereceria cuidado diferenciado, fazendo jus a artigo específico da Carta Magna, a exemplo do art. 148 da CF de 1946, onde foi por primeiro consagrado. Somente o autoritarismo do Estado e a ineficiência do empresariado absoleto e subsidiado se beneficiam com seu rebaixamento a plano meramente incidental (a exemplo do que ocorreu com os arts. 157, VI, e 160, V, das Cartas de 1967 e 1969), uma vez que a sadia aplicação da legislação antitruste resulta, inevitavelmente, em exercício de democracia econômica.

Quanto ao teor do § 4.º, sofre ele de impropriedade atávica. Começa por conferir à legislação antitruste caráter tipicamente repressivo e policialesco, incompatível com a realidade política da Nação. Ao autoritarismo interessa a imposição da pena como objetivo primordial, pouco se lhe importando os efeitos das condutas sobre a sociedade em geral. A legislação antitruste nacional, influenciada desde sua origem por suas congêneres européias, não tem esse caráter essencialmente punitivo, buscando, antes, a conciliação dos princípios da livre concorrência com o desempenho social, econômico e tecnológico, desejável, pressupostos do real desenvolvimento nacional e, da justiça social. O pragmatismo da vida econômica tem nas reprimendas sua *ultima ratio*, almejando, antes de tudo, as soluções e os resultados, o progresso, a eficiência e o desenvolvimento. Assim, caberia ao texto constitucional cristalizar e ressaltar o aspecto preventivo, tendente à pronta restauração da ordem econômica atingida por eventuais excessos, procurando, antes de tudo, evitar o dano aos interesses sociais e econômicos da coletividade.

Ademais, embora, tradicional, inadequada é a referência "abusos do poder econômico". A lei visa a obstar qualquer conduta ou resultado anticompetitivo, seja ele resultante ou não do poder econômico. À legislação antitruste é irrelevante o poder de mercado em si mesmo, tratando, sim, de impedir que este resulte em práticas predatórias ou restritivas da concorrência. A lei apena qualquer conduta ou resultado anticompetitivo, seja ele decorrência ou não do poder econômico. Nem sempre uma empresa precisa ser titular desse poder para conduzir-se de forma contrária ao princípio da livre concorrência. Por vezes, aspectos meramente circunstanciais – tais como questões geográficas, contratuais ou mercadológicas ? possibilitam o abuso. Isto para não mencionar o poder tecnológico, que não se associa necessariamente ao poder econômico, de que é bom exemplo parcela significativa da indústria da Informática.

Completando o rol de imprecisões, volta a atual Constituição; por inércia, a insistir na restrição à aplicabilidade da lei antitruste aos fatos econômicos que objetivem ou resultem em ao menos um dos componentes da trilogia "domínio de mercado", "eliminação da concorrência" e "aumento arbitrário dos lucros".

O constitucional deveria ser suficientemente elástico, isento de inclinações ideológicas ou demagógicas, de modo a assegurar sua permanência no tempo. Não poderia, portanto, prender-se a *standards* rígidos, posto que o mercado é demasiado multifacetado para que se tenha a pretensão de cercá-lo com padrões herméticos. Por mais flexíveis que sejam as definições dos referidos "estados", diversas são as condutas ou situações anticompetitivas que neles não se enquadram com clareza e precisão, salvo mediante exasperante exercícios hermenêuticos.

Por isso, em benefício da segurança jurídica, o atual anteprojeto da nova Lei Antitruste nacional, publicado no *DOU* de 2.12.88, procurou, de forma didática, facilitar a compreensão da real abrangência da Magna Carta, esclarecendo, em seus arts. 21 e 22, serem objeto da legislação antitruste nacional não só os assim chamados "abusos do poder econômico" em seu sentido mais restrito, mas também as práticas que representem "abuso de posição dominante". Abeberou-se, neste ponto, na contribuição e experiência da legislação européia, culminando, no art. 23, por arrolar, de forma flexível e não taxativa, número relativamente extenso de condutas *prima facie* típicas.

3. Definição de Direito Antitruste

De qualquer modo, o relativamente pequeno desenvolvimento da matéria no Brasil ainda não ensejou uma evolução acadêmica especializada compatível com a disciplina. Assim, não se encontra na doutrina pátria uma definição cientifica e límpida do que seja o Direito Antitruste.

Embora despretensiosamente, pretende o presente trabalho oferecer alguma contribuição

Assim, poderia o Direito Antitruste ser definido como sendo o ramo do Direito Penal-Econômico que disciplina as relações de mercado entre os agentes econômicos, tutelando-lhes, sob sanção, o pleno exercício do direito constitucional da livre concorrência, em prol da coletividade nacional.

Cumpre examinar, ainda que sucintamente, os elementos constitutivos da formulação assim esboçada.

3.1 "Direito antitruste"

Em primeiro lugar há que se observar, desde logo, que a expressão "Direito Antitruste", a despeito de sua popularidade, é intuitivamente insuficiente e imprópria do ponto de vista do rigor técnico e científico. Sobrevive, tão-somente, graças à progênie da legislação nacional, inspirada que foi no Direito norte-americano. Preferível seria sua substituição por "Direito da Concorrência", por levar mais em conta o objeto jurídico por ele protegido. Esta, aliás, a orientação tomada por grande número de leis estrangeiras similares, de que são exemplos os diplomas argentino ("Ley de Defesa de la Competencia" Lei n. 22.262, de 1.8.80), chileno (Dec.-lei n. 511, de 17.9.80, "que fijó normas para la libre competencia"), espanhol (Lei n. 110, de 20.7.63, "de la represión de práticas restrictivas de la competencia"), francês (Ordenação n. 88-1.243, de 1.12.80, "relative à la liberté des prix et de la concurrence") e português (Dec.-lei n. 422, de 3.12.83, que trata das "regras da concorrência"). Apenas em homenagem a seu uso geral, no Brasil, é que a expressão "Direito Antitruste" é aqui mantida.

3.2 "... (é) o ramo do Direito Penal-Econômico..."

O Direito Antitruste não é um ramo autônomo da Ciência Jurídica nem tem pretensões de sê-lo. Ao contrário, encontra guarida no âmbito do Direito Penal -Econômico, este, igualmente simples ramo do Direito Penal Comum. Como já dito em trabalhos anteriores (Francheschini, "A prescrição da ação penal-econômica perante o Conselho Administrativo de Defesa Econômica - CADE" e "A lei antitrust brasileira e o CADE: alguns aspectos", *Revista de Informação Legislativa* 100/269 e ss. e 88/311 e ss. respectivamente), a natureza penal da lei antitruste nacional é indubitável, não só por seu fundamento histórico (oriundo de sua congênere norte-americana e de início atrelada à legislação nacional protetora da economia popular), como por sua natureza intrínseca. Em relação a esta, há de ser ter sempre em mente a definição de

Direito Penal de Stampa Braun (*Introdución a la Ciencia del derecho penal*, p.19), a saber "direito penal é o ordenamento jurídico pertencente ao Direito Público, que tutela determinados interesses fundamentais do indivíduo e da sociedade mediante a aplicação de uma pena ou de uma medida de segurança às condutas que contra aqueles interesses atentem (delitos)".

Ora, dentro do ordenamento neocapitalista adotado pelo sistema jurídico brasileiro, a "livre concorrência", agora alçada à categoria de princípio basilar da ordem econômica nacional (art. 170, IV, da CF), configura um desses interesses fundamentais do indivíduo e da sociedade de que fala o mestre, cuja ofensa acarreta a aplicação de uma pena (atualmente apenas a pecuniária cominada no art. 43 da Lei n. 4.131, de 10.9.62) e, eventualmente, de medidas de segurança (na vigente legislação, consubstanciadas na ordem de cessação, prevista no mesmo artigo). De fato, a essencialidade do direito público subjetivo "livre concorrência", afora os aspectos políticos descritos ao início do presente escorço, é nitidamente exposta no preceito constitucional, que almeja uma ordem econômica fundada na valorização do trabalho humano e na livre iniciativa, tendo por fim assegurar a todos existência digna, conforme os ditames da justiça social.

Sujeita-se, por conseqüência, o Direito Antitruste aos princípios gerais que norteiam o Direito repressivo Comum, aliás por expressa disposição do art. 10 do CP brasileiro.

3.3 "... que disciplina as relações de mercado... "

Quanto às relações de mercado referidas na definição, a par da exploração direta de atividade econômica pelo Estado, que, constitucionalmente, só é permitida excepcionalmente, quando necessária aos imperativos de segurança nacional ou a relevante interesse coletivo (art. 173 da Carta Magna), decorrem elas da interação das atividades de todos e quaisquer agentes econômicos, propiciadas e estimuladas pelo princípio, igualmente constitucional, da livre iniciativa, considerado um dos fundamentos da ordem econômica (art. 170 da CF).

Como informa Miguel Reale em artigo publicado no jornal *O Estado de S. Paulo* edição de 24.1.89. p. 2, a livre, iniciativa e a livre concorrência são conceitos complementares, mas essencialmente distintos. A primeira não é senão a projeção da liberdade individual no plano da produção, circulação e distribuição das riquezas, assegurando não apenas a livre escolha das profissões e das atividades econômicas, mas também a autônoma eleição dos processos ou meios julgados mais adequados à consecução dos fins visados. Liberdade de fins e meios informa o princípio de livre iniciativa.

Já o conceito de livre concorrência, ainda no dizer do ilustre Jurisfilósofo, tem caráter instrumental, significando o princípio econômico segundo o qual a fixação dos preços das mercadorias e serviços (bem como, dir-se-ia mais, a própria atividade produtiva e econômica) não deve resultar de atos de autoridade, mas sim do livre jogo das forças em disputa de clientela na economia de mercado.

Essas liberdades, contudo, não são ilimitadas, a ponto de ressuscitarem o liberalismo selvagem do *laissez-faire*. Encontram elas parâmetro econômico nos conceitos de eficiência na alocação de recursos e de desenvolvimento econômico e teleológico nos benefícios que destes resultarem ao consumidor final (cf., a respeito, o art. 1.° do anteprojeto supra-referido) e limites das normas do Direito Antitruste por meio das figuras antijurídicas, típicas e puníveis de "abuso do poder econômico" e de seu corolário, o "abuso de posição dominante".

3.1 " ... entre os agentes econômicos... "

O Direito Antitruste ordena as relações de mercado entre todos os agentes econômicos independentemente de sua natureza jurídica. É bem verdade que a atual Lei Antitruste disciplina a questão de maneira equívoca e deficiente em seus arts. 6.° e 7.°, qualificando como agentes ativos de eventuais abusos do poder econômico apenas as "empresas", assim entendidas as organizações de natureza civil ou mercantil destinadas à exploração, por pessoa física ou jurídica, de qualquer atividade com fins lucrativos. Não é, portanto, difícil perceber o esforço interpretativo a que se vêem obrigados os hermeneutas e aplicadores da lei para imputar responsabilidade àqueles agentes (tais como pessoas físicas, entidades estatais, paraestatais ou fundacionais, sociedades civis, cooperativas, sujeitos, sem personalidade jurídica própria etc.) que, indubitavelmente, por terem capacidade de atuar e influir nas relações de mercado, podem ensejar condutas ou estados anticoncorrenciais e que, por isso, não são imunes às disposições da legislação especial. Não foi senão por esse motivo que, a despeito da desenganada dificuldade de definir o maleável conceito de, "empresa", infenso que é a cerceamentos formais rígidos, o anteprojeto da nova Lei Antitruste procurou fazê-lo da forma mais abrangente possível nos §§ 2.° e 3.° do art. 1.°. Não pretendeu, obviamente, alcançar um *numerus clausus*.

Em suma, agente ativo do delito de abuso do poder econômico é toda e qualquer "pessoa", natural, jurídica ou formal, com ou sem personalidade jurídica própria, que exerça atividades econômicas no mercado ou nele influa ou cause efeitos.

3.5 "... tutelando-lhes, sob sanção,..."

Aos preceitos primários, hodierna e inadequadamente previstos no art. 2.° da Lei n. 4.137/62 e, *de lege ferenda*, tipificados nos arts. 21 a 23 do mencionado anteprojeto, agregam-se os secundários, penais. Como já salientado, a única reprimenda atualmente cominada é a pecuniária, prevista no art. 43 do diploma básico. As sanções foram, porém, ampliadas no anteprojeto: o *caput* do art. 26 elevou-lhes o valor e dotou-as de cláusula indexadora; o § 1.° do art. 26 e o art.27 cominaram penas acessórias de interdição e perda de direitos e de publicação da condenação, antes inexistentes; e o art. 30 contemplou pena privativa da liberdade quando dos efeitos do abuso resultarem conseqüências econômicas ou sociais de anormal gravidade.

Ao lado das penas principais e, agora, acessórias, fazendo honras ao aspecto preventivo da legislação, contemplam-se, ainda, medidas de segurança (hoje representadas pela ordem de cessação do abuso, figura mantida no anteprojeto , no art. 69, § 2.º, II *a*), administrativas (como a intervenção na empresa condenada recalcitrante – arts. 45, §1.º., da Lei n. 4.137/62 e 75 do anteprojeto) e preventivas (de que são exemplos os mecanismos de controle do art. 74 da lei vigente e o instituto ? recentemente criado e ainda muito pouco empregado, a despeito de sua enorme utilidade pragmática – do compromisso de cessação, previsto no art. 15 do Regulamento da Lei Antitruste, aprovado pelo Dec. n. 92.323,de 23.1.86).

O caráter preventivo da lei, foi extraordinariamente reforçado no anteprojeto no que tange às medidas administrativas. Não só foram ampliados os mecanismos de controle disponíveis , que passaram a avaliar não apenas contratos restritivos da concorrência, mas também os atos privados (inclusive fusões, incorporações e associações) e governamentais (arts. 32 a 39), como foi dada grande ênfase ao compromisso de cessação, retirando-o, inclusive, da esfera meramente regulamentar (arts. 102 e ss.). Foram, ainda, introduzidas outras inovações de relevância: admitiu-se expressamente a possibilidade da "consulta" (art. 36) e estimulou-se o acordo entre representante e representado, reconhecendo-o como circunstância atenuante na dosimetria da pena (art 47, § único). Processualmente, adotaram-se os institutos *nolo contendere* (art. 62, § 3.º), também de origem norte-americana, a exemplo dos *consent decrees*, e das medidas provisórias (recomendações, sob inspiração japonesa, e medidas cautelares). Viabilizou-se por fim, o procedimento da busca e apreensão (arts. 97 a 101), que, conjuntamente com as medidas provisórias, busca a manutenção do *status quo* processual e a prevenção do atentado.

Como se verifica, tanto as penas cominadas como as demais medidas legais afetam , objetivamente o *status libertatis* do agente econômico destinatário.

3.6 "... o pleno exercício do direito constitucional da livre concorrência..."

O Direito Antitruste protege um único objeto jurídico: o direito constitucional da "livre concorrência".

Não tem ele por finalidade amparar a política econômica do Estado ou seus interesses frente aos administrativos e servidores, razão pela qual, inclusive, na taxinomia da lei, não se poderia localizá-lo nem no âmbito do Direito Administrativo, nem no do Direito Econômico. O Estado não é titular da livre concorrência e é, por natureza, avesso à livre iniciativa . A atividade econômica do Estado, por expressa disposição constitucional, é apenas tolerada, em caráter de excepcionalidade, sendo certo que o ativo intervencionismo estatal, expressamente contemplado no art. 163 da Carta de 1969, deixou de existir na atual Carta Magna. A intervenção do Estado no domínio econômico, antes incentivada, encontra-se substituída por funções de fiscalização, incentivo e planejamento, mediante atividades normativas e reguladoras, meramente indicativas para o setor privado (art. 174).

Igualmente, não tem o Direito Antitruste por escopo a concorrência em si mesma, mas, sim, servir de instrumental da eficiência e do desenvolvimento, em, favor da comunidade. Por isso, o Direito Antitruste nacional repeliu o conceito de delitos *per se*, consagrador da responsabilidade objetiva plena, do Direito norte -americano. A legislação pátria, acertadamente, preferiu haurir, neste ponto os princípios adotados pelo Direito Comparado europeu continental, que sempre admitem a apresentação de justificativas econômicas e legais em face de imputações de abuso do poder econômico (cf. art. 74 da Lei n. 4.137/62 e, mais explicitamente, art. 33 do anteprojeto). Se houver, porém, preferência, pode-se também dizer que o Direito brasileiro generalizou, irrestritamente, a admissibilidade da "regra da razão", norte-americana, a exemplo do Direito inglês (cf. Benjamin M. Shieber, *Abusos* do *poder econômico*, p. 97).

3.7 "... em prol da coletividade, ..."

Já foi dito que a livre concorrência não tem por titular o Estado; não é ela concessão paternalista do Poder Público, mas legítimo interesse exigido pela coletividade difusa. A liberdade de concorrer é direito conquistado pelos agentes econômicos coletivamente considerados, mas apenas para exercê-lo em prol da sociedade, de que o Estado é simples meio.

O empresário individualmente considerado também não é, da mesma forma, o *dominus* do bem juridicamente protegido. É por essa razão que o CADE não tem competência para dirimir questões simplesmente comerciais ou quesilhas entre empresas e pessoas a elas relacionadas. É ainda pelo mesmo motivo que, em termos processuais, tem-se por inadmissível a figura do terceiro assistente (tanto na atual legislação, por falta de previsão legal, como, de forma explícita, no anteprojeto – art. 63). O representante, no processo antitruste, embora partícipe da pretensão resistida, é apenas portador da *notitia criminis* à Procuradoria-Geral do CADE, esta o *dominus litis* e legítimo representante da coletividade, na qualidade de titular do *jus puniendi.*

O art. 1.°, § 1.°, do anteprojeto expressamente atesta o acima: "O objeto jurídico protegido por esta lei é a livre concorrência de que é titular a coletividade brasileira".

3.8 "... (da coletividade) nacional"

O Direito Antitruste não tem vocação internacional, adstrito que está, como norma penal-econômica, ao princípio da territorialidade relativa. Embora admita aplicação jurisdicional ultraterritorial (atualmente pela incidência subsidiária do art. 4.° do CP, e, no anteprojeto, conforme contemplada no art. 2.°), tem o Direito Antitruste por objetivo precípuo beneficiar a coletividade "brasileira", o mercado interno. É este entendido na Constituição de 1988 como elemento integrante do patrimônio nacional, inserindo-se a política antitruste no conceito maior de que o incentivo ao mercado interno viabiliza o desenvolvimento cultural e socioeconômico, o bem-estar da população e a autonomia tecnológica do País.

Essa conclusão, porém, não tem conotações políticas ou xenófobas, cujos conhecidos efeitos maléficos resultam, inarredavelmente, na obsolescência e sucateamento do parque industrial brasileiro, no apadrinhamento e fomento ao tráfico de influência e nos subsídios custeados pelos contribuintes e direcionados para o capital particular ganancioso e impatriótico. O Direito Antitruste não considera "nacionalidades", tratando-as todas, indistintamente, de forma isonômica e apolítica; protege, em última análise, o consumidor brasileiro, ensejando a colocação à sua disposição do maior número economicamente possível de opções e de produtos, a preços menores e dotados de melhor qualidade.

4. Considerações complementares

4.1 "Reserva de mercado" e "controle de preços"

A bem da verdade, conceitos tais como os de "reserva de mercado" e "controle de preços" são inerentemente estranhos e, por definição, antagônicos ao de "livre concorrência". É o que comprova, p. ex., o art. 1.º da Ordenação francesa n. 86-1.243/ 83, que assim se expressa: "L'Ordonnance 45-1.483, du 30.6.45, est abrogée. Les prix des biens, produits et services relevants antérieurement de la dite ordonnance sont librement déterminés par le jeu de la concurrence". Esta é a aspiração de toda legislação antitruste, ou seja, fazer o direito à liberdade de gestão corresponder à responsabilidade pelo abuso de seu exercício.

4.2 Ramos jurídicos afins

Faz-se imprescindível, para concluir, uma derradeira ponderação.

É que, a despeito de similitudes flagrantes, o Direito Antitruste, tendo objeto jurídico próprio, a "livre concorrência", não se confunde com outros conceitos ou ramos do Direito, tais como os relativos à "economia popular", aos "direitos do consumidor", à "intervenção do Estado no domínio econômico" (Lei Delegada n. 4, de 26.9.62) ou à "concorrência desleal".

4.2.1 . *"Economia popular"*: quanto ao primeiro, objeto da Lei n. 1.521, de 26.2.51, embora tendo o mesmo sujeito passivo – a coletividade social – tem ele objeto jurídico protegido diverso, qual seja o "patrimônio do povo", mais comumente denominado "economia popular". Essa diversidade é que justifica, em favor da clareza e certeza jurídicas, o disposto no art. 80 da Lei n. 4.137/62, que reza: "A repressão dos atos de abuso do poder econômico, de que tratam os artigos anteriores, não exclui a punição de outras infrações contra a economia popular...".

4.2.2 *"Direitos do consumidor"*: quanto aos direitos do consumidor, tem-se como sujeito passivo a figura do "consumidor" em suas relações com o "fornecedor" (e não as relações de mercado entre empresas). Seu objeto jurídico é também especial, protegendo o direito do consumidor, como tal, à vida, saúde e segurança, incluindo-se aí a tutela contra e publicidade enganosa e os contratos leoninos. Os temas "abuso do poder econômico" e "defesa do consumidor" tiveram, por conseqüência. tratamento constitucional diferenciado, contemplando-se-os em incisos diversos do art. 170 da Carta Magna. Assim, o princípio da livre concorrência foi previsto no inc. IV e o da defesa do consumidor no inc. V, complementado pelo art. 48 das "Disposições transitórias", que exigiu a elaboração de. um Código de Defesa do Consumidor (aliás, ora objeto de trâmite legislativo – cf. projeto de lei do Senado n. 1/89, DCN, Seção II, p. 47 e ss., e anteprojeto minutado sob os auspícios do Conselho Nacional de Defesa do Consumidor – CNDC). Trata-se, como se vê, de diploma diverso daquele, também constitucionalmente demandado, referido no art. 173, § 40.

4.2.3 *"Lei Delegada* n. 4/62"; a lei Delegada n. 4/62 sintomaticamente denota, já por sua natureza formal (lei delegada), ser um diploma tipicamente administrativo. Objetiva ela a proteção da política econômica do Estado em relação à livre distribuição de mercadorias e serviços essenciais ao consumo e uso do povo (art. 1.º). Não cuida, portanto, da concorrência, senão naquela medida, e tem característica nitidamente discricionária (em oposição à natureza vinculada ou regrada da legislação antitruste), como se nota do art. 10. Segundo este preceito, "compete à União dispor, normativamente, sobre as condições e oportunidade de uso dos poderes conferidos nesta lei...".

4.2.4 *"Concorrência desleal"*: por fim, a "concorrência desleal". É certo que a ela se refere a Lei n. 4.137/62 (diga-se, desde já, inadequadamente) em seus arts. 2.º, V, e 21, *a*. Observa-se, entretanto, *ictu oculi*, que, enquanto estes preceitos se referem a relações de mercado com repercussões na coletividade social, a legislação que reprime os crimes de concorrência desleal (art. 178 do Dec.-lei n. 7.903, de 27.8.45) trata de entrechoques comerciais entre empresas, independentemente de seus efeitos na concorrência. Ou seja, disciplina questões "entre concorrentes", e não "de concorrência".

Todos esses assuntos, portanto, refogem à competência do CADE, como entidade parajurisdicional especializada.

5. Objetivo final

A definição retroproposta tem origem empírica. Espera-se, contudo, que sua apresentação venha a estimular os estudiosos e a comunidade acadêmica a se debruçarem sobre o novel tema.

A CLÁUSULA "DEVIDO PROCESSO LEGAL" E A LEI ANTITRUSTE NACIONAL *

José Inácio Gonzaga Franceschini

SUMÁRIO: 1. Origem histórica do princípio – 2. Evolução inicial do Direito Processual aos Direitos do Homem – 3. Aplicação ao processo antitruste – 4. A tutela do próprio processo: nova evolução – 5. O princípio como instrumento de controle da constitucionalidade das leis e de garantia do direito material antitruste – 6. Flexibilidade da cláusula.

1. Origem histórica do princípio

"Ninguém será privado da liberdade ou de seus bens sem o devido processo legal" é o que dispõe o art. 50, inciso LVI, da Constituição Federal. É a consagração constitucional do *due process of law*, cuja aplicabilidade à legislação ordinária passou, assim, a ser cogente, por disposição expressa e não mais por mera interpretação doutrinária.

Teve o princípio por origem remota o édito Conrad II, de 1037, que garantia o respeito a certos direitos de propriedade: "nisi secundum constitutionem antecessorum nostrorum et judicium parum suorum". Ficou mais conhecido, entretanto, por sua inclusão no art. 39 da Carta Magna, de 1415, significando a exigência de observância das leis do país ("nullus liber homo capiatur vel impresonetur (...) nisi per legale judicium parium suorum vel per legem terrae"). Ulteriormente, iniciando longo processo evolutivo, seja em termos formais como substanciais, a expressão "lei da terra" (*law of the land*) passou a ser substituída, a partir do estatuto de Eduardo III, de 1354, por sua sinônima, *due process of law*, que obteve reconhecimento universal.

O conceito, como já adiantando, através dos tempos, vem. passando por marcantes transformações. Tomando, na Carta. Magna, como princípio especificamente processual, garantidor de *orderly proceedings*, assim permaneceu por cerca de três séculos, reiniciando sua evolução no século XVII, até torna-se, nos dias hoje, em *standard* genérico imune a cerceamentos formais.

* Originalmente publicada na *Revista de Informação Legislativa*, ano 26 - n. 104, out.-dez. 1989.

2. Evolução inicial do Direito Processual aos Direitos do Homem

No plano processual, objetiva proteger a pessoa contra a ação arbitrária do Estado, sendo assim exprimida em diversos textos constitucionais e proclamações dos Direitos do Homem. Exemplo disso é o art. 11 da Declaração Universal dos Direitos do Homem, que assim reza:

"Toda pessoa acusada de prática de um ato delituoso presume-se inocente até que sua culpa venha a ser apurada no curso do processo público, durante o qual se lhe assegurem todas as garantias necessárias à defesa."

A partir deste ponto, conclui-se com o Prof. CELSO RIBEIRO BASTOS em seus recentes *Comentários à Constituição do Brasil* obra em co-autoria com IVES GANDRA MARTINS, v. 2, p. 260, que o processo, no mundo moderno, passou a ser considerado não mais como simples procedimento adjetivo, mas antes manifestação de um direito da pessoa humana. Adotada a orientação publicística do processo, tornou-se inafastável o reconhecimento da ação como direito público subjetivo e, nesse diapasão, como direito cívico ou obrigação do Estado. Por conseqüência, os textos constitucionais passaram a discipliná-lo, impedindo que leis mal-elaboradas possam levar à sua desnaturação com conseqüente prejuízo dos direitos subjetivos que deve amparar. Transpõe-se desta forma o âmbito puramente processual para compreender também o substancial. É que se o Direito substantivo não pode ficar à mercê do processo, por outro lado, não pode ele sucumbir diante da inexistência ou insuficiência deste. É o que resulta da preleção.

Como expressa ADA PELLEGRINI GRINOVER (*Os princípios constitucionais e* o *Código de Processo Civil*, p. 12), exsurge do texto constitucional a proclamação dos valores éticos sobre os quais repousa nossa organização política. Direito Processual passou a ser expressão com conteúdo próprio, em que se traduz a garantia da tutela jurisdicional do Estado, por meio de procedimentos demarcados formalmente em lei. Decorre daí uma plêiade de princípios corolários, muitos dos quais também merecedores de reconhecimento constitucional, tais como os da isonomia, do juízo natural, da garantia de assistência judiciária, do sistema acusatório, do contraditório, da ampla defesa, da coisa julgada, da inafastabilidade do controle judiciário, do duplo grau de jurisdição, da publicidade e da imparcialidade dos julgadores. Suas aplicações práticas, porém, têm abrangência lata, que extravasa o elenco constitucional.

Acentua COUTURE, citado pelo emérito constitucionalista, Prof. JOSÉ ALFREDO DE OLIVEIRA BARACHO (apud "Processo e Constituição: o devido processo legal", *RDP*, v. 68, p. 55), que (*a*) a Constituição pressupõe a existência de um processo como garantia da pessoa humana; (*b*) a lei, no desenvolvimento normativo hierárquico destes preceitos, deve instituir outro processo; (*c*) a lei não pode instituir formas que tornem ilusória a concepção de processo consignada na Constituição; (*d*) se a lei instituir forma processual que prive o indivíduo de razoável oportunidade para fazer valer seu direito, será inconstitucional; e (*e*) nestas condições, devem existir meios de impugnação para que seja efetivo o controle da constitucionalidade das leis. Cabe, portanto, aos mecanismos processuais específicos tornarem eficazes as normas constitucionais e, assim sendo, no dizer de LIEBMAN, o processo, de instrumento de justiça, desvenda sua real vocação para transformar-se em garantia da liberdade. As formalidades do processo, por conseqüência, são veículos das garantias constitucionais.

Um dos componentes básicos do "devido processo legal" no campo processual é, a par do direito de ação, o da jurisdição, que atua após a notificação apropriada, que dê conhecimento a todas as partes da interposição de atuações que possam afetar direitos, e que culmina com a prolação pelo juiz competente de uma sentença motivada, apoiada na *causa petendi*, e que seja congruente com os termos do libelo (*sententia debet esse conformis libello*), não lhe ultrapassando os termos (*ultra petitum*), nem lhe sendo diverso (*extra petitum*). São os princípios da congruência e da motivação.

3. Aplicação ao processo antitruste

A vigente legislação antitruste brasileira (Lei .n. 4 .137, de 10 de setembro de 1962) não poderia estar infensa às exigências processuais constitucionais, atendendo-as, como de mister, mas por meio de cláusula por demais sucinta, em seu art. 36. Determina esse preceito que, na instauração do processo antitruste, deve ser observado o disposto no Livro II, Capítulo III, Título I, do Código de Processo Penal, com as alterações constantes do diploma especial.

Assim sendo, a fórmula remissiva não teve o condão de, tão-somente, garantir o direito do acusado por abuso do poder econômico à ampla defesa, mas, antes, de consagrar o *due process of law* em sua inteireza, do qual aquele direito é apenas um corolário, embora, como outros, de vital importância.

De fato, ainda que respeitáveis posições doutrinárias entendam ser o processo antitruste um rito administrativo por essência e não um processo penal-econômico, não se lhe pode negar a aplicabilidade do devido processo (*due process of law*), mesmo pelos que o entendam como feito puramente administrativo, constituindo, no dizer de RENATO MARTINS PRATES ("O processo administrativo e a defesa do administrado", *RDP*, v. 86, p. 131), requisito essencial para a autoridade pública expressar, com fidelidade, a vontade da lei. Isto porque, como bem esclarece esse ilustre Procurador da Fazenda Nacional e Mestre em Direito Administrativo, a vontade expressa pelo administrador não é, ou não deve ser, fruto das tendências, inclinações ou desejos pessoais, mas a mera concretização e individualização de uma vontade abstrata e genericamente prevista em lei. Incumbe ao processo concretizar essa vontade, fornecendo-lhe elementos de fato e de direito que permitirão que ela se perfaça de conformidade com o ordenamento jurídico.

E, de qualquer modo, na linha de pensamento de RENATO MARTINS PRATES (op. cit., p. 134), ainda que o processo administrativo seja, ele modo geral, informal, dispensando a rigidez e o formalismo do processo judicial, o processo é fundamentalmente "forma", e a "forma", no processo, é a garantia do julgamento justo. Em suma, o processo administrativo deve seguir seu rito próprio, previamente previsto em lei, que varia de acordo com a natureza da atuação administrativa a que visa.

Tem inteira procedência o ensinamento ao ressaltar que o grau de formalidade do processo deve não só ser previamente previsto em lei, mas também variar de acordo com a natureza da atuação administrativa. Assim, tendo-se em conta a natureza repressiva da legislação antitruste (independentemente da taxinomia da lei), atingindo o *status libertatis* dos agentes econômicos e balizando a legitimidade do princípio constitucional da liberdade de iniciativa, por sua importância e gravidade, não poderia ela satisfazer-se com regras processuais de aplicação informal. A forma, sem resvalar para o formalismo da velha praxe, é, no caso, garantia da liberdade econômica.

Como inarredável conseqüência da lição, destaca o estudioso administrativista os principais princípios de defesa do administrado, a que geralmente aludem os especialistas: (*a*) o da imparcialidade dos órgãos responsáveis pelo processo; (*b*) o da publicidade do processo; (*c*) o da especificação da acusação; (*d*) o da cientificação do processo ao interessado (citação); (*e*) o da contestação (defesa); (*f*) o da produção de provas e controle das provas produzidas pela Administração; (*g*) o da motivação no julgamento; e (*h*) o da utilização dos recursos cabíveis (op. loc. cit.). Ressalta-se, ainda, que os princípios da legalidade dos atos administrativos e da garantia de defesa exigem a fundamentação precisa da peça inicial que instaura o processo, contendo a acusação ao administrado. Dela devem, portanto, constar, ao menos, a descrição exata da infração cometida e a qualificação do acusado, sem o que não poderá haver defesa, posto que a ausência destes requisitos formais impede ao acusado plena ciência da ofensa que lhe é irrogada. Como diz o ensaísta, neste caso, "o processo é a configuração do absurdo kafkaniano" (*op. loc. cit.*).

No atual anteprojeto da nova Lei Antitruste brasileira, conforme publicado no *Diário Oficial da União* de 2 de dezembro de 1988, Seção I, a matéria foi objeto de ampla adoção. Em primeiro lugar, deu-se ao processo antitruste a devida relevância e amplitude, reconhecendo tratar-se de direito público subjetivo e evitando-se com isso conotações meramente adjetivas, passíveis de tratamento normativo por meio de diplomas de menor hierarquia (cf. art. 41 do Anteprojeto). Partindo dessa posição, seguiu-se a consagração explícita, *de lege ferenda*, dos demais princípios resultantes da cláusula do devido processo legal: o do juízo natural (arts. 31 e 42, § único, e 60); o da publicidade (arts. 40, 61 e 69, § 1.º.); o da natureza pública do processo (art. 42); o da assistência jurídica (art. 46), que, inclusive, admite a nomeação de defensor *ad hoc*, em caso de necessidade; o da imparcialidade do julgador (art. 53); o do sistema acusatório (*ne procedat iudex ex officio*) (art. 58); o do contraditório e da ampla defesa (art. 60); o do chamamento (art. 62); o da congruênaia e motivação da sentença (arts. 69, § 2.º, e 85, § 2.º); o da coisa julgada (art. 69, § 2.º); o do duplo grau de jurisdição (art. 70) e o da inafastabilidade do controle judicial (art. 85).

Não se permitiu, desta forma, que o tema fosse relegado à maior ou menor flexibilidade hermenêutica do aplicador ou à iniciativa normativista de menor hierarquia, sujeitas a inseguras mutações, muitas vezes de natureza política, subjetiva ou pessoal. É o que ocorre atualmente, por exemplo, com a excessiva sisudez processual da vigente Lei Antitruste, que tem permitido entendimentos mais informais, que culminam, por vezes, por desconsiderar alguns dos princípios basilares resultantes da cláusula *due process of law*, tais como, conforme salientado por RENATO MARTINS PRATES, o da especificação da acusação e fundamentação da peça inicial. De fato, com freqüência não contêm as acusações formuladas junto ao CADE, acarretando-lhes insanável nulidade, a descrição exata da infração cometida e a qualificação do acusado. Estes requisitos encontram-se contemplados no art. 41 do Código de Processo Penal, aplicável ao atual processo antitruste nos termos do art. 36 da Lei n. 4.137/62, combinado com o art. 394 daquele diploma processual penal básico. Buscou, conseqüentemente, o Anteprojeto sanar o problema e evitar a proliferação de vícios processuais, de um lado, exigindo da representação o atendimento às demandas de identificação do acusado e exposição do fato argüido como caracterizador de abuso do poder econômico (art. 54, § único) e, de outro, incorporando, expressamente, os requisitos do art. 41 do Código de Processo Penal à denúncia da Procuradoria do CADE (art. 58, § 1.º). Adotou-se, assim, a fórmula sempre moderna de JOÃO MENDES DE ALMEIDA (apud ROGÉRIO LAURIA TUCCI, *Enciclopédia Saraiva* de *Direito*, v. 23, p. *306* e segs.), segundo a qual a petição inicial deve ser uma exposição narrativa e demonstrativa. "verbis"; "Narrativa por que deve revelar o fato com todas as suas circunstâncias. i.e.. não só a ação transitiva, como a pessoa que praticou (*quis*), os meios que empregou (*quibus auxiliis*), o malefício que produziu (*quid*), os motivos que o determinaram a isso (*cur*), a maneira por que a praticou e (*quomodo*), o lugar onde a praticou (ubi), o tempo (quando)".

Quanto à exigência de cientificação do processo ao interessado, foi ela atendida pela compulsoriedade de notificação do acusado (arts. 56, § único, e 62), que só comporta ressalvar, na fase de averiguações preliminares, em casos de absoluta excepcionalidade, tais como a notória conduta prepotente, arbitrária, desleal, maliciosa ou anticoncorrencial do representado no mercado, cujo conhecimento antecipado da representação possa por em alto risco o regular andamento do procedimento investigatório, ou a cabal desnecessidade da notificação, pôr exemplo, por já ter tido o acusado, por sua iniciativa ou do representante, prévio acesso à representação. A regra geral, em face da natureza repressiva da legislação antitruste, é a da obrigatoriedade da notificação do representado, *ab initio*, regra esta que só comporta taxativas e excepcionais exceções em defesa do interesse público ou por sua total inocuidade.

4. A tutela do próprio processo: nova evolução

Outrossim, procurou o anteprojeto acolher avanços da doutrina recente, que vê na cláusula do "devido processo legal" não apenas uma garantia da pessoa, mas também a tutela do próprio processo. É o que preleciona ADA PELLEGRINI GRINOVER (*Processo constitucional* em *marcha*, p. 8, item 2), ao dizer que "as garantias constitucionais do devido processo legal converteram-se, de garantias exclusivas das partes, em garantias da jurisdição e transformaram o procedimento em um processo jurisdicional de estrutura cooperatória, em que a garantia de imparcialidade da jurisdição brota da colaboração entre partes e juiz. A participação dos sujeitos no processo não possibilita apenas a cada qual aumentar as possibilidades de obter uma decisão favorável, mas significa cooperação no exercício da jurisdição. Para cima e para além das intenções egoísticas das partes, a estrutura dialética do processo existe para reverter em benefício da boa qualidade da prestação jurisdicional e da perfeita aderência da sentença à situação de direito material subjacente".

A Lei n. 4.137/62, deu grande realce à colaboração compulsória, apenando a recalcitrância com eventual responsabilidade criminal ou funcional (cf. arts. 75, 76, 78 e, principalmente, 80 daquela lei).

Mais consentâneo com o espírito da estrutura cooperatória do processo, a que se referiu ADA PELLEGRINI GRINOVER, o Anteprojeto ressaltou, primordialmente, a atitude participativa voluntária e cívica, inclusive com a substituição da pena privativa da liberdade pela *astreinte*, e admitiu recurso à força pública apenas quando absolutamente necessário (cf. arts. 44, 45, 63 e 101). Por outro lado, ao pleno direito do representante de formular representação contrapôs-se-lhe a responsabilidade de fazê-lo em boa fé (art. 52) e o dever de cooperar com a Procuradoria no exercício do *ius puniendi* (art. 63).

5. O princípio como instrumento de controle da constitucionalidade das leis e de garantia do direito material antitruste

Por outro lado, e prosseguindo na análise do alcance do "devido processo legal", o processo justo não tem por objetivo o processo em si mesmo, em seu sentido mais formal. A par de constituir-se em garantia individual e tutela do próprio processo, o *due process of law* culmina por também compreender o direito material a que a lei substantiva e o direito objetivo se propõem proteger. No caso da Lei Antitruste, atualmente respaldada no art. 173, § 4.°, da Constituição Federal, é ela norteada pelos princípios gerais da ordem econômica constitucional, fundada na valorização do trabalho humano e na livre iniciativa e tendo por fim assegurar a todos existência digna, conforme os ditames da justiça social (art. 170 da Constituição Federal).

Em outra ordem de idéias, *due process of law* significa não só a necessidade de a ordem jurídica limitar o exercício das prerrogativas do Estado no campo econômico, como também de efetivar, por via legislativa ordinária, o princípio fundamental da livre concorrência (art. 170, IV, da Constituição Federal).

Sob o primeiro aspecto, serve a cláusula como instrumento de controle da constitucionalidade das leis, função esta ressaltada na decisão histórica proferida pela Suprema Corte norte-americana no famoso caso *Hurtado vs. Estado da Califómia* (110 v,s, 516) de que: "Applied in England only as guards against executive usurpation and tiranny, bere they have become bulwarks against arbitrary legislation". De fato, a legislação arbitrária, ainda que tenha escopo social, é inconstitucional por representar uma violação do *due process of law*.

Procurou, portanto, o Anteprojeto da nova Lei Antitruste brasileira, sem prejuízo do vigor inerente a qualquer lei repressiva, evitar atitudes policialescas ou antidemocráticas, seja exigindo que a fase investigatória do processo tenha por objetivo primordial evitar a acusação infundada, através da pesquisa do real motivo (art. 58, § 1.º) à instauração do processo administrativo, e não constituir.se em procedimento acusatório, seja buscando a pronta restauração da ordem econômica ofendida ou sob risco, através dos institutos do "nolo contendere" (art. 62, § 4.º), do compromisso de cessação (art. 102) e do acordo entre as empresas (art. 48, § único), seja incentivando a cooperação ativa e voluntária dos agentes econômicos através de recomendações (art. 98), seja garantindo a transparência dos procedimentos (arts. 40, 45, § único, e 61), seja ressalvando os acordos restritivos da concorrência que encontram apoio em leis especiais (art. 24), seja controlando as eventuais iniciativas ou interpretações estatais, inclusive normativas, atentatórias ou prejudiciais à livre concorrência (arts. 37 e 39).

Quanto ao segundo aspecto, alertava F. C. DE SAN TIAGO DANTAS (*Problemas de direito positivo*, p. 37 e ss.) que a crescente intervenção do Estado na vida econômica, para orientar, coordenar, estimular e reprimir iniciativas, constitucionalmente se exprime numa dilatação do "poder de polícia", o qual estende sua esfera de ação até os negócios privados,. na medida em que eles se refletem no campo do interesse público. Mais modernamente, o Prof. BARACHO (opus cit., p. 75) anota que a importância da jurisdição constitucional tem também grande significado na efetivação dos interesses difusos, tendo as Constituições hodiernas ampliado o elenco desses. direitos, estabelecendo "princípios diretores da política social e econômica", geradores de interesses dessa natureza, tais como a proteção econômica.

Compreendidos estes aspectos, têm-se, de um lado que, tendo adotado a Constituição Federal por princípios fundamentais da ordem econômica a liberdade de iniciativa e o direito de concorrência, o exercício dos direitos deles resultantes só pode sofrer restrições quando ditadas pelo interesse público e apenas quando não haja alternativas à consecução dos fins pretendidos. Isto porque, como salienta THEMÍSTOCLES BRANDÃO CAVALCANTI (*Tratado de direito Administrativo*, v. III, p. 23), essas restrições Se destinam a preservar a ordem econômica vigente e não destruí-la.

Serve, assim, a cláusula do *due process of law* para limitar toda legislação decorrente das funções de polícia no campo econômico, de que é expoente a legislação antitruste nacional.

Disso resulta que ninguém pode, por exemplo, ser processado junto ao CADE por exercer as regras do livre mercado, da concorrência ou da livre iniciativa; ninguém pode ser processado sem justa causa. Caso contrário, o feito instaurado será violador do *due process of law* e, portanto, inconstitucional. Não é por outra razão que o art. 27 da Lei n. 4. 137/62, exige o "real motivo" à sujeição do acusado a processo administrativo, conceito este melhor definido no art. 58, § 1.º, do Anteprojeto, como sendo a existência de "indícios veementes de prática de abuso do poder econômico". Ofende o "devido processo legal" a instauração de processo administrativo sem que contra o representado haja ao menos elementos indiciários concretos de atentado à ordem econômica, não servindo aquele procedimento para a investigação da existência ou não desses indícios contra quem apenas exerça seus direitos constitucionais de livre concorrência e iniciativa. Para a constatação de indícios, entendendo-se estes nos termos do art. 239 do Código de :Processo Penal (dada sua aplicação subsidiária, seja nos termos do art. 36 da vigente Lei n. 4.137/62, seja na consagração expressa do entendimento no art. 49 do Anteprojeto), como sendo a circunstância conhecida e provada que, tendo relação com o fato, autorize, por indução, concluir-se a existência de outra ou outras circunstâncias, conferiu-se amplo espectro investigatório à fase de averiguações preliminares (art. 56 do Anteprojeto).

Em resumo, qualquer Lei Antitruste ou entendimento que permita ser alguém processado por exercer um dos direitos e garantias constitucionais, de livre concorrência ou livre iniciativa, será inconstitucional. Não é certamente o caso da vigente Lei n. 4.137, de 1962, nem o do Anteprojeto, consagradores que são de exigência do "real motivo" ou justa causa.

6. Flexibilidade da cláusula

Este um breve apanhado da aplicabilidade da cláusula do "devido processo legal" à legislação e processo antitruste brasileiros.

Não seria possível, a toda evidência, tê-la como um quadro exaustivo do conceito, que, como visto, se expande continuamente. É que, como disse o Juiz FRANKFURTER no caso *Comitê Antifascista v.s. McGrath* (341 US 123, 95 L.Ed. 817 (1951)), citado por ANTONIO ROBERTO SAMPAIO DÓRIA (*Princípios constitucionais tributários e a cláusula due process of law*, p. 48), *due process* não pode ser aprisionado dentro dos traiçoeiros lindes de sua fórmula. .. *due process* é produto da História, da razão, do fluxo das decisões passadas e da inabalável confiança na força da fé democrática que professamos. 'Due process' não é um instrumento mecânico. Não é um padrão. É um delicado processo de adaptação que inevitavelmente envolve o exercício de julgamento por aqueles a quem a Constituição confiou o desdobramento desse processo".

O Anteprojeto da nova Lei Antitruste brasileira procurou dar a mais ampla e eficaz ênfase possível ao *due process of law* Novas contribuições, todavia, certamente advirão do processo legislativo e, por fim, do aplicador hermeneuta.

LEGISLAÇÃO DE DEFESA DA CONCORRÊNCIA COMPARADA: BRASIL - ARGENTINA - CONTRIBUIÇÃO AO TRATADO MERCOSUL *

José Inácio Gonzaga Franceschini

SUMÁRIO: 1. Introdução – 2. Legislação comparada: 2.1 Evolução; 2.2 Semelhanças; 2.3 Assimetrias – 3. Perspectivas: 3.1 Diagnóstico; 3.2 Taxinomia e efeitos no Mercosul.

1. Introdução

Como é de conhecimento público, o Tratado Mercosul fixou algumas premissas básicas, a saber:

No âmbito interno, ao contrário de seu congênere, o Tratado de Roma, que constituiu o Mercado Comum Europeu, não estabeleceu uma legislação supranacional, permitindo, assim, a cada Estado Parte aplicar, soberanamente, no comércio interestatal a respectiva lei nacional de defesa da concorrência, exigindo apenas uma "harmonização" das respectivas legislações (art. 1.º).

No âmbito externo, os Estados Partes concordaram em coordenar suas respectivas políticas nacionais com o objetivo de elaborar normas comuns sobre concorrência comercial (art. 2.º).

Complementarmente, aprovou-se o Protocolo de Brasília para a Solução de Controvérsias, destinado a dirimir, durante o período de transição e mediante procedimento arbitral, eventuais disputas relativas à "aplicação ou o não cumprimento das disposições contidas no Tratado de Assunção" (art. 1.º do Protocolo), aplicável, inclusive, "às reclamações efetuadas por particulares (Pessoas físicas e jurídicas) em razão da sanção ou aplicação, por qualquer dos Estados Partes, de medidas legais ou administrativas de efeito restritivo, discriminatórias ou de concorrência desleal, em violação do Tratado de Assunção" (art. 24 do Protocolo).

Adotou-se, por seus termos, uma modalidade de controle interestatal das decisões ou atos administrativos nacionais.

---

* Originalmente publicada no Boletim de Integração Latino-Ameircana nº 7 - out.-dez. 1992.

2. Legislação comparada

2.1. Evolução

A evolução legislativa e a prática de ambos os Países, Brasil e Argentina, foi bastante semelhante até recentemente.

O primeiro passo foi dado pela Argentina que, no ano de 1919, promulgou a lei n. 11.210, que dispunha sobre as formas puníveis de monopólios. Tratava-se de um diploma estritamente penal.

No Brasil, a matéria iniciou por ter um tratamento de segurança nacional, mesclado com o conceito de "economia popular", com o Decreto-lei n. 869, de 18 de novembro de 1938.

Adiantou-se, entretanto, o Brasil, não sem percalços, com a promulgação da Lei n. 4.137, de 10 de setembro de 1962, a primeira verdadeiramente antitruste, inspirada em sua congênere norte-americana, a Lei Sherman. Criou-se, dessa forma, um órgão para-jurisdicional ou quasi-judicial, que aspirava à autonomia, o Conselho Administrativo de Defesa Econômica - CADE.

A Argentina somente veio a sancionar seu diploma de defesa da concorrência aos 30 de julho de 1980, com a Lei n. 22.262, ainda em vigor. Beneficiou-se, contudo, a nova legislação dos avanços demonstrados na Europa. Assim, por exemplo, introduziu o conceito de "abuso de posição dominante" e afastou-se da rigidez do direito norte-americano, notadamente pela adoção de um tipo flexível, sem, entretanto, recusar-lhe a estrutura formal e seu objetivo básico, qual seja a defesa instrumental da liberdade de iniciativa pela livre concorrência.

Enquanto isto, no Brasil, exasperou-se o Poder Público com a aparente ineficácia ou ineficiência da Lei n. 4.137/62. Em conseqüência, inspirações circunstanciais e políticas menos preocupadas com a precisão jurídica propuseram ao legislador a promulgação da atual lei n. 8.137/90, que retrocede ao tratamento puramente repressivo e policialesco da matéria.

Em seguida, em 1991, surgiu a atual Lei de Defesa da Concorrência, de n. 8.158, que, por não revogar a anterior, concorre com a Lei Antitruste (Lei n. 4.137/62) na preservação da ordem econômica brasileira (naquilo que este diploma não tenha sido porventura revogado pela Lei n. 8.137/90), não sem causar enormes perplexidades e conflitos em diversas questões.

2.2 Semelhanças

As semelhanças entre a Lei de Defesa da Concorrência argentina e a Lei Antitruste brasileira são patentes.

Ambas instituíram organismos administrativos especializados para a apuração dos atos e condutas anticoncorrenciais, no caso argentino a Comissão Nacional de Defesa da Concorrência, no âmbito da Secretaria Nacional do Comércio e Negócios Econômicos Internacionais, e, no do Brasil, o Conselho Administrativo de Defesa Econômica - CADE e, mais recentemente, a Secretaria Nacional de Direito Econômico - SNDE e seu Departamento Nacional de Proteção e Defesa Econômica - DNPDE, todos integrantes do Ministério da Justiça.

A composição dessas entidades igualmente se assemelha. Tanto a Comissão argentina (CNDC) como o CADE são compostos de um Presidente e quatro outros membros, vogais ou Conselheiros, respectivamente, versados nas Ciências Jurídicas e/ou Econômicas. Tanto o Presidente da CNDC (por ser um dos sub-Secretários da Secretaria de Estado do Comércio) como o Secretário Nacional de Direito Econômico brasileiro (por exercer cargo de confiança) são demissíveis *ad nutum*. Já os demais membros daquela Comissão, bem como os do CADE, gozam de privilégios, inspirados em garantias concedidas apenas aos membros do Poder Judiciário, visando assegurar-lhes um mínimo de autonomia.

As competências legislativas igualmente se aproximam, cabendo tanto ao organismo argentino quanto aos brasileiros (SNDE e CADE) a realização de estudos, a requisição de Informações pertinentes a outras autoridades e a particulares, a apuração de infrações e a imposição de medidas administrativas ou de segurança.

Medidas preventivas são igualmente agasalhadas por ambas as legislações, variando, entretanto, quanto à sua modalidade. Na argentina, a única contemplada é, a exemplo dos processos criminais, a de impedimento de saída do acusado do território nacional, salvo autorização da CNDC. A legislação brasileira, por seu turno, apenas contempla a adoção de medida provisória de cessação da conduta aparentemente anômala e/ou de reversão ao *status quo ante* e, mais, a imposição de multa em caso de resistência.

A tipologia, como não poderia deixar de ser, é igualmente similar nos dois sistemas jurídicos, não obstante a legislação brasileira tenha criado uma curiosa distinção formal entre os "abusos do poder econômico", contemplados na Lei Antitruste, e as "infrações à ordem econômica", previstas na Lei de Defesa da Concorrência, com diferenças pouco significativas entre si.

Igualmente espalhadas são as regras de hermenêutica, que recomendam, em ambos os casos, a exegese estrita, em face das características restritivas do *status libertatis* dos agentes econômicos afetados. Na, Argentina, como garantia do devido processo legal, exige a lei, expressamente, a aplicação subsidiária do Código Penal e do Código de Processo Penal, com explícita exclusão das pretensas "flexibilidades" da lei de Procedimentos Administrativos. No Brasil, a Lei Antitruste prevê, também de forma expressa, embora indireta, a aplicação dos princípios do Código de Processo Penal.

Os diplomas igualmente prevêem um processo antitruste de extrema semelhança. Tanto em um como no outro caso, a persecução é promovida por via administrativa (processo administrativo) que culmina com uma decisão de igual natureza, não auto-executável (em face da natureza regrada daquela), dependente, portanto, do Poder Judiciário.

O processo antitruste se inicia, tanto lá como cá, mediante denúncia ou representação ou *ex offício*, sendo precedido de uma fase pré-processual destinada à formação de um juízo de admissibilidade da ação persecutória.

Outrossim, tanto a nossa como a lei argentina admitem, em prol do interesse público, a prestação do compromisso de cessação, instituto abeberado do utilitarista *consent decree* norte-americano. Diferem-se apenas quanto à sua disponibilidade, sendo admitido, na Argentina, como circunstância de isenção de pena, mais corretamente, até o momento da contestação, termo este prorrogado, no Brasil, até o final do processo (embora, no âmbito da Lei n. 8158/91, implicitamente, seu término se localize na data derradeira para apresentação da defesa prévia).

Instaurado o processo administrativo, tanto no caso da CNDC, como no do CADE, o Presidente do órgão designa um Delegado ou Relator, conforme o caso, com a finalidade de presidir a instrução processual. Já na Lei n. 8158/91 essa distribuição, introdutória, à falta de outra determinação, compete ao Secretário Nacional de Direito Econômico, embora a *praxis* venha contornando, *contra legem*, essa conclusão.

Ambas as legislações, cada qual a seu modo peculiar, no detalhe, mas igualmente,na substância, procuram preservar o direito à ampla defesa. É claro que as provas requeridas pelos acusados poderão ser indeferidas pela autoridade processante competente, mas nunca de forma discricionária, com base em critérios de simples mérito administrativo.

Reconhecida a procedência da acusação, substancialmente diversas também não são as sanções e medidas de segurança cominadas. A única reprimenda (principal) permitida aos agentes administrativos é a pecuniária, não conversível em pena privativa da liberdade. Ambos os sistemas, igualmente, contemplam a expedição de uma ordem de cessação e recorrem ao Poder Judiciário não apenas para a execução da multa como também, eventualmente, em casos de maior gravidade, para requerer a dissolução ou liquidação da empresa faltosa. Esse rol, no Direito brasileiro, é ampliado pela possibilidade de desapropriação de participações sociais e de intervenção. A nova Lei n. 8158/91, por seu turno, criou novas medidas administrativas de cunho repressivo, algumas das quais passíveis de questionamentos constitucionais: declaração de inidoneidade para fins de participação em licitações, inscrição no Cadastro Nacional de Defesa do Consumidor e recomendação de não parcelamento da dívida fiscal.

Ambos os sistemas jurídicos contemplam o controle judicial da legalidade dos atos administrativos decorrentes da aplicação da legislação de defesa da concorrência. Esmera-se, nesse particular, a legislação argentina em atribuir o exame da legalidade a uma seção judiciária especializada, a Câmara Nacional Penal-Econômica de Apelações, ao menos nos processos em curso na Capital da República.

Por fim, também nos dois países, a repressão criminal *strictu sensu* é, como. não poderia deixar de ser, atribuição privativa do Poder Judiciário. No caso argentino, os dispositivos estritamente penais encontram-se adequadamente contemplados na própria Lei de Defesa da Concorrência, cabendo a provocação do Poder Judiciário ao requerimento (facultativo, portanto) do Secretário de Estado do Comércio. Já o Brasil, além da duplicidade de diplomas especiais antitruste, tem vigente uma terceira lei (Lei n. 8.137/90), estritamente penal, que, em face da similitude de tipos, teria revogado, em muitos casos, os preceitos da Lei Antitruste. De qualquer modo, o nosso atualmente confuso sistema contempla dois procedimentos: o primeiro, previsto na Lei n. 4.137/62, apenas ressalva a punição por crimes contra a economia popular (ou, como se prefere hoje, contra as relações de consumo) (significando, apenas, o dever geral de toda autoridade pública que porventura tome conhecimento da existência de um delito de comunicá-lo à autoridade competente); o segundo, torna obrigatória à SNDE, *ad terrorem* remeter cópia de todo e qualquer processo administrativo instaurado ao Ministério Público, mesmo quando a providência não seja adequada.

2.3 Assimetrias

Relativamente poucas são as diferenças extrínsecas entre as duas legislações.

Assim, por exemplo, enquanto o Presidente da Comissão Nacional de Defesa da Concorrência é obrigatoriamente um servidor público, mais precisamente um dos Subsecretários da Secretaria de Estado do Comércio, o Presidente do CADE é pessoa livremente nomeada pelo Presidente da República, por indicação do Ministério da Justiça. Sua efetivação, entretanto, está sujeita à aprovação pelo Senado Federal.

No campo da competência legislativa, ressalta o fato de que tanto a CNDC argentina como a SNDE brasileira não a tem para punir, mas tão-somente para apurar e impor algumas medidas de natureza administrativa. A aplicação de sanções, no caso argentino, é privilégio do Secretário de Estado do Comércio, enquanto, no Brasil, é atribuição do Plenário do CADE. Observa-se, neste ponto, a primeira grande divergência conceitual: as decisões são monocráticas e não sujeitas a recurso administrativo, na Argentina; e coletivas e recorríveis administrativamente no Brasil (ao Ministro da Justiça). Todas as decisões, por serem atos administrativos, são passíveis de controle hierárquico e judicial.

Outro detalhe interessante da legislação argentina é a possibilidade de o denunciante recorrer ao Judiciário contra a decisão liminar da CNDC de arquivar a denúncia por entender, após o exame dos fatos contidos na peça vestibular, não se enquadrarem eles no tipo geral previsto no art. 1.º da lei. Esta faculdade não está prevista na lei brasileira, notadamente pelo fato de que, no processo antitruste pátrio, não é o representante "parte" no feito.

As principais disparidades se localizam no campo da tipologia e da repercussão penal *strictu sensu.*

Adotou a lei ordinária argentina critério técnico dos mais avançados, tendo sempre em mente a necessidade, de um lado, de definir com a maior precisão possível as condutas reprimíveis e, de outro, de utilizar um tipo anormal, destinado a contemplar a variedade praticamente ilimitada de condutas da concorrência. Adotou-se, assim, um tipo geral, no art. 1.º da Lei n. 22.262/80, de contornos bem definidos, proibindo e sancionando "os atos ou condutas relacionados com a produção e intercâmbio de bens ou serviços, que limitem. restrinjam ou distorçam a concorrência ou que constituam abuso de uma posição dominante em um mercado, de modo que possa resultar prejuízo para o interesse econômico geral". As figuras típicas foram, em seguida, . de forma exemplificativa no âmbito administrativo e taxativa no estritamente penal, arroladas no art. 41 do diploma.

No Brasil, sob o aspecto jurídico-formal, embora a Lei n. 4.137/62 não contemple um tipo geral, como no caso argentino, que estabeleça os limites da aplicação da lei, norteados por seus objetivos intrínsecos, o fez a Lei n.

8.158/91 em seu art. 3.º, ao criar uma norma repressiva cega. Segundo esse preceito:

"Constitui infração à ordem econômica *qualquer* acordo deliberação conjunta de empresas, ato. conduta ou prática tendo por objeto ou produzindo o efeito de dominar mercado de bens ou serviços, prejudicar a livre concorrência ou aumentar arbitrariamente os lucros, ainda que os fins visados não forem alcançados, *tais como*:" (grifamos).

Ressaltam-se do texto, contudo, os parâmetros que devem nortear o aplicador da Lei: o ato. conduta ou prática sob exame há de ter por objeto ou de produzir ao menos um dos efeitos previstos no art. 173. § 4.º, da Constituição Federal. São eles: "dominar o mercado", "prejudicar a livre concorrência" e "aumentar arbitrariamente os lucros".

Assim, tanto sob a égide da Lei Antitruste. como ao amparo da Lei de Defesa da Concorrência, qualquer ato que desconheça a presença do elemento subjetivo (dolo do agente) ou dos elementos teleológicos restritivamente estabelecidos na Carta Magna será absolutamente inconstitucional.

Avançou, portanto, a legislação brasileira, em um ponto: enquanto o CADE, com base na Lei n. 4.137/62, somente pode punir quando diante de uma das formas taxativas de abuso do poder econômico, as figuras antijurídicas que ensejam a atuação da SNDE e/ou do DNPDE são, ao amparo do art. 3.º da Lei de Defesa da Concorrência, meramente exemplificativas, sem qualquer prejuízo ao princípio geral da reserva legal. . Devem, entretanto, a SNDE/DNPDE e, com maior razão, o CADE evitar qualquer tentação (sob pena de repreensão judicial) de favorecer ou de propugnar pela aceitação de um despótico Direito livre ou de Interpretações analógicas.

Além da ausência de um tipo geral, a Lei do CADE (Lei n. 4.137/62) apresenta, por seu turno, outro defeito especial (não repetido na Lei de Defesa da Concorrência), qual seja, a adoção de condutas, tidas como delitos-meio, que instrumentalmente devem, de forma cogente, ser empregadas para se alcançar os estados, ou delitos-fim, passíveis de sanção. A mera verificação dos delitos-meio, que deveriam, eles próprios, ser bastantes ao reconhecimento dos tipos, com autônoma dignidade, não são suficientes, nos termos da lei em vigor, à configuração do ilícito.

3. Perspectivas

3.1 Diagnóstico

Enquanto leis de defesa da concorrência. tanto a Lei argentina como a Lei brasileira n. 4.137/62, e mesmo a parte substantiva da Lei n. 8.158/91, constituem modelos "clássicos" de legislação antitruste, com objetivos claramente determinados de acordo com sua natureza intrínseca e finalidade social. Ambos os sistemas denotam preocupações basicamente preventivas e instrumentais, buscando, antes de mais nada, o saudável funcionamento dos mercados relevantes.

Entretanto, com a promulgação, no Brasil, da Lei n. 8.158/91, inseriu-se na legislação nacional um diploma que apresenta graves falhas estruturais. De fato, além de aspectos técnicos e metodológicos, a lei estabeleceu uma verdadeira crise de identidade, causando freqüente desvio de finalidade social da legislação de defesa da concorrência e, ocasionalmente, pragmáticas, porém perigosas, tentativas de implantação de um Direito livre na matéria.

Verifica-se, assim, no Brasil: (a) concorrência de leis sobre o mesmo tema geral (Leis n. 4.137/62, 8.137/90 e 8.158/91) e pluralidade de órgãos administrativos com atribuições não claramente definidas (CADE, SNDE e DNPDE), com prejuízos evidentes para a segurança e tranqüilidade jurídicas, bem como para o adequado funcionamento do aparelho estatal; (b) tratamento processual incertamente delineado, não apenas quanto à identificação das partes e a aspectos procedimentais como também a aspectos teleológicos, com constante possibilidade de infração à cláusula devido processo legal, às garantias da ampla defesa e ao princípio da isonomia; e (c) perplexidade quanto à natureza da lei, às conseqüências de sua definição e à finalidade social.

Com efeito, não tendo a Lei n. 8.158/91 revogado a antiga Lei Antitruste (aliás, ao contrário, tendo procurado ratificá-la naquilo porventura não revogado pela Lei n. 8.137/90) e com a promulgação desta, criou-se uma curiosa pluralidade de textos legislativos, cada qual prevendo sua própria tipologia, seu próprio órgão executor e seu próprio procedimento. Da mesma forma, não obstante ter sido criada a SNDE, com competência para apurar, por intermédio do DNPDE, e, privativamente, impor medidas administrativas (erroneamente chamadas de "penalidades") em relação às chamadas "ofensas à ordem econômica", foi mantida a competência do CADE para apurar (embora entendam alguns, equivocadamente, ter sido esta atribuição removida de forma privativa em favor da SNDE) e reprimir os chamados "abusos do poder econômico". Assim, pela nova sistemática, nem sempre observada na prática, tomando a SNDE conhecimento da possível existência de um abuso do poder econômico, que não configure uma infração à ordem econômica, não poderá sobre aquele manifestar-se, a recíproca sendo verdadeira em relação ao CADE.

A processualística decorrente da confusa pluralidade legislativa também resultou prejudicada.

Quanto aos procedimentos, tem-nos absolutamente insuficientes a Lei n. 4.137/62, que se limita, sem maiores adaptações (embora imprescindíveis), a remetê-los ao Código de Processo Penal, e Inadequados e imprecisos a Lei n. 8.158/91. Aliás, a sistemática adotada criou verdadeira balbúrdia entre as diversas fases processuais, não as definindo claramente, talvez a pretexto de maior "agilização", e ignorou a natureza triangular de toda relação processual. De outro lado, tem-se freqüentemente desprezado o princípio da igualdade das partes, que fulcro tem na garantia constitucional da isonomia, deixando-se ao sabor da praxis a definição destas, tanto no âmbito da SNDE como no do CADE. Claramente, porém, pode-se inferir serem pólos ativos dessa relação, no primeiro caso, o DNPDE, com seu corpo técnico (sendo a SNDE, mais precisamente seu titular, o órgão decisório), e, no segundo, a douta Procuradoria do CADE, por se tratar de ação penal-econômica pública (cf. a definição da competência desse órgão do *Parquet* na Lei n. 4.137/62).

No tocante à Instrução, enquanto, nos termos da Lei Antitruste, a matéria não demande maior perquirição, por sua expressa vinculação ao Código de Processo Penal, em sede da Lei de Defesa da Concorrência, ficou de certa forma obscurecida a assunção, pela parte acusadora, como não poderia deixar de ser, do *onus probandi*, ao mesmo tempo em que por vezes a novel legislação (inaceitavelmente) induziu à aceitação, como suficiente. da verdade presumida. Suas características, em verdade, insinuam ser diversa até mesmo a finalidade da instrução processual, que certamente não é a de encontrar provas condenatórias mas, antes, a de descobrir a verdade real, comprobatória da vontade legal resistida.

Já no que respeita à finalidade social da legislação de defesa da concorrência, sabe-se perfeitamente que o princípio da finalidade do ato administrativo impõe ao administrador público a prática de atos somente quando destinados ao chamado "fim legal", ou seja, aquele que a norma indica expressa ou virtualmente como objetivo. Assim, não podem nem o CADE nem a SNDE buscar outra finalidade, ainda que, em sã consciência, seja do interesse público, sendo-lhe vedado extravasar de suas funções legais, conforme lhes tenham sido cometidas pelo sistema jurídico.

Assim, por exemplo, atento ao princípio da jurisdição primária, não se prestam as leis de defesa da concorrência, ainda que porventura candente o substrato econômico da hipótese concreta, destinar-se à solução de simples querelas de natureza estritamente comercial entre agentes econômicos ou para dirimir questões de natureza diversa, ainda que similares, tais como as que versem. sobre a economia popular ou a defesa do consumidor. De igual forma, não se destinam a suprir eventuais deficiências de outras leis encarregadas de outros temas relativos à intervenção do Estado no domínio econômico, tais como os que cuidem do controle do abastecimento e preços. Configurariam, tais hipóteses, momentos de violação ideológica ou moral da lei, acarretando a nulidade dos atos praticados.

Em verdade, todas as vezes que a legislação antitruste for empregada para a defesa de uma determinada política econômica do Estado, em vez de dedicar-se à preservação da liberdade da concorrência, estar-se-á desprestigiando o sistema jurídico e desestimulando os agentes econômicos-alvo quanto à voluntária observância de suas disposições.

3.2 *Taxinomia e Efeitos no Mercosul*

A questão da natureza jurídica da legislação antitruste, aparentemente, não enfrenta grande dificuldades na Argentina. A Lei n. 22.262/80, não apenas porque inspirada em projeto de Enrique Aftalión, mas por sua própria estrutura normativa, é claramente um diploma penal-econômico. Além de conter previsões de natureza criminal *strictu sensu*, seu art. 43 expressamente reza que "serão aplicadas as disposições do Livro I do Código Penal e as do Código de Processo Penal na medida que forem compatíveis com as disposições da presente lei. Não são aplicáveis as disposições da Lei de Procedimentos Administrativos".

No Brasil o assunto enfrenta uma certa espécie de temor noturno, em que a realidade cede passo a imaginários riscos. Em conseqüência, a *vexata quaestio* ou não é enfrentada com maior profundidade ou o é com prevalência de aspectos circunstanciais. Embora seja, a nosso ver, inarredável a ubicação da legislação de defesa da concorrência nacional no âmbito do Direito Penal-Econômico, não só por sua origem histórica, tanto interna (atrelada à temática da segurança nacional e da economia popular) como externa (inspirada na Lei Sherman norte-americana), como por sua natureza intrínseca (inserindo-se entre os princípios fundamentais da ordem econômica, fundada na valorização do trabalho humano e na livre iniciativa com vistas a assegurar a todos a existência digna, conforme os ditames da justiça social, e a cuja violação a sociedade impõe uma pena e/ou uma medida de segurança), preocupações quiçá infundadas de "excessivo" formalismo ou de "risco" de morosidade processual ou considerações ideológicas que favorecem o Intervencionismo e o dirigismo estatais no domínio econômico têm ensejado considerações episódicas de localização da matéria no âmbito ora do Direito Administrativo (apenas, muita vez, sob o simples argumento de serem administrativos os seus órgãos executores), ora do Direito Econômico (desvirtuando a titularidade do bem jurídico protegido, na maior parte das vezes apenas para permitir a instauração de um Direito livre que admita uma tipologia sem peias).

As conseqüências da tentativa de adaptar a natureza da lei à vontade da Administração (quando o oposto é que seria o adequado) são evidentes. A contrariedade à natureza intrínseca forçosamente acarreta o desprestígio da lei que tende a uma vigência meramente formal, ineficaz, com espasmos de aplicação freqüentemente questionados perante o Poder Judiciário. Da mesma forma que a sociedade repele o artificialismo legislativo, o faz em relação à exegese não consentânea com a realidade.

Em se tratando, porém, da obrigação convencional de "harmonização" das legislações argentina e brasileira em decorrência dos objetivos do Tratado Mercosul, a questão se beneficia de uma maior motivação. Com efeito, implicando o Mercado Comum na livre circulação de bens e serviços e fatores produtivos entre os Países e na coordenação de políticas macroeconômicas e setoriais entre os Estados Partes, a fim de assegurar condições adequadas de concorrência entre estes, seria inconcebível que, por motivações momentâneas ou casuísticas, a legislação brasileira tivesse, como teria, caso contida nos lindes do Direito Administrativo brasileiro e/ou do Direito Econômico, aplicação meramente territorial.

Com efeito, tal entendimento poderia levar à conclusão de que, enquanto a legislação argentina, reconhecidamente de Direito Penal-Econômico, tem ou pode ter efeitos extraterritoriais para alcançar atos praticados fora de seu território mas que produzem efeitos danosos em seu interior, a legislação brasileira corre o risco de ensejar, pelo territorialismo estrito que se pretende, a imunidade em relação a práticas predatórias e anticoncorrenciais oriundas do exterior, inclusive no âmbito do Mercosul, em detrimento da concorrência doméstica.

INTRODUÇÃO AO DIREITO DA CONCORRÊNCIA *

José Inácio Gonzaga Franceschini

SUMÁRIO: 1. Direito da concorrência: 1.1 Taxinomia e conceituação: Definição do Direito da Concorrência como ramo do Direito Penal-Econômico. Outras correntes; 1.2 Finalidade e propósito: Sentido teleológico do bem jurídico protegido – a eficiência econômica e o consumidor: outros posicionamentos; 1.3 Competência ratione materiae: Incompetência do CADE para conhecer de questões comerciais ou societárias. Princípio da jurisdição primária; 1.4 Controle judicial: Natureza jurídica do CADE: órgão judicante auxiliar do Poder Judiciário. Princípio da inafastabilidade do Poder Judiciário e seus limites. Litispendência civil e criminal – 2. Direito da concorrência no tempo: 2.1 Irretroatividade: Princípio da irretroatividade. Retroatividade benéfica; 2.2 Da prescrição: A prescritibilidade da ação penal-econômica – fatos pretéritos à Lei n. 8.884/94 – 3. Direito da concorrência no espaço: 3.1 Mercado relevante: Critério analítico das ofensas à ordem econômica. Conceituação do mercado relevante – indispensabilidade; 3.2 Ultraterritorialidade: Ubiqüidade do direito da concorrência brasileiro. Competência internacional – 4. Direito da concorrência aplicado: 4.1 Hermenêutica: Elemento objetivo – interpretação; 4.2 Elemento subjetivo; Natureza dolosa das infrações contra a ordem econômica. Elemento subjetivo do injusto; 4.3 Responsabilidade solidária: Critério restritivo da aplicação do princípio da responsabilidade empresarial solidária; 4.4 Putatividade delitiva; Criminalidade impossível; 4.5 Tipologia: Delitos-meio e delito-fim. Anormalidade dos tipos; 4.6 Criação de dificuldades: "a vala comum": Exegese do tipo – 5. Conclusões: Resumo das matérias.

1. Do direito da concorrência

1.1 Taxinomia e conceituação

Definição do Direito da Concorrência como ramo do Direito Penal-Econômico. Outras correntes.

---

* Originalmente publicado em *Introdução ao direito da concorrência*,São Paulo, Malheiros, 1996

1. A doutrina ainda não consagrou uma definição para o chamado Direito da Concorrência, o que, aliás, tem acarretado grande perplexidade na execução da legislação em vigor, tantas as incertezas quanto aos princípios aplicáveis. O contencioso estabelecido nos Processos Administrativos instaurados pela Secretaria de Direito Econômico - SDE, do Ministério da Justiça, é exemplo típico desse fenômeno. Avulta, portanto, preliminarmente, o tema da taxinomia.

O Direito da Concorrência pode ser entendido como o ramo do Direito Penal-Econômico que disciplina as relações de mercado entre os agentes econômicos e os consumidores, tutelando-lhes, sob sanção, o pleno exercício do direito à livre concorrência como instrumento da livre iniciativa, em prol da coletividade.

2. Três são as correntes doutrinárias que cuidam do tema, procurando situar o Direito da Concorrência ora na seara do Direito Administrativo, ora na do Direito Econômico ora na do Direito Penal-Econômico.

Como é fácil compreender, a natureza jurídica da legislação da concorrência deve ser determinada em face de sua *substância intrínseca* e não da natureza de seu órgão executor ou dos propósitos deste.

2.1 A primeira corrente (que já teve mais adeptos no passado) procura vincular o Direito da Concorrência ao conceito de Poder de Polícia, um dos institutos próprios ao Direito Administrativo.

A este posicionamento, todavia, falta embasamento nas origens históricas deste ramo do Direito. Comprovam-no as antigas disposições criminais cominadas às restrições ao livre comércio dos arts. 419 e 420 do Código Penal francês (1810) e do art. 498 do Código Criminal canadense (1889), este introduzido (Edward H. Chamberlin, *Monopoly and competition and their regulation*, p. 14): "provavelmente e de certa maneira como resultado da agitação nos Estados Unidos, que levou, um ano mais tarde, à promulgação da Lei Antitruste Sherman".

Nos próprios Estados Unidos, lembra Lawrence Anthony Sullivan (*Antitrust*, p. 148): "toda violação das leis antitruste (norte-americanas) é um crime punível com prisão de até um ano e multa no valor máximo de US$ 1 milhão, caso o réu seja uma pessoa jurídica, ou US$ 100.000,00, caso seja uma pessoa física".

Da mesma forma no Brasil, onde o tema foi por primeiro manifestado no Decreto-lei n. 869, de 18 de novembro de 1938, da lavra do inesquecível Nelson Hungria e que declaradamente se inspirara no projeto de Código Penal argentino de J. Coll e Eusébio Gomez, nas propostas da Comissão de Reforma do Direito Penal na Alemanha e na legislação e jurisprudência norte-americanas.

Sucedeu-lhe a Lei n. 1.521, de 26 de dezembro de 1951, atinentes aos crimes contra a economia popular e que, segundo o Prof. Hermes Lima, em depoimento perante o Congresso Nacional aos 23 de fevereiro de 1956, dispensaria até mesmo a elaboração de uma lei especial sobre o abuso do poder econômico.

De igual forma, estranhos e inaplicáveis ao Direito da Concorrência os atributos específicos e peculiares ao exercício do questionado Poder de Polícia: (a) a discricionariedade; (b) a auto-executoriedade; e (c) a coercibilidade. Laivos do primeiro desses atributos despontam, tão-só, em iniciativas investigatórias quando *ex officio* providenciadas pela autoridade pública.

Assim, enquanto a "discricionariedade" se traduz, segundo Hely Lopes Meirelles *Direito administrativo*, 20. ed., p. 102-120), na livre escolha, pela Administração, da oportunidade e conveniência de exercer o Poder de Polícia, de aplicar sanções e de empregar os meios conducentes a atingir o fim colimado, as autoridades encarregadas da defesa da concorrência, na aplicação da Lei, não podem afastar-se das indicações legais e regulamentares, atuando por atos administrativos "vinculados" ou "regrados" (cf. Nelson de Azevedo Branco e Celso de Albuquerque Barreto, *Repressão ao abuso do poder econômico*, p. 118).

Enquanto a "auto-executoriedade" do Poder de Polícia faculta à Administração decidir e executar diretamente, por seus próprios meios, suas deliberações, sem intervenção do Judiciário, as decisões proferidas pelo Egrégio Conselho Administrativo de Defesa Econômica - CADE não geram coisa julgada, no sentido próprio, e se sujeitam ao crivo do Poder Judiciário, mediante o qual são executadas.

Por fim, a "coercibilidade", como característica do Poder de Polícia, leva à imposição coativa das medidas emanadas da Administração, e isso até mediante recurso à Força Pública. O atributo é, portanto, incompatível com a solução obrigatoriamente judicial, para fins executórios, das decisões proferidas pelo CADE, sujeitas, insista-se, a amplo controle judicial, não só quanto às questões de formalidade extrínseca como também em relação à legalidade intrínseca, aos motivos determinantes do ato administrativo.

2.2 Mais recentemente, sob inspiração da que podemos chamar de "Escola de Minas", forjada que foi na UFMG, tendo por figura exponencial o ínclito Prof. Washington Peluso Albino de Souza, e introdutora no CADE a eminentíssima Profa. Dra. Ana Maria Ferraz Augusto, a quem se devem todas as homenagens, buscou-se refúgio no Direito Econômico. Esta corrente encontrou seu ápice por ocasião da promulgação da Lei n. 8.158/91, que dela hauriu ensinamentos.

A origem da problemática foi magistralmente sintetizada por Ricardo Antunes Andreucci ("O Direito penal econômico e o ilícito penal", *RT* 426/299): "Um problema jurídico da atualidade é o direito econômico, juntamente com o qual evolui o direito penal-econômico ou direito penal socioeconômico, ambos com origem no intervencionismo estatal, fenômeno este que se sente com intensidade e que apresenta entroncamento com as funções que o Estado moderno desenvolve".

A nova tese é resultado de ser o Direito Econômico um composto híbrido de vários ramos da enciclopédia jurídica, com conteúdo ainda não definitivamente circunscrito, embora tendente a inarredável autonomia como ramo da Ciência Jurídica. Todavia, seu conteúdo necessariamente econômico não pode fazer supor que os demais ramos do Direito sejam "não-econômicos".

O Direito Econômico é a parte do ordenamento que reflete a Política Econômica ou, em outras palavras, que assimila e traduz, no âmbito normativo, a direção emprestada pelo Estado ao processo econômico (Ricossa, *A proposito del Diritto dell'Economia*, citado por Modesto Carvalhosa, *Direito Econômico*, p. 355). Carvalhosa (ob. cit., p. 354) complementa: "Seria, portanto, o direito da matéria econômica vinculada, ou seja, da estrutura econômica racionalmente eleita pelo Estado".

No dizer de Fábio Konder Comparato (O Indispensável direito econômico, *RT* 353/22): "O novo direito econômico surge como o conjunto das técnicas jurídicas de que lança mão o Estado contemporâneo na realização de sua política econômica. Ele constitui assim a disciplina normativa da ação estatal sobre as estruturas do sistema econômico, seja este centralizado ou descentralizado".

Percebe-se, portanto, que as conceituações do Direito Econômico enfatizam o cunho da participação ativa do Estado, com a constituição de um sistema de normas jurídicas destinadas a regulamentar a realização da Política Econômica.

Conclui-se, destarte, que a inclusão do Direito da Concorrência no âmbito do Direito Econômico implicaria a transferência da titularidade do bem jurídico "livre concorrência" da coletividade (como atualmente consagrado no § único do art. 1.º da Lei n. 8.884, de 11 de junho de 1994) para o Estado, o que se nos afigura inconstitucional (art. 170 da Carta Magna), na medida em que transforma o Estado em agente preferencial da organização das atividades econômicas.

A respeito desse risco já alertava Carvalhosa (ob. cit., p. 355): "Ainda que o Direito Econômico seja o resultado histórico da extensão do papel do Estado na economia, exprime ele - como direito positivo - o fenômeno específico do poder público de intervir sistemática e racionalmente no processo. Escapam, por conseguinte, de seu âmbito as matérias repressivas de caráter administrativo-penal, que são tratadas pelo Direito Penal-Econômico, que, por sua vez, é informado por outros princípios e categorias".

Aliás, como dizia o inesquecível Enrique R. Aftalión, citado por José Nabantino Ramos (*Sistema brasileiro de direito econômico*, p. 94): "Se bastasse a presença do elemento econômico para incluir uma atividade no campo do Direito Econômico, também o furto, o roubo, a herança e as obrigações deveriam pertencer-lhe (...)".

Não só. Seria também parte integrante do Direito Econômico toda matéria fiscal atualmente objeto do Direito Tributário, posto que evidente seu conteúdo econômico.

A remissão do Direito da Concorrência ao Direito Econômico, por seu turno, acarreta graves riscos às liberdades públicas. Traz consigo o risco de que o Estado, no exercício de poderes intervencionistas, atinja a própria liberdade econômica, não sendo aceitável conceder-lhe a tutela da "livre concorrência" sob a reivindicação de maior elasticidade no magistério punitivo, sob pena de, a qualquer tempo, se ferirem os direitos e garantias individuais protegidos pelo Direito Penal. Como salientado por Ricardo Antunes Andreucci (ob. cit., p. 310): "Não é este o desiderato do autêntico direito penal, que foi justamente chamado por Aníbal Bruno de um sistema jurídico de dupla face, pois, se, por um lado, protege a sociedade, de outro, preserva o indivíduo do excesso de poder que contra ele possa se desenvolver".

2.3 Como dito, a natureza da Lei "antitruste" há de ser examinada à luz de suas características endógenas, o que a leva, inarredavelmente, em nossa opinião, para o campo do Direito Penal-Econômico. Como bem assinalava o saudoso Prof. Manoel Pedro Pimentel (*Legislação penal especial*, p. 3), ao tratar do tema, a conceituação jurídica há de fazer expressa referência ao conteúdo substancial da norma sob exame, fugindo, assim, de uma definição meramente formal.

Não aspirando, o Direito Penal-Econômico, autonomia em relação ao Direito Penal, há que se compreender bem as particularidades deste.

Servindo-nos do ensinamento de Stampa Braun (*Introducción a la ciencia del derecho penal*, p. 19), temos que: "Direito Penal é o ordenamento jurídico autônomo, pertencente ao direito público, que tutela, mediante a aplicação de uma pena ou de uma medida de segurança, as condutas que contra aqueles interesses atentem (delitos)".

Ora, no ordenamento neocapitalista adotado pelo sistema jurídico brasileiro, a "livre concorrência" configura esse interesse fundamental do indivíduo e da coletividade de que fala o mestre, catalogado que está dentre os princípios fundamentais da ordem econômica (art. 170, IV, da Constituição Federal), com vistas a assegurar a todos existência digna conforme os ditames da justiça social. Sua violação acarreta a aplicação de uma pena (pecuniária) e, eventualmente, de uma medida de segurança (ordem de cessação e compromisso de cessação).

3. Esse entendimento é, em verdade, virtualmente pacífico na doutrina de várias tendências e formações e de várias épocas, não se limitando, portanto, aos estudiosos do Direito Penal e/ou aos juristas que antecederam o surgimento do Direito Econômico. Vejamos, por exemplo, a lição:

a) do comercialista Oscar Barreto Filho ("Parecer", apud Franceschini, ob. cit., p. 463): "A objeção que deve ser formulada, todavia, é a de que, *antes de ser uma lei de caráter econômico, a Lei Antitruste é uma lei de caráter penal*, de tal sorte que aos julgadores é essencial o conhecimento do direito e do processo penais, além do direito privado inerentes à formação jurídica" (grifamos);

b) do processualista José Frederico Marques ("Direito Penal Econômico - Princípios sobre a interpretação de suas normas", apud Franceschini, ob. cit., p. 476 e 477): "A intervenção do Estado, na vida econômica das empresas particulares, ditada pelos modernos princípios da "economia dirigida", acabou criando *une branche nouvelle du Droit Pénal*, designada pelo *nomen juris* de Direito Penal Econômico. (...) Verifica-se, do exposto, que os fatos descritos na consulta estão no âmbito do direito penal econômico brasileiro e submetidos a suas normas e princípios, regras legais e postulados, uma vez que tanto a Lei n. 1.521, *como a* Lei n. 4.137/62, constituem o sucedâneo e base desse ramo da ciência jurídica, em nossos sistemas legislativos" (grifamos);

c) do constitucionalista Pontes de Miranda: "A lei, a que se refere o art. 148, é *Penal* e pode ser parte da lei especial de que cogita o art. 146, ou de alguma lei geral, *inclusive o Código Penal'* (grifamos) (*Comentários à Constituição de 1946*, 2 ed., v. IV, p. 504).

"Corresponde isso à *intervenção penalística* dos governos na economia (*Comentários à Constituição de 1967 com a Emenda n. 1 de 1969*, 2ª edição, p. 50) (grifamos)

"Pergunta-se: - Tratando-se de caracterização de delitos, punidos com penas severas, *como os que se definem na Lei n.* 4.137, é de exigir-se rigoroso enquadramento da falta imputada na definição legal, para que se possa cogitar de delito?

Respondo: - Fora de qualquer dúvida, se interpreta *regra jurídica penal* ou mesmo civil ou comercial, se contém pena ou multa, ou elemento desconstitutivo" (grifamos);

d) do civilista Orozimbo Nonato (Cláusula de exclusividade em contrato de fornecimento, apud Franceschini, ob. cit., p. 490):

"O caso da consulta é de caracterização de 'delitos', punidos severamente, como os definidos na Lei n. 4.137.

Daí, a indagação: para sua ocorrência não se torna exigível enquadramento rigoroso da falta imputada na definição legal?

A resposta afirmativa se impõe irresistivelmente e se contém no art. 1.º do CP: *"Não há pena sem prévia cominação legal"* (grifamos);

e) do jusfilósofo Miguel Reale (Abuso do poder econômico e garantias individuais", apud Franceschini, ob. cit., p. 521): "As mencionadas disposições constitucionais não possuem, como poderia parecer, mera 'destinação *penal*', mas cobrem todos os domínios da experiência jurídica, como se dá, por exemplo, com a Lei n. *4.137*, de 10 de setembro de 1962, que regula a repressão ao abuso do poder econômico, discriminando as suas formas e criando um Conselho Administrativo de Defesa Econômica (CADE) com uma Procuradoria, à qual foram reconhecidas funções equiparadas às do Ministério Público" (grifamos); e

f) do processualista Celso Neves ("Disciplina da lei antitruste no sistema jurídico brasileiro", apud Franceschini, ob. cit., p. 588): "No que se refere às atribuições administrativas do CADE, é evidente que, *envolvendo matéria de caráter penal*, a observância rigorosa dos preceitos de forma, a subordinação ao princípio da ampla defesa, a vinculação à prova provada, com a conseqüente repulsa às imputações calcadas em meros indícios ou circunstâncias e, especialmente, às simples suposições ou conjecturas, sem contrapartida objetiva em elementos de convicção dotados de efetiva atendibilidade, constituem pressupostos inelimináveis de validade e eficácia de suas decisões" (grifamos).

4. Despiciendo é falar o óbvio, ou seja, que os penalistas reconhecem a existência do Direito Penal-Econômico, tais como Manoel Pedro Pimentel (*Direito penal econômico*) e Ricardo Antunes Andreucci (*O Direito penal econômico e o ilícito fiscal*), nele inserida a legislação de defesa da concorrência.

E mais: autores há, inclusive, que propõem o enquadramento da Lei Antitruste no próprio Código Penal, na linha do Anteprojeto do Código Penal (arts. 372 a 383), publicado no *DOU* de 28 de outubro de 1987, Seção I, p. 17.777

e ss., cuja elaboração contou com a contribuição de juristas de escol: Francisco de Assis Toledo, Luiz Vicente Cernicchiaro, Miguel Reale Jr., René Dotti, Manoel Pedro Pimentel, Everardo da Cunha Lima, Jair Leonardo Lopes, Ricardo Antunes Andreucci, Sérgio Marcos de Moraes Pitombo e José Bonifácio Diniz de Andrada.

Isto para não mencionar, por ocioso, a doutrina estrangeira, na qual se destaca, evidentemente, Aftalión com a monumental obra *Derecho penal económico.* Explícita, também, a lição de Guillermo Cabanellas (*Derecho antimonopólico y de sefensa de la competencia*, p. 19/20) ao tratar da Lei de Defesa da Concorrência argentina (L.D.C.): "Teniendo en cuenta lo dispuesto por el artículo 43 de la L.D.C., relativo a las normas supletorias aplicables a las cuestiones comprendidas en dicha Ley, la determinación de figuras punibles y de sanciones que contiene, su Exposición de Motivos y el texto de su articulado, no pueden quedar dudas respecto del caracter penal que reviste la legislación analizada. Esta solución coincide con la imperante en relación con la derogada Ley 12.906 así como con la correspondiente a los principales antecedentes del Derecho Comparado de que se ha nutrido la legislación argentina".

5. Em verdade, o enquadramento da legislação concorrencial no campo penal e a repulsa à aplicação de procedimentos circunstanciais e flexivelmente discricionários" são taxativos no diploma vizinho (art. 43): "Serán de aplicación las disposiciones del libro 1 del Código Penal y las del Código de Procedimientos en Materia Penal, en cuanto sean compatibles con las disposiciones de la presente ley. No serán de aplicación las disposiciones de la Ley de Procedimientos Administrativos".

E comentando esta progênie, assim se expressa o ilustre jurista portenho (ob. e loc. cits.): "La ciencia jurídica norteamericana es reacia a las construcciones teóricas destinadas a relacionar las determinadas ramas del ordenamiento jurídico entre sí. No obstante, es evidente que la legislación antitrust de los Estados Unidos presenta caracter penal y así se considera a los efectos de su aplicación. Cfr. el art. 1° de la Ley Sherman (15 U.S.C. § 1) y A. D. Neale: *The antitrust laws of the U.S.A.* (Cambridge, 1974), p. 401. El carácter supranacional de las normas incluidas en el Tratado de Roma, constitutivo del Mercado Común Europeo, impide adjudicarles directamente caracter penal, pero éste surge de las reglas nacionales y supranacionales que lo implementan.."

Aliás, o mesmo reconhecimento explícito, a exemplo do diploma argentino, também se verificava no corpo da Lei brasileira n. 4.137/62, cujo art. 36 dispunha: "Na instauração do processo observar-se-á o disposto no Livro II, Capítulo III, Título I, do Código de Processo Penal, com as alterações constantes desta lei."

Esse caráter criminal exsurge até mesmo na longínqua legislação japonesa antimonopólica de 1947 (arts. 89 a 97).

Não difere a tendência jurisprudencial brasileira:

a) sentença do MM. Juiz Fleury Antonio Pires, da 13ª Vara Federal em São Paulo, no Processo n. 5276403: "E isto porque, regulamentando dispositivo constitucional, a Lei n. 4.137/62 *tem efetivamente natureza penal, situando-se dentro do campo do direito penal econômico,* não só por sua origem histórica como também por força de sua natureza, intrínseca, vez que o diploma legal em tela não se destina a dirimir interesses particulares. sendo seu objeto jurídico não propriamente a política econômica do Estado, mas, sim, a livre concorrência e a liberdade de iniciativa, constitucionalmente garantidas" (grifamos);

b) acórdão da 4ª Turma do antigo TFR, de 29 de outubro de 1986, da lavra do Ministro Ilmar Galvão, na Apelação Cível n. 56.282-SP: "Neste passo, convém observar que *o delito de abuso do poder econômico* não se consuma pela simples existência de um dos fatos descritos nas letras dos incisos do art. 2.º da Lei n. 4.137/62. É preciso que aqueles fatos provoquem o resultado previsto na redação do incisos. O fato, sem o resultado, é *penalmente* indiferente" (grifamos); e

c) sentença de 3 de agosto de 1993, no Processo (Ação Civil Pública) n. 01190027383, do MM. Juiz da 12ª Vara Cível de Porto Alegre, Marco Aurélio Heinz: "Assim, sob qualquer ângulo que se examine a questão posta em julgamento, verifica-se que as rés subordinavam a venda de cimento à utilização do serviço de transporte, tipificando o ilícito previsto no art. 2.º, inc. IV, letra 'b', da Lei 4.137/62. O ponto que merece destaque é se *ilícito penal* flagrado consistente na venda casada induz ou não à reparabilidade" (grifamos).

A Lei n. 4.137/62, era, portanto, para o digno Magistrado gaúcho, de natureza penal.

6. Quanto à Procuradoria-Geral do CADE, seria fastidioso e desnecessário citar todas as passagens em que aquele órgão se manifestou nesse sentido, como se pode verificar da coletânea de Elbruz Moreira de Carvalho, *Abuso do poder econômico.*

Apenas a título exemplificativo, além da já apontada manifestação do douto Procurador-Geral no Processo Administrativo n. 47, referida pelo ilustre Conselheiro George Marcondes Coelho de Souza, observa-se o pronunciamento exarado pelo representante do *Parquet* no Processo Administrativo n. 71 (fls.

728 desse Processo): "Em princípio, quer-nos parecer que os fatos estariam a indicar práticas restritivas da concorrência, através da eventual ofensa aos ditames da letra *g*, do inciso I, ambos do art. 2.º da lei. E *sendo inegável o caráter penal da lei antitruste em vigor,* tudo estaria a aconselhar o cuidadoso prosseguimento do exame da hipótese até a obtenção de um juízo de admissibilidade tendente à inauguração da fase contenciosa" (grifamos).

7. As decisões prolatadas pelo CADE, em sua maioria, não destoam desse entendimento. Vejam-se, por exemplo:

a) "Inexiste crime de abuso do poder econômico sem prévia definição legal" (Franceschini, ob. cit., ementa n. 9, p. 25);

b) "O princípio da reserva legal é aplicável à legislação antitruste nacional. Assim, indispensável à configuração do ilícito é a existência do requisito da tipicidade" (idem, ibidem, ementa n. 11, p. 26);

c) "A Lei n. 4.137, de 10 de setembro de 1962, integra o chamado Direito Penal Econômico" (idem, ibidem, ementa n. 14, p. 28);

d) "Os princípios gerais do Direito Penal são aplicáveis ao Direito Penal Econômico. Assim, por força do princípio da reserva legal, não há delito de abuso do poder econômico sem lei anterior que o defina" (idem, ibidem, ementa n. 15, p. 28);

e) "O Processo Administrativo que corre no CADE, sendo de natureza penal econômica, é de interesse geral da sociedade, de tal sorte que a Representante nem sequer é parte no processo" (Processo Administrativo n. 71, voto vencedor do Conselheiro Mauro Grinberg); e

f) "Trata-se, repita-se, de norma definidora de delito, não se admitindo sua ampliação além do sentido literal possível, com o objetivo de viabilizar o enquadramento de condutas que não estejam claramente tipificadas em lei.

As normas contidas na Lei n. 4.137/62, conforme já firmado por remansosa jurisprudência do CADE e de nossas Cortes, são de natureza penal-econômica e, como tais, devem ser interpretadas restritivamente" (voto vencedor da Conselheira Neide Teresinha Malard no Processo Administrativo n. 2/92, *DOU* de 22 de setembro de 1992, Seção I, p. 13.259).

8. Aliás, ratificando a taxinomia da legislação concorrencial no âmbito do Direito Penal-Econômico sob a égide da Constituição Federal vigente, explícito é o ensinamento de J. Cretella Júnior (*Comentários à Constituição*

de 1988, v. VIII/4.026): *"A lei a que se refere o § 4.º do art.* 173, *reprimindo o abuso do poder econômico, é lei penal"* (grifamos).

A lição é igualmente explicitada na novíssima obra do renomado Professor, *Comentários à Lei Antitruste*, p. 13.

Assentada a natureza da legislação, decorre daí, como visto, a incidência dos princípios gerais aplicáveis ao Direito Penal comum, do qual o Direito Penal-Econômico é um ramo, tais como o princípio da reserva legal, a rigidez de interpretação do tipo, a inadmissibilidade do emprego da analogia, a prescritibilidade da ação penal-econômica, entre outros.

1.2 Finalidade e propósito

Sentido teleológico do bem jurídico protegido - a eficiência econômica e o consumidor: outros posicionamentos

9. De uma forma abrangente e não compromissada, ensina o Professor espanhol Jaime Villegas Cayon (*Monopolio y Competencia - Las Leyes Antitrust de los Estados Unidos - Base de Ia Libertad Económica, p.* 5) que a legislação de defesa da concorrência persegue quatro objetivos fundamentais:

"El primero es la protección de las libertades políticas c individualcs, al permitir a cualquier ciudadano eligir entre varios empresarios competidores para su negocio o profesión, evitando que gran parte de la población dependa para su trabajo de la tolerancia de un grupo de monopolistas privados o del mismo Estado cuando asume el papel de único empresario en una economia de tipo comunista.

El segundo es proteger al consumidor para que los productos sean de buena calidad y tengan precios razonables.

El tercero es contribuir a la máxima eficiencia económica mediante las decisiones tomadas libremente por los empresarios, en un ambiente regido por la competencia, mejor que a través de las decisiones impostas por monopolistas privados o por funcionarios del Estado.

El quarto es utilizar mejor la inventiva e iniciativa individuales, ofreciendo mayores oportunidades de participar en la actividad económica al talento y las energías del conjunto de la población.»

10. Como regra geral, a determinação do escopo das leis da concorrência, de vital importância em sua aplicação, se divide em três grandes escolas,

duas de origem alienígena e outra mais latino-americana. As duas primeiras (a saber: a escola "tradicionalista" e a chamada "Escola de Chicago") vêm minuciosamente comparadas no trabalho intitulado *Anchoring antitrust economics - a lexicon*, de autoria dos Professores Eleanor M. Fox e Lawrence A. Sullivan, apud *Revitalizing antitrust in its second century*, editado por Harry First, Eleanor M. Fox e Robert Pitofsky, p. 67 e ss.

10.1 Para os "tradicionalistas", também chamados "estruturalistas", o Direito da Concorrência visa à defesa da concorrência, como um valor em si mesmo, ou seja, de um "processo" destinado a coibir condutas abusivas de mercado, e preservar a multiplicidade de opções como instrumento de proteção dos consumidores contra a prática de preços supracompetitivos. A concorrência também seria valiosa na medida em que promoveria a redução do desperdício e tenderia a motivar as inovações. Para seus seguidores, a estrutura do mercado determinaria a conduta dos agentes econômicos, que para eles se presume lesiva sempre que aquela se apresente concentrada. O conceito central dessa teoria é o de que o valor primordial a ser protegido seria a concorrência em si mesma e não a eficiência ("the central concept of the antitrust law is competition, not efficiency").

Trata-se de uma linha de pensamento estreitamente ligada à cultura norte-americana, de onde se originou, que vê na exacerbação do pluralismo igualitário (daí a *expressão small is beautiful*) o ápice do virtuoso. Sua aceitação é apenas moderada no modelo europeu.

Tendendo a um nivelamento das empresas por suas ineficiências, essa teoria encontrou campo fértil entre os adeptos do Direito Econômico. No Brasil, a tese, de forte conotação intervencionista, reveste as funções das autoridades de defesa da concorrência de um cunho tipicamente de controle (anticonstitucionalissimamente - art. 174 da Constituição Federal) da atividade econômica e empresarial, apoiando-se na equivocada ubiquação do § 3.º do art. 173 da Carta Magna que mescla a repressão ao abuso do poder econômico (§ 3.º citado) com a exploração direta de atividade econômica pelo Estado (*caput* do artigo).

A evolução do "tradicionalismo" originário norte-americano para o "estruturalismo" de respeitável parcela da doutrina brasileira, por centrar-se fortemente na natureza administrativa (formal, portanto, e não jurídica) dos órgãos executores da legislação antitruste, enfrenta alguns desafios tanto diante da posição dos que pugnam pela criminalização (menos provável) absoluta das ofensas à ordem econômica (tese esta defendida pelos que recomendam a inserção da matéria no corpo do próprio Código Penal e que encontrou seu ponto alto na promulgação da Lei n. 8.137, de 27 de dezembro de 1990, já revogada em relação aos crimes contra a ordem econômica) como em face da possibilidade (menos remota, a longo prazo) de transferência da competência atualmente administrativa e circunscricional para a jurisdicional *stricto sensu*, com a criação de Varas Especializadas na Justiça Comum.

Também defronta-se com sérias dificuldades diante da natureza jurídica do CADE, como órgão judicante auxiliar do Poder Judiciário.

10.2 Contrapõe-se a esta teoria a Escola de Chicago, que encontrou seu apogeu mais radical no final da década de 1970, com os trabalhos de Robert H. Bork. Sua doutrina preleciona que as leis antitruste estão teleologicamente direcionadas para a melhoria da eficiência econômica ("the antitrust laws are designed to improve the efficiency of markets"). As condutas tidas por anticompetitivas somente hão de ser assim reconhecidas na medida em que reduzam a eficiência e apenas neste caso. Por essa mesma razão, as condutas é que seriam razões determinantes das estruturas, e não o inverso. Segundo esta visão, a concentração econômica seria, ao contrário dos "estruturalistas", em princípio geradora de eficiências, salvo se resultar na redução da produção (*output*), gerando assim pressões sobre os preços. O titular do bem jurídico protegido seria, portanto, o consumidor, maior beneficiário da eficiência.

Como se verifica, a teoria "estruturalista" se aproxima da Escola de Chicago em pontos nevrálgicos. Na medida em que busca a defesa do consumidor contra a prática de preços supracompetitivos, sua postura se resume na aceitação do princípio da eficiência alocativa como propósito da legislação antitruste. A preocupação com a minimização do desperdício nada mais é do que a eliminação do que os economistas denominam *X- inefficiencies*. O incentivo à inovação pode ser sumariado na expressão "eficiência dinâmica". Conclui-se, portanto, que a diferença fundamental entre as duas teses é basicamente ideológica, a primeira tendente à aceitação de uma maior intervenção do Estado no domínio econômico, em defesa do "menor", ainda que menos eficiente, e a segunda com uma visão mais próxima do princípio "puro" da livre iniciativa como instrumento de defesa dos interesses dos consumidores (melhoria da qualidade dos produtos e redução de preços).

10.3 A terceira teoria mais se aproxima das posições "administrativistas" e "econômicas" do Direito da Concorrência. Vêem-no a partir dos órgãos executores da Política da Concorrência, em geral estreitamente ligados aos da Política Econômica do Estado. Bem a conceitua Klaus Tiedman, citado por Maria

O. Morais de Guerrero (*Introducción a la criminalidad económica*, Universidade Católica Andrés Bello, Caracas, p. 48), ao definir o delito econômico no âmbito do Direito da Concorrência como: "la infracción jurídico-penal que lesiona o pone en peligro el orden económico entendido como regulación jurídica del intervencionismo estatal, en la economía de un país".

Esta doutrina encontra amplo apoio em meios governamentais latino-americanos, notadamente na Argentina e no Brasil, e tem como supedâneo a integração do regime jurídico da concorrência à Política Econômica estatal. Como observa, com a precisão que lhe é peculiar, a ilustríssima Dra. Isabel Vaz, na festejada obra *Direito econômico da concorrência*, p. 264: "Feitas estas ressalvas, importa acentuar a *afinidade entre o Direito Econômico e as medidas de política econômica, que àquela disciplina incumbe regulamentar.* Esta observação se impõe, porque a concorrência empresarial pressupõe *um certo grau* de liberdade, que não seria compatível com uma intervenção estatal muito abrangente e muito profunda. *A medida exata da atuação do Estado no domínio econômico só pode ser adequadamente aferida pela análise das políticas públicas, entre as quais se inclui a "política jurídica da concorrência*" (grifamos).

A empresa e a concorrência, sob este prisma, passam a constituir instrumentos da Política Econômica, em geral de cunho "desenvolvimentista". No dizer da emérita Professora Isabel Vaz (ob. cit., p. 256): "(...) as empresas poderiam ser induzidas, estimuladas, a participar de um projeto global de desenvolvimento do país, a exemplo do 'discurso' constante nas *general provisions* da lei antitruste japonesa".

Esta tendência é, do ponto de vista da formação cultural, de fácil compreensão em países como o Brasil e nações vizinhas. A primeira Lei Antitruste nacional, o Decreto-lei n. 869, de 18 de novembro de 1938, via os delitos econômicos como crimes contra o Estado, sendo processados e julgados pelo, de triste memória, Tribunal de Segurança Nacional. O Decreto-lei n. 7.666, de 22 de junho de 1945, de forte feição protecionista, inspirava-se em modelo nitidamente administrativista. A Lei n. 1.521, de 26 de dezembro de 1951, amalgamava o conceito de concorrência com o de economia popular, dando prevalência a este.

11. A teoria, em nossa opinião, deflete para posições verdadeiramente antinômicas (controle indireto da Economia pelo Estado), potencialmente geradoras de desvios de finalidade social, por sua transmutação em instrumento da Política Econômica. Recente exemplo deste fenômeno se verificou quando da inserção da questão dos chamados "aumentos abusivos de preços" na legislação de defesa da concorrência e da contraditória tentativa de exercício de controle exógeno de preços pelos órgãos encarregados da concorrência.

As leis chamadas "antitruste" vinculam-se constitucionalmente ao conhecido trinômio "dominação de mercado", "eliminação de concorrência" e "aumento arbitrário de lucros" (o chamado lucro supracompetitivo). O art. 173, § 4.º, da Constituição Federal assim se expressa: "A lei reprimirá o abuso do poder econômico que vise à *dominação dos mercados*, à *eliminação da concorrência e ao aumento arbitrário dos lucros*" (grifamos).

12. A finalidade da legislação de defesa da *concorrência*, portanto, é unívoca, qual seja, a defesa e viabilização do princípio maior da "livre concorrência" (art. 170, IV), não podendo, portanto, ser utilizada pelo Estado para alcançar objetivos diversos. Impõe-se, aliás, o entendimento, máxime diante do fato de que a finalidade social de uma lei é fundamental à sua interpretação (art. 5.º da Lei de Introdução ao Código Civil).

Já esclarecia o preclaro Prof. Hely Lopes Meirelles (op. cit., p. 611) que dentre os principais meios de intervenção na ordem econômica destacam-se o (a) monopólio, (b) a repressão ao abuso do poder econômico, (c) o controle do abastecimento e (d) o tabelamento de preços. Cada um desses meios tem um tratamento legislativo distinto e independente entre si, sujeitos a princípios e conceitos diversificados, por serem distintas as respectivas finalidades sociais.

Perseverando na lição do mestre (op. cit., p. 74): "O 'princípio da finalidade ' (do ato administrativo) impõe que o administrador público só pratique o ato para o seu 'fim legal' . E o 'fim legal' é unicamente aquele que a norma de Direito indica expressa ou virtualmente como objetivo do ato. (...) Desde que o 'princípio da finalidade' exige que o ato seja praticado sempre com a finalidade pública, o administrador fica impedido de buscar outro objetivo ou de praticá-lo no interesse próprio ou de terceiro".

Assim, verifica-se que o Direito Econômico representa um forte estímulo à aplicação do Direito da Concorrência em toda matéria que, tendo substancioso reflexo econômico, embora não necessariamente concorrencial, se encontre em linha com a Política Econômica do Estado. Afirma a respeito o ilustre administrativista (op. cit., p. 86): "O 'desvio de finalidade' ou de 'poder' se verifica quando a autoridade, embora atuando nos limites de sua competência, pratica o ato por motivos ou com fins diversos dos objetivados pela lei ou exigidos pelo interesse público. O desvio de finalidade ou de poder é, assim, a violação ideológica da lei, ou, por outras palavras, a violação moral da lei, colimando o administrador público fins não queridos pelo legislador, ou utilizando motivos e meios imorais para a prática de um ato administrativo aparentemente legal".

13. Ora, quando da redação da vigente Constituição Federal, mais

precisamente, de seu art. 174 (tratando dos lindes de atuação do Estado na sua qualidade de "agente normativo e regulador da atividade econômica"), ficou patente a expressa supressão da função de "controle", como bem lembra Miguel Reale Jr., à época assessor jurídico da Presidência da Assembléia Nacional Constituinte. Donde assentar-se que, seja sob o ponto de vista histórico, seja à luz da exegese sistemática, a intervenção do Estado no domínio econômico perdeu o caráter de generalidade, para adquirir índole de excepcionalidade, afastada a função de controle.

Assim, não podem as autoridades encarregadas da defesa da concorrência travestir a *legislação* chamada antitruste de *legislação* de controle indireto da atividade econômica. Como que antecipando essas conseqüências, o ilustre Desembargador Werter R. Faria, ex-Presidente do CADE, afirmou em *Constituição Econômica - Liberdade de Iniciativa e da Concorrência,* p. 153:

> "Quase meio século de vigência das normas constitucionais de tutela do mercado não bastou para que os legisladores deixassem de confundir o abuso do poder econômico (as práticas comerciais executadas com o fim de impedir, limitar ou distorcer o jogo da concorrência) com as ações lesivas a bens jurídicos de outra. natureza. Ao contrário, à medida que avança o tempo de duração dessas normas, perde-se a compreensão do sentido da expressão 'abuso do poder econômico', e se agrava o retrocesso legislativo em matéria de defesa da concorrência".

14. O mais grave, porém, é que a visão "administrativista" e/ou "econômica" do Direito da Concorrência traz ínsitos enormes riscos de ofensas futuras aos direitos e garantias individuais pelo Estado onipresente.

Por isso mesmo é que Aftalión, no clássico *Derecho Penal Económico,* pondera que o surgimento do Direito Penal-Econômico, com todas as suas conseqüências, foi fruto de longa elaboração, em demorado processo histórico, como afirmação dos direitos e garantias individuais. Decorre disto a verdade de que não é possível, sem grave risco para esses mesmos direitos e garantias, deixar de lado tão valioso repositório de normas tutelares, sob pena de se deixarem indefesos os acusados frente às possíveis arbitrariedades dos órgãos do Estado (cf. Manoel Pedro Pimentel, *Direito. Penal Econômico,* p. 13).

Como lecionava o jubilado Prof. José Frederico Marques *(Elementos de Direito Processual,* v. 1/77): "Ora, a moldagem do processo penal, como contenda entre partes, implica no integral repúdio da forma inquisitiva de procedimento, e no reconhecer, outrossim, que o acusado não é apenas objeto de investigações, mas também sujeito de direitos, ônus, deveres e obrigações dentro do procedimento destinado a apurar a procedência ou não da pretensão punitiva do Estado".

15. A atual Lei n. 8.884, de 11 de junho de 1994, embora contendo elementos característicos das teorias "estruturalistas" (notadamente no que tange aos procedimentos relativos ao exame de atos de concentração econômica - art. 54), bem como das teses "intervencionistas" (*e.g.*, conceitos de "aumentos abusivos de preços"), parece-nos adotar, como princípio ideológico básico, a nortear sua interpretação, a corrente que favorece a "eficiência econômica".

Ao declinar a finalidade da Lei, estabelece o art. 1.º do diploma:

"Art. 1º. Esta Lei dispõe sobre a prevenção e repressão às infrações contra a ordem econômica, pelos ditames constitucionais de liberdade de iniciativa, livre concorrência, função social da propriedade, defesa dos consumidores e repressão ao abuso do poder econômico.

Parágrafo único. *A coletividade é a titular dos bens jurídicos protegidos por esta Lei*" (grifamos).

A par de deixar bem nítida a opção pelos consumidores, o estatuto nacional da concorrência não permite tergiversações sobre seu posicionamento doutrinário, no capítulo das infrações, estabelecendo, no art. 20, § 1.º, que: "A conquista de mercado resultante de processo natural *fundado na maior eficiência do agente econômico* em relação aos seus competidores não caracteriza o ilícito previsto no inciso II" (grifamos).

Dito inciso trata do estado de domínio do mercado relevante de bens ou serviços.

1.3 Competência ratione materiae

Incompetência do CADE para conhecer de questões comerciais ou societárias. Princípio da jurisdição primária

16. Aos órgãos de defesa da concorrência compete, *ratione materiae*, exclusivamente, prevenir, apurar e coibir as chamadas "ofensas à ordem

econômica", expressão sinônima, na Lei n. 8.884/94, de infringência às regras do livre mercado.

Como visto, o Direito da Concorrência disciplina as relações de mercado entre agentes econômicos e sua clientela. Assim, questões *interna corporis* entre acionistas de uma companhia ou meramente comerciais entre empresas, sem alteração das estruturas do mercado ou da conduta dos concorrentes, são-lhe estranhas.

16.1 Além disso, o Direito da Concorrência é, por essência, ramo do Direito Público, inexistindo qualquer interesse público nas querelas privadas.

17. A questão da jurisdição primária é talvez uma das mais antigas no CADE. O simples fato de, eventualmente, uma contenda ter relevante reflexo econômico (notadamente quando tal impacto sequer é sentido no mercado) não basta para a atração do tema para a seara dos órgãos de defesa da concorrência.

Veja-se, a respeito, a ementa n. 265 encontradiça a fls. 231 em Franceschini, ob. cit., sumariando decisão proferida nas Averiguações Preliminares n. 56, nos idos de 1975: "Os órgãos do Estado de Direito não podem extravasar de suas funções legais, conforme lhes tenham sido cometidas pelo sistema jurídico em vigor. Assim, é o CADE incompetente para conhecer e julgar de conduta alheia à sua esfera específica de atuação, *ainda quando se trate de matéria com inegável e substancioso reflexo econômico*" (grifamos).

18. O CADE, recentemente, se manifestou de forma específica em relação a acusações de abuso do poder econômico derivadas de acirrada disputa interna entre acionistas, máxime quando a querela já tenha desaguado no âmbito do Poder Judiciário.

Merece transcrição, em excerto, a decisão proferida no Processo Administrativo n. 42, de 10 de setembro de 1987, onde foram Representantes Perfuradora de Metais S.A. e Ibrás-Telas Metálicas e Metais Perfurados Ltda. e Representadas Permetal S.A. - Metais Perfurados, Vibratex - Telas Metálicas Ltda., Açoplast-Ind. e Com. Ltda. e Établissements Gantois, de que foi Conselheiro-Relator o ilustre Dr. Geová Magalhães Sobreira (cf. *DOU* de 15 de setembro de 1987, Seção I, p. 14.907 e ss.): "Verifica-se pela cautelosa análise da peça vestibular (...) que, antes de tudo, trata-se de uma acirrada disputa interna pelo poder de gestão das representantes, já que elas não tinham àquela época um acionista majoritário. Esta disputa pelo controle das representantes ocasionou, antes da denúncia a este E. Conselho, uma série de ações judiciais na Comarca de São Paulo. (...) Diante do exposto, não vislumbro nos presentes autos práticas de abuso do poder econômico capituladas na Lei

4.137/62, apesar do louvável parecer da douta Procuradoria-Geral que pede a condenação das representadas. Existe uma disputa pelo controle das empresas bem expressa na peça vestibular: 'afastá-lo da administração das sociedades (...), manter o requerente na administração de ambas as empresas' (...)".

Portanto, as pendências comerciais surgidas entre partes privadas hão de ser dirimidas exclusivamente perante o Poder Judiciário, não dispondo o CADE de competência para resolvê-las. Neste sentido o despacho exarado pelo Conselheiro Carlos Eduardo Vieira de Carvalho, de 27 de outubro de 1994, no requerimento da Federação das Empresas de Transportes de Cargas do Estado do Paraná e outros no Processo Administrativo n. 45/92 (cf. *DOU* de 31 de outubro de 1994, Seção I, p. 16.364): "Não dispõe, pois, o CADE de competência para decidir sobre questões surgidas de relações entre partes, configurando conflitos de natureza privada. Desta forma, aos Requerentes que entendam haver sofrido lesões em seus direitos, em virtude de práticas atribuídas às Representadas, é facultado, como a qualquer pessoa, buscar reparação junto ao Poder Judiciário, sendo esta uma inafastável garantia constitucional, didaticamente reafirmada no artigo 2.º da Lei n. 8.884/94".

19. Nem mesmo causas de concorrência desleal são passíveis de apreciação pelos órgãos de defesa da concorrência, mesmo porque, como observa Celso Neves (*Disciplina da lei antitruste no sistema jurídico brasileiro*, apud Franceschini, ob. cit., p. 590), tal seria inadmissível sequer em tese: "A Constituição da República reduziu a *concorrência desleal* a delito comum, insusceptível de dar corpo ao abuso do poder econômico".

Não há confundir este conceito com o princípio da livre concorrência. Ademais, quando essa capitulação fosse possível, jamais seria caracterizável pelo simples litígio entre acionistas de uma empresa em matéria puramente societária.

A concorrência que interessa ao Direito da Concorrência é, no dizer de Otomendi J. (*Presupuestos básicos para la aplicación de la ley de defensa de la competencia*), a luta pela clientela: " A essência da concorrência - diz o autor argentino - é liberar o comprador do poder de monopólio, permitindo-lhe o acesso a fontes alternativas do produto (ou do serviço)".

20. A legislação antitruste não visa proteger agentes econômicos unitariamente considerados, mas preservar o mercado como instituição de coordenação das decisões econômicas, adequada ao modo de produção capitalista. Nesse sentido a decisão proferida pelo CADE no Processo Administrativo n. 30/92 (cf. *DOU* de 3 de março de 1993, Seção I, p. 2.526), de que foi Relator o Conselheiro José Matias Pereira, que assim concluiu: "Dessa forma,

a liberdade de concorrência apresenta-se dotada de caráter positivo: é o direito a que o abuso da liberdade de comércio e indústria não comprometa aquele funcionamento regular dos mercados".

20.1 O bem jurídico sob tutela da legislação de defesa da concorrência é o mercado, não servindo esta para dirimir ou regular controvérsias ou interesses particulares ou mercantis. Incisivo a respeito foi o voto do Conselheiro Marcelo Monteiro Soares, do CADE, ao relatar o Processo Administrativo n. 10/91, aos 27 de outubro de 1993, em que foi Representante Fogarex - Artefatos de Camping Ltda. e Representada Lumix Química Ltda. (cf. *DOU* de 5 de novembro de 1993, Seção I, p. 16.609):

"O bem jurídico sob tutela é o mercado. Assim, o que a lei de combate ao abuso do poder econômico busca regular é a ocorrência de restrições de alcance coletivo à concorrência, o que no caso presente não se configurou.

Relativamente a esse aspecto, recorro, uma vez mais, ao bem fundamentado parecer da digna Procuradora quando afirma, 'verbis' : 'Por derradeiro, cabe observar que os órgãos de defesa da concorrência não se prestam à solução de conflitos de natureza privada. Danos eventualmente causados na prática usual do comércio devem buscar reparação no Poder Judiciário. O que se depreende dos autos é que a disputa entre Representada e Representante se situa no âmbito da concorrência desleal, matéria que escapa à competência da SDE e do CADE, e que já foi corretamente levada à apreciação do Poder Judiciário (...)."

Disputas comerciais ou societárias são, assim, absolutamente indiferentes para a concorrência e, por via de conseqüência, para a SDE, inserindo-se, com exclusividade, na esfera de competência da Justiça Comum.

1.4 Controle judicial

Natureza jurídica do CADE: órgão judicante auxiliar do Poder Judiciário. Princípio da inafastabilidade do Poder Judiciário e seus limites. Litispendência civil e criminal

21. De qualquer modo, sujeita-se o CADE, sempre, ao império e autoridade do Poder Judiciário. O controle judicial dos atos administrativos do CADE se exerce, em sua plenitude, sejam eles decisões de cunho condenatório por ofensas à ordem econômica, sejam no exercício de sua competência de

fiscalização, relativos a atos de concentração econômica.

Esse, aliás, o expresso intuito de Agamemnon Magalhães ao elaborar o projeto de lei que culminou com a promulgação da Lei n. 4.137/62 (cf. Justificação do Projeto de Lei n. 122/48): "A repressão aos abusos do poder econômico será feita pelo Poder Judiciário".

21.1 É essa a característica que define a natureza jurídica daquele Conselho como *auxiliar do Poder Judiciário*, a exemplo do que ocorre com o Tribunal Marítimo. Suas decisões, portanto, configuram verdadeiros laudos técnicos especializados, a serem submetidos ao crivo da autoridade judiciária)

A própria jurisprudência do CADE, desde seus primórdios, reconhece tratar-se de um órgão judicante, verdadeiro tribunal parajurisdicional, equiparado àquela Corte marítima especializada, como se verifica do voto do Conselheiro Nestor Duarte no Processo SC-GB n. 675/64 (cf. ementa n. 182, in Franceschini, *Poder econômico: exercício e abuso - direito antitruste brasileiro*, p. 181):

"Este Conselho, o CADE, é órgão ou agência do poder público, singulariza-se dentro da ordem pública por ter um caráter, uma missão, um fim jurídico-administrativo de executor e fiscal de uma lei de repressão e punição a abusos e crimes que possam ocorrer na ordem econômica. É órgão único, autônomo, criado por autorização e determinação constitucional para cuidar e reprimir um novo ilícito penal. É um tribunal claro que não judicial, mas um tribunal que funciona até como primeiro grau do Judiciário, aonde chegará para requerer e obter a chancela judicial nas hipóteses que sua lei indica.

A Lei n. 3.543, de 11.2.59, que modifica a Lei n. 2.180, de 5 de fevereiro de 1954, a lei do Tribunal Marítimo diz no seu: "Art. 1.º. O Tribunal Marítimo, com jurisdição em todo o território nacional, é um órgão autônomo, auxiliar do Pode r Judiciário, na apreciação dos acidentes e fatos na navegação sobre água, vinculando-se ao Ministério da Marinha no que se refere ao provimento de recursos orçamentários para o pessoal e material destinados ao seu funcionamento."

No mesmo sentido a decisão tomada no Processo Administrativo n. 69, aos 26 de abril de 1983, sendo Relator o Conselheiro Wanor Pereira de Oliveira (ementa n. 166-A, Franceschini, ob. cit., p. 172): "É o CADE órgão autônomo, porém auxiliar do Poder Judiciário, com jurisdição sobre todo o território nacional".

22. Quanto à primeira hipótese, diga-se desde logo que o recurso ao Judiciário não poderia ser impedido pela legislação de defesa da concorrência,

posto que a isto se opõe o princípio da inafastabilidade do Poder Judiciário consagrado no art. 511, XXXV, cujo teor não deixa margem a dúvidas: "A lei não excluirá da apreciação do Poder Judiciário lesão ou ameaça a direito".

23. À função jurisdicional do Estado cabe o papel de fazer valer o ordenamento jurídico toda vez que seu cumprimento não se dê sem resistência. Tendo o Estado subtraído à parte a faculdade de exercitar seus direitos pelas próprias mãos, compareceu esta perante a autoridade judiciária competente que lhe substituiria a vontade, para que esta dirimisse a lide. Agiu no lídimo exercício de seu direito de ação e nos limites estritamente necessários para alcançar a prestação jurisdicional. Nada mais escorreito e legítimo.

24. Em matéria concorrencial, o princípio da acessibilidade ampla ao Judiciário já se encontra assente na jurisprudência pátria, mesmo nas hipóteses em que o *ex adverso* se encontre (o que não é o caso) em flagrante desvantagem financeira em relação ao autor. É o que nos demonstra a ementa n. 109 encontradiça em Franceschini, ob. cit., p. 114: "O ajuizamento de ação com pedido de cominação, ainda que elevada contra parte em flagrante desvantagem financeira e sem possibilidades de enfrentar os eventuais ônus da sucumbência, não se pode confundir com o abuso do poder econômico de que trata o art. 2.º, I, *g*, da Lei n. 4.137/62. É que o direito de ação, constitucionalmente garantido, não se equipara com a certeza ou mesmo possibilidade de uma sentença favorável, mas sim, e apenas, ao direito a um pronunciamento sobre o *meritum causae*.

A decisão citada foi proferida pelo MM. Juiz da 7ª Vara da Justiça Federal no Rio de Janeiro, José Gregório Marques, em 5 de agosto de 1980, no Processo n. 2.452.847.

Toda lesão de direito, toda controvérsia, pode (e deve) ser levada ao Poder Judiciário. O apelo ao Judiciário, portanto, ainda que atinja a concorrência ou concorrentes específicos, em princípio configura conduta atípica.

Ainda que assim não fosse (apenas *ad argumentandum*), teria a iniciativa nítida característica de exercício regular de direito, o que configuraria uma causa de exclusão da antijuridicidade.

É pacífico que não é antijurídica a ação praticada no exercício regular de direito. Como afirma Heleno Cláudio Fragoso (*Lições de direito penal,* p. 197): "(...) é inconcebível que o ordenamento jurídico, por um lado, confira um direito, e, pelo outro, torne ilícita a ação que corresponde ao exercício de tal direito".

Evidentemente, a expressão "direito" não tem uma conotação exclusivamente penal, devendo ser entendida de forma a compreender todo o ordenamento jurídico.

24.1 Por outro lado, não há litispendência no curso simultâneo do Processo Administrativo e do Processo Civil cominatório e/ou indenizatório eventualmente ajuizado pelo prejudicado direto do abuso do poder econômico ou por seu legitimado, como aliás expressamente admite o art. 29 da Lei n. 8.884/94.

24.2 Todavia o mesmo não se poderia falar em relação a processos criminais. Em face da natureza penal do Direito de Concorrência e especialmente diante da derrogação da Lei n. 8.137/90 pela Lei n. 8.884/94 (art. 2.º, § 1.º, da Lei de Introdução ao Código Civil -"Lex posterior derogat priori"), no que tange aos crimes contra a ordem econômica, não se concebe a existência de duplo procedimento penal contra a .mesma pessoa.

Diante da competência exclusiva fixada pela Lei n. 8.884/94 em favor do CADE (art. 7.º, II), nula e ilegalmente constrangedora seria qualquer instauração de inquérito policial e/ou de processo judicial penal para a apuração de infrações contra a ordem econômica. Inaceitável o *bis in idem*.

25. Tais princípios, todavia, não impedem o mau uso (ou abuso) das autoridades públicas, sejam elas judiciais ou administrativas, para fins anticoncorrenciais. Em verdade, não é incomum verificar-se a formulação de representações perante o CADE com o objetivo de tão-somente afastar a concorrência prejudicando o concorrente, acarretando-lhe penoso ônus processual, bem como sujeitando-o à execração e alarde públicos. Tais recursos predatórios, quando repercutirem no mercado, merecem imediato repúdio e a rejeição liminar da denúncia, sujeitando-se o Representante, neste caso, sim, a Processo Administrativo por eventual infração à ordem econômica pela criação de dificuldades, sem prejuízo de possível configuração de denunciação caluniosa.

Múltiplos fatores podem vir a configurar a abusividade, entre os quais a intenção do autor ou representante e os meios por ele empregados.

A motivação anticompetitiva do autor ou representante nem sempre é difícil detectar: sua conduta de mercado, a incongruência da denúncia, sua formulação contra expressa disposição de lei ou contra o legítimo exercício de direitos, a postura protelatória ou escandalosa, e/ou a multiplicidade ou reiteração de procedimentos judiciais e/ou administrativos são-lhe característicos.

26. Quanto aos métodos, configuram abuso, certamente, o emprego

de meios ilegais ou repreensíveis, tais como exploração de prestígio, a advocacia administrativa, a corrupção ativa ou passiva, o falso testemunho, o desvio de poder e outras condutas antijurídicas ou a éticas.

O princípio constitucional da inafastabilidade do Poder Judiciário e/ou o exercício do direito de petição não suplantam o vetusto brocardo: "Nemo auditur propria turpitudine allegans".

Nesta medida, *mutatis mutandis*, a hipótese se assemelha àquela relatada na ementa n. 75 (Franceschini, ob. cit., p. 77), extraída de sentença proferida pelo MM. Juiz da 6ª Vara da Justiça Federal em São Paulo, Dr. Sebastião de Oliveira Lima, aos 23 de abril de 1982, na Ação Ordinária n. 2.745.330, que assim decidiu: "Disso tudo resulta a impressão inarredável de que a denunciante se valeu do órgão especial de defesa da concorrência para vingar-se dos fatos que imputa à autora e teve sorte em sua pretensão".

2. Direito da concorrência no tempo

2.1 Irretroatividade

Princípio da irretroatividade. Retroatividade benéfica

27. No tocante ao Direito Intertemporal, chega R. Limongi França (*Direito Intertemporal Brasileiro*, p. 19) a afirmar: "(...) que o *Princípio da Irretroatividade das Leis* se funda na razão natural".

A lei repressiva não retroage, aplicando-se ao fato, jurídico ou antijurídico, a norma dominante quando de sua ocorrência. A regra, virtualmente absoluta, comporta uma única exceção, quando a lei nova é mais benéfica (*in mitius*).

Lembra Carlos Maximiliano (ob. cit., p. 299) que o entendimento se aplica não apenas aos crimes, mas se estende a todo ato infracional passível de punição, mesmo administrativo. Na sua lição: "O princípio da irretroatividade geral e retroatividade benéfica aplica-se a qualquer infração penal, não só à referente a crimes, como aos delitos de simples polícia, às contravenções, às punições disciplinares e a outras faltas para as quais se cominam castigos em leis, regulamentos e portarias, federais, estaduais e municipais; visto que a razão de assim agir é a mesma em todos os casos".

27.1 O princípio da irretroatividade das leis impede a aplicação das normas substantivas da Lei n. 8.884/94 (bem como as dos diplomas que lhe antecederam) aos fatos que lhe são pretéritos. A tese, além de pacífica, a não exigir maiores digressões, foi por múltiplas vezes acolhida pelo próprio CADE, de que é mero exemplo o voto vencedor proferido pelo Conselheiro Marcelo Monteiro Soares no Processo Administrativo n. 10/91, de 27 de outubro de 1993, sendo Representante Fogarex - Artefatos de Camping Ltda. e Representada Lumix Química Ltda. (cf.. *DOU* de 5 de novembro de 1993, Seção I, p. 16.609): "Preliminarmente, manifesto-me de pleno acordo com o entendimento da douta Procuradora deste Conselho, Dra. Carla Barroso, quanto à ocorrência dos fatos e à vigência da Lei n. 8.158/91, quando afirma, *verbis* : "A conduta da Representada foi incursa no art. 3.º, inciso XIII, da Lei n. 8.158, de 8 de janeiro de 1991. As licitações em que a Representada teria adotado a conduta abusiva - preços abaixo do custo real de produção, com prejuízo da concorrência - ocorreram em 30.11.1988, 23.2.1989, 1.9.1989 e 18.9.1990, antes, portanto, da vigência da Lei n. 8.158/91. Não incidem, pois, na espécie, as disposições da citada Lei naquilo que diz respeito às normas substantivas".

28. A fatos ocorridos na vigência da Lei n. 4.137/62, não se aplicam, portanto, as disposições da Lei n. 8.158, de 1991, na medida em que lhe sucederem, exceto se mais benéficas estas. O mesmo ocorre em relação aos fatos que se verificaram sob o pálio desta última, não se lhe infligindo as normas da Lei n. 8.884/94, salvo se *in melius*.

2.2 Da prescrição

A prescritibilidade da ação penal-econômica - fatos pretéritos à Lei n. 8.884/94

29. Dentre as ilações do exato enquadramento jurídico, como visto, está a da adoção do princípio da prescritibilidade da ação penal-econômica.

A questão, sob a égide da vigente Lei n. 8.884/94, perdeu sentido, tendo se tornado prejudicada, por expressa sagração no art. 28: "Prescrevem em cinco anos as infrações da ordem econômica, contados da data da prática do ilícito ou, no caso de infração permanente ou continuada, do dia em que tiver cessado".

29.1 Para fatos anteriores à atual lei, entretanto, diante da aparente omissão legal (o instituto não foi expressamente consignado nem na Lei n. 8.158/91, nem em sua antecessora, a Lei n. 4.137/62), poderia ocorrer algum questionamento.

Como se sabe, prescrição é a extinção de uma ação ou de uma pena em virtude da inércia de seu titular durante um certo lapso de tempo, na ausência de causas preclusivas de seu curso.

30. A questão da prescritibilidade da ação penal-econômica por ofensas à ordem econômica ou por abuso do poder econômico remonta aos primórdios do CADE, quando, na apreciação do Processo Administrativo n. 3, em 19 de agosto de 1969, decidiu o Egrégio Conselho que (cf. Franceschini, ob. cit., ementa n. 369, p. 322): "A punibilidade dos delitos de abuso do poder econômico se extingue pelo decurso do prazo prescricional de dois anos previstos no art. 114 do CP".

Subseqüentemente, em 1980, no Processo Administrativo n. 50, o Colegiado reafirmou sua posição ao decidir que (ob. cit., ementa n. 341, p. 304): "A prescrição é causa extintiva da punibilidade do abuso do poder econômico".

Analisando a Lei Penal e suas relações com a legislação antitruste, observava Jorge Medeiros da Silva, então ilustre Procurador da República em São Paulo, em *A lei antitruste brasileira*, p. 107 , que: "A prescrição, vem entendendo o CADE se rege pelo art. 114 (do Código Penal), ou seja, da pena de multa. Causas suspensivas e interruptivas são discutíveis. Entendo que devem ser acionadas, pois, *se admitimos a prescrição, havemos de acolher todas as regras que dizem respeito ao instituto*, obviamente amoldando-as à lei antitruste. Assim, não só com relação às causas de suspensão e interrupção, mas sim às normas de prescrição" (grifamos).

31. Não se poderia alegar à época, entretanto, não ser prescritível a ação penal-econômica sob o argumento de que a legislação especial então em vigor seria lacunosa em relação ao instituto. Isto porque tal entendimento resultaria na negação de vigência de lei expressa, qual seja o art. 12 do Código Penal, que reza: "As regras gerais deste Código aplicam-se aos fatos incriminados por lei especial, se esta não dispuser de modo diverso".

Portanto, a "implícita" imprescritibilidade da ação penal-econômica é que exigiria preceito específico na Lei n. 8.158/91 ou na Lei n. 4.137/62 e não o reverso, como aliás é cediço, como exige o princípio da especialidade.

Caso contrário, todos os delitos previstos na legislação penal-econômica, na qual se incluem a Lei n. 8.137, de 27 de dezembro de 1990 (derrogada) (em seu Capítulo II), e o Decreto-Lei n. 7.903/45 (na parte que versa sobre os crimes em matéria de propriedade industrial), seriam imprescritíveis, por ausência de dispositivo especial expresso.

Portanto, aos fatos pretéritos à atual Lei de Defesa da Concorrência é aplicável o art. 114 do Código Penal, combinado com o art. 12 do mesmo diploma. Lembre-se, a respeito, que a prescrição não constitui tema de natureza processual, mas sim material, no sistema jurídico brasileiro, sendo a questão, destarte, sujeita, pelas regras de Direito Intertemporal, à lei vigente à época das ocorrências. Como diz Carlos Maximiliano (*Direito intertemporal*, p. 240), citando vasta doutrina: "Prescrição iniciada e consumada sob o império de norma pretérita regula-se pela mesma, quer a hodiema aumente, quer diminua os requisitos e os prazos".

32. Ademais, qualquer interpretação que concluísse serem os delitos contra a ordem econômica ou de abuso do poder econômico imprescritíveis à época incidiria em conclusão absolutamente antijurídica e, portanto, arbitrária. Assim é que, como informa o inesquecível Professor Basileu Garcia (*Instituições*, v. I, t. 2, p. 699), a prescrição é instituto admitido em todas as legislações modernas. Embora tenha no passado enfrentado a oposição de alguns filósofos e penalistas, na medida em que seria desmoralizante e concorreria para o afrouxamento da repressão, preponderaram, no consenso geral, as razões justificativas de sua adoção.

Com efeito, com o caminhar do tempo, modificam-se as condições pessoais do infrator que logrou subtrair-se à ação da Justiça, deixando a pena, possivelmente, de ser útil. De outro lado, o alarma social que as anomalias de mercado e/ou o abuso do poder econômico causaram já se teriam esvanecido com o lento perpassar dos anos, não tendo a pena. exata correspondência do rcclamo público, scm contar que os longos intervalos importam em incertezas perigosas na apreciação do fato.

Como salienta o ilustre mestre, "nem o ódio dos homens costuma ser invariavelmente implacável e irredutível" (ob. cit., p. 700). Assim, a imprescritibilidade dos delitos de abuso de poder econômico ou contra a ordem econômica os tornaria mais graves que os crimes contra a vida, a honra ou a liberdade, todos prescritíveis. E, mais perigoso ainda, teria um conteúdo intrínseco de inadmissível arbitrariedade, na medida em que admitiria a sujeição do acusado à vontade e inércia do Estado por tempo indeterminado, ainda que seja inocente. Certamente, um resultado inconcebível!!!

33. A prescrição não constituiu preocupação tão-somente da doutrina nacional. Veja-se, por exemplo, o que ocorre na legislação antitruste da Comunidade Econômica Européia (art. 1.º do Regulamento n. 2.988/74, EEC do Conselho): "The power of the Comission to impose fines or penalties for infringement of the rules of the European Economic Community relating to transport or competition shall be subject to the following limitation periods: a) three years in the case of infringements of provisions concerning applications

or notifications of enterprises, requests for information, or the carrying out of investigations; b) five years in the case of all other infringements".[1]

Resta, portanto, indubitável a aplicabilidade do art. 114 do Código Penal aos eventuais abusos do poder econômico e ofensas à ordem econômica regidos pelas leis anteriores ao vigente diploma concorrencial básico.

Trata-se, aliás, de tema já versado pelo próprio DPDE que, no Processo Administrativo n. 28, analisando sucessos anteriores à legislação vigorante, assim se manifestou no feito: "Se se produziram no passado condutas que hoje já não produzem qualquer efeito no mercado, ainda assim terão que ser apuradas *se não forem alcançadas pelas regras da decadência ou da prescrição"* (grifamos).

3. Direito da concorrência no espaço

3.1 Mercado relevante

Critério analítico das ofensas à ordem econômica. Conceituação do mercado relevante -Indispensabilidade

34. Definidos os princípios básicos aplicáveis ao Direito da Concorrência brasileiro, há que se estabelecer os critérios de análise espacial deste.

34.1 Três são os elementos essenciais a tal desiderato: (a) o desempenho do mercado; (b) a conduta de mercado e(c) a estrutura do mercado. De fato, no exame das ofensas à ordem econômica, prevalece a teoria do resultado ou dos efeitos do evento danoso em relação ao mercado, entendido este como o conjunto dos agentes econômicos concorrentes e sua clientela consumidora. Expresso a respeito era o art. 22 da Lei n. 8.158/91: "Na apuração e correção dos atos ou atividades previstos nesta Lei, *a autoridade levará em conta, primordialmente, os efeitos econômicos negativos produzidos no mercado*, ainda que não se caracterize dolo ou culpa dos agentes causadores" (grifamos).

34.2 Para tanto, impende, antes de mais nada, determinar o "mercado" ou, como conhecido na doutrina, o "mercado relevante". O conceito, antes apenas

[1] Em vernáculo (tradução livre): "O poder da Comissão de impor multas ou penalidades por infringência das regras da Comunidade Econômica Européia relativas a transporte ou concorrência estará sujeito aos seguintes prazos prescricionais: a) três anos no caso de infrações às disposições relativas a pedidos ou notificações de empresas, pedidos de informação ou de realização de investigações; b) cinco anos no caso de outras infrações".

teórico, foi expressamente acolhido na Lei n. 8.884/94, art. 20, inciso II, ao referir, entre os tipos puníveis, o de "dominar mercado relevante de bens ou serviços". Esta concepção, a de exercício abusivo de posição dominante, sorvida da legislação européia e consagrada no inciso IV do mesmo artigo, nada mais é do que seu corolário, como se verifica de sua definição legal (art. 20, § 2.º): "Ocorre posição dominante quando uma empresa ou grupo de empresas *controla parcela substancial de mercado relevante*, como fornecedor, intermediário, adquirente ou financiador de um produto, serviço ou tecnologia a ele relativa" (grifamos).

A determinação do "mercado relevante", portanto, é um *prius* necessário em qualquer processo antitruste.

35. Quanto a este tema, é clássica a bipartição do conceito de "mercado", sob os prismas geográfico e em termos do produto ou serviço negociado.

Já a acolheu a jurisprudência do CADE em diversas oportunidades, destacando-se o voto proferido pela Conselheira Neide Teresinha Malard no Processo Administrativo n. 31/92: "O mercado relevante é o espaço da concorrência. Diz respeito aos diversos produtos ou serviços que concorrem entre si, em determinada área, em razão de sua substitutibilidade naquela área. Sua definição se faz necessária, *in casu*, tanto em termos geográficos quanto em relação ao serviço".

Em outra passagem, o Conselheiro José Matias Pereira, no Ato de Concentração n. 16/94 (cf. *DOU* de 31 de março de 1995, Seção I, p. 4.595): "Quando tratamos do aumento da concentração no mercado, torna-se necessário levar em consideração que o mercado relevante é representado pela soma de produtos que podem ser razoavelmente substituídos, quando utilizados nos fins para os quais são produzidos, sem deles desvincular a qualidade, a finalidade e, de maneira especial, o preço".

36. O conceito de "mercado relevante" é universal, caracterizado pela intercambialidade dos produtos sob análise no caso concreto. Maria Belmira Martins, Maria José Bicho e Azeem Remtula Bangy (*O direito da concorrência em Portugal*, p. 188-190) fazem um retrospecto do que denominam "mercado de referência" no continente europeu, anotando que:

"Na CEE, o mercado material de referência é constituído pelos produtos idênticos ou produtos que, devido à suas características, aos seus preços e ao fim a que se destinam, podem ser considerados como similares pelo utilizador. (...)

Em França, segundo a Comissão da Concorrência, "fazem parte de um mesmo mercado, produtos ou serviços que apresentem entre si um grau significativo de possibilidade de substituição, para uma clientela determinada, caracterizada designadamente pela sua localização, a especificidade de suas necessidades, a sua categoria profissional, o seu poder de compra, etc.' (...).

Na Alemanha, o Tribunal da Relação de Berlim declarou que 'era preciso ter em conta todos os artigos equivalentes, produzidos por outros fabricantes, quer dizer, todos os artigos que apresentem entre si tais semelhanças, do ponto de vista da sua qualidade, da sua utilização e do seu preço, que qualquer consumidor avisado os considere como respondendo a uma necessidade específica e como sendo possível a sua substituição'".

37. Em termos econômicos, o mercado relevante, conforme visto nos Estados Unidos por Hobert Hovenkamp (*Economics and federal antitrust law*, § 3.2, p. 59), é o menor mercado possível para o qual a elasticidade da demanda e da oferta é suficientemente baixa para que uma empresa com 100% de controle sobre esse mercado possa reduzir, com lucro, a produção e aumentar substancialmente os preços. Na versão original: "A relevant market is the smallest market for which the elasticity of demand and supply are sufficiently low that a firm with 100% of that market could profitably reduce output and increase its price substantially".

Há que se ter em conta, na definição do mercado relevante, que o conceito não exige a presença de um substituto perfeito em relação ao produto objeto da controvérsia. Todavia, a possibilidade de intersubstituição há de ser apreciada, fundamentalmente, em função de considerações econômicas válidas para os consumidores e não das propriedades físicas ou técnicas dos bens ou serviços. Ressalta, a respeito, Benjamin M. Shieber (*Abuso do poder econômico*, p. 49): "Para alcançar este fim, impõe-se a necessidade de um rigoroso exame, de verificar se os produtos são na realidade substituíveis razoavelmente um pelo outro. Por exemplo, o fato de existirem produtos que podem tecnicamente ser substituídos por outro não deve ser significativo se geralmente não são substituídos pelo público em geral".

O tema, portanto, é atualmente incontroverso, embora largo debate geralmente ocorra na análise de casos concretos, nem sempre de fácil determinação.

3.2 Ultraterritorialidade

Ubiquidade do direito da concorrência brasileiro. Competência internacional

38. Em matéria repressiva, é universal o princípio básico da territorialidade (*lex locus commissi delicti*). Não é, entretanto, absoluto, admitindo-se a chamada territorialidade estendida para alcançar os chamados "delitos à distância", em que, cometidos no exterior, um de seus elementos integrantes, seja da execução, seja do momento consumativo, se verifique no Brasil. A determinação do lugar em que a infração "se considera" praticada é decisiva no tocante à competência penal internacional.

No Direito norte-americano, notadamente em matéria antitruste, prevalece a teoria do impacto territorial, muito bem definida por José Carlos Magalhães no interessante estudo "Aplicação extraterritorial de leis nacionais" (apud Franceschini, ob. cit., p. 666-667), segundo a qual o Estado possui competência para legislar e conhecer de eventos ocorridos, ainda que integralmente no exterior, envolvendo participantes também não nacionais, desde que tais eventos venham a produzir impacto e a ter efeitos dentro do território do Estado.

Alerta o articulista que a aplicação dessa teoria na política antimonopólio traz como resultado inevitável a aplicação de leis nacionais em território alheio, para regular fatos sob outras jurisdições.

No Brasil, a Lei n. 8.884/94 (art. 2.º), inspirada no art. 6.º do Código Penal, adotou a teoria da ubiqüidade, mista ou da unidade, estabelecendo: "Aplica-se esta Lei, sem prejuízo de convenções e tratados de que seja signatário o Brasil, às práticas cometidas no todo ou em parte no território nacional ou que nele produzam ou possam produzir efeitos".

Salienta Costa e Silva (*Código Penal*, p. 34) ser esta a única teoria cientificamente certa, praticamente satisfatória e que impede a calamidade dos conflitos negativos de competência. Ademais, a regra resulta em maior atenção ao princípio fundamental da ordem jurídica da igualdade de todos perante a lei.

39. Assim, à exceção dos atos meramente preparatórios e os posteriores à consumação, em relação aos atos praticados alhures, basta à incidência da Lei de Defesa da Concorrência que qualquer parcela da atividade do acusado ou que qualquer efeito integrante do resultado da infração tenha se verificado no País. Neste caso, pune-se aqui o delito todo, e não apenas a parcela concretizada no Brasil. Daí a conhecida expressão de Nelson Hungria (*Comentários ao Código Penal*, p. 164-165) no sentido de ser suficiente ao reconhecimento da jurisdição que "o crime haja *tocado* o território nacional".

O Professor Haroldo Valladão (*Direito internacional privado*, v. III/231) aplaude a adoção do conceito da territorialidade mais ampla nas relações internacionais: "Andou certo em prever (o Código Penal) a localização do crime, quando a ação se realiza num Estado e o resultado se verifica em outro".

Verifica-se, portanto, que os critérios de definição da competência internacional da jurisdição brasileira estão estabelecidos no art. 2.º, *caput*, da Lei de Defesa da Concorrência. Assim sendo, o *locus delictus* e não o lugar de domicílio ou residência do acusado é que a determina.

Nestas circunstâncias, não tem o § único do mesmo art. 2.º qualquer efeito limitativo ao reputar situada no território nacional a empresa criada e personificada no exterior que opere ou tenha no Brasil filial, agência, sucursal, estabelecimento, agente ou representante. O fato de uma empresa estrangeira não ter existência legal no País não a isenta da responsabilidade penal-econômica quando seus atos, perpetrados no exterior em ofensa à ordem econômica brasileira, aqui produzam ou possam produzir efeitos.

Em outras palavras, o preceito contido no referido § versa tão-somente sobre a capacidade processual, prevenindo a sociedade alienígena sobre as formas mediante as quais poderá vir a ser chamada a responder ao processo penal-econômico e presentar-se perante as autoridades competentes. Presumem-se essas extensões econômicas da empresa estrangeira autorizadas a serem notificadas e a representarem-na no processo. Trata-se, portanto, de uma imposição legal que integra as obrigações (*lato sensu*) assumidas pela pessoa jurídica estrangeira que aqui tenha interesses.

4. Direito da concorrência aplicado

4.1 Hermenêutica

Elemento objetivo -Interpretação

40. Outro efeito da taxinomia da Lei da Concorrência revela-se na questão da exegese da norma.

Como já salientado acima: "As normas contidas na Lei n. 4.137/62, conforme já firmado por remansosa jurisprudência do CADE e de nossas Cortes, são de natureza penal-econômica e, como tais, *devem ser interpretadas restritivamente*" (grifamos) (voto vencedor da Conselheira Neide Teresinha Malard no Processo Administrativo n. 2/92, *DOU* de 22 de setembro de 1992, Seção I, p. 13.259).

Essa interpretação, estrita, seria de rigor ainda que a legislação de defesa da concorrência não pertencesse ao novel campo do Direito Penal-Econômico.

Com efeito, preleciona o emérito jurista Carlos Maximiliano (*Hermenêutica e aplicação do Direito*, p. 25/27) que, para o efeito de interpretação restrita: "A rubrica *Leis Penais* (...) *compreende todas as normas que impõem penalidade*, e não somente as que alvejam os delinqüentes e se enquadram em códigos criminais. Assim é que *se aplicam as mesmas regras de exegese* para os regulamentos policiais, as posturas municipais e as leis de finanças, quanto às disposições cominadoras de multas e outras medidas repressivas de descuidos, imprudências e abusos, bem como em relação às castigadoras dos retardatários no cumprimento das prescrições legais. Os preceitos mencionados regem, também, disposições de Direito Privado, de caráter punitivo (...). *Toda norma imperativa ou proibitiva e de ordem pública admite só a interpretação estrita*" (grifamos).

E complementa: "Sabiamente o *Codex Juris Canonici*, no c. 19, estabeleceu: "Leges quae poenam statuunt, aut liberum jurium exercitium coarctant, aut exceptionem a lege continent, strictae subsunt interpretationi" - as leis que estatuem pena, ou coarctam o livre exercício de direitos, ou contêm exceção a preceito geral, estão sujeitas a exegese estrita".

Assim, alerta Manoel Pedro Pimentel (*Direito penal econômico*, p. 15 e 21): "(...) o Direito Penal Econômico, sem embargo da especialidade de que se revestem as leis que o organizam, não é autônomo. Trata- se, simplesmente, de um ramo do Direito Penal Comum e, como tal, *sujeito aos mesmos princípios fundamentais deste"*.

"Nem mesmo a alegação de que este direito necessita de maior agilidade. na defesa dos bens e interesses objetivados. poderia justificar a quebra dos princípios gerais do Direito Penal, aqueles mesmos já mencionados como os da reserva legal e da responsabilidade subjetiva" (grifamos).

Adita, porém, José Frederico Marques ("Abuso do poder econômico", *RF* 215/49) a interpretação restritiva a que está sujeita a Lei Antitruste: "(...) no direito penal econômico, é postulado tranqüilo de que as infrações ali previstas estão subordinadas, também, ao princípio do direito penal liberal, de que não há crime sem prévia definição legal, ou seja, o princípio da tipicidade; não há infração penal sem prévia descrição típica. De ressaltar, porém, que *nos domínios do direito penal econômico, o princípio da legalidade dos crimes e das penas apresenta aspectos peculiares que ainda o tornam mais rigoroso e rígido em sua aplicação.* É que o direito penal econômico, como observa Enrique

Aftalión, configura, como ilícitas, certas condutas ou atividades *prima facie* perfeitamente em harmonia com o direito (...)" (grifamos).

Mas a interpretação restritiva ainda mais se impõe à matéria, sob pena de ofensa às garantias individuais constitucionalmente acolhidas. A respeito manifestou-se Miguel Reale ("Abuso do poder econômico e garantias individuais", *RF* 248/14) ao tratar de Portaria do Conselho Administrativo de Defesa Econômica -CADE segundo a qual "a função de reprimir o abuso do poder econômico cabe, primordialmente, ao Poder Executivo, dentro do atual sistema político-econômico-social", nos seguintes termos:

"Ninguém contesta que, no mundo atual, cabe ao Executivo a primazia no plano operacional das normas, mas é claro que essa superioridade de ordem prática não o livra de sua subordinação aos ditames legais, por mais altos e nobres que sejam seus propósitos, sob pena de periclitarem os direitos e as garantias individuais.

Na realidade, é preciso ponderar que nesta delicada matéria de 'abuso do poder econômico' *não há apenas os direitos individuais dos particulares e dos consumidores que devem ser preservados, mas também os dos supostos ou indigitados autores do abuso.* Até e enquanto não positivado este, deve subsistir o princípio de sua não-responsabilidade, não só para ser-lhes assegurado o *due process of law*, como também para que seja devidamente comprovada *'a tipicidade da infração legal"'* (grifamos).

4.2 Elemento subjetivo

Natureza dolosa das infrações contra a ordem econômica. Elemento subjetivo do injusto

41. Não poderia, portanto, o Conselho, diante da natureza jurídica da Lei Antitruste, olvidar-se da vinculação dos julgados ao postulado da *responsabilidade subjetiva.*

Em outras palavras, não poderia uma eventual decisão administrativa do CADE verificar a existência de um fato objetivo, por ela considerado intimamente delituoso, e, assim, entender tipificada a infração. A tipicidade deve ser entendida com maior amplitude.

Para Miguel Reale (*O Direito como experiência*, p. 184): "Quando se afirma que não há crime sem tipicidade, o que no fundo se está a exigir é a rigorosa correspondência do comportamento examinado tanto ao 'tipo da conduta' como ao 'tipo de crime' previstos no modelo legal. A '*tipicidade fática*' é, sem dúvida, um dos elementos essenciais à estrutura do delito, mas *não é pensável sem correlação com a 'antijuridicidade' e a 'culpabilidade' que integram o modelo normativo;* a compreensão concreta da conduta delituosa resulta de sua subordinação à totalidade do modelo penal" (grifamos).

Salienta Manoel Pedro Pimentel (*Direito penal econômico*, p. 68) que: "Os delitos econômicos atualmente previstos são, na grande maioria, de caráter doloso".

"É possível que o legislador, em algumas figuras, tivesse pretendido punir a forma culposa, especialmente a negligência. No entanto, à míngua de disposição expressa, não se pode reconhecer como válida tal intenção. Prevalece, na doutrina, o princípio da excepcionalidade do crime culposo, acolhido pelo Código Penal de 1969, no art. 17, § único".

41.1 Ora, tratando-se do caso específico da Lei Antitruste, indubitavelmente o dolo constitui elemento intrínseco do tipo.

Cuida-se, inclusive, de um tipo anormal, por conter um elemento subjetivo próprio, caracterizado pelo emprego, no art. 173, § 4.º, da Constituição Federal da expressão "que vise" no contexto de "o abuso do poder econômico *que vise* à dominação dos mercados, à eliminação da concorrência e ao aumento arbitrário dos lucros".

41.2 Portanto, é indispensável ao reconhecimento de abuso do poder econômico não só a tipicidade fática como também a existência comprovada do *dolo* e, mais particularmente, de *dolo específico*, por conterem os tipos da legislação antitruste, em sua descrição, um elemento subjetivo do injusto.

Inadmissível, em verdade, é o entendimento contrário, eis que, ensina Benjamin M. Shieber (*Abuso do Poder Econômico*, p. 35): "A aceitação do ponto de vista de que o legislador afastou-se das finalidades dos atos ao definir os abusos do poder econômico privará a lei antitruste de sua base no art. 148 da Constituição (de 1946), aliás expressa no art. 1.º da própria lei".

41.3 Ademais, ao contrário da legislação antitruste norte-americana, preferiu o legislador brasileiro não acatar a excessivamente rígida política da ilicitude *per se*. Este, um entendimento absolutamente pacífico na doutrina e jurisprudência brasileiras.

Assim, pode-se afirmar horripilantemente inconstitucional a tentativa do art. 20 da atual Lei n. 8.884, de 11 de junho de 1994 (como o era o art. 22, *in fine*, da Lei n. 8.158, de 8 de janeiro de 1991), que procura consagrar a responsabilidade objetiva em matéria repressiva, nos seguintes termos: "Constituem infração da ordem econômica, *independentemente de culpa*, os atos sob qualquer forma manifestados, que tenham por objeto ou possam produzir os seguintes efeitos, ainda que não sejam alcançados (...)" (grifamos).

42. De qualquer modo, consumada a infração sob a égide de legislação anterior que não contemple tal heresia, seria obviamente indiscutível que, com maior razão, a indispensabilidade da presença do elemento subjetivo seria patente. É notório que, em tema punitivo, prevalece o princípio da irretroatividade da lei mais gravosa. Diferindo as regras positivas imperantes ao tempo do eventual delito e da época de seu julgamento, aplica-se a mais benéfica.

Harmônica com o tratamento dado pelo sistema jurídico nacional é a posição da legislação argentina, da nossa muito próxima e até inspiradora. Preleciona a respeito Guillermo Cabanellas (ob. cit., p. 162): "No obstante, la naturaleza de las figuras y penas previstas en los artículos 41 y 42 de la L.D.C. permite orientar la búsqueda de una definición de tal concepto. Constituye un primer paso en tal sentido la aplicación del principio básico del Derecho Penal argentino de que no hay pena sin culpabilidad. El segundo principio sería el de que no hay delitos culposos a falta de figuras que específicamente los prevean. En consecuencia, los delitos previstos en el artículo 41 de la L.D.C. *sólo se configurarían a través de conductas dolosas"* (grifamos) (o art. 41 da L.D.C. arrola as infrações à ordem econômica argentina).

4.3 Responsabilidade solidária

Critério restritivo da aplicação do princípio da responsabilidade empresarial solidária

43. A indispensabilidade do elemento subjetivo na configuração do tipo penal-econômico, agregada ao princípio da ubiqüidade das normas de defesa da concorrência, notadamente na medida da remissão genérica às empresas estrangeiras que, direta ou indiretamente, "operem" (*doing business*) no País (§ único do art. 2.º da Lei n. 8.884, de 11 de junho de 1994), deve-se conjugar ao art. 17 do mesmo diploma básico, que reconhece serem solidariamente responsáveis as empresas ou entidades integrantes de grupo econômico, de fato ou de direito, que praticarem infração da ordem econômica.

Este preceptivo merece, entretanto, severos reparos e aplicação extremamente cautelosa, muito mitigada em relação a seu texto literal, sob pena de flagrante inconstitucionalidade.

44. O princípio da solidariedade do grupo ou consórcio empresarial constitui o fenômeno da despersonalização da pessoa jurídica. Inicialmente aplicado às relações laborais, quando mereceu largos encômios pela proteção conferida aos hipossuficientes, no campo do Direito da Concorrência sua adoção merece reservas, dada a natureza repressiva do Direito Penal-Econômico.

É-lhe hierarquicamente superior, indubitavelmente, o princípio constitucional da intransmissibilidade das penas (art. 51), XLV, da Carta Magna), pelo qual a pena é pessoal, individuada e intransferível.

Desse modo, o preceito é de interpretação restritíssima (*odiosa restringenda*), somente passível de aplicação às hipóteses (a) de sociedades integrais e (b) nos casos em que se admite a desconsideração da personalidade jurídica (*lifting the corporate veil*), quando se comprova verdadeira prorrogação da personalidade do condenado a outras empresas ou entidades de seu próprio grupo econômico. Ademais, há de haver uma hierarquização entre a empresa responsável pelo ato anticoncorrencial e aquela tida por solidariamente responsável, ou seja, deverá aquela exercer a administração e controle ou direção da empresa secundária ou liderada.

Dada sua origem, sua incidência somente pode ocorrer quando presente no ato anticoncorrencial a fraude. Analisando a questão dos grupos econômico-financeiros, em matéria trabalhista, em face do princípio da livre concorrência e ao fenômeno da concentração econômica, Délio Maranhão ("Sujeitos do contrato de trabalho", apud *Instituições de Direito do Trabalho*, de Arnaldo Süssekind, Délio Maranhão e Segadas Vianna, v. 1/281 e ss.) assim se expressou:

"A concentração do poder econômico, que o economista Paul A. Samuelson qualifica de 'tremenda', constitui uma das principais características do capitalismo moderno. Um dos princípios teóricos, em que se baseia o sistema capitalista de produção, é o da 'livre concorrência'. Como escreve Samuelson, 'a competição tal como existe na realidade econômica não é perfeita. Talvez até se esteja tornando cada dia menos perfeita, devido ao caráter fundamental da produção em larga escala'. (...)

O direito do trabalho, diante do fenômeno da concentração econômica, tomou posição, visando a 'oferecer ao empregado de um estabelecimento coligado a garantia dos seus direitos contra as *manobras fraudulentas* ou outros atos prejudiciais, aos quais se prestariam com relativa facilidade as interligações grupais entre administrações de empresas associadas, se prevalecesse o aspecto meramente jurídico-formal'. *Esta a origem* da norma do § 2.º do art. 2.º da Consolidação (do Trabalho), que dispõe: 'sempre que uma ou mais empresas, tendo embora cada uma delas personalidade jurídica própria, estiverem sob a direção, controle ou administração de outra, constituindo grupo industrial, comercial ou de qualquer outra atividade econômica, serão, para os efeitos da relação de emprego, solidariamente responsáveis *a empresa principal* e *cada uma das subordinadas*'" (grifamos).

45. Eis os requisitos fundamentais, expostos pelo instituto: (a) fraude e (b) subordinação. No Direito do Trabalho, admissível uma exegese mais ampla, favorável ao menos protegido. Inconcebível o mesmo raciocínio em matéria repressiva na relação Estado titular do "ius puniendi" e agente econômico. Mesmo no campo laboral, a questão não é insusceptível de dúvidas. Relata Amauri Mascaro Nascimento (*Curso de Direito do Trabalho*, 9ª ed., p. 337/338): "Discutível é a concepção do grupo econômico como empregador único, afirmada por parte da doutrina mas ainda sem base legal".

Registra o autor haver pronunciamentos doutrinários segundo os quais a presença de acionistas em comum, em diferentes empresas, seria insuficiente para fixar solidariedade passiva (Evaristo de Moraes Filho, Russomano, Süssekind e Délio Maranhão), orientação que já foi seguida pelo Tribunal Superior do Trabalho (Ac. de 1.º.10.1951, Proc. n. 5.237/50, Rel. Min. Delfim Moreira Jr., *RTST*, 1955, p. 8).

Menciona decisões judiciais segundo as quais: "o simples controle acionário de várias empresas por uma ou mais pessoas físicas não configura o chamado grupo econômico, que pressupõe necessariamente a existência de uma empresa principal e de empresas subordinadas" (TRT, 3ª Reg., Proc. n. 107/63, Rel. Juiz Cândido Gomes de Freitas, in Calheiros Bonfim, *Dicionário*, 1965, p. 79-80).

Cita, ainda, outras decisões que sustentam que o grupo não se presume, havendo sua existência de ser provada por quem alega (STF, 1ª T., RE 18.837, Rel. Min. Barros Barreto, in Calheiros Bonfim, *Dicionário*, p. 25; TST, Proc. n. 580/50, Rel. Min. Oliveira Lima, in Calheiros Bonfim, *Dicionário*, 1963).

Também sob o aspecto do Direito Societário, a figura da "desconsideração da pessoa jurídica" vincula-se ao conceito de fraude ou simulação. Darcy Arruda Miranda Júnior (*Dicionário jurisprudencial da sociedade por ações*, p. 322), após citar Tullio Ascarelli, em admirável sinopse, refere-se a decisão judicial (cf. *RF* 188/272-273) do MM. Juiz do Tribunal de Alçada de São Paulo, Dr. Antonio Pereira Pinto, nos seguintes termos: "Entende também a jurisprudência que os atos e obrigações de uma pessoa jurídica podem considerar-se como atos de uma pessoa particular e vice-versa, quando concorram as seguintes circunstâncias: a) que a sociedade esteja influenciada ou governada por essa pessoa, ou que haja entre elas tal identidade de interesses e propriedade, que a sociedade e a pessoa estejam confundidas; b) que os fatos sejam de tal natureza que admitir a ficção de suas personalidades distintas, nas circunstâncias do caso, equivalha a sancionar uma fraude ou promover uma injustiça".

Se tantas e tais cautelas são exigidas no Direito Trabalhista e Societário, com maior razão, ainda, em matéria repressiva.

O art. 17 da Lei n. 8.884, de 1994, há de ser lido, portanto, conjugado ao art. 18 que lhe segue, a saber: " Art. 18. A personalidade jurídica do responsável por infração da ordem econômica poderá ser desconsiderada quando houver da parte deste abuso de direito, excesso de poder, infração da lei, fato ou ato ilícito ou violação dos estatutos ou contrato social. A desconsideração também será efetivada quando houver falência, estado de insolvência, encerramento ou inatividade da pessoa jurídica provocados por má administração".

Inconstitucional, portanto, seria sua aplicação àquelas empresas que, embora pertencentes ao mesmo grupo econômico, tenham seu capital detido por terceiros a ele alheios, ainda que em diminuta parcela. Não poderia o *tertius* sofrer, indiretamente, as repercussões penais-econômicas que se pretende infligir ao real agente ofensor da ordem econômica.

De qualquer sorte, como visto, a solidariedade não se presume, exigindo a convocação da empresa ou entidade solidariamente responsável para que formalmente responda ao processo penal-econômico. Não sendo, esta, parte no feito, não poderia, é claro, ao final deste, responder por seus efeitos.

4.4 Putatividade delitiva

Criminalidade impossível

46. Ainda sob o aspecto do elemento subjetivo, interessante é a hipótese de o agente econômico vir a ser colocado, propositadamente, pela pretensa "vítima" da ofensa à ordem econômica na situação de praticar a infração esperada. Nestes casos, o delito torna-se irrealizável, dada a impossibilidade de constituir-se.

É o caso, por exemplo, do co-partícipe em "joint venture" com concorrente que adota medidas sociais que, necessariamente, antecipam uma reação positiva do competidor que, não fora a conduta do primeiro e sua intenção anticoncorrencial, seria eventualmente considerada ofensiva à ordem econômica.

Damásio E. de Jesus (*Direito penal*, 13. ed., v. 1, p. 176), analisando o tema, consigna que nossos julgados têm salientado que: "Ocorre crime putativo por obra do agente provocador quando alguém de forma insidiosa provoca o agente à prática de um crime, ao mesmo tempo em que toma providências para que o mesmo não se consume".

Por seu turno, Aníbal Bruno ensina que a matéria do crime putativo por obra do agente provocador é geralmente cuidada no dispositivo do crime impossível. Embora a inidoneidade não exista no meio ou no objeto, o conjunto das circunstâncias, adrede preparadas, eliminaria a possibilidade de constituir-se o delito. O sujeito é posto em situação de praticar o crime esperado, irrealizável, entretanto, pela vigilância que se exercite sobre ele.

O Colendo Tribunal de Alçada Criminal de São Paulo, em lapidar Acórdão da lavra do Juiz Ercílio Sampaio (cf. *JTA Crim* 73/286), decidiu que o delito putativo: "É o crime de ensaio, cuja impunibilidade tem de ser plenamente reconhecida. Somente na aparência é que ocorre um crime exteriormente perfeito. Na realidade, seu autor é apenas o protagonista inconsciente de uma comédia. O elemento subjetivo do crime existe, é certo, em toda sua plenitude; mas, sob o aspecto objetivo, não há violação penal, senão uma inciente cooperação para a ardilosa averiguação da autoria de crimes anteriores, ou uma simulação, embora ignorada do agente, da exterioridade de um crime. O desprevenido sujeito ativo opera dentro de uma pura ilusão, pois, *ab initio*, a vigilância da autoridade policial ou do suposto paciente torna impraticável a real consumação do crime".

Ainda que assim não fosse (apenas *ad argumentandum*), teriam as atitudes mencionadas nítidas características de exercício regular de direito, o que configuraria uma causa de exclusão da antijuridicidade.

É pacífico que não é antijurídica a ação praticada no exercício regular de direito. Como afirma Heleno Cláudio Fragoso (*Lições de direito penal*, p. 197): "(...) é inconcebível que o ordenamento jurídico, por um lado, confira um direito, e, pelo outro, torne ilícita a ação que corresponde ao exercício de tal direito".

Evidentemente, a expressão "direito" não tem uma conotação exclusivamente penal, devendo ser entendida de forma a compreender todo o ordenamento jurídico.

4.5 Tipologia

Delitos-meio e delitos-fim. Anormalidade dos tipos

47. Estabelecidos os critérios de análise dos elementos objetivo e subjetivo do tipo, passa-se ao exame deste.

Desde a Lei n. 4.137/62, e até hoje, com a Lei n. 8.884/94, é corriqueira a confusão que se faz entre os tipos antijurídicos e puníveis previstos nas leis de defesa da concorrência.

48. Na Lei de 1962, o legislador brasileiro optou por indicar aos agentes econômicos alguns "meios" ou "veículos" necessários à consumação do delito e aperfeiçoamento do elemento objetivo do tipo. Eram eles taxativos (*numerus clausus*) à época e especificados nas diversas alíneas dos incisos I a V daquele diploma. Os tipos, ou "delitos-fim" contemplados na Lei, eram apenas e tão-somente: (a) dominar os mercados nacionais ou eliminar total ou parcialmente a concorrência; (b) elevar sem justa causa os preços, nos casos de monopólio natural; (c) provocar condições monopolísticas ou exercer especulação abusiva; (d) formar grupo econômico e (e) exercer concorrência desleal.

As demais figuras (chamadas "delitos-meio"), relacionadas nas alíneas do art. 2.°, tinham natureza meramente instrumental, não subsistindo isoladamente.

Os precedentes, tanto judiciais como administrativos, do CADE e a doutrina eram unânimes nesse sentido. Vide, a título de exemplo, a sentença proferida pelo MM. Juiz da 9ª Vara da Justiça Federal no Rio de Janeiro, Silvério Luiz Nery Cabral, no Proc. n. 476/1979/82 (cf. ementa n. 101, in Franceschini, ob. cit., p. 101-102): "Por último, saliento que criar dificuldades ao funcionamento ou desenvolvimento de uma empresa constituiria abuso do poder econômico, na forma da jurisprudência do próprio CADE, firmada no processo administrativo instaurado (...) (*Revista de Direito Econômico*, n. 7, p. 125) *quando constitui meio para obter o estado de dominação de mercado, o estado de eliminação de concorrência* e para a elevação arbitrária dos lucros, hipóteses que nem se vislumbraram no caso" (grifamos).

48.1 A título ilustrativo, podem-se citar dois votos vencedores proferidos pelo ilustre Conselheiro Mauro Grinberg:

a) na Sindicância n. 72, de 2 de julho de 1987 (cf. *DOU* de 6 de julho de 1987, Seção I, p. 10.481):

"A imputação às Representadas é da prática de abuso do poder econômico, consistente na nomeação pela Ford, da concessionária Mercovel em áreas dominadas até então pela Buchala. (...)

A par da legalidade da instalação da nova concessionária na região, tal fato não constitui abuso do poder econômico; com efeito, *não se verificam, como resultado de tal ação, o estabelecimento de monopólio, a eliminação da concorrência ou o aumento arbitrário dos lucros*" (grifamos); e

b) na Sindicância n. 58, de 2 de julho de 1987 (cf. *DOU* de 6 de junho de 1987, Seção I, p. 10.481):

"Trata a presente sindicância de imputação à Representada de atitudes e ações que prejudicaram sensivelmente a Representante, criando enormes dificuldades a esta, na sua atividade de distribuidora dos produtos fabricados pela Representada.

Não se vislumbra em tais atitudes da Representada -considerada a hipótese de veracidade das alegações da Representante - qualquer forma de tipificação legal e/ou constitucional de abuso do poder econômico, já que inexiste aqui tentativa de dominar o mercado - trata-se aqui de mercado de uma única marca -, eliminar a concorrência - aqui o verificado é, a substituição de um distribuidor por outro - ou aumentar arbitrariamente os lucros".

49. Essa sistemática pouco foi alterada pelas leis subseqüentes (Leis n. 8.158/91 e 8.884/94), exceto pelo fato de que os "delitos-meio" arrolados nesses diplomas passaram a ser meramente exemplificativos.

Assim, o art. 3.º da Lei n. 8.158/91 reconhecia como tipo único, que cognominou de "infração à ordem econômica": "(...) qualquer acordo, deliberação conjunta de empresas, ato, conduta ou prática tendo por objeto ou produzindo o efeito de *dominar mercado de bens ou serviços. prejudicar a livre concorrência ou aumentar arbitrariamente os lucros,* ainda que os fins visados não sejam alcançados, *tais como:* (...)" (grifamos).

Prestava-se, dessa forma, mais uma vez, homenagem e obséquio à trilogia constitucional: "domínio de mercado", "eliminação da concorrência" e "aumento arbitrário de lucros".

49.1 O mesmo ocorre em relação aos "delitos-fim" previstos no art. 20 da atual Lei n. 8.884/94, no tocante aos "delitos-meio" consignados no art. 21 do mesmo diploma, que assim reza: "As seguintes condutas, *além de outras, na medida em que configurem hipótese prevista no art.* 20 *e seus incisos*, caracterizam infração da ordem econômica" (grifamos).

Conclui-se, portanto, que as únicas figuras típicas, antijurídicas e puníveis previstas na lei em vigor são aquelas arroladas no supramencionado art. 20, a saber:

"I - limitar, falsear ou de qualquer forma prejudicar a livre concorrência ou a livre iniciativa;

II - dominar mercado relevante de bens ou serviços;

III - aumentar arbitrariamente os lucros;

IV - exercer de forma abusiva posição dominante."

Mais uma vez, embora com maior sofisticação, consagra-se a trilogia constitucional ("domínio de mercado", "eliminação da concorrência" e "aumento arbitrário de lucros"), não passando a hipótese do inciso IV de mero corolário do "domínio de mercado". Apenas estas as modalidades de "infração à ordem econômica".

As infrações à ordem econômica são, portanto, dolosas, de resultado, dotadas de elemento subjetivo do injusto e que admitem (aliás, expressamente - art. 20, *caput*) tentativa: "Constituem infração da ordem econômica (...) os atos sob qualquer forma manifestados, *que tenham por objeto ou possam produzir os* seguintes efeitos, *ainda que não sejam alcançados...*" (grifamos).

4.6 Criação de dificuldades: "a vala comum"

Exegese do tipo

50. A primeira tentativa do legislador antitruste brasileiro de conferir natureza meramente exemplificativa aos chamados delitos-meio foi concretizada com a inserção da alínea *g* do inciso I do art. 2.º da Lei n. 4.137/62, qual seja a figura da "criação de dificuldades à constituição, funcionamento ou desenvolvimento de empresa".

Esse modelo encontra símile nos arts. 3.º, XVI, da Lei n. 8.158/91, e 21, V, da Lei n. 8.884/94, e sob este prisma passa a ser examinado.

51. A figura da "criação de dificuldades" opera como norma residual,

verdadeira "vala comum", quando não se consegue definir com precisão a conduta pretensamente antijurídica. Por essa razão, é largamente utilizada na formulação de representações perante os órgãos de defesa da concorrência por quem, efetivamente, pretende servir-se da legislação especial para propósitos diversos daquele a que se destina aquela ou para a formulação de denúncias em má-fé.

Por essa mesma razão, sua aplicação há de ser extremamente cautelosa, máxime diante da exigência da exegese estrita de seus termos e do impedimento de interpretações analógicas do tipo, de forma a não se impor ao acusado inocente um desnecessário ônus processual diante da inexistência de real motivo, como, aliás, demanda o crisol do princípio da moralidade das ações.

Nesse sentido se manifestou o próprio CADE em lapidar decisão proferida no Processo Administrativo n. 37, de 12 de outubro de 1989, sendo Conselheiro-Relator o saudoso Dr. George Marcondes Coelho de Souza (cf. *DOU* de 16 de outubro de 1989, Seção I, p. 18.556). Segundo o aresto, recomenda-se que o preceito do art. 2.º, I, *g*, da Lei n. 4.137/62, deva ser lido com extrema cautela, uma vez que toda atividade empresarial, tendendo necessariamente à conquista do mercado, há de acarretar dificuldades para outras empresas, isto fazendo parte da concorrência desejável.

Assim, é de entender-se que a criação de dificuldades somente poderá ser reconhecida como fato típico punível se e quando resultante de prática negocial desprovida de boa-fé, isto é, anormal em relação à ordem natural das coisas.

Assim foi redigido o acórdão: "No que toca à 'criação de dificuldades à constituição, ao funcionamento ou desenvolvimento de empresa' (art. 2.º, inc. I, letra 'g', da Lei n. 4.137/62), sua ocorrência só poderia ser resultado da execução, isolada ou simultânea, dos ajustes, porque nada consta dos autos a respeito de outro comportamento das Representadas. Note-se que *esse dispositivo legal é de difícil aplicação, devendo ser lido com cautela,* uma vez que toda atividade empresarial, tendendo necessariamente à conquista do mercado, há de acarretar dificuldades para outras empresas, seja para sua constituição, seja para seu funcionamento ou desenvolvimento. Isso faz parte da concorrência desejável. Assim, é de entender-se que a criação de dificuldades deve ser repelida se e quando resultante de prática negocial desprovida de boa-fé, ou, por outras palavras, anormal em relação à ordem natural das coisas. No caso dos autos, não foi imputado às Representadas nenhum procedimento que apresentasse tal colorido e a simples execução dos dois conhecidos ajustes não parece que pudesse ter o condão de gerar aquelas dificuldades (...) Mais ainda; é de esperar-se que a invocação do dispositivo seja feita por empresa que tenha sua constituição, seu funcionamento ou seu desenvolvimento dificultados pelo *proceder anormal, ou de má-fé, de empresa concorrente.* Isso flui do próprio enunciado legal" (grifamos).

52. Descabida, portanto, sua remissão quando a controvérsia verse sobre transações normais no comércio ou sobre a execução de contratos ou acordos livremente pactuados. Nestas hipóteses, a eventual imputação de ato abusivo do poder econômico ou ofensivo à ordem econômica (e não a conduta do acusado) é que seria irradiada pelo espírito de emulação e má-fé.

Preleciona Benjamin Shieber (ob. cit., p. 180) que o preceito urge a aplicação da chamada regra da razão, segundo a qual sua incidência "depende, em grande parte, dos princípios e costumes que determinam o que é conduta comercial honesta. Assim, a concorrência por si só, por mais forte que fosse, não seria considerada como meio de praticar um abuso do poder econômico".

No caso específico do art. 2.º, I, *g*, somente haveria abuso do poder econômico se a "criação de dificuldades" fosse o "meio" pelo qual o agente viesse alcançar um dos dois estados descritos no *caput* do artigo, ou seja, o de dominação dos mercados nacionais ou o de eliminação total ou parcial da concorrência.

5. Conclusões

Resumo das matérias

53. Examinados os princípios jurídicos aplicáveis ao tema, podem eles ser sumariados na forma abaixo.

a) o Direito da Concorrência é um ramo do Direito Penal-Econômico e, como tal, sujeito aos princípios gerais do Direito Penal comum;

b) a finalidade e propósito do Direito da Concorrência é a eficiência econômica, em benefício do consumidor, tutelando um bem jurídico da coletividade;

c) o CADE é absolutamente incompetente, *ratione materiae*, para conhecer de questões privadas;

d) o CADE é um órgão judicante auxiliar do Poder Judiciário, sujeito ao controle judicial de seus atos;

e) a litispendência civil é possível, não a criminal, haja vista a competência exclusiva do CADE para a apuração dos delitos contra a ordem econômica;

f) a legislação de defesa da concorrência não retroage, exceto quando mais benéfica ao Representado;

g) a ação penal-econômica relativa a fatos pretéritos ocorridos antes da vigência da atual Lei Antitruste era prescritível, na forma do art. 114 do Código Penal;

h) as leis de defesa da concorrência, sendo de natureza repressiva, hão de ser interpretadas de forma estrita, sem dispensa do elemento subjetivo do injusto;

i) a determinação do mercado relevante, conceito consagrado no Direito da Concorrência, é um imperativo na análise de qualquer questão antitruste;

j) a competência internacional das autoridades antitruste é territorial, embora expandida, competindo ao CADE apurar todos os atos que, embora praticados alhures, aqui produzam ou possam produzir efeitos anticoncorrenciais;

l) as leis de defesa da concorrência, por sua natureza repressiva, hão de ser interpretadas restritivamente;

m) as infrações à ordem econômica são delitos dolosos, de resultado, e que contemplam um elemento subjetivo do injusto, cuja presença é indispensável à consumação;

n) a fraude é elemento imprescindível à responsabilidade empresarial solidária, sob pena de inconstitucionalidade;

o) quando o abuso do poder econômico é provocado pelo Representante, que antecipa necessariamente sua consumação, não há delito possível;

p) as únicas infrações à ordem econômica são aquelas tipificadas no art. 20 da Lei n. 8.884/94, sendo as condutas exemplificativas do art. 21 meros instrumentos à consecução daquelas; e

q) a figura da "criação de dificuldades" é a "vala comum" do Direito da Concorrência e meio freqüentemente utilizado como fundamento para representações de má-fé, merecendo aplicação restrita.

AS EFICIÊNCIAS ECONÔMICAS SOB O PRISMA JURÍDICO (INTELIGÊNCIA DO ART. 54, § 1.º, DA LEI N. 8.884, DE 11.06.94)*

José Inácio Gonzaga Franceschini

SUMÁRIO: 1. Introdução – 2. Escopo da Lei de Defesa da Concorrência: 2.1 Escola tradicionalista ou estruturalista; 2.2 Escola de Chicago; 2.3 Escola "administrativista"; 2.4 Resumo – 3. Identificação e avaliação das eficiências econômicas: 3.1 Modalidades e hierarquia; 3.2 Mensurabilidade; 3.3 Critério de aplicação – 4. As eficiências do Direito Positivo: 4.1 Sistema constitucional; 4.2 Sistema infraconstitucional; 4.3 Conclusão.

1. Introdução

É sabido que o Direito da Concorrência, ramo do Direito Penal-Econômico que disciplina as relações de mercado entre os agentes econômicos e os consumidores, tutelando-lhes, sob sanção, o pleno exercício do direito à livre concorrência como instrumento da livre iniciativa, em prol da coletividade, é a simbiose do Direito com a Economia.

O estabelecimento de uma linguagem comum às duas Ciências é, portanto, imprescindível não apenas à correta aplicação da legislação, como também à sua evolução.

Este um dos propósitos, em tema de atos de concentração, da análise das eficiências econômicas enquanto inteligência do art. 54, § 1.º, da Lei n. 8.884, de 11 de junho de 1994.

2. Escopo da Lei de Defesa da Concorrência

A discussão sobre as eficiências econômicas, sob o prisma jurídico, se inicia com a determinação do escopo da legislação de defesa da concorrência.

Três são as doutrinas básicas que cuidam do tema: (a) a tradicionalis-

* Originalmente publicado na *Revista do IBRAC* V. 3 n. 6, 1996.

ta ou estruturalista, (b) a teoria liberal da Escola de Chicago e (c) a tese "administrativista".

2.1 Escola tradicionalista ou estruturalista

Segundo a tese tradicionalista, assim chamada porque calcada nos primórdios da legislação antitruste norte-americana, a defesa da concorrência seria um bem jurídico em si mesmo, ou seja, um "processo" destinado a coibir condutas abusivas com vistas à preservação da multiplicidade de opções do consumidor e á proteção deste contra preços supra-competitivos.

A concorrência, assim, seria valiosa na medida em que promoveria a redução do desperdício no processo produtivo e motivaria a inovação. Para seus adeptos, a própria estrutura do mercado teria o condão de determinar a conduta dos agentes econômicos e, destarte, toda e qualquer forma de concentração econômica seria de certo modo danosa ao mercado.

Verifica-se, assim, que o valor a ser objeto da proteção legal seria a concorrência em si mesma e não a eficiência econômica.

Trata-se de escola de pensamento fortemente ligada à cultura norte-americana de exacerbação do pluralismo igualitário como ápice do virtuoso. Daí a conhecida expressão *small is beautiful*.

Como resultado, a tese tende ao nivelamento das empresas por suas ineficiências, gerando, nos Estados Unidos, a promulgação de algumas leis (*e.g.* a Lei Robinson-Patman, de 1936, que disciplina o tema da discriminação de preços, e a Lei Celler-Kefauver, de 1950, que alterou a legislação antifusões) que toleram a ineficiência econômica como forma de proteção das pequenas empresas.

2.2 Escola de Chicago

A segunda teoria foi a formulada na chamada "Escola de Chicago", que teve na lição do Professor norte-americano, Juiz Robert Bork, seu ápice mais radical. Para este, a legislação antitruste estaria teleologicamente direcionada para a melhoria das eficiências econômicas e, desse modo, as condutas de mercado somente haveriam de ser tidas como anticompetitivas na medida em que reduzissem tais eficiências.

Em decorrência, a conduta dos agentes econômicos é que seria determinante da estrutura do mercado, e toda concentração seria, em princípio, geradora de eficiências, salvo se redundasse na redução da produção e na conseqüente geração de pressões supracompetitivas sobre os preços. O titular do bem jurídico protegido, no caso, seria o consumidor, beneficiário do bem-estar social promovido pela eficiência.

As teorias estruturalista e da Escola de Chicago têm pontos em comum:

Ambas, como visto, visam a defesa do consumidor contra preços supra-competitivos e levam à aceitação do princípio da eficiência alocativa como propósito primordial da legislação de defesa da concorrência.

De igual modo, as duas teses se preocupam com a minimização do desperdício, ou seja, com a eliminação das chamadas *X-inneficiencies* no processo produtivo.

Por seu turno, a motivação à inovação propugnada pelos tradicionalistas, nada mais é do que a eficiência dinâmica no jargão da Escola de Chicago.

Conclui-se, portanto, que a real diferença entre as duas escolas aparentemente antagônicas, é de cunho tão-somente ideológico, qual seja, a definição do papel do Estado no domínio econômico.

2.3 Escola "administrativista"

A similitude endógena das teorias clássicas promoveu a gestação de uma terceira linha, mais próxima à cultura latina, que resulta na regulamentação jurídica da intervenção do Estado no plano econômico.

Com forte conotação intervencionista e de larga aceitação no Brasil, a teoria reveste as autoridades executoras da legislação de defesa da concorrência de funções de controle da atividade econômica e empresarial, embora em confronto com o art. 174 da Constituição Federal, que limita a atuação do Estado, como agente normativo e regulador da atividade econômica, às funções de fiscalização, incentivo e planejamento. Trata-se, portanto, de uma escola cujas proposituras enfrentam, em geral, questionamentos de constitucionalidade.

Sua origem encontra respaldo na inadequada localização do § 4.º do art. 173 da Carta Magna, que disciplina a repressão ao abuso do poder econômico no capítulo da exploração direta de atividade econômica pelo Estado, ensejando a antinômica conclusão de que cumpre ao Estado intervir na Economia como forma de garantir a livre concorrência.

Sabe-se que a legislação de defesa da concorrência trata de duas modalidades de políticas: (a) as políticas estruturais, que objetivam a eficiência econômica, a eqüidade distributiva, o aproveitamento da escala e o crescimento e (b) as políticas de desempenho que versam sobre temas menos nobres, como a preocupação com os efeitos das anomalias de mercado em contraposição às causas dessas mesmas anomalias. Estas políticas de desempenho, é que se encontrariam no centro das atenções da teoria "administrativista", que também poderia ser cognominada de "intervencionista".

De amplo acolhimento no Brasil, por sua cultura intervencionista, a escola considera a legislação de defesa da concorrência integrada à Política Econômica do Estado. Portanto, as empresas e a competição entre elas seriam apenas instrumentos da política econômica.

Sua aceitação no País é de fácil compreensão diante da retrospectiva histórica do tema.

A primeira lei de defesa da concorrência no Brasil (Decreto-lei n. 869, de 18 de novembro de 1938) considerava o assunto uma questão de "segurança nacional", cujas ofensas haveriam de ser reprimidas pelo - de triste memória - Tribunal de Segurança Nacional (art. 6.º). Seguiu-se-lhe a draconiana Lei Malaia (Decreto-lei n. 7.666, de 22 de junho de 1945, que conferia ao assunto tratamento exclusivamente administrativo e sumário, com o afastamento do Poder Judiciário, em postura típica de um regime político fechado, ditatorial.

A própria Lei n. 1.521, de 26 de dezembro de 1951, embora promulgada já sob os ventos democráticos da Constituição de 1946, mesclou conceitos intervencionistas de "economia popular" aos de defesa da concorrência (arts. 2.º a 4.º). Esta, por sinal, a origem da freqüente confusão estabelecida entre a questão da concorrência e a disciplina das relações de consumo, objeto do chamado Direito do Consumidor.

Posteriormente, as Cartas Constitucionais de 1967 e 1969 consagraram o intervencionismo estatal como fundamento das ordens econômica e social, relegando ao total descaso a aplicação da então vigente Lei n. 4.137, de 10 de setembro de 1962, em favor de mecanismos fiscais de incentivo e desincentivo. Veja-se, a respeito, os propósitos expressos no 2.º PND (Plano Nacional de Desenvolvimento) do período militar.

As teses "administrativistas" ou "intervencionistas", encontraram seu apogeu infraconstitucional na Lei n. 8.158, de 8 de janeiro de 1991, de curta vigência, que, à guisa de tentativa de inserção da questão da concorrência na seara do Direito Econômico, conferiu um tratamento circunstancial ao assunto, muitas vezes com sacrifício de princípios constitucionais consagrados, como os da ampla defesa, do contraditório e do devido processo legal, em favor de uma pretensa flexibilidade e agilidade no magistério punitivo.

Dentre os frutos da escola registraram-se alguns movimentos intervencionistas radicais, tais como a promulgação da Lei n. 8.137, de 27 de dezembro de 1990 (com u'a visão puramente policialesca do assunto) e a atabalhoada tentativa de inclusão, na legislação de defesa da concorrência, do conceito de "aumento abusivo de preços" (art. 21, XXIV, da Lei n. 8.884, de 11 de junho de 1994), que resultou no exercício exógeno de controle de preços pelos órgãos de defesa da concorrência. Tratou-se de um caso típico de desvio de finalidade social, ou seja, de aplicação de uma legislação para fins diversos daquele a que sua natureza intrínseca propõe.

Dela resultaram, mais, as contradições taxinômicas enfrentadas pelos juristas e aplicadores na definição da natureza jurídica da legislação de defesa da concorrência.

2.4 Resumo

Em resumo, a política de defesa da concorrência deve preocupar-se primordialmente com a eficiência econômica, porque é esta que promove o bem-estar material da coletividade, tendo por instrumento a rivalidade entre as empresas. Esta, como se verá, a tese abraçada pela atual Lei n. 8.884/94, como, aliás, vestibularmente demonstra-o o § único de seu art. 1.º.

Porém, na análise econômica das eficiências sob o prisma jurídico, há que se examinar, ainda preliminarmente, dois aspectos: (a) a hierarquia entre as modalidades de eficiências e (b) a mensurabilidade destas.

3. Identificação e avaliação das eficiências econômicas

Como salienta Joseph F. Brodley (*The economic goals of antitrust: efficiency, consumer welfare, and technological* progress", apud "*Revitalizing antitrust in its second* century", organizado por Harry First, Eleanora Fox e Robert Pitofscky, p. 95 e ss.), três também são as espécies de eficiências: (a) inovativa ou dinâmica, (b) produtiva e (c) alocativa.

3.1 Modalidades e hierarquia

Diga-se, desde logo, que, dentre as modalidades de eficiências, a mais relevante é a inovativa, porque sinônimo de progresso tecnológico. É o motor do crescimento da oferta global real.

Segue-se-lhe, em importância, a eficiência produtiva, que eqüivale à produção de bens ou serviços a menor custo. Trata-se de uma eficiência que afeta o crescimento do bem-estar futuro, uma vez que os ganhos de produção a menor custo são cumulativos.

A terceira, em relevância, ou seja, a comparativamente menos importante, é a alocativa, que se dedica à obtenção do menor preço. Preocupando-se com a maximização do consumo, a eficiência alocativa incrementa o bem-estar social apenas circunstancial e marginalmente, não significando necessariamente u'a melhoria do bem-estar geral.

Segundo estudos empíricos realizados nos Estados Unidos (cf. F. M. Scherer, "*Industrial market structure and economic performance*", p. 41), a perda social com preços monopólicos sequer alcançariam 1% do PNB, o que seria um indício da menor dignidade da eficiência alocativa em relação aos ganhos sociais substanciais produzidos pelas eficiências inovativa e produtiva. Não obstante, contraditoriamente, é aquela que tem merecido a maior atenção dos políticos e executores da legislação de defesa da concorrência, dado que se reflete no bem-estar imediato do consumidor. É, assim, a mais controvertida.

3.2 Mensurabilidade

Definidas as modalidades de eficiência e seu grau de importância (pesquisa do ser), para os efeitos de aplicação dos diplomas concorrenciais, torna-se imperiosa a determinação de sua mensurabilidade. É com esta análise que se defronta o executor da norma na busca do dever-ser e na prestação parajurisdicional de aplicação da lei ao caso concreto.

A eficiência produtiva é a única passível de aquilatação, porque a apreciação da redução de custos operacionais é facilmente apreciável.

Mesmo assim, não é isenta de dificuldades. Assim, por exemplo, a eficiência produtiva não pode ser medida *ex ante*, mas apenas *a posteriori*. Outrossim, algumas eficiências produtivas, tais como a eficiência de escopo, não admitem mensuração.

Já a eficiência inovativa não admite qualquer cálculo dada a impossibilidade de se medir as conseqüências das decisões alternativas sobre inovações.

A eficiência alocativa pode ser medida, mas apenas em tese e desde que conhecidas as variáveis econômicas, tais como a elasticidade da demanda, o binômio "aumento de preço/redução de produção" etc. Todavia, o conhecimento antecipado das eficiências alocativas requereria uma previsão da demanda, dos custos e dos preços futuros, o que torna a tarefa uma simples exercício conjectural em sua essência.

O fato, de qualquer modo, é que nenhuma eficiência pode ser mensurada por antecipação. Apenas por sua visibilidade e pelo imediatismo de interesses políticos é que os aplicadores da legislação de defesa da concorrência têm dado, erroneamente, prioridade à repressão de condutas que atentem contra as eficiências alocativas (preços) e a atos de concentração que gerem tais eficiências, quando, em princípio, deveriam conferir maior atenção às eficiências inovativa e produtiva, nessa ordem.

A preferência pelas eficiências alocativas, porém, também enfrenta algumas contradições. É que muitas condutas tidas como violadoras da lei, na realidade, resultam em eficiências alocativas, da mesma forma que muitos atos de concentração são objetados pela simples potencialidade de aumentos futuros de preços em prejuízo das eficiências inovativas e produtivas pós-concentração, que maior proveito trariam à coletividade.

3.3 Critério de Aplicação

Em face das dificuldades de mensuração das eficiências, dada sua natureza conjectural, na análise de atos de concentração, antes de obstá-los, deve-se dar maior ênfase às condutas infrativas pós-concentração, porque estas sim tendem a aumentar os custos dos concorrentes, gerando um efeito anticompetitivo nocivo pelo desestímulo que representa aos investimentos em eficiência inovativa e produtiva.

A política antitruste deve conciliar os interesses de maximização da riqueza social (conceito de eficiência econômica) e do consumidor (conceito de bem-estar social). Neste ponto reside a exigência do II do § 1.º do art. 54 da Lei n. 8.884/94, que requer que os benefícios dos atos de concentração sejam distribuídos eqüitativamente entre seus participantes, de um lado, e os consumidores ou usuários finais, de outro.

A execução da legislação de defesa da concorrência tende a gerar bem-estar social pelo binômio "menor preço - maior qualidade".

Mas há exceções à regra: condutas existem que, embora em tese ofensivas à ordem econômica, podem ser potencialmente geradoras de benefícios e bem-estar social. Por exemplo, a discriminação de preços (XII do art. 21 da Lei n. 8.884/94), em princípio resulta no aumento da produção e com isto em uma eficiência alocativa, ao mesmo tempo em que transfere a riqueza do consumidor para o produtor. De outra sorte, a divisão de mercados mediante cláusulas de exclusividade promove, em tese, menores custos. A cooperação entre concorrentes também o faz e amplia as eficiências econômicas, mas, por outro lado, reduz a participação da coletividade na riqueza social (ineficiência).

Em resumo: na análise econômica, sob o prisma jurídico, hão de se conciliar as eficiências econômicas com o bem-estar da coletividade, priorizando-se as eficiências inovativa e produtiva.

Em segundo lugar, é forçoso reconhecer a insuficiência da eficiência alocativa (preços), não obstante o imediatismo do benefício ao consumidor, a curto prazo. Isto porque o interesse do consumidor não se subordina aos ganhos de eficiência alocativa.

Por último, é de se dar prioridade às condutas infrativas, dada a dificuldade de mensuração das eficiências e a potencialidade de maior perda social resultante da repressão às eficiências inovativa e produtiva. O *trade-off* (escambo social) seria evidentemente desejável, na medida em que as perdas maiores do bem-estar social imediato possam ser superadas pelas eficiências que tenham um efeito multiplicador que favoreça o bem-estar coletivo futuro. Impõe-se o entendimento, notadamente quando ausentes maiores barreiras permanentes ao ingresso de novos concorrentes no mercado, dada a potencialidade da restauração da maior concorrência no futuro.

4. As eficiências no Direito Positivo

4.1 Sistema constitucional

A Constituição Federal de 1988 confere ênfase à ordem econômica neoliberal. Ao mesmo tempo, porém, a Carta Magna em vigor é um produto de conflitos ideológicos e de acordos políticos.

Ao mesmo tempo em que consagra a livre concorrência como princípio geral da atividade econômica, observado o da livre concorrência, a Lei Maior representa uma proliferação de normas que tendem à rigidez conceitual e ao dirigismo estatal, este com tendências nitidamente liberticidas.

Em outras palavras, a Constituição atual consagra um sistema econômico híbrido, simultaneamente privatista (neoliberal) e publicista (neokeynesiano).

De qualquer modo, a Constituição Federal, em sua estrutura, hierarquiza as normas nele contidas. Apresenta, por exemplo, cláusulas pétreas, insuscetíveis de alteração, de que é exemplo a adoção do conceito da livre iniciativa como um dos princípios fundamentais da própria República Federativa do Brasil (art. 1.º, IV, da Constituição Federal).

Já a ordem econômica, contemplada no *caput* do art. 170 da Lei Maior, tem na livre iniciativa um de seus fundamentos, ao lado (enquanto ordem econômica) da valorização do trabalho humano.

Conclui-se, portanto, que o princípio da livre iniciativa goza de primazia, tendo a livre concorrência como princípio *instrumental* (art. 170, IV). O § único do mesmo artigo estabelece, em síntese, que é assegurado a todos o livre exercício de qualquer atividade econômica, independentemente de qualquer autorização de órgãos públicos, salvo nos casos expressamente previstos em lei.

O princípio da livre concorrência, assim, subordina-se ao da livre iniciativa.

Na ordem seqüencial de dignidade constitucional, segue-se à livre iniciativa a questão da exploração direta de atividade econômica pelo Estado (art. 173). É este artigo, em seu § 4.º, que, confusamente, determina a repressão ao abuso do poder econômico.

Esta má localização do § (a repressão ao abuso do poder econômico não se coaduna com a exploração direta de atividade econômica pelo Estado) é que, como já dito, tem gerado sofismas constitucionais que chegam e ensejar interpretações "administrativistas" de que seria necessário ao Estado intervir na Economia para garantir a liberdade de concorrência: uma verdadeira petição de princípios ou contradição em seus próprios termos.

Este mesmo espírito intervencionista foi o que, quando da promulgação da Lei n. 4.137/62, motivou manifestações do então Senador Heribaldo Vieira no sentido de que a legislação antitruste seria um instrumento de orientação da estrutura jurídico-econômica anticapitalista!

O fato notório, entretanto, é que o atual sistema constitucional retirou ao

Estado a função de controle. É conhecido o acirrado debate travado na Assembléia Nacional Constituinte que levou à explícita exclusão desta função quando da redação do atual art. 174 da Constituição Federal. Por esta, restou estabelecido que ao Estado, como agente normativo e regulador da atividade econômica, cabe apenas exercer as funções de fiscalização, incentivo e planejamento.

Em assim sendo, ao invés de uma função de controle, o Estado tem o *poder-dever* de garantir a livre iniciativa por intermédio da livre concorrência. A finalidade da norma constitucional (e, como decorrência, de toda a legislação de defesa de concorrência) é, portanto, unívoca: a defesa e viabilização do princípio instrumental da livre concorrência, que não pode ser utilizado pelo Estado para finalidade diversa, sob pena de desvio de finalidade social.

4.2 O sistema infra-constitucional

A Lei n. 8.884, de 11 de junho de 1994, também padece das contradições da heterogeneidade constitucional. Contém ela elementos estruturalistas, especialmente no capítulo dos atos de concentração (art. 54), bem como influências intervencionistas (e.g. conceito de aumento abusivo de preços - inciso XXIV do art. 21).

A exegese da lei, entretanto, como é pacífico, não pode ser feita nem pontualmente, nem literalmente, mas sim sistemática e teleológicamente.

Sob este enfoque, a Lei n. 8.884/94 abraçou, inequivocamente, a tese de que seu objetivo é a *eficiência econômica*.

De fato, já no *caput* do art. 1.º se atesta que a lei encontra-se orientada pelos ditames constitucionais, dentre outros, da "defesa dos consumidores", expressão esta, no caso, sinônima do escopo do bem-estar social.

Esta remissão tem gerado equívocos, como se o chamado Direito do Consumidor se confundisse com o Direito da Concorrência ou com este se integrasse. Erronia clara: absolutamente distintas as naturezas jurídicas e os bens jurídicos tutelados pelos dois ramos, embora afins.

Complementando o art. 1.º, *caput*, tem-se o § único, que reconhece ser a coletividade o titular do bem jurídico (concorrência) protegido.

Por fim, o § 1.º do art. 20 do mesmo diploma que, expressamente, reconhece que a eficiência do agente econômico, ainda que geradora de monopólio, não resulta em ato ilícito.

Tem-se, portanto, que a hermenêutica do art. 54 e, em especial, do § 1.º, da Lei n. 8.884/94, deve ser finalística e sistemática, nunca literal, amparada pelos objetivos constitucionalmente estabelecidos (mesmo porque se trata de uma norma infraconstitucional).

Conclui-se, assim, que quando o § 1.º do art. 54, citado estabelece que "o CADE *poderá* autorizar" os atos de concentração de que trata o *caput* do dispositivo, a expressão não pode ser considerada como ensejadora de *controle* pelo Estado da atividade econômica ou da conduta empresarial (função banida pela Constituição vigente).

Na realidade, a interpretação sistemática e teleológica de todo o ordenamento jurídico da concorrência exige que o texto sob exame seja lido a *contrario sensu*: o Estado, no exercício de seu poder-dever de garantir a livre iniciativa por intermédio da livre concorrência *não pode deixar de aprovar* o ato de concentração quando atendidos os requisitos indicados no § 1.º e não o inverso. Em princípio, o CADE não está autorizado a obstar o ato de concentração na presença das eficiências arroladas, mesmo porque, na hipótese, sua decisão configura ato administrativo regrado ou vinculado.

O ato de concentração que não acarrete nenhum impacto negativo substancial no mercado ou que não tenha maior potencialidade nociva, não poderia, dessa forma, ter sua aprovação negada, ainda quando não apresente as eficiências arroladas no mencionado § 1.º. É o caso, por exemplo, das aquisições de controle acionário ou de ativos de empresas em estado falimentar (*failing company*) ou que resultem em alterações meramente marginais da estrutura do mercado (*de minimis non curat praetor*) ou cujos efeitos na concorrência sejam neutros ou quando a operação seja imprescindível para a sobrevivência ou competitividade do agente adquirente.

4.3 Conclusão

Diante da Lei n. 8.884, de 11 de junho de 1994, tem-se, em tema de atos de concentração:

a) que a análise econômica deve prevalecer sobre a análise jurídico-formal dos requisitos de eficiência;

b) que a exegese sistemática e finalística da legislação de defesa da concorrência exige uma visão *pro negotio*, porque esta é geradora de bem-estar social e dada a primazia do princípio constitucional da livre iniciativa sobre o da livre concorrência;

c) que as eficiências econômicas devem prevalecer sobre os níveis de concentração estruturais do mercado, notadamente dada a possibilidade de repressão de condutas infrativas pós-concentração;

d) a inexigibilidade legal de comprovação de eficiências como fator adicional (*plus factor*), *sine qua non*, à aprovação de atos de concentração, dada a natureza conjectural daquelas, notadamente quando do ato não se vislumbre impacto anticompetitivo;

e) pelo mesmo motivo, o reconhecimento da fragilidade dos compromissos de desempenho de que trata o art. 58 da Lei n. 8.884/94, que têm natureza meramente facultativa (não há impor compromisso de desempenho quando não haja risco ao mercado), cuja adoção deve ser limitada a questões estruturais específicas reveladas pela análise econômica e nunca para tratar de temas comportamentais;

f) o poder-dever do CADE de aprovar, quando presentes eficiências inovativas e/ou produtivas, os atos de concentração de que não resultem redução da produção e pressões sobre os preços dela conseqüentes;

g) a insuficiência das eficiências alocativas como fator de escambo social (*trade-off*); e

h) a consideração de aspectos não-econômicos para a aprovação de atos de concentração, quando ambíguos os resultados da análise das eficiências econômicas (como aliás recomenda o § 2.º do mesmo art. 54).

DENUNCIAÇÃO DE PRÁTICAS ANTICOMPETITIVAS: GANHOS PRIVADOS E CUSTOS PÚBLICOS [*1]

José Inácio Gonzaga Franceschini

Edgard Antonio Pereira

Eleni Lagroteria da Silva

SUMÁRIO: 1. Introdução – 2. A equação jurídica – 3. O modelo: 3.1 Custo e benefício social; 3.2 Objetivo social; 3.3 Denunciante; 3.4 Relação entre a perda do denunciante e o custo/benefício envolvido no processo; 3.5 Relação entre os ganhos líquidos do denunciante e a probabilidade de se julgar a causa procedente – 4. Conclusões – Bibliografia.

1. Introdução

Em artigo recente (MATTOS, César,. O compromisso de cessação de práticas anticompetitivas no CADE: uma abordagem de teoria dos jogos, Águas de Lindóia; ANPEC, 1996), o autor analisa, sob o prisma da teoria dos jogos, os potenciais incentivos à conduta anticompetitiva decorrentes do Compromisso de Cessação de Prática (CCP). O modelo, desenvolvido de maneira objetiva e competente pelo autor, permitiu-lhe concluir que "caso o CCP se torne prática recorrente, o mesmo poderá gerar um forte incentivo à infração *ex-ante*. O CCP seria visto como uma perspectiva de perdão que torna lucrativa a prática infratora".

A premissa do autor é de que as empresas agirão de forma racional, visando maximizar os benefícios da infração, comparando-os com os custos - financeiros e de reputação - decorrentes de uma eventual condenação, e a probabilidade de vir a ser celebrado com o CADE um compromisso de cessação.

[*] Publicado originalmente em Lei da Concorrência conforme interpretada pelo CADE, Singular, 1998

[1] Edgard Antonio Pereira é professor do Departamento de Teoria Econômica do Instituto de Economia da UNICAMP, doutor em Economia Industrial pelo Instituto de Economia Industrial da UFRJ, *ex-visiting scholar* da Universidade da Califórnia, Berkeley. Eleni Lagroteria da Silva é doutoranda em economia pela Faculdade de Economia e Administração da USP. José Inácio Gonzaga Franceschini é advogado, sócio da Franceschini e Miranda Advogados Os autores agradecem os comentários e sugestões de João Paulo Garcia Leal e Alexandre Schwatzman.

Nossa intenção no presente artigo é analisar o outro lado da moeda: as vantagens, para o Representante, da denúncia de prática anticompetitiva infundada ou de má fé e os prejuízos para a sociedade dela decorrentes.

De fato, a literatura tem chamado atenção para a má utilização e tentativas de desvio de finalidade dos instrumentos postos à disposição da sociedade para a defesa da concorrência. Em FRANCESCHINI, lê-se, em referência aos princípios para apuração de infrações, que "tais princípios, todavia, não impedem o mau uso (ou abuso) das autoridades públicas, sejam elas judiciais ou administrativas, para fins anticoncorrenciais. Em verdade, não é incomum verificar-se a formulação de representações perante o CADE com o objetivo de tão-somente afastar a concorrência prejudicando o concorrente, acarretando-lhe pesado ônus processual, bem como sujeitando-o à execração e alarde públicos." (*Introdução ao direito da concorrência*. São Paulo, 1996, p27). Prossegue o autor afirmando que "tais recursos predatórios, quando repercutirem no mercado, merecem imediato repúdio e a rejeição liminar da denúncia, sujeitando-se o Representante, neste caso, sim, a Processo Administrativo por eventual infração à ordem econômica pela criação de dificuldades, sem prejuízo de possível configuração de denúncia caluniosa."(idem).

Os efeitos da apresentação de denúncia de prática anticompetitiva são expressivos e assimétricos para denunciantes e denunciados. Em recente estudo, BIZJAK e COLES (1995). analisam, de um universo de 1959 casos de denúncia de prática anticompetitiva apresentados em cinco distritos americanos (Atlanta, Chicago, Kansas City, New York e San Francisco), o subconjunto daqueles em que as empresas - denunciantes e denunciadas - tem cotação nas Bolsas NYSE e AMEX. Os autores avaliam as perdas e ganhos, em termos de alterações do valor de mercado das companhias envolvidas, e, apoiados em extensos estudos econométricos, concluem que as empresas denunciantes começam a perceber ganhos a partir do momento que entram com a representação e sustentam que existem significativos efeitos positivos no valor de mercado das empresas denunciantes acompanhados de importantes perdas para as empresas denunciadas. (*The effect of private antitrust litigation on the stock-market valuation of the firm*, *The Amercian Economic Review*, V. 85, n. 3, June, 1995)[2].

Além de fonte de ganho econômico para o denunciante, a denúncia de

[2] "A perda média de valor para as denunciadas é de aproximadamente 0,6% do valor das ações da firma, ou uma perda média de US$ 4 milhões. (...) O ganho médio da denunciante é de aproximadamente 1,2% do valor das suas ações, ou o equivalente a uma média de US$ 3 milhões." (BIZJAK e COLES, op. cit., p. 437. tradução livre).

prática anticompetitiva pode, em verdade, ser uma resposta, talvez a mais simples e menos onerosa para o denunciante, ao acirramento da concorrência no mercado. Tal possibilidade foi analisada por CHARLES RULE, então Procurador Geral Assistente da Divisão Antitruste do Departamento de Justiça dos Estados Unidos, na Reunião Anual da *American Bar Association* de 1988. (Claims of predation in a competitive marketplace: when is a antitrust response appropriate?, 1988 Annual Meeting, American Bar Association, Toronto, ago. 1988). Avaliando as repercussões da entrada em vigor do Acordo de Livre Comércio entre Estados Unidos e Canadá e o aumento da pressão competitiva sobre as empresas americanas e canadenses dele decorrentes, RULE sustenta que "[f]ace à perspectiva de aumento da competição e impossibilidade de conseguir novas barreiras tarifárias e comerciais, algumas firmas americanas e canadenses provavelmente virão chorar junto às autoridades antitruste ou às cortes. Esses competidores desapontados provavelmente reclamarão que a pressão competitiva que estão sofrendo é resultado de 'comportamento estratégico' desleal, 'preços predatórios' ou - um lema ouvido muito freqüentemente hoje em dia - "elevação de custos dos rivais", destinada a retirá-los do negócio ou impedir sua entrada." (tradução livre).

Desnecessário assinalar quão similar pode ser esta situação com a atualmente vivida pela economia brasileira, motivada pela abertura às importações.

Perguntando-se sobre o que devem as autoridades fazer diante dessas reclamações, RULE é taxativo: nada.

O CADE, entretanto, é obrigado a acolher e julgar todas as representações que lhe sejam apresentadas, mesmo que, à primeira vista, pareçam improcedentes. Além dos condicionantes legais, a própria insipiência da cultura da concorrência na sociedade brasileira faz que uma das tarefas primordiais do Conselho seja, justamente, difundir essa cultura e incentivar a utilização dos instrumentos legais disponíveis. Entretanto, cabe ao CADE ser, ao mesmo tempo, agente educador nesse processo de aprendizado. Por isso, é importante que o Conselho desestimule a apresentação de representações descabidas e incentive a formulação de denúncias consistentes e bem fundamentadas, até mesmo como recurso didático, no curso da consolidação do aparato institucional da defesa da concorrência.

A maneira e os mecanismos pelos quais esse objetivo será alcançado somente a prática e o bom senso poderão definir.

O modelo apresentado neste trabalho é uma contribuição a esse debate. Coloca em destaque a interação entre os condicionantes privados da decisão de apresentar denúncia de prática anticompetitiva e os custos sociais envolvidos na atuação do sistema de defesa da concorrência. O objetivo é definir as condições necessárias, formalmente, para que as denúncias apresentadas ao CADE fossem, primordialmente, aquelas que apresentassem boa probabilidade de serem julgadas procedentes. O modelo, por definição, restringe-se aos aspectos econômicos do tema. O enquadramento jurídico da proposição apresentada são expostos no próximo item.

2. A equação jurídica

Ubi urbi, ibi jus. "Onde quer que exista uma sociedade humana, sempre haverá o Direito".

Ao fato jurídico de que trata o brocardo corresponde a norma, a tutela do Direito: "a todo direito corresponde uma ação que o assegura" (Código Civil, art. 75). Diria o sempre eterno mestre, CLOVIS BEVILÁQUA ("*Código Civil*", v. 1, 1916, p. 323), que a ação é parte constitutiva do direito subjetivo, pois que é o próprio direito em atitude defensiva. A ação, tecido tegumentar do direito, protege a parte nuclear do interesse, desdobrando-se em ação no sentido processual, de *jus persequendi in judicio quod nobis debetur*.

Por outro lado, o direito de petição aos Poderes Públicos (art. 5.º, XXXIV, da Constituição Federal) é uma garantia fundamental do indivíduo. Não é ele, porém, irrestrito, delimitando-o a Carta Magna à "defesa de direitos ou contra a ilegalidade ou abuso do poder".

Empregado em desconformidade com a finalidade social da lei e as exigências do bem comum, transmuta-se em abuso, mais precisamente em "abuso de direito". Já o reconheciam tanto o Direito Romano, este embora precariamente (*summum ius, summa iniuria*), como o Canônico, que consagrou a doutrina da *aemulatio*, ambos reconhecendo a possibilidade de o direito ser exercido abusivamente.

Contrapõem-se dois conceitos, apenas aparentemente antinômicos: *qui jure suo utitur neminem laedit* e *malitiis non est indulgendum*. No Direito da Concorrência, diante do conflito, há de prevalecer o interesse da Coletividade, titular do bem jurídico protegido (art. 1.º, § único, da Lei n. 8.884, de 11 de junho de 1994).

Com efeito, demanda o Direito Positivo, ex vi do art. 5.º da Lei de Introdução ao Código Civil, que a lei seja aplicada de forma a atender aos fins sociais a que ela se dirige e às exigências do bem comum. O exercício normal de um direito não constitui qualquer coação (art. 100 do Código Civil), mas o uso egoístico do direito, contrário ao interesse social, encontra repúdio e remédio na norma, dado que aquele que, por ação voluntária ou culposa, causar prejuízo a outrem fica obrigado a reparar o dano (art. 159 do Código Civil). Já dizia TOBIAS BARRETO (*Estudos de direito*, 1951, p. 105), que o direito é um meio para a realização da paz social e não um instrumento de satisfação de interesses puramente individuais.

O exercício anormal do direito encontra, *de lege lata*, resposta explícita no Direito alemão, cujo Código Civil, art. 226 reza: "o exercício de um direito não é permitido quando tem por fim único causar prejuízo a outrem". À norma escrita do Direito tedesco corresponde a pacífica doutrina e jurisprudência nacionais, unicamente dividida no tocante à necessidade ou não do elemento subjetivo ao reconhecimento da figura. Alheio ao tormentoso debate, contenta-se, para as finalidades exclusivas do presente trabalho, com a demanda do dolo, posto que, neste pormenor, a doutrina é virtualmente pacífica: todo aquele que, de má-fé, move representação contra outrem, por pretensa ofensa à ordem econômica comete "abuso de direito".

O fenômeno não é nacional, consagrando-o, *mutatis mutandis*, o Direito Antitruste norte-americano, na análise casuística de *Eastern Railroad Conference vs. Noerr Motor Freight* (365 U.S. 127, 81 S.Ct. 523 (1961)). Com respaldo no direito constitucional de petição previsto na Primeira Emenda à Constituição norte-americana, remembra HERBERT HOVENKAMP ("*Federal antitrust policy - the law of competition and its practice*", 1964, p. 636) que "the right to petition the government also includes the right to file a lawsuit or to bring a complaint before an agency acting in quasi-judicial capacity" (em vernáculo, "o direito de petição ao Estado também inclui o direito de ajuizar uma ação ou de formular uma representação perante uma agência com competência quasi-judicial").

Recorde-se, contudo, que esse direito, em matéria concorrencial (como em outras), não é irrestrito, registrando o mestre, exemplificativamente, o caso *Walker Process Equipment vs. Food Machinery & Chemical Corp.* (382 U.S. 172, 86 S.Ct. 347 (1965)), em que "the Supreme Court held that the wrongful filing of a civil suit could constitute an antitrust violation" (em vernáculo, "a Corte Suprema decidiu que o ajuizamento em má-fé de uma ação civil pode configurar uma violação à legislação antitruste"). Assim tanto neste caso, como em *California Motor Transport Co. vs. Trucking Unlimited* (404 U.S. 508, 92 S.Ct. 609 (1972)), se sugere que o exercício do direito de petição em má-fé não estava amparado pela imunidade conferida pela doutrina Noerr (op. cit., p. 637).

De fato, a jurisprudência (*case law*) antitruste norte-americana estabeleceu, em princípio, quatro hipóteses de exceção à imunidade constitucional prevista em Noerr: (a) declarações falsas (*misrepresentations*) por parte do autor ou representante; (b) conspiração entre o representante e o funcionário público encarregado (*co-conspiration*); (c) suborno (*bribery*); e (d) emulação (*sham petitioning*).

No caso brasileiro, é bem verdade que o art. 83 da Lei n. 8.884, de 11 de junho de 1994, remete à aplicação subsidiária do Código de Processo Civil, permitindo ao hermenêuta haurir os ensinamentos e parâmetros extensivos do art. 17 desse diploma instrumental civil básico. Afirma-se desde logo, para evitar controvérsias de outra ordem, que é este preceito, como tal, no tocante às relações processuais *entre o Representante e o Representado*, inaplicável ao processo penal-econômico destinado á apuração das condutas anticoncorrenciais e sua repressão (embora o seja nas relações entre o Departamento de Proteção e Defesa Econômica - DPDE e o Representado), uma vez não ser o Representante parte ou interveniente (mas mero informante) no correspondente "Processo Administrativo".

De qualquer modo, descreve, com precisão, as hipóteses em que uma representação possa ser formulada de má-fé, ou seja, quando o representante:

a) deduzir pretensão contra texto expresso da Lei n. 8.884, de 11 de junho de 1994;

b) alterar a verdade dos fatos em sua qualidade de informante;

c) usar do processo penal-econômico para conseguir (ainda que não colime seus propósitos) objetivo ilegal, ou seja, quaisquer dos efeitos previstos no art. 20 da Lei da Concorrência, constituindo a representação, neste caso, nítida hipótese (dentre outros delitos-meio possíveis) de criação de dificuldades à constituição, ao funcionamento ou ao desenvolvimento de empresa concorrente ou de fornecedor, adquirente ou financiador de bens ou serviços (V do art. 21 do mesmo diploma);

d) proceder de modo temerário em qualquer incidente ou ato do processo penal-econômico; ou

e) provocar incidentes manifestamente infundados.

Neste ponto, cumpre ter em mente a lição de PONTES DE MIRANDA (*Comentários ao Código de Processo Civil*, tomo I, p. 387), quando afirma que a regra jurídica não é de interpretar-se por analogia, nem cabe recorrer a princípios gerais de direito. O que se deve é explicitar cada um dos conceitos acima, cabendo à Justiça verificar se o caso em exame entra em algum desses conceitos.

E alerta o preclaro mestre (op. loc. cit.) que o que primeiro se observa é que, como já dito, não se anuiu em ser indiferente ao elemento subjetivo, se bem que não o ponha em relação causal. Não se exige que tenha sido a causa das perdas e danos sofridos pelo Representado; basta que tenha havido o fundamento no processo, em sua origem. Origem do processo, e não dos danos. O elemento subjetivo pode ser, apenas, causa remota.

Continuando a usufruir da lição: quem demanda pede justiça. Se, em vez de ser essa urgência de prestação parajurisdicional o que conduz às autoridades competentes o Representante, é algum daqueles motivos que prepondera, está composta a figura do abuso do direito, no campo processual penal-econômico. A justa decisão passou à segunda plana. Perverteu-se o processo. Conspurcou-se o exercício à tutela jurídica.

A Representação de má-fé, de *lege ferenda* a ser consagrada no Estatuto Concorrencial básico, acarreta, forçosamente um dano, tanto ao Estado como, com maior intensidade, à Coletividade e ao Representado, um dano injusto, em contrariedade às finalidades sociais da norma jurídica. Sofre, com ela, o Representado não apenas danos materiais como também morais, ambos passíveis de reparação mediante ação própria.

Confirma essa necessidade, com maestria, o voto do Conselheiro do CADE, Dr. ANTONIO CARLOS FONSECA, quando do julgamento do Processo Administrativo n. 03/91, em 18 de junho de 1997, em que foi Representante o antigo Departamento de Acompanhamento e Preços - DAP, do então Ministério da Economia, Fazenda e Planejamento, e Representada a indústria nacional de pneumáticos:

"Tenho afirmado que a justiça antitruste é cara porque tem que ser bem aplicada, resguardando a imagem do agente que não deve ser afetada a não ser na presença de veementes indícios de infração".

Acarretando dano ao Estado e ao Representado, a representação de má-fé caracteriza-se como *ato ilícito* (art. 159 do Código Civil) por ferir a ordem jurídica. Não se trata, portanto, de qualquer aplicação subsidiária do principal processual civil da sucumbência. Mesmo porque, não sendo o Representante parte no processo penal-econômico, lhe é estranho o conceito. O abuso no direito de representação, porém, acarreta, inarredavelmente, a responsabilidade patrimonial pela reparação do dano.

Diversas são as possibilidades e motivações para a representação de má-fé. A distinção dentre estas não é inócua. A representação de má-fé pode ser formulada por um concorrente do Representado, como por outro terceiro interessado.

A experiência demonstra, com certa freqüência, representações formuladas por motivos meramente comerciais, políticos, eleitoreiros ou "carreiristas", muitas vezes em pretensa "defesa" de setores ou segmentos, mas em geral com finalidades espúrias (*e.g.* como forma de pressão para a obtenção de "acordos" financeiros ou vantagens politiqueiras ou mercantis), diversas da motivação concorrencial etc. Contribuem, igualmente, intuitos menos vis, como os ideológicos, pessoais ou de simples perseguição, em geral contra indústrias ou segmentos chamados "de *griffe*", sempre com resultados detrimentosos para os interesses da Coletividade. Nestes casos, a representação de má-fé gera, sob o prisma civil, a obrigação de ressarcimento pecuniário, tão-somente.

Também comuns são as representações inidôneas apresentadas entre agentes nas relações de mercado, seja no plano horizontal (concorrente contra concorrente), seja no vertical (fornecedores-fabricantes/prestadores de serviços-clientes). Nestes casos, o dolo anticoncorrencial leva à necessidade suplementar de instauração do competente "Processo administrativo" dada a decorrente limitação, falseamento e/ou prejuízo à livre concorrência ou à livre iniciativa (art. 20, I, c/c art. 21, V, da Lei n. 8.884/94), com vistas à imposição da multa e das penas acessórias contempladas nos arts. 23 e 24 do mesmo diploma. Não se trata, nesta hipótese, de "reconvenção", conceito estranho ao processo penal-econômico, a despeito da subsidiariedade do Código de Processo Civil.

Por fim, notadamente em face da natureza penal-econômica do Direito da Concorrência, a representação de má-fé pode ter repercussões no Direito Penal Comum, tais como a eventual tipificação de crimes contra a honra ou a administração da Justiça.

Em qualquer hipótese, presentes hão de estar os elementos constitutivos do abuso de direito:

a) o uso de um direito (*in casu*, o direito de representação ou de instauração *ex officio* de procedimento ou processo persecutório penal-econômico por alegada ofensa à ordem econômica);

b) o dano a um interesse não protegido *prima facie* por uma prerrogativa jurídica específica (como o é o do agente econômico surpreendido pela representação de má-fé); e

c) a imoralidade ou a contrariedade ao interesse da Coletividade desse dano, manifestada em forma subjetiva (quando o exercício do direito visa apenas prejudicar ou, em outras palavras, não desfruta de um fim legítimo).

Em resumo, que se tenha em mente que a chamada "cultura da concorrência", interesse legítimo da Coletividade, representa um *bem jurídico protegido*, e não um bem "interesseiro", a serviço de interesses individuais

3. O modelo

O modelo começa definindo o custo e o benefício social do processo de apuração de prática anticompetitiva, bem como o objetivo da sociedade na atuação do sistema de defesa da concorrência.

3.1 *Custo e benefício social*:

O custo e o ganho social da apuração da denúncia podem ser expressos por:

K = Custo social do processo (recursos do governo envolvidos na apuração da denúncia);
F = Ganho social com a eliminação da prática anticompetitiva.

A *condição de eficiência* do CADE pode ser definida como $K \leq F$. Vale dizer, os custos sociais envolvidos na apuração do processo devem ser menores do que o ganho resultante do fim da prática anticompetitiva.

Dado que:

(a) define-se "p" como a probabilidade de que o processo seja julgado procedente ($0 \leq p \leq 1$) e;

(b) a improcedência da denúncia (com probabilidade igual a (1-p)) implica a inexistência de benefícios dela resultantes;

a expectativa de custos sociais líqüidos é:

$$p.(K-F) + (1-p).K = K - pF \qquad (1)$$

3.2 Obj*etivo social:*

Para a sociedade os benefícios sociais esperados "p.F" devem ser superiores aos custos sociais de apuração das denúncias K, ou seja

$$pF - K \geq 0 \quad \Rightarrow$$

$$p \geq K/F \qquad (2)$$

Do objetivo social acima descrito decorre que a probabilidade de que a denúncia seja julgada procedente deve ser maior, ou no mínimo igual, à relação custo social/benefício social do processo.[3]

Essa relação nos permite avançar no desenvolvimento do modelo e apresentar a condição básica para que sejam apresentadas ao CADE, majoritariamente, denúncias com boa probabilidade de serem consideradas procedentes. Este objetivo se cumprirá somente se o denunciante vislumbrar alguma perda - econômica ou de reputação - no caso em que sua denúncia não seja aceita. Não é simples, técnica e juridicamente, definir que tipo de penalidade - se há alguma - pode ser aplicada a um denunciante. Entretanto, somente a introdução de algum risco associado à denúncia induzirá o denunciante potencial a avaliar os possíveis resultados de sua atitude, resultando em ganho de eficiência do sistema. Nas conclusões do artigo faremos algumas considerações sobre o tema. Por ora prossigamos na definição algébrica dessa perda.

3.3 Denunciante:

O denunciante tem uma expectativa de ganho líqüido com a representação igual a:

$$U = G - (1-p).M \qquad (3)$$

---

[3] Os benefícios F não se restringem aos simples ganhos dos consumidores com a restauração da concorrência. Podem, obviamente, refletir uma "demanda por justiça" em si mesma. Neste caso, ainda que os benefícios sociais decorrentes da cessação da prática anticompetitiva sejam pequenos, os benefícios F podem ser muito elevados.

onde:

G = ganho esperado do denunciante com o resultado da sua denúncia;

M = perda do denunciante em caso de improcedência.

É importante observar que o ganho G independe da procedência da denúncia. O representante pode ganhar com o fim da prática anticompetitiva, se ela realmente existir, e pode ganhar com a deterioração da imagem da empresa denunciada após a acusação.

Para que o representante se sinta estimulado a apresentar a denúncia apenas quando a probabilidade de ser julgada procedente for maior do que K/F tem-se que impor

$U \geq 0$ quando $p \geq K/F$,

$G + (1-p).M \geq 0$

$\Downarrow$

$M \leq G / (1-p)$ (4)

Desse modo, o valor G / (1-p) é o teto máximo que a perda pode atingir para que esse representante potencial denuncie a prática anticompetitiva. Então, já é possível escolher um valor crítico p* que satisfaça o objetivo social.

Fazendo p* = K/F e substituindo p por p* define-se a perda

$M = G / (1-p^*)$ (4')

O cálculo da "vantagem" que o denunciante potencial faz é dado por (3)

$U = G - (1-p).M$

Substituindo (4') em (3) temos que

$$U = G - (1-p) \cdot \left[\frac{G}{(1-p^*)} \right]$$

$$\Downarrow$$

$$U = G \cdot \frac{(p - p^*)}{(1 - p^*)}$$

Da equação (6) acima sabe-se que os ganhos líqüidos do denunciante só serão positivos quando

$(p - p^*) > 0$, ou

$p > K/F$.

Assim, estimulam-se denúncias com benefícios líqüidos para a sociedade.

3.4 Relação entre a perda do denunciante e o custo/benefício envolvido no processo

Dada a expectativa de perda do denunciante com a representação infundada, a magnitude dessa perda varia proporcionalmente ao valor crítico p^*, dado pela relação K/F.

Sendo $M = G / (1-p^*)$, a perda potencial por denúncia improcedente deve ser tanto maior quanto maior for a relação custo social/benefício social envolvida no processo, tendendo ao infinito quando a relação K/F tender à unidade e a G quando o custo social do processo tender a zero.

O diagrama abaixo descreve esta relação:

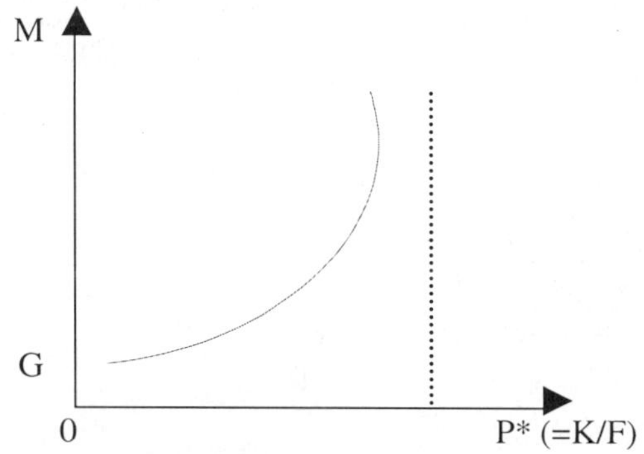

Tenha-se em mente que a "função perda" acima descrita é válida apenas para os casos de denúncias infundadas. Ainda que não houvesse custo social na consecução do processo, o agente denunciante de má fé deveria incorrer em alguma "perda" por sua atitude, correspondente ao valor G que ele espera auferir quando deliberadamente prejudica seu concorrente. Este resultado demonstra que mesmo, hipoteticamente, não houvesse custos sociais no uso do aparelho administrativo ou júridico, o denunciante de má fé deveria ter seus ganhos esperados zerados. O modelo de determinação de perdas mostra as condições em que essa hipótese se cumpriria, evitando que empresas viessem a fazer da denunciação de práticas anticompetitivas seu "meio de vida".

3.5 Relação entre os ganhos líqüidos do denunciante e a probabilidade de se julgar a causa procedente

Uma vez estimado o valor da perda para a denúncia improcedente (tomando o ganho G como um dado), como estimar a expectativa de ganho líqüido U do denunciante em função da probabilidade de se julgar a causa procedente?

Sabe-se por (6) que o ganho líqüido do denunciante é dado por:

$$U = [G \,.\, (p - p^*)] \,/\, (1 - p^*)$$

$$\Downarrow$$

$$U = \left[\frac{G}{(1-p^*)} \right] \cdot p - \left[\frac{(G \,.\, p^*)}{(1 - p^*)} \right]$$

Esta é uma equação linear da forma U = a.p + b , que é representada como se segue:

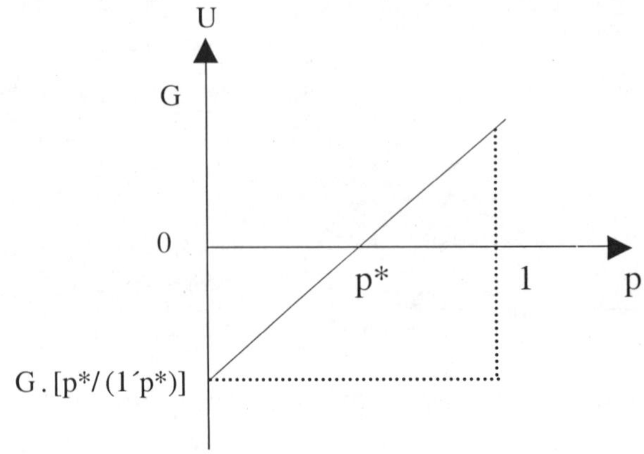

Da expressão e do diagrama acima vê-se que o ganho líquido esperado máximo U é igual ao ganho esperado do denunciante com o fim da prática anticompetitiva e o prejuízo máximo esperado depende da relação p*/(1-p*). Quanto maior p* (ou seja, a relação custo social / benefício social do processo) maior será o prejuízo esperado da empresa denunciante em entrar com a representação caso a denúncia seja considerada improcedente. A título de ilustração, mostra-se a seguir os gráficos relativos a três situações hipotéticas: $p^* \leq 0{,}5$, $p^* = 0{,}5$ e $p^* \leq 0{,}5$.

Caso A: $p^* \leq 0{,}5 \Rightarrow [G . (-p^*)]/ (1-p^*) \geq - G$

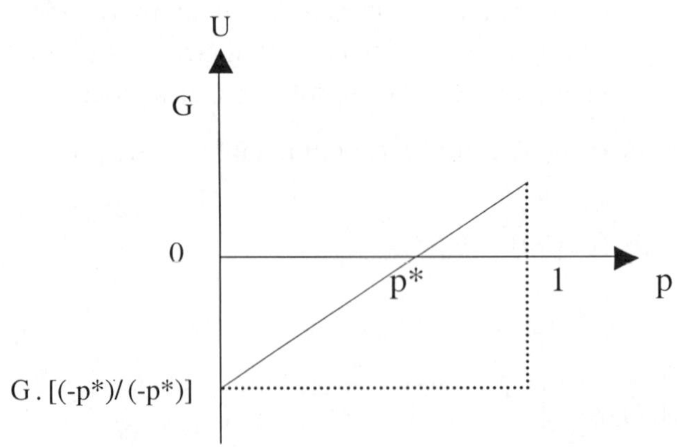

Observe que quando p* é inferior a 0,5 (os custos do processo são menos que 50% dos benefícios sociais esperados), a expectativa de prejuízo do denunciante é menor que a expectativa de ganhos

Considerado o baixo custo/benefício da sociedade, esta relação induz a um maior número de processos administrativos junto ao CADE.

Caso B: $p^* = 0{,}5 \Rightarrow G \,.\, [(-p^*)/(1-p^*)] = G \,.\, [(-0{,}5)/(0{,}5)] = -G$

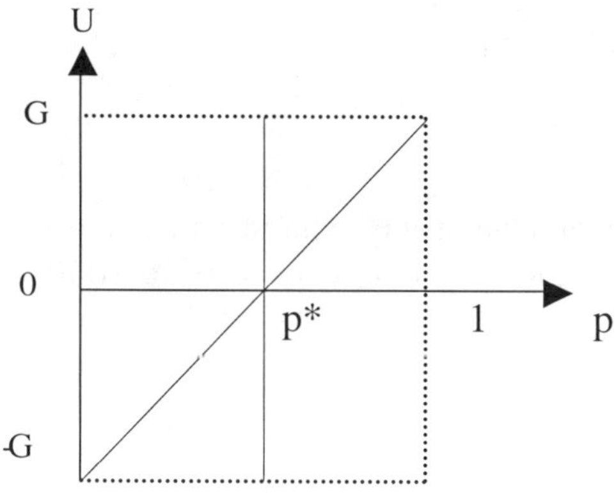

Apenas na situação muito particular em que a relação custo/benefício para a sociedade for de 50% os prejuízos esperados do denunciante de má-fé serão proporcionais aos ganhos esperados. O denunciante tem que supor que seu caso tem mais de 50% de chance de ser julgado procedente para apresentar a denúncia.

Caso C: $p^* \geq 0{,}5 \Rightarrow G \,.\, [(-p^*)/(1-p^*)] \leq -G$

No caso em que os processos administrativos sejam extremamente custosos para a sociedade, impõe-se perdas mais que proporcionais aos ganhos esperados.

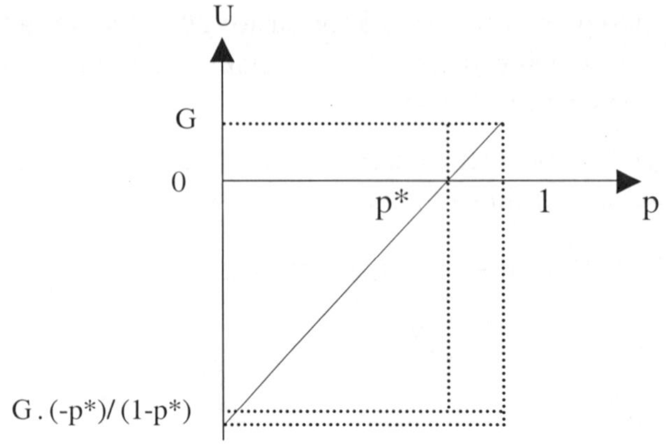

Nestes casos, o denunciante apresentaria a denúncia apenas quando vislumbrasse uma probabilidade de aprovação próxima de 100%.

4. Conclusões

A utilização ilícita da legislação de defesa da concorrência como instrumento de disputa comercial ou com finalidades anticompetitivas é um mal que deve ser combatido, a fim de preservar os objetivos da lei em sua essência, otimizando o uso dos recursos públicos empregados em sua execução.

Neste artigo apresentamos um modelo que indica as condições em que seria desestimulada a apresentação de denúncias infundadas ou de má-fé. A premissa é que enquanto o denunciante não vislumbrar algum tipo de perda resultantes de sua Representação, não há nada que impeça o uso do aparato institucional de defesa da concorrência para fins comerciais e/ou anticompetitivos.

O modelo proposto baseia-se nos de escolha envolvendo risco. Considera-se esse instrumental o mais adequado a situações em que não se sabem *a priori* as intenções do agente decisor.

O enquadramento jurídico apresentado pode ser resumido, no esteio do bem lançado artigo do Prof. e Magistrado, Dr. CLÁUDIO ANTÔNIO SOARES LEVADA, intitulado Anotações sobre o abuso de direito, *RT* 667, p. 49/50, como segue:

a) o exercício abusivo do direito de representação fere frontalmente o ordenamento jurídico concorrencial, ainda que aparentemente conforme à lei; caracteriza-se aí como um ato ilícito;

b) por ser ilícito, o ato abusivo gera a responsabilidade do Representante ao ressarcimento dos danos que injustamente tenha causado à Coletividade, ao Representado, ao Estado e a terceiros; e

c) a configuração do abuso de direito dependerá da análise judicial, em cada caso concreto, de haver o ato sido praticado em desconformidade com a finalidade social da lei e às exigências do bem comum.

Deliberadamente não tipificamos os diferentes tipos de "perdas" aos representantes cujas denúncias se comprovarem infundadas. Acreditamos, entretanto, que, aceito o princípio, não seria difícil imaginar um conjunto de atos a serem comandados pelo CADE que pudesse cumprir essa função.

Bibliografia

BEVILÁQUA, Clóvis. *Código Civil*. Rio de Janeiro: Francisco Alves, 1916. v. I.

BIZJAK, John M. e COLES, Jeffrey L. The effect of private antitrust litigation on the stock-market valuation of the firm. *The American Economic Review*, v. 85, n. 3, jun. 1995.

CALKINS, Stephen. Developments in antitrust and the first amendment: the disaggregation of Noerr. *Antitrust Law Journal*, v. 57, n. 2, p. 327 e ss., 1988.

FRANCESCHINI, José Inácio Gonzaga. *Introdução ao direito da concorrência*. São Paulo: Malheiros, 1996.

HAY, George A. Single firm conduct. *Antitrust Law Journal*, v. 57, n. 1, p. 75 e ss., 1988.

HOVENKAMP, Herbert. *Federal antitrust policy – the law of competition and its practice*. St. Paul: West Publishing Co., 1994.

LEVADA, Cláudio Antônio Soares. Anotações sobre o abuso de direito. *Revista dos Tribunais*. São Paulo, Revista dos Tribunais, v. 667, p. 44 e ss.

MATTOS, César. *O compromisso de cessação de práticas anticompetitivas no CADE: uma abordagem de teoria dos jogos*. Águas de Lindóia: ANPEC, 1996.

NEGRÃO, Theotonio. *Código de Processo Civil*. 27. ed. São Paulo: Saraiva, 1996.

PONTES DE MIRANDA, Francisco Cavalcanti. *Comentários ao Código de Processo Civil*. Rio de Janeiro: Forense, 1974. t. I.

ROMERO, Ignacio de Casso y e JIMÉNEZ-ALFARO, Francisco Cervera y. *Diccionario de derecho privado*. Barcelona: Editorial Labor, 1954. t. I.

RULE, Charles F. Claims of predation in a competitive marketplace: when is a antitrust response appropriate? *1988 Annual Meeting*. Toronto: American Bar Association, ago. 1988.

YASSIM, Assad Amadeo. Considerações sobre abuso de direito. *Revista dos Tribunais*. São Paulo, Revista dos Tribunais, v. 538, p. 16 e ss.

ROTEIRO DO PROCESSO PENAL-ECONÔMICO NA LEGISLAÇÃO DE CONCORRÊNCIA[1]

José Inácio Gonzaga Franceschini

SUMÁRIO: 1. Processo Penal-Econômico: a) Objetivo da sanção. Função quase-jurisdicional do CADE; b) Natureza e finalidade da ação penal-econômica; c) Introdução aos procedimentos penais-econômicos; d) Da prescrição – 2. Processo Penal-Econômico e procedimento de análise de atos de concentração: a) Distinção do Processo Penal-Econômico; b) Jurisdição contenciosa e voluntária; c) Inadmissibilidade de intervenção de terceiros – 3. Inconstitucionalidade da dicotomia SDE-CADE: a) Exigência do devido processo legal; b) Princípio do Juízo Natural – 4. Partes e intervenção de terceiros: a) Conceituação de parte – posicionamento do representante; b) Intervenção de terceiro – interesse jurídico; c) Inexistência da figura do assistente; d) Diferenciação entre o "ofendido" e o "prejudicado" pela infração – 5. Representação de má-fé: a) Enquadramento econômico; b) Direito de petição e sua limitação – Doutrina Noerr; c) Hipóteses; d) Enquadramento jurídico – abuso de direito – 6. Sigilo: a) Princípio da publicidade dos atos processuais; b) Princípio da privacidade e da defesa da intimidade; c) Concorrência desleal; d) Direito comparado – 7. Representação e procedimento administrativo preliminar: a) Notícia e representação da vítima direta do abuso do poder econômico – forma e requisitos; b) Instauração – natureza jurídica e propósitos; c) Não obrigatoriedade; d) Procedimento e sindicância administrativos – diferenciação; e) Procedimentos administrativos e processuais – inviabilidade de sua equiparação; f) Caráter inquisitivo e sumário; g) Procedimentos – 8. Averiguações preliminares: a) Não obrigatoriedade; b) Objetivo regulamentar e natureza jurídica; c) Procedimento; d) Natureza e efeitos do parecer-libelo acusatório da Inspetoria-Geral; e) Conclusão – limites e apreciação do real motivo à instauração do processo administrativo – 9. Processo Administrativo: a) Denúncia do DPDE – requisitos e características; b) Despacho instaurador – indelegabilidade, motivação; c) Devido processo legal – prevalência sobre o princípio do informalismo; d) Subsidiariedade dos processos penal comum e civil; e) Princípios fundamentais

---

[1] O presente Roteiro, ora atualizado, foi originariamente publicado na "Revista do IBRAC", v. 5, nº 10, p. 7 e segs. e sua versão original contou com a inestimável colaboração de Mauro Grinberg, Edgard Antônio Pereira e Eleni Lagroteria da Silva.

– aplicabilidade; f) Princípio da ação ou oficialidade; g) Princípio da indisponibilidade, irretratabilidade ou obrigatoriedade; h) Princípio do contraditório – exceção de suspeição; i) Princípio da verdade real ou material; j) Princípio da persuasão ou do livre convencimento; l) Princípio da publicidade; m) Notificacão-citação – modalidades; n) Capacidade processual; o) Formação da culpa – ônus probatório; p) Interrogatório do acusado; q) Prova testemunhal – princípios e procedimento; r) Prova pericial – princípios e procedimento; s) Prova documental – princípios e procedimento; t) Encerramento do processo de conhecimento – limites temporais; u) Apreciação do conjunto probatório; v) Irrecorribilidade da decisão do Secretário da SDE – declaração – 10. Julgamento no CADE: a) Manifestação da Procuradoria; b) Conversão em diligência; c) Julgamento – princípios e procedimento; d) Acórdão – requisitos e irrecorribilidade – 11. Controle judicial: a) Limites – natureza jurídica do Acórdão do CADE; b) Natureza jurídica do CADE; c) Inafastabilidade do controle judicial – parâmetros; d) Litispendência; e) Forma – 12. Execução judicial: a) Competência territorial; b) Rito; c) Legitimação processual – obrigações de fazer e não fazer; d) Legitimação processual – sanção pecuniária; e) Titularidade da multa – FDD; f) Inscrição da multa – PGU; g) Multa – natureza jurídica – Bibliografia.

1. Processo penal-econômico

Todas as leis, indiferentemente, em tese buscam o bem comum, sendo, portanto, de interesse geral. O Direito cria, assim, mandamentos e deveres, que *sanciona* como garantia de autoridade. As sanções visam, sobretudo, pela ameaça de sua cominação, à permanência da ordem jurídica.

Ao distinguir o lícito do ilícito, o Direito se defronta com material heterogêneo e, para ser eficaz na ordenação da conduta humana, deve ter *proporção, oportunidade e adequação de meios*. Para algumas infrações, a mera *restituição* ou o *ressarcimento de danos* basta à preservação da ordem jurídica; para outras, torna-se necessária a imposição de uma *pena*. O objetivo da reprimenda é, antes de tudo, resguardar o prestígio da lei substantiva.

Tratando-se de Direito da Concorrência, este é definido como o ramo do Direito Penal-Econômico que disciplina as relações de mercado entre os agentes econômicos e os consumidores, tutelando-lhes sob sanção, o pleno exercício do direito à livre concorrência como instrumento da livre iniciativa, em prol da Coletividade.

A lei penal-econômica é, principalmente, de interesse público e sua efetivação aproveita a *Coletividade*, mais do que aos individualmente prejudicados.[2]

A observância coativa da lei penal-econômica beneficia a todos, indistintamente, sendo de proveito geral, desse abono necessitando a sociedade para que não sejam ilusórios os privilégios individuais de seus membros.

O Estado defende seus direitos-deveres e desempenha suas funções usando de força própria. A faculdade de legislar, de administrar, de julgar etc., não tem endosso judiciário, mas garantias puramente administrativas. Os agentes competentes atuam de regra, por coação direta.

Por isso, a função quase-jurisdicional do Conselho Administrativo de Defesa Econômica - CADE, ou seja, a atividade-poder específica de seus Conselheiros de decidir qual a vontade da lei em relação a um caso concreto e de conferir à decisão autoridade pública e, por via judicial, exeqüibilidade compulsória, foi instituída para *tutelar* direitos coletivos, exprimindo-se no poder de conhecer e julgar acerca das infrações à ordem econômica. Dispõe o órgão, portanto, de funções e exerce atividade parajurisdicional penal, embora conservando, ele próprio, estruturalmente, caráter administrativo.

As normas penais-econômicas e processuais penais-econômicas são cogentes, objetivando não só o dever de uniformizar a conduta com a vontadc nelas expressa, mas, também, o direito subjetivo público do Estado de exigir que o comando contido na norma de Direito Penal-Econômico seja atuado e, precisamente, nos modos, nas formas e nos limites prescritos por normas de Direito Processual. A esse direito do Estado, nas hipóteses de infração à ordem econômica, exercitado pelo CADE, corresponde o do acusado (sujeito secundário processual) de que o Órgão não aja senão nesses moldes, maneiras e lindes previstos em lei.[3]

A ação penal-econômica, portanto, constitui a atividade destinada a dar satisfação ao interesse social de restabelecimento do equilíbrio da sociedade, preservado pela livre concorrência, abalado pela conduta anticompetitiva. A ação penal-econômica configura meio idôneo para efetivar a proteção do direito subjetivo. Segundo ALTAVILLA[4], se as normas abstratas de conduta são violadas, determina-se uma vontade concreta do Estado para aplicar as sanções,

[2] ALMEIDA, J. Canuto Mendes de, *Processo penal, ação e jurisdição*, p. 109.

[3] ALMEIDA, J. Canuto Mendes de, *Processo penal, ação e jurisdição*, p. 112.

[4] Altavilla, *Manuale di procedura penale*, p.p. 35/36

o que significa atender à concretização de um direito, crendo-o realizável. Trata-se de uma pretensão do Estado à punição do infrator, mediante prévia verificação da procedência da acusação que lhe é feita, com a conclusão de ser-lhe aplicada a pena, à qual, em caso positivo, terá de submeter-se.[5]

Isto não significa, porém, que sempre se movimente uma ação penal-econômica objetivando-se a imposição da sanção ao acusado. Ao CADE cabe a garantia da livre concorrência ofendida pelo abuso do poder econômico. Não defendendo direito próprio (do Estado), mas da Coletividade, procura sua atuação o restabelecimento da ordem econômica violada mediante remédios que mais se amoldem à preservação desta e da autoridade da lei. A atividade processual do CADE, portanto, pertence à sociedade, devendo o Órgão buscar, mais do que a punição do infrator, a consecução de um desempenho econômico desejável, pressupostos da realização do princípio da livre iniciativa constitucionalmente almejada (art. 170, *caput*, da Constituição Federal) e petreamente defendida como fundamento da própria República Federativa do Brasil (art. 1.º, IV, da Carta Magna). O Conselho tem, com autoridade constitucional (art. 173, § 4.º, da Lei Maior), o direito de persecução penal-econômica, em expressão subtraída a BERNER, procurando tornar efetivo o *jus puniendi* resultante do abuso do poder econômico para impor ao infrator, a sanção pertinente.

A "jurisdição" (no sentido lato de *dicere ius*) de que o CADE é dotado, porém, é um poder estático. A ação penal-econômica põe em atividade esse poder, constituindo-se na via adequada para levar a pretensão punitiva a juízo. O CADE é, assim, o mandatário da Coletividade e o advogado da livre concorrência na tarefa de restaurar a paz e a ordem econômico-jurídica atingidas pela infração à ordem econômica, ou seja, pela violação dos preceitos assecuratórios da livre concorrência, instrumento vital da livre iniciativa.

Esta ação, no entanto, é, quando ausente qualquer *fumus boni iuris* da pretensão punitiva, ou seja, quando inexistentes até mesmo indícios suficientes à abertura de averiguações preliminares, precedida de uma fase de pesquisas, cognominada "procedimento administrativo", instituto não previsto em lei, mas regulamentado pelo art. 3.º do Regulamento das Competências da Secretaria de Direito Econômico Relativas à Apuração de Infrações à Ordem Econômica anexo à Portaria n. 849, de 22 de setembro de 2000, em que se colhem os dados necessários em busca da definição da existência ou não de real motivo à instauração de Processo Administrativo.

[5] ESPÍNOLA FILHO, Eduardo, *Código de processo penal brasileiro anotado*, v. 1. p. 323-345.

O procedimento somente é justificável na presença de indícios *prima facie*, logo precários de infração à ordem econômica, porém ainda insuficientes até mesmo para a abertura de averiguações preliminares (art. 30 da Lei n. 8.884, de 11 de junho de 1994 - LDC). Neste estágio, desenvolve-se atividade preparatória, de caráter preliminar e informativo, enquanto consiste a ação penal-econômica no pedido de julgamento da pretensão punitiva. Esta surge para o Estado com a prática de infração à ordem econômica e representa a exigência de que o *jus puniendi* no caso prevaleça sobre o exercício da liberdade econômica do acusado, com a sujeição deste à pena cabível na espécie.[6]

A pretensão punitiva do Estado, porém, extingue-se pela prescrição,[7] matéria hoje regulada pela Lei n. 9.873, de 23 de novembro de 1999. De fato, como informa o inesquecível Prof. BASILEU GARCIA,[8] a prescrição é instituto admitido em todas as legislações modernas. Embora tenha no passado enfrentado a oposição de alguns filósofos e penalistas, na medida em que seria desmoralizante e concorreria para o afrouxamento da repressão, preponderaram, no consenso geral, as razões justificativas de sua adoção.

Com efeito, com o caminhar do tempo, modificam-se as condições pessoais do infrator que logrou subtrair-se à ação da Justiça, deixando a penal, possivelmente, de ser útil. De outro lado, o alarma social que a infração à ordem econômica causou se esvaneceu com o lento perpassar dos anos, não tendo a pena a exata correspondência no reclamo público, sem contar que os longos intervalos importam em incertezas perigosas na apreciação do fato.

Como salienta aquele ilustre professor, "nem o ódio dos homens costuma ser invariavelmente implacável e irredutível[9].

O instituto é de conhecimento do CADE desde longa data, registrando-se a primeira manifestação expressa a respeito de sua adoção nos idos de 1969,[10] Em tempos mais recentes, paradigmáticos os Votos dos Conselheiros

---

[6] MARQUES, Frederico, *Elementos de Direito Processual Penal*.

[7] Sobre o tema, *V.* FRANCESCHINI, *Introdução ao Direito da Concorrência, RDE* p. 29 e segs.

[8] *Instituições de Direito Penal*, v. I, t. 2, p. 699.

[9] Idem, ibidem, p. 700.

[10] Processo Administrativo n. 3, de 19 de agosto de 1969, Representante: Sindicato do Comércio Atacadista de Vidro Plano, Cristais e Espelhos do Estado da Guanabara e outros, Representadas: Indústrias Reunidas Vidrobrás e outra. Apud. Franceschini, *Poder econômico: exercício e abuso*, p. 322 e ss., ementa n. 369. V. também ementa n. 341, p. 304.

PAULO DIRCEU[11] e LEÔNIDAS RANGEL XAUSA.[12] Mesmo quando prevalecente no CADE o pensamento econômico, o tema não deixou de ter acolhida reiterada, ainda que travestido em um assim denominado "princípio da utilidade", pelo qual se conclui que a distância excessiva entre a data dos fatos sob apuração e o julgamento frustraria o objeto da decisão, estabelecendo-se um desequilíbrio entre a utilidade social da punição e o dano eventualmente causado pela conduta[13].

Pretendeu a Lei n. 9.873, de 23 de novembro de 1999, em evidente retrocesso jurídico, próprio de momentos de arbítrio, a quase extinção do instituto, ao incluir entre as causas interruptivas da prescrição (art. 2.º, II), a prática de "qualquer ato inequívoco, que importe apuração do fato". Tratando-se de norma que restringe direito subjetivo individual do Representado, urge sua interpretação restritiva (*odiosa restringenda*), mesmo porque, tivesse o legislador a real intenção de eliminar o instituto (*ab absurdo*, é claro), não o teria disciplinado em lei, mas apenas vedado. Elucidativa a respeito da citada causa interruptiva é a obra do ilustre Procurador do CADE, SÍDIO ROSA DE MESQUISTA JÚNIOR[14]. Com efeito, não há que se entender qualquer despacho de mero expediente ou interlocutório como causa interruptiva da prescrição, não apenas porque esta haveria de estar expressamente prevista em lei, como feriria o princípio da razoabilidade consagrado no art. 2.º da Lei n. 9.784, de 29 de janeiro de 1999, que disciplina o processo administrativo no âmbito da Administração Pública Federal.

Impõe-se, aliás, tal solução, sob pena de transformar as infrações à ordem econômica em ilícitos imprescritíveis, *mais* gravosos à Sociedade do que

---

[11] Processo Administrativo nº 11/91, de 18 de fevereiro de 1998; Representante: IAMPSE – Instituto de Assistência Médica ao Servidor Público Estadual de São Paulo, Representada: Aché Laboratórios Farmacêuticos (*DOU* de 13 de março de 1998).

[12] Processo Administrativo nº 45/92, de 13 de maio de 1998, Representante: Kimikoil – Transportes Especializados de Produtos Líquidos Ltda., Representada: Esso Brasileira de Petróleo e outra. *In* DOU de 19 de abril de 2000.

[13] Processo Administrativo n. 81/92, de 3 de dezembro de 1977; Representante: Departamento de Abastecimento e Preços – DAP, Representada: Incibra Produtos Farmacêuticos Ltda. (*DOU* de 9 de fevereiro de 1998, Seção I, p. 4. V. também , *e.g.*, Processos Administrativos n. 46/92, de 4 de março de 1998; Representante: Farina e Fraga Advogados Associados, Representada: Xerox Indústria e Comercial Ltda. (*DOU* de 23 de março de 1998) e 96/92, de 26 de agosto de 1998, Representante: DNPDE, *ex officio;* Representada: Itapetininga Agro-Industrial S.A. (*DOU* de 23 de setembro de 1998).

[14] *Prescrição penal*, São Paulo, p. 128.

os crimes contra a vida, a honra ou a liberdade, todos prescritíveis. E, mais perigoso ainda, teria um conteúdo intrínseco de inadmissível arbitrariedade, na medida em que admitiria a sujeição do acusado à vontade e inércia do Estado *por tempo indefinido*, ainda que inocente. Certamente um resultado inconcebível.

2. Processo penal-econômico e procedimento de análise de atos de concentração

O *processo penal-econômico*, destinado a apurar e reprimir as infrações à ordem econômica, regido pelo Título VI da LDC, distingue-se na essência e propósito do *procedimento de análise de atos de concentração*, objeto do Título VII da Lei de Regência. Registra-se, portanto, desde logo: nada do que se cuida no presente roteiro é aplicável aos procedimentos de que tratam os arts. 54 e ss. da LDC. Estes têm tratamento normativo na recentíssima Resolução n. 15, de 19 de agosto de 1998, do CADE, elaborada ao amparo do art. 7.º, XIX, da LDC, que confere ao Plenário do CADE competência para editar *normas procedimentais*.

Distingue-se o *processo* do *procedimento*. Enquanto aquele exige a cooperação de sujeitos, *sob prisma contraditório*, este resulta na simples sucessão necessária de atos encadeados entre si, objetivando um ato final.[15]

O processo penal-econômico é, portanto, de natureza tipicamente contenciosa, sujeitando-se aos princípios do contraditório e da ampla defesa; já o procedimento de análise de atos de concentração é voluntário: não há pretensão resistida (ainda quando o ato de concentração seja alvo de objeções de concorrentes ou outros agentes econômicos), não há lide, nem partes, e, muito menos, contraditório,[16] mas apenas um negócio jurídico procedimental entre o CADE e os partícipes do ato de concentração.

De um lado, o CADE emite pronunciamentos de ordem *condenatória* na repressão às infrações à ordem econômica, exercendo *jurisdição propriamente dita* (autoridade judicante) com vistas a dirimir uma relação controvertida entre partes (lide).[17]

---

[15] MEDAUAR, Odete, "A processualidade no direito administrativo", p. 40.

[16] Cf. Voto vencedor do Conselheiro LEÔNIDAS R. XAUSA no Ato de Concentração n. 019467/95-33, em que figuram como interessadas a Cia. Petroquímica do Sul - COPESUL e outras.

[17] THEODORO JÚNIOR, Humberto, *Processo de conhecimento*, t. I, p. 50-51

De outro, exerce *funções* em que predomina o caráter administrativo, ausente o pressuposto do litígio. É o caso típico da análise de atos de concentração, que culmina com uma declaração plenária *declaratória de eficácia* (art. 54, § 7.º, da LDC). Neste afã não se dedica a compor ou pacíficar interesses privados conflitantes, mas exercer atribuição nitidamente preventiva em prol do interesse coletivo.

Trata-se, neste caso, da chamada *jurisdição voluntária*, em que o CADE apenas realiza gestão pública em torno de interesses privados, como se dá, no Direito Civil, nas nomeações de tutores, nas alienações de bens de incapazes, na extinção do usufruto ou do fideicomisso etc.

Os atos da chamada jurisdição voluntária[18] nada têm de jurisdicionais, porque: a) não se visa, com eles, à atuação do direito, mas à constituição de situações jurídicas novas (trata-se de atos jurídicos de direito público); b) não há o caráter substitutivo, pois, antes disso, o que acontece é que o CADE se insere entre os participantes do negócio jurídico, numa intervenção necessária para a consecução dos objetivos desejados, mas sem exclusão das atividades dos agentes econômicos interessados; c) além disso, o objetivo dessa atividade não é uma *lide*, como sucede com a atividade jurisdicional; não há um conflito de interesses entre dois agentes econômicos, mas apenas um negócio, com a participação do CADE.

Não é por outra razão, se não o fato de o procedimento descrito no art. 54 da LDC não ter natureza contenciosa, que o art. 83 do mesmo diploma confere aplicabilidade subsidiária do Código de Processo Civil *tão-somente* aos "processos administrativo e judicial previsto (naquela) lei", não àquele procedimento.

Por não ter partes, nem contemplar lide, o procedimento de análise de atos de concentração, sendo-lhe estranho o diploma processual civil básico, também não admite a figura do "terceiro interessado" ou do "assistente", sem prejuízo da colaboração de concorrentes e demais agentes econômicos que se proponham a oferecer comentários e/ou impugnações.[19]

---

[18] CINTRA, Antônio Carlos Araújo; GRINOVER, Ada Pellegrini; Dinamarco, CÂNDIDO R., "*Teoria geral do processo*".

[19] O Conselheiro LEÔNIDAS RANGEL XAUSA, no Ato de Concentração n. 019467/95-33 - em que figuraram como interessadas a Companhia Petroquímica do Sul - COPESUL, a OPP - Poliolefinas S/A e a Polisul Petroquímica S/A, assim comentou: "(...) a questão da chamada 'parte interessada' é aqui retomada por S.Exa. e a incorporo ao voto e à discussão, porque no momento da decisão final de mérito, hoje, foi expressamente referida pelo nobre Relator. Como é sabido, envolveu despacho proferido por S.Exa., na

Também graças à diversidade de propósitos teleológicos (repressivo de um lado e preventivo de outro) e critérios metodológicos, ainda que porventura simultâneos, eventuais processos administrativos instaurados com vistas à apuração de condutas anticoncorrenciais ou mesmo outras questões comportamentais, não podem interferir ou mesclar-se com a análise (de cunho estrutural) de atos de concentração.[20]

3. Inconstitucionalidade da dicotomia SDE-CADE

É condição *sine qua non* de validade e legitimidade do Processo Administrativo disciplinado no Capítulo II do Título VI da Lei n. 8.884/94 a estrita observância do preceito constitucional do devido processo legal, *ex vi* do expresso comando do art. 5.°, LIV, da Carta Magna.

minha ausência por motivo justificado e, a respeito da qual, na sessão ulterior, por ocasião da leitura da ata, eu manifestei meu ponto de vista de que o considerava pouco ortodoxo, aprovado em fim de sessão juntamente com um conjunto de outras providências, e admitindo no processo a Petroquímica Triunfo formalmente como 'parte interessada'. Disse eu textualmente que S.Exa. induzira a erro os colegas economistas, que de boa fé não podiam prever o alcance da expressão e suas conseqüências. E profetizei que o despacho seria o primeiro de uma série que, em escalada, estabeleceria algo estranho ao direito da concorrência que é o contraditório e a idéia de 'partes'. (...). (...) o conceito de 'parte interessada' no processo, utilizado pelo nobre Conselheiro Relator, teve conseqüências, conseqüências que eu previ, dizendo na semana subseqüente que eu já esperava uma escalada de despachos que teriam inevitavelmente como resultado um contraditório dentro do processo, que é tudo contrário à teoria do processo, à letra e ao espírito da lei de defesa da concorrência. Como diz muito bem S.Exa. no seu voto, trata-se do exercício de jurisdição voluntária: não há lide, não há partes, não há contraditório, há um requerente e a autoridade estatal que aplica a lei da concorrência, no caso, o CADE. E como eu previra, na verdade, a partir daí, o processo se transformou num contencioso com partes e num contraditório. E mais, a simpatia já antecipada naquela ocasião pelo nobre Relator desenvolvida ao longo do processo em favor do pleito da interessada impugnante, Petroquímica Triunfo, levou a um ponto em que não só a Triunfo foi elevada no contraditório em igualdade de condições com as requerentes, mas em um momento em que a Triunfo passou a ser o personagem mais importante do processo. O que evidentemente gerou uma subversão".

[20] O Conselheiro *Arthur Barrionuevo Filho* assim se expressou no Ato de Concentração n° 61/96, em que foram Requerentes Companhia Siderúrgica Paulista - COSIPA e Thyssen-Parmaf Trading S.A.: "(...) não se pode julgar a operação supondo uma infração futura como resultado necessário e, que existem meios para controlar estas práticas (...), (voto) pela aprovação do ato sem condições".

Não se pode negar à legislação de defesa da concorrência a observância do *due process of law* mesmo pelos que entendam ser o processo antitruste um feito puramente administrativo,[21] constituindo, no dizer deles requisito essencial para que a autoridade pública possa expressar, com fidelidade, a vontade da lei. Isto porque a vontade expressa pelo administrador não é, ou não deve ser, fruto das tendências, inclinações ou desejos pessoais, mas a mera concretização e individualização de uma vontade abstrata e genericamente prevista em lei. Incumbe ao processo concretizar essa vontade, fornecendo-lhe elementos de fato e de direito que permitirão que ela se perfaça de conformidade com o ordenamento jurídico.[22]

Estabelecida a premissa maior, conclui-se pela inconstitucionalidade da atual sistemática processual consagrada na Lei de Defesa da Concorrência, que atribui à SDE a competência (art. 14, XII) para "instruir os processos a serem julgados pelo CADE" (art. 7.º, incisos I e II).

Agrava-se a eiva na medida em que a SDE reconhece no próprio DPDE, parte acusatória no feito, como adiante se afirmará, a competência para "orientar a instrução de averiguações preliminares (e) dos processos administrativos" (Regimento Interno da SDE, art. 14, V, aprovado pela Portaria n. 144, de 03.04.97, do Ministério da Justiça). Ora o processo repressivo não pode ter a parte acusatória na presidência da instrução, dada a sua natural parcialidade.

De uma só feita afrontam-se os princípios constitucionais do Juízo Natural, do devido processo legal e da ampla defesa.

"Ninguém será processado nem sentenciado senão pela autoridade competente", reza o art. 5.º, LIII, da Constituição Federal."

Trata-se de fórmula constitucional garantidora do direito individual ao Juízo Natural.[23] O devido processo legal, sem o qual é a decisão nula, sem eficácia, exige que o feito, seja ele judicial, civil ou penal, seja administrativo, se desenvolva sempre sob a orientação da autoridade judicante.[24]

---

[21] FRANCESCHINI, José Inácio Gonzaga, A Cláusula devido processo legal e a lei antitruste nacional», *Revista de Informação Legislativa do Senado Federal*, v. 104, p. 215.

[22] PRATES, Renato Martins, O Processo administrativo e a defesa do administrado, *Revista de Direito Público*, v. 86, p. 131

[23] MEDAUAR, Odete, *A processualidade no direito administrativo*, p. 81.

Ora, como visto, a legislação em vigor estabelece uma dicotomia: "a autoridade que processa (SDE) não julga" e "aquela (CADE) que julga não processa". Ocorre que o sistema processual penal pátrio é acusatório e não inquisitivo, de modo que a autoridade julgadora há de se manter eqüidistante das partes. Destarte, não pode a lei, validamente, extirpar à autoridade judicante os poderes de *dominus procesi*, no cumprimento do dever de buscar a verdade.[25]

Ainda mais se impõe a preocupação quando se sabe que o Processo Administrativo tem "caráter punitivo" e, como tal, não se satisfaz com a verdade presumida, exigindo para a imposição da pena a comprovação da "verdade material" ou "real".

Não se compreende, pois, que uma autoridade ou órgão judicante, como é o CADE, sem ter presidido à colheita da prova, venha proferir decisão com os graves consectários dela decorrentes. O método processual não se resume apenas na materialidade da seqüência de atos praticados no feito, mas, principalmente, no estabelecimento de uma relação jurídica de direito público geradora de direitos e obrigações entre a autoridade judicante e as partes, cujo objetivo é obter a atuação da vontade concreta da lei, de maneira a vincular a esse provimento, em caráter definitivo, todos os sujeitos da relação processual.[26] Os atos processuais são unidos por uma *unidade teleológica*, a prestação parajurisdicional, a despeito da pluralidade de posições jurídicas[27].

Assim, ofende as garantias individuais constitucionalmente consagradas a lei que estabelece, especialmente em matéria repressiva, tal dicotomia. Isto porque a instrução probatória se integra no próprio *iudicium causae*. Provar o fato típico implica em demonstrar a causalidade entre o resultado e a conduta que dele é *prius* e antecedente, pois de outra forma não se realiza a adequação típica. E de tal encargo somente pode desincumbir-se a autoridade judicante.

O processo de há muito deixou de ser considerado como simples procedimento adjetivo, sendo considerado antes, manifestação de um direi-

---

[24] CRETELLA JÚNIOR, José, *Comentários à Constituição Federal*, v. VIII, Forense Universitária, RJ, 1993, p. 4026

[25] NORONHA, E. Magalhães, *Curso de direito processual penal*, 6ª edição, Ed. Saraiva, SP, 1973, p. 98

[26] THEODORO JÚNIOR., Humberto, *Processo de conhecimento*, p. 54

[27] CINTRA, Antônio Carlos de Araújo; GRINOVER, Ada Pellegrini; DINAMARCO, Cândido Rangel, *Teoria geral do processo*, p. 253.

to da pessoa humana.[28] Adotada a orientação publicística do processo, tornou-se inafastável o reconhecimento da ação como direito público subjetivo. Por conseqüência, os textos constitucionais passaram a discipliná-lo, impedindo que leis mal-elaboradas possam levar à sua desnaturação com conseqüente prejuízo dos direitos subjetivos que deve amparar.

A cláusula *due process of law* não constituiu apenas uma garantia da pessoa, mas a tutela do próprio processo.[29] Daí o caráter aberrantemente absurdo da recomendação da Portaria n. 3, da SDE, de 25 de junho de 1996, que recomenda aos técnicos da Secretaria, auxiliares do Secretário da SDE, que "face à complexidade dos assuntos que envolvem os procedimentos a serem analisados", restrinjam suas análises "exclusivamente (às) questões de mérito, objeto dos processos".

Em resumo, demanda o princípio do Juízo Natural que "ninguém será processado *e* (e não *ou*) julgado senão pela autoridade competente", sob pena de flagrante inconstitucionalidade, tal como o verificado na atual sistemática, a ser, *de lege ferenda*, corrigida. Nesse ínterim, ainda que precariamente, pode o vício ser sanado por via regulamentar ou regimental (art. 51 da LDC), conferindo-se ao Conselheiro-Relator, do CADE, a atribuição de presidir a instrução, como aliás, alvisareiramente, já estabelece o art. 11 do Regimento Interno do CADE e se reconhece, expressamente, nas manifestações do Conselho[30].

Por fim, há que se registrar que não há confundir o princípio do Juízo Natural, cuja incidência no processo penal-econômico resulta na inconstitucionalidade do rito atualmente vigente, com o da identidade física do Juiz (art. 132 do CPC). Este é um corolário do princípio da oralidade, segundo o qual o Magistrado que colhe a prova em audiência deve preferencialmente decidir a demanda, dado que a formação da convicção acerca da prova colhida ficaria prejudicada caso não houvesse a identidade. Cuida-se, neste caso, de um dos princípios de técnica do processo penal-econômico (art. 83 da LDC) que garante a permanência objetiva e subjetiva da autoridade julgadora[31]. *Ictu*

[28] BASTOS, Celso Ribeiro; MARTINS, Ives Gandra, *Comentários à Constituição Federal*, p. 260.

[29] GRINOVER, Ada Pellegrini, *Processo Constitucional em Marcha*, p. 8, item 2.

[30] GESNER JOSÉ DE OLIVEIRA FILHO, Presidente do CADE, no voto vencedor que aprovou a Resolução n. 15/98, do CADE, assim se expressou: "(...)a noção do Relator (do CADE) como *dominus procesi*, consagrada no Regimento Interno aprovado por este Conselho em 31 de março deste ano (1998), (é) de resto, coerente com o ordenamento jurídico brasileiro".

[31] PONTES DE MIRANDA, *Comentários ao Código de Processo Civil*, tomo II, Ed. Forense, 1974, p. 389.

oculi, a matéria estranha ao tema do Juízo Natural sob comento. Quanto a este, como explica J. CRETELLA JÚNIOR.[32] "'Processado' é aquele que responde a processo, segundo as leis do país em que se encontra. 'Processo' é o conjunto de formalidades que se desenvolvem, no foro judicial e extrajudicial, sempre sob orientação do magistrado, até a sentença final. Sem o *devido processo legal*, a sentença é nula. Não tem eficácia. Entra *nulamente* no mundo jurídico. Pelo contexto, aqui se trata do *processo penal*, mas o *princípio da regra jurídica constitucional* tem aplicação, quer no processo judicial, civil ou penal, quer no *processo administrativo*".

4. Partes e intervenção de terceiros

O processo penal-econômico se instaura com a propositura da ação. Não se cuida aqui de representação da vítima direta do abuso do poder econômico (art. 30 da Lei n. 8.884, de 11.6.94), posto que, tratando-se a ação penal-econômica de ação pública, o *dominus litis* é a Procuradoria-Geral do CADE, processualmente substituída, na fase instrutória, pelo Departamento de Proteção e Defesa Econômica - DPDE, da Secretaria de Direito Econômico - SDE, órgão do Ministério da Justiça (art. 14, V e VI, do o Regimento Interno da SDE).[33]

"Parte" é quem participa da relação processual, quem tem interesse jurídico e legitimidade (*legitimatio ad causam*) (art. 3.º do Código de Processo Civil). De um lado, o DPDE, que, anomalamente substituindo a Procuradoria-Geral do CADE propõe a instauração de Processo Administrativo (art. 14, VI, do Regimento Interno da SDE) em busca da pretensão parajurisdicional, torna-se parte quando a relação processual se angulariza com a notificação do Representado (art. 33 da LDC) mediante despacho fundamentado (juízo de admissibilidade) do

[32] *Comentários à Constituição Brasileira de 1998*, V. I, p. 527.

[33] Assim se manifestou o DPDE no P.A. 28/92, sendo Representantes Centrinel S.A. e outros e Representada Cofap S.A. Cia. Fabricadora de Peças, fls. 1717: "No caso, seguindo-se forte corrente doutrinária de que as leis antitruste têm natureza penal, por aplicação analógica ter-se-ia que o Departamento de Proteção e Defesa Econômica/ SDE é parte no processo, como *dominus litis*, ou dono da ação, cabendo-lhe iniciá-la de ofício ou por provocação art. 4º da Lei nº 8.158/91. Cabendo-lhe também, exercer a função de acusar, pois o processo administrativo é contraditório. Na ação penal, em sendo o Ministério Público o titular da ação, dela não pode renunciar, levá-la-á a termo com vistas ao atendimento do interesse público voltado à coletividade. Aqui, protegendo a concorrência, estará também, protegendo a coletividade". Despacho da CGTJ acolhido pelo Diretor do DPDE em 8.7.93, fls. 1818.

Secretário de Direito Econômico (art. 32 da LDC). A outra parte, portanto o Representado, quando notificada, enseja a instauração da instância.

Por seu turno, não é o Representante "parte" no processo penal-econômico, limitando-se sua atuação aos lindes do "informante", cujos pronunciamentos hão de ser oferecidos ao DPDE e/ou à Procuradoria-Geral do CADE, conforme o caso que os adotará ou não como próprios e, em o fazendo, requererá sua juntada aos autos (art. 6.º do Regulamento das Competências da SDE).

Aliás, tal posicionamento é um imperativo à preservação dos princípios norteadores da concorrência, que se baseia na assimetria de informações entre os agentes econômicos e, em especial, os concorrentes. Pudesse o Representante ser parte no processo, teria ele acesso a todas as informações, ainda que confidenciais, de seus concorrentes ou empresas de seu interesse porventura constantes dos autos.

Embora eventualmente prejudicado pela ofensa à ordem econômica, não é o Representante "terceiro interessado" na relação processual entre o DPDE e o Representado, mesmo porque, para tanto, teria que ser dotado de legitimidade para pleitear a posição de assistente da acusação.

O terceiro legitimado é aquele que tem *interesse jurídico* no resultado da lide e não um mero interesse de fato ou econômico. Pacífica é a jurisprudência dos Tribunais e a doutrina no sentido de que não basta o simples interesse econômico para justificar a assistência e, portanto, a intervenção do terceiro.[34] No mesmo sentido, a doutrina.[35]

No dizer de CELSO NEVES,[36] ao discutir a inadmissibilidade da assistência no processo antitruste nacional: "A *assistência*, tanto a simples como a listisconsorcial, em pressupostos específicos, sem cuja verificação é ela inadmissível (...) pressuposto da intervenção é, pois, no caso da assistência simples, a existência de algum interesse jurídico do assistente, suscetível de ser alcançado pelos efeitos constitutivos ou condenatórios da sentença, vale dizer, pela sua executividade, ou interior à própria sentença, ou exterior e complementar

[34] *E.g.* vide STJ-4ª Turma, REsp 9.548-0-SP, rel. Min. Fontes de Alencar, J. 1.12.92, não conheceram, v.u., *DJU* 26.4.93, p. 7.211, 2ª col., em.; *RT* 469/170; *RJTJESP* 96/258; *RF* 251/192; *JTA* 34/332; 111/404, *RP* 33/245; 47/287 etc.

[35] MARQUES, José Frederico, *Manual de direito processual civil*, v. I, p. 269; e PONTES DE MIRANDA, *Comentários ao Código de Processo Civil*, t. II, p. 56, dentre outros.

[36] FRANCESCHINI, José Inácio Gonzaga, *Poder econômico: exercício e abuso - direito antitruste brasileiro*, p. 538 e ss.

dessa (CPC, art. 50). No caso de assistência litisconsorcial, a viabilidade da intervenção há de decorrer da relação jurídica já configurada entre o assistente e o adversário do assistido (CPC, art. 54)".

E versando especificamente sobre o tema, conclui que:

"(...) no caso (...) nenhuma das hipóteses ocorre, porque o *thema decidendum* concerne(m) a uma relação de direito público, plano em que não se podem subjetivar interesses jurídicos de natureza privada".

De fato, em sede do Direito da Concorrência, o interesse de que se cogita é o da *Coletividade* (art. 1.º, § único) da LDC, tendo por objeto jurídico a *Concorrência* e não o eventual concorrente ou outro agente econômico participante da cadeia produtiva. O interesse público daquela se sobrepõe ao destes.

Citando BAUMOL e ORDOVER (1985), a Conselheira LÚCIA HELENA SALGADO[37] bem enfatiza o escopo da Lei de Regência:

"(...) há um fantasma (...) que assombra nossas instituições antitruste. Sua ameaça é que, longe de servir como baluarte da competição, elas se tornarão instrumento nas mãos daqueles que querem subvertê-las.

Toda vez que um competidor se torna muito bem-sucedido ou muito eficiente, toda vez que sua competição ameace tornar-se tão efetiva a ponto de perturbar a vida mansa e tranqüila que seu rival lidera, o último estará tentado a processá-lo sob a alegação de que a competição é desleal. (...) É um mundo de cabeça para baixo no qual competição vigorosa parece anticompetitiva e 'competição leal' acaba por significar competição nenhuma".

Tomando-se por base a legislação processual penal (dada a natureza repressiva dos processos contenciosos antitruste), tem-se por "assistente" o titular do bem jurídico lesado pelo delito[38], no caso, um único, a Coletividade. Como explica MANOEL PEDRO PIMENTEL.[39] "(...) o prejudicado pelo delito nem sempre é sujeito passivo da infração, e que esta deve ser analisada em

[37] "A economia política da ação antitruste", p. 18

[38] NORONHA, E. Magalhães, *Curso de direito processual penal* , p. 137

[39] PIMENTEL, Manoel Pedro, *A figura do assistente do Ministério Público no direito processual brasileiro, Revista Interamericana de Direito Processual Penal*, v.. 1/2, p. 24.

seus dados objetivos, quem é o ofendido no sentido legal e, portanto, quem tem o direito de ação privada - se se tratar de crime reservado à perseguição particular - ou quem tem direito de se habilitar como Assistente do Ministério Público se se tratar de crime de ação pública"

E continua: "O resultado de dano é estranho ao conceito jurídico de tais infrações, considerando-se 'ofensa' a simples colocação em perigo de um bem ou um interesse da coletividade. O 'dano' efetivamente causado por esses delitos é um *plus*, levado em conta *quod poenam*, funcionando como circunstância agravante. Vale dizer, portanto, que nos crimes de perigo comum o 'ofendido' não é aquele que sofreu o 'dano' material eventualmente ocorrido, mas o Estado, titular do bem jurídico 'incolumidade pública', pela simples exposição a perigo de tal bem".

Concluindo: "(...) não se confundem, também, as figuras do 'ofendido' e do 'prejudicado' pelo delito, sendo certo que somente o primeiro tem legítimo interesse para habilitar-se como Assistente do Ministério Público".

Em resumo, representa o Representante um "prejudicado", sem interesse jurídico. Assim o define o art. 29 da LDC, que, sem reconhecer-lhe, acertadamente, a condição de parte do processo penal-econômico, não deixa de consagrar-lhe o direito de ação junto ao Poder Judiciário (não ao CADE), em ação autônoma individual, na defesa de seu interesses privados, comerciais e/ou pecuniários (que, assim, se distinguem dos direitos públicos de que é titular a Coletividade). Sua causa de pedir encontra fundamento no art. 159 do Código Civil e não na legislação da concorrência.

Assim já se manifestou o Poder Judiciário, repelindo a figura do assistente no processo antitruste.[40] "A vítima direta de abuso do poder econômico carece de legítimo interesse jurídico para ingressar em ação anulatória do CADE como assistente do Ministério Público. Impõe-se a solução, máxime porque o sujeito passivo do delito econômico é o mercado, o povo, e não o particular diretamente atingido pela conduta ilícita".

5. Da representação de má-fé

O economista MATTOS[41] analisou, sob o prisma da teoria dos jogos, os

[40] FRANCESCHINI, José Inácio Gonzaga, *Poder econômico: exercício e abuso - direito antitruste brasileiro*, ementa n. 327, p. 293

[41] PEREIRA, Edgard Antônio, SILVA, Eleni Lagroteria da, e FRANCESCHINI, José Inácio Gonzaga, Denúncia de práticas anticompetitivas, *Revista de Direito Econômico*, v. 26, p. 47 e ss.

potenciais incentivos à conduta anticompetitiva decorrentes do Compromisso de Cessação de Prática (CCP). O modelo, desenvolvido de maneira objetiva e competente pelo autor, permitiu-lhe concluir que "caso o CCP se torne prática recorrente, o mesmo poderá gerar um forte incentivo à infração *ex-ante*. O CCP seria visto como uma perspectiva de perdão que torna lucrativa a prática infratora."

A premissa do autor é de que as empresas agirão de forma racional, visando maximizar os benefícios da inflação, comparando-os com os custos - financeiros e de reputação - decorrentes de uma eventual condenação, e a probabilidade de vir a ser celebrado com o CADE um compromisso de cessação.

Há que se analisar o outro lado da moeda: as vantagens, para o Representante, da denúncia de prática anticompetitiva infundada ou de má-fé e os prejuízos para a sociedade dela decorrentes.

De fato, a literatura tem chamado atenção para a má utilização e tentativas de desvio de finalidade dos instrumentos postos à disposição da sociedade para a defesa da concorrência. No que tange aos princípios para apuração de infrações, não impedem eles o mau uso (ou abuso) das autoridades públicas, sejam elas judiciais ou administrativas, para fins anticoncorrenciais.

Em verdade, não é incomum verificar a formulação de representações perante o CADE com o objetivo de tão-somente afastar a concorrência prejudicando o concorrente, acarretando-lhe pesado ônus processual, bem como sujeitando-o a execração e alarde públicos.[42]

Tais recursos predatórios, quando repercutirem no mercado, merecem imediato repúdio e a rejeição liminar da denúncia, sujeitando-se o Representante, neste caso, sim, a Processo Administrativo por eventual infração à ordem econômica pela criação de dificuldades, sem prejuízo de possível configuração de denúncia caluniosa.

Os efeitos da apresentação de denúncia de prática anticompetitiva são expressivos e assimétricos para denunciantes e denunciados. Em recente estudo, BIZJAK e COLES (1995) analisam, de um universo de 1959 casos de denúncia de prática anticompetitiva apresentados em cinco distritos americanos (Atlanta, Chicago, Kansas City, New York e San Francisco), o subconjunto daqueles em que as empresas - denunciantes e denunciadas - tem cotação nas Bolsas NYSE e AMEX.

Os autores avaliam as perdas e ganhos, em termos de alterações do

[42] FRANCESCHINI, José Inácio Gonzaga, Introdução ao direito da concorrência, *Revista de Direito Econômico*, nº 21, p. 27

valor de mercado das companhias envolvidas e, apoiados em extensos estudos econométricos, concluem que as empresas denunciantes começam a perceber ganhos a partir do momento em que entram com a Representação e sustentam que existem significativos efeitos positivos no valor de mercado das empresas denunciantes acompanhados de importantes perdas para as empresas denunciadas.[43]

Além de fonte de ganho econômico para o denunciante, a denúncia de prática anticompetitiva pode, em verdade, ser uma resposta, talvez a mais simples e menos onerosa para o denunciante, ao acirramento da concorrência no mercado. Tal possibilidade foi analisada por CHARLES RULE, então Procurador Geral Assistente da Divisão Antitruste do Departamento de Justiça dos Estados Unidos, na Reunião Anual da *American Bar Association* de 1988.

Avaliando as repercussões da entrada em vigor do Acordo de Livre Comércio entre Estados Unidos e Canadá e o aumento da pressão competitiva sobre as empresas americanas e canadenses dele decorrentes, RULE (1988) sustenta que "face à perspectiva de aumento da competição e impossibilidade de conseguir novas barreiras tarifárias e comerciais, algumas firmas americanas e canadenses provavelmente virão chorar junto às autoridades antitruste ou às cortes. Esses competidores desapontados provavelmente reclamarão que a pressão competitiva que estão sofrendo é resultado de 'comportamento estratégico' desleal, 'preços predatórios' ou - um lema ouvido muito freqüentemente hoje em dia - 'elevação de custos dos rivais', destinada a retirá-los do negócio ou impedir sua entrada".

Desnecessário assinalar quão similar pode ser esta situação com a atualmente vivida pela economia brasileira, motivada pela abertura às importações.

Perguntando-se sobre o que devem as autoridades fazer em face da essas reclamações, RULE é taxativo: nada.

O CADE, entretanto, é obrigado a acolher e julgar todas as representações que lhe sejam apresentadas, mesmo que, à primeira vista, pareçam improcedentes. Além dos condicionantes legais, a própria insipiência da cultura da concorrência na sociedade brasileira faz que uma das tarefas primordiais do Conselho seja, justamente, difundir essa cultura e incentivar a utilização dos instrumentos legais disponíveis. Entretanto, cabe ao CADE ser, ao mesmo tempo, agente educador nesse processo de aprendizado. Por isso, é importante

[43] "A perda média de valor para as denunciadas é de aproximadamente 0,6% do valor das ações da firma ou uma perda média de US$ 4 milhões. (...) O ganho médio da denunciante é de aproximadamente 1,2% do valor das suas ações, ou o equivalente a uma média de US$ 3 milhões." BIZJAK e COLES, op. cit., 1995, p. 437. (Tradução livre)

que o Conselho desestimule a apresentação de Representações descabidas e incentive a formulação de denúncias consistentes e bem fundamentadas, até mesmo como recurso didático, no curso da consolidação do aparato institucional da defesa da concorrência.

A maneira e os mecanismos pelos quais esse objetivo será alcançado somente a prática e o bom senso poderão definir.

A equação jurídica é encontradiça no velho brocardo: *Ubi urbi, ibi jus* (onde quer que exista uma sociedade humana, sempre haverá o Direito).

Ao fato jurídico de que trata o brocardo corresponde a norma, a tutela do Direito: "a todo direito corresponde uma ação que o assegura" (Código Civil, art. 75). Dir-se-á[44] que a ação é parte constitutiva do direito subjetivo, pois que é o próprio direito em atitude defensiva. A ação, tecido tegumentar do direito, protege a parte nuclear do interesse, desdobrando-se em ação no sentido processual, de *jus persequendi in judicio quod nobis debetu.*

Por outro lado, o direito de petição aos Poderes Públicos (art. 5°, XXXIV, da Constituição Federal) é uma garantia fundamental do indivíduo. Não é ele, porém, irrestrito, delimitando-o a Carta Magna à "defesa de direitos ou contra a ilegalidade ou abuso do poder".

Empregado em desconformidade com a finalidade social da lei e as exigências do bem comum, transmuda-se em abuso, mais precisamente, em "abuso de direito". Já o reconheciam tanto o Direito Romano, este embora precariamente (*summum ius, summa iniuria*), como o Canônico, que consagrou a doutrina da *aemulatio*, ambos reconhecendo a possibilidade de o direito ser exercido abusivamente.

Contrapõem-se dois conceitos, apenas aparentemente antinômicos: *qui jure suo utitur neminem laedit* e *malitiis non est indulgendum*. No Direito da Concorrência, diante do conflito, há de prevalecer o interesse da Coletividade, titular do bem jurídico protegido (art. 1°, § único, da Lei n. 8.884, de 11 de junho de1994).

Com efeito, demanda o Direito Positivo, *ex vi* do art. 5.° da Lei de Introdução ao Código Civil, que a lei seja aplicada de forma a atender aos fins sociais a que ela se dirige e às exigências do bem comum. O exercício normal de um direito não constitui qualquer coação (art. 100 do Código Civil), mas o uso egoístico do direito, contrário ao interesse social, encontra repúdio e remédio

[44] BEVILÁQUA, Clóvis, *Código Civil*, v. 1, p. 323.

na norma, dado que aquele que, por ação voluntária ou culposa, causar prejuízo a outrem fica obrigado a reparar o dano (art. 159 do Código Civil).

O Direito[45] é um meio para a realização da paz social e não um instrumento de satisfação de interesses puramente individuais.

O exercício anormal do direito encontra, *de lege lata*, resposta explícita no Direito alemão, cujo Código Civil, art. 226 reza: "o exercício de um direito não é permitido quando tem por fim único causar prejuízo a outrem". À norma escrita do Direito tedesco corresponde a pacífica doutrina e jurisprudência nacionais, unicamente dividida no tocante à necessidade ou não do elemento subjetivo ao reconhecimento da figura. Alheio ao tormentoso debate, contenta-se para as finalidades exclusivas do presente trabalho, com a demanda do dolo, posto que, neste pormenor, a doutrina é virtualmente pacífica: todo aquele que, de má-fé, move representação contra outrem, por pretensa ofensa à ordem econômica comete "abuso de direito".

O fenômeno não é nacional, consagrando-o, *mutatis mutandis*, o Direito Antitruste norte-americano, na análise casuística de *Eastern Railroad Conference vs. Noerr Motor Freight*[46] Com respaldo no direito constitucional de petição previsto na Primeira Emenda à constituição norte-americana, remembra HOVENKAMP[47] que o direito de petição ao Estado também inclui o direito de ajuizar uma ação ou de formular uma representação perante uma agência com competência quase-judicial.

Recorda-se, contudo, que esse direito, em matéria concorrencial (como em outras), não é irrestrito, registrando o mestre, exemplificativamente, o caso *Walker Process Equipment vs. Food Machinery & Chemical Corp.*,[48] em que a Corte Suprema norte-americana decidiu que o ajuizamento em má-fé de uma ação civil pode configurar uma violação à legislação antitruste"[49]. Assim tanto neste caso, como em *California Motor Transport Co. vs. Trucking Unlimited*,[50] se

---

[45] BARRETO, Tobias, *Estudos de Direito*, 1951, p. 105.

[46] 365 U.S. 127, 81 S.Ct. 523 (1961).

[47] Federal antitrust policy - "the law of competition and its practice", p. 636. No texto original inglês: "the right to petition the government also includes the right to file a lawsuit or to bring a complaint before an agency acting in quasi-judicial capacity".

[48] 382 U.S. 172, 86 S.Ct. 347 (1965).

[49] No original inglês: "the Supreme Court held that the wrongful filing of a civil suit could constitute an antitrust violation".

[50] 404 U.S. 508, 92 S.Ct. 609 (1972).

sugere que o exercício do direito de petição em má-fé não estava amparado pela imunidade conferida pela doutrina Noerr.[51]

De fato, a jurisprudência (*case law*) antitruste norte-americana estabeleceu, em princípio, quatro hipóteses de exceção à imunidade constitucional prevista em Noerr: (a) declarações falsas (*misrepresentations*) por parte do autor ou representante; (b) conspiração entre o representante e o funcionário público encarregado (*co-conspiration*); (c) suborno (*bribery*); e (d) emulação (*sham petitioning*).

No caso brasileiro, é bem verdade que o art. 83 da Lei n. 8.884, de 11 de junho de 1994, remete à aplicação subsidiária do Código de Processo Civil, permitindo ao hermeneuta haurir os ensinamentos e parâmetros extensivos do art. 17 desse diploma instrumental civil básico. Afirma-se desde logo, para evitar controvérsias de outra ordem, que é este preceito, como tal, no tocante às relações processuais *entre o Representante e o Representado*, inaplicável ao processo penal-econômico destinado à apuração das condutas anticoncorrenciais e sua repressão (embora o seja nas relações entre o DPDE e o Representado), uma vez não ser o Representante parte ou interveniente (mas mero informante) no "Processo Administrativo".

De qualquer modo, descreve, com precisão, as hipóteses em que uma representação possa ser formulada de má-fé, ou seja, quando o Representante:

a) deduzir pretensão contra texto expresso da Lei n. 8.884 de 1994;

b) alterar a verdade dos fatos em sua qualidade de informante;

c) usar do processo penal-econômico para conseguir (ainda que não colime seus propósitos) objetivo ilegal, ou seja, quaisquer dos efeitos previstos no art. 20 da Lei da Concorrência, constituindo a representação, neste caso, nítida hipótese (dentre outros delitos-meio possíveis) de criação de dificuldades à constituição, ao funcionamento ou ao desenvolvimento de empresa concorrente ou de fornecedor, adquirente ou financiador de bens ou serviços (V do art. 21 do mesmo diploma);

d) proceder de modo temerário em qualquer incidente ou ato do processo penal-econômico; ou

e) provocar incidentes manifestamente infundados.

[51] HOVENKAMP, Federal antitrust policy, p. 637

Neste ponto, cumpre ter em mente[52] que a regra jurídica não é de interpretar-se por analogia, nem cabe recorrer a princípios gerais de direito. O que se deve é explicitar cada um dos conceitos acima, cabendo à Justiça verificar se o caso em exame entra em algum desses conceitos. O que primeiro se observa é que, como já dito, não se anuiu em ser indiferente ao elemento subjetivo, se bem que não o ponha em relação causal. Não se exige que tenha sido causa das perdas e danos sofridos pelo Representado; basta que tenha havido o fundamento no processo, em sua origem. Origem do processo, e não dos danos. O elemento subjetivo pode ser, apenas, causa remota.

Quem demanda pede justiça. Se, em vez de ser essa urgência de prestação parajurisdicional o que conduz o Representante ao Sistema Brasileiro de Defesa da Concorrência, é algum daqueles motivos arrolados no art. 17 do diploma processual civil básico, está-se diante do abuso do direito, no campo processual penal-econômico.

A Representação de má-fé, *de lege ferenda* a ser consagrada no Estatuto Concorrencial, acarreta forçosamente um dano tanto ao Estado como, com maior intensidade, à Coletividade e ao Representado, um dano injusto, em contrariedade às finalidades sociais da norma jurídica. Sofre, com ela, o Representado não apenas danos materiais como também morais, ambos passíveis de reparação mediante ação própria.

Confirma essa necessidade a jurisprudência do CADE.[53]

Acarretando dano ao Estado e ao Representado, a representação de má-fé caracteriza-se como ato ilícito (art. 159 do Código Civil), por ferir a ordem jurídica. Não se trata, portanto, de qualquer aplicação subsidiária do principal processual civil da sucumbência. Mesmo porque, não sendo o Representante parte no processo penal-econômico, lhe é estranho o conceito. O abuso no direito de representação, porém, acarreta, inarredavelmente, a responsabilidade patrimonial pela reparação do dano.

Diversas são as possibilidades e motivações para a representação de má-fé. A distinção dentre estas não é inócua. A representação de má-fé pode ser formulada por um concorrente do Representado, como por outro terceiro interessado.

---

[52] PONTES DE MIRANDA, *Comentários ao Código de Processo Civil*, t. I, p. 387

[53] Cf. voto do Conselheiro Antônio Carlos Fonseca, quando do julgamento do P.A. n.° 3/91, em 18 de junho de 1997, no seguinte sentido: "Tenho afirmado que a justiça antitruste é cara porque tem que ser bem aplicada, resguardando a imagem do agente que não deve ser afetada a não ser na presença de veementes indícios de inflação".

A experiência demonstra, com certa freqüência, representações formuladas por motivos meramente comerciais, políticos, eleitoreiros ou "carreiristas", muitas vezes em pretensa "defesa" de setores ou segmentos, mas em geral com finalidades espúrias (*e.g.* como forma de pressão para a obtenção de "acordos" financeiros ou vantagens politiqueiras ou mercantis), diversas da motivação concorrencial etc. Contribuem, igualmente, intuitos menos vis, como os ideológicos, pessoais ou de simples perseguição, em geral contra indústrias ou segmentos chamados "de *griffe*", sempre com resultados detrimentosos para os interesses da Coletividade. Nestes casos, a representação de má-fé gera, sob o prisma civil, a obrigação de ressarcimento pecuniário, tão-somente.

Também comuns são as representações inidôneas apresentadas entre agentes nas relações de mercado, seja no plano horizontal (concorrente contra concorrente), seja no vertical (fornecedores-fabricantes/prestadores de serviços-clientes). Nestes casos, o dolo anticoncorrencial leva à necessidade suplementar de instauração do competente "Processo Administrativo" dada a decorrente limitação, falseamento e/ou prejuízo à livre concorrência ou à livre iniciativa (art. 20, I, c/c art. 21, V, da Lei n. 8.884/94), com vistas à imposição da multa e das penas acessórias contempladas nos arts. 23 e 24 do mesmo diploma. Não se trata, nesta hipótese, de "reconvenção", conceito estranho ao processo penal-econômico, a despeito da subsidiariedade do Código de Processo Civil.

Por fim, notadamente em face da natureza penal-econômica do Direito da Concorrência, a representação de má-fé pode ter repercussões no Direito Penal Comum, tais como a eventual tipificação de crimes contra a honra ou a administração da Justiça.

Em qualquer hipótese, presentes hão de estar os elementos constitutivos do abuso de direito:

a) o uso de um direito (*in casu*, o direito de representação ou de instauração *ex officio* de procedimento ou processo persecutório penal-econômico por alegada ofensa à ordem econômica);

b) o dano a um interesse não protegido *prima facie* por uma prerrogativa jurídica específica (como o é o do agente econômico surpreendido pela representação de má-fé); e

c) a imoralidade ou a contrariedade ao interesse da Coletividade desse dano, manifestada em forma subjetiva (quando o exercício do direito visa apenas prejudicar ou, em outras palavras, não desfruta de um fim legítimo).

A chamada "cultura da concorrência", interesse legítimo da Coletividade, representa um *bem jurídico protegido*, e não um bem "interesseiro", a serviço de interesses individuais.

A utilização ilícita da legislação de defesa da concorrência como instrumento de disputa comercial ou com finalidades anticompetitivas é um mal que deve ser combatido, a fim de preservar os objetivos da lei em sua essência, otimizando o uso dos recursos públicos empregados na sua execução da Lei.

O enquadramento jurídico do tema pode ser assim resumido[54]:

a) o exercício abusivo do direito de representação fere frontalmente o ordenamento jurídico concorrencial, ainda que aparentemente seja conforme a lei, caracterizando-se aí como um ato ilícito;

b) por ser ilícito, o ato abusivo gera a responsabilidade do Representante ao ressarcimento dos danos que injustamente tenha causado à Coletividade, ao Representado, ao Estado e a terceiros; e

c) a configuração do abuso de direito dependerá da análise judicial, em cada caso concreto, de haver o ato sido praticado em desconformidade com a finalidade social da lei e as exigências do bem comum.

6. Sigilo

Os atos processuais no Processo Administrativo são públicos (art. 155 do Código de Processo Civil), mesmo porque pauta-se a Administração Pública pelo princípio da *publicidade* (art. 37 da Constituição Federal). O próprio diploma processual civil básico, porém, estabelece ressalvas, quando, por exemplo, assim exigir o interesse público (art. 155, I, do Código de Processo Civil).

Ocorre que o princípio constitucional da publicidade não tem maior hierarquia que a garantia também maior da preservação da intimidade das empresas, de sua escrituração (art. 17 do Código Comercial), de seus segredos de indústria (art. 5.º, XXIX, da Carta Magna) e de negócio, cuja violação, aliás, a lei qualifica como crime de concorrência desleal. Certamente não cabe às autoridades encarregadas da defesa da concorrência atribuir vantagens competitivas a concorrentes ou outros agentes econômicos revelando-lhes segredos de outras

[54] LEVADA, Cláudio Antônio Soares, Anotações sobre o Abuso de Direito, *Revista dos Tribunais*, v. 667, p. 49-50.

empresas, mesmo porque não é incomum que empresas formulem representações ou pleitos de má-fé, visando tão-somente o acesso a informações estratégicas.

O princípio da publicidade abrange toda atuação estatal, não só sob o aspecto de divulgação oficial de seus atos como também de propiciação de conhecimento da conduta interna de seus agentes[55] e representa exigência de executoriedade do ato administrativo.[56]

Logo, o princípio da publicidade é dirigido à Administração e não aos Administrados e, sendo genérico, comporta adaptações. É ele realizado pela comunicação dos atos públicos e não pela divulgação das informações contidas nos Processos Administrativos. Assim, não existe qualquer conflito entre os princípios constitucionais da publicidade e da confidencialidade das informações prestadas em Processos Administrativos.

Ao considerar a adaptação entre a publicidade e a confidencialidade, tem se que levar em conta os fins sociais das normas e a exigência do bem comum (art. 5.º da Lei de Introdução ao Código Civil). A confidencialidade é efetivamente um fim social e uma exigência do bem comum, pois somente com tal possibilidade de sigilo os agentes econômicos têm condições efetivas de investir em seus negócios e, dentro da lógica do capitalismo, com isso crescer e apurar vantagens a serem distribuídas a seus sócios e/ou investidores. Os segredos de cada negócio constituem as armas que os empresários têm na luta pela sobrevivência econômica; a eventual divulgação desses segredos será um fator de eliminação da concorrência, razão pela qual a lei lhes confere proteção penal (art. 195 e respectivos incisos XI e XII da Lei n. 9.279/96).

A assimetria de informações é fundamental à concorrência: a divulgação de matéria sigilosa pela Administração Pública encarregada da defesa da concorrência modifica a normal relação da competição e resulta em petição de princípios e em concorrência desleal. Não é por outra razão que a lei restringe o acesso do Representante aos autos (art. 155, § único, do Código de Processo Penal), reconhecendo o direito de consulta aos autos e de pedir certidões somente às partes (DPDE e Representado) e seus procuradores, sendo vedada a vista ao Representante por faltar-lhe interesse jurídico. Não por outra razão que o art. 15, § único, do Regulamento das Competências da SDE admite apenas o "acesso" (não vistas), ou seja, o simples compulsar dos autos, desde que este não contenha matéria confidencial ou submetida a sigilo legal e apenas mediante requerimento, a critério da SDE.

---

[55] MEIRELLES, Hely Lopes, *Direito Administrativo Brasileiro*, p. 83

[56] SILVA, José Afonso da, *Curso de Direito Constitucional Positivo*, p. 564

Há que se registrar, mais, que os atos de concorrência desleal não são praticáveis apenas por concorrentes industriais ou comerciais, mas podem ser praticados por quaisquer pessoas, não se excluindo os que tomam conhecimento das informações divulgadas em decorrência de exercício de cargo ou função pública ou exercício profissional.[57] Recorde-se, mais, que a divulgação, sem justa causa, do conteúdo de documento particular ou de correspondência confidencial, de que se é destinatário ou detentor, revelação esta que possa produzir dano ao Representado, é conduta penalmente punível (art. 153 do Código Penal).

A confidencialidade é garantidora da livre e leal concorrência entre os agentes econômicos, e, assim, da livre iniciativa. Sua violação, inclusive por quem tome conhecimento dos atos confidenciais em decorrência de exercício de cargo ou função pública, faz o órgão público e seus agentes incorrer em conduta infrativa e, até mesmo, em eventual crime de concorrência desleal.

No plano normativo, a confidencialidade tem-se revelado uma preocupação tanto do legislador como do aplicador. É ela ao mesmo tempo garantia da proteção do Representado inocente, como da elucidação dos fatos ou na medida do exigido pelo interesse da sociedade (art. 20 do Código de Processo Penal). Não obstante o princípio da publicidade dos atos processuais e administrativos, não deixou de ter sua importância reconhecida na fase de conhecimento do Processo Administrativo, exigindo a lei a preservação do sigilo legal (art. 35 da LDC). É evidente que, aplicando-se à fase instrutória, igualmente obrigatória é a preservação do sigilo legal nas anteriores, de "averiguação preliminar" e de "procedimento administrativo" (neste último caso, expresso o art. 3.º, § 1.º, do Regulamento das Competências da SDE). Já Portaria n. 5, de 25.9.96, da SDE, art. 9.º, estabelece que o sigilo deve ser objeto de "pedido específico e legalmente fundamentado", o que, à toda evidência, é uma exigência ilegal e ofensiva ao bem e ao senso comum.

É bem verdade que a Medida Provisória n.º 2.055, excrescência jurídica (quiçá nova Lei Malaia) editada à sorrelfa, longe do debate público e lastimavelmente datada de 11 de agosto de 2000, data comemorativa dos cursos jurídicos em São Paulo, fruto de delírios do arbítrio estatal, pretendeu revogar a natureza sigilosa da fase de "averiguação preliminar" (art. 1.º). Tal iniciativa, que desconhece inteiramente a natureza e propósito do procedimento prévio, somente é compreensível para aqueles que, ideologicamente, colocam o interesse do Estado (não se o confunda com o da Coletividade) acima dos direitos que preservam a

[57] DELMANTO, Celso, Crimes de Concorrência Desleal, p. 24; PONTES DE MIRANDA, Tratado de Direito Privado, t. XVII, p. 304.

dignidade e a imagem individuais. O sigilo passou a ser apenas um instrumento de garantias da inquisição estatal e não de proteção da imagem e privacidade do acusado, ainda que este eventualmente inocente. De qualquer modo, há de ser o odioso e autoritário preceptivo devidamente entendido no contexto de toda a sistemática jurídica brasileira e não de forma isolada.

Antes de mais nada, inconstitucional é a própria Medida Provisória, dado que o instituto (art. 62 da Constituição Federal) não pode ser aplicado no campo repressivo ao abuso do poder econômico, porque não sendo lei contrariaria o disposto no art. 173, § 4.°, da Carta Magna.

De qualquer modo, ao contrário do que pretende insinuar a nova redação dada ao art. 30 e seu novo § 3.° (bem como o novo art. 35-A e seu § 2.°) da Lei n.° 8.884/94 pela nefanda Medida Provisória, não há discricionariedade da Administração Pública, mas o dever legal de preservação do segredo, sob pena de responsabilidade civil e criminal (independentemente de qualquer pedido ou fundamentação). Também responderá a Autoridade pelo dano moral e à imagem do Representado inocente decorrente da publicidade porventura dada à "averiguação preliminar"

A observância das garantias do direito ao sigilo é também demanda do Plenário do CADE (art. 7.°, IX, da LDC), embora, à exemplo da referida Portaria n.° 5/SDE, faça o art. 12 da Resolução n.° 5, de 28.8.96, do Conselho, menção ao despropositado "pedido específico e fundamentado". A *lei* garante aos segredos comerciais, notadamente os de indústrias e de negócio, *ipso facto*, a natureza sigilosa.

Em resumo, são preservadas pelo sigilo: (a) as matérias de interesse público ou familiar (art. 155, incisos I e II, do Código de Processo Civil), (b) a escrituração do Representado (art. 17 do Código Comercial); (c) os segredos de indústria e de negócio (art. 195, XI e XII da Lei n.° 9279/96); e (d) demais informações cujo sigilo seja previsto em Lei (*e.g.* sigilo fiscal, das telecomunicações, postal e bancário). A relação não configura *numerus clausus*, aplicando-se, neste caso (mas apenas neste caso), a outros assuntos, o disposto no art. 44 do Regulamento das Competências da SDE e na Resolução n.° 5/CADE. Inócuo, portanto, no que for contrário às garantias de sigilo, o rol contemplado no art. 45 do citado Regulamento.

A temática do sigilo, em realidade, é uma constante preocupação das autoridades encarregadas da preservação da livre concorrência em todo o mundo. No âmbito da Comunidade Européia, as informações obtidas pela Comissão somente podem ser usadas para a finalidade para a qual foram obtidas, exigindo-se absoluto respeito à confidencialidade da informação. A obrigação de não usar a informação para qualquer outro propósito se estende às autoridades competentes dos Estados Membros, bem como às da Comissão e a terceiros, tais como os representantes.[58]

Não destoa o Direito norte-americano, que admite a extração de cópias do material documental constante dos autos apenas para uso oficial, não se admitindo seu exame por qualquer terceiro, salvo com o consentimento de quem houver entregue o documento às autoridades.[59]

---

[58] BELLAMY e CHIELD, Common market law of competition", p. 719, item 12-017, assim se expressam: "Confidentiality. Information obtained by the Commission under Articles 11 and 14 of Regulation 17 may be used only for the purpose for which it was obtained and the confidentiality of the information must be respected. The Commission may never disclose 'business secrets' to a competitor or anyone else". E complementa às pp. 738/739, item 12-046: "Confidentiality. The position on confidentiality may be summarised as follows: (1) By virtue of Article 20(1) of Regulation 17 information acquired as a result of inquiries and investigations by the Commission may be used only for the purpose of the relevant request or investigation. The obligation not to use the information for any other purpose extends to the competent authorities of Member States as well as to the Commission and other parties such as complainant; (2) By virtue of Article 20(2) of Regulation 17 the Commission and the competent authorities of the Member States, their officials and servants, must not disclose information acquired by them as a result of the application of Regulation and of the 'kind covered by the obligation of professional secrecy'. The concept of 'professional secrecy' has not been judicially defined in Community law but probably extends to all documents and information that come to the knowledge of the Commission and its services in the exercise of their functions other than information already in the public domain. The obligation of professional secrecy thus includes, but extends beyond, the protection of 'business secrets'".

[59] SULLIVAN, Lawrence A., Antitrust, p. 845, ao comentar o Antitrust Civil Process Act. registra: «§ 1313. Antitrust document custodian - Designation; deputy custodians. (a) The Assistant Attorney General in charge of the Antitrust Division of the Department of Justice shall designate an antitrust investigator to serve as antitrust document custodian, and such additional antitrust investigators as he shall determine from time to time to be necessary to serve as deputies to such officer. (...).(c) The custodian to whom any documentary material is so delivered shall take physical possession thereof, and shall be responsible for the use made thereof and for the return thereof pursuant to this chapter. The custodian may cause the preparation of such copies of such documentary material as may be required for official use under regulations which shall be promulgated by the Attorney General. While in the possession of the custodian, no material so produced shall be available for examination, without the consent of the person who produced such material, by any individual other than a duly authorized officer, member, or employee of the Department of Justice. Under such reasonable terms and conditions as the Attorney General shall prescribe, documentary material while in the possession of the custodian shall b e available for examination by the person who produced such material or any duly authorized representative of such person".

7. Representação e procedimento administrativo preliminar

A persecução penal-econômica (ou "ação punitiva", no linguajar da Medida Provisória n.º 2.055/2000) tem início com a notícia da ocorrência de acontecimento enquadrável numa das figuras que a lei define e estrutura como infrativa da ordem econômica (art. 20 da Lei de Defesa da Concorrência - LDC). Pode ela ser *espontânea*, quando se dá cognição imediata ou comunicação não formal (*e.g.* a *vox populi*, as informações da imprensa, a investigação e estudos do próprio órgão, a matéria surgida no decurso de outro feito etc.), atuando a autoridade *ex officio* (art. 14, III e VI, da LDC), ou provocada, quando alguém a leva ao conhecimento das autoridades, por meio de representação (art. 30 da LDC). Merece aprimoramento, aliás, o Regimento Interno da SDE, que utiliza como sinônimas as expressões "representação" e "denúncia" (art. 12, I, do Regimento), termo este que, nesse , é utilizado em seu sentido leigo, tal como a palavra "queixa" (peça popularmente usada para definir o requerimento de abertura de inquérito policial).

Esta ação, no entanto, é, quando ausente qualquer *fumus boni iuris* da pretensão punitiva, precedida de uma fase de pesquisas, cognominada "procedimento administrativo" preliminar (art. 3.º, § 1.º, do Regulamento das Competências da SDE), em que se colhem os dados necessários em busca da definição da existência ou não de real motivo à instauração de Processo Administrativo.

O "procedimento administrativo" também pode se processar junto à Secretaria e Acompanhamento Econômico - SEAE, do Ministério da Fazenda (art. 35-A, §§ 1.º e 2.º, da Lei n. 8.884/94, com a redação dada pela Medida Provisória n.º 2.055/2000), quando destinado a instruir representação a ser encaminhada à SDE.

O procedimento somente se justifica na presença de indícios *prima facie* de infração à ordem econômica, porém precários e ainda insuficientes até mesmo para a abertura de averiguações preliminares (art. 30 da Lei n. 8.884/94). Nestes estágios, desenvolve-se atividade preparatória, de caráter preliminar e informativa, enquanto que consiste a ação penal-econômica no pedido de julgamento da pretensão punitiva. Esta surge para o Estado com a prática de infração à ordem econômica e representa a exigência de que o *jus puniendi* no caso prevaleça sobre o exercício da liberdade econômica do acusado, com a sujeição deste à pena cabível na espécie.[60]

Exige a LDC (art. 30) que a representação seja escrita e devidamente

[60] MARQUES, José Frederico, Elementos de Direito Processual Penal, v. I, p. 130.

fundamentada devendo, no mínimo, conter a exposição do fato argüido como caracterizador de infração à ordem econômica e identificar o Representante e o acoimado infrator. Ademais, necessitam atender as exigências do art. 6.º da Lei n. 9.784/99. Destarte, Representações apócrifas ou anônimas são inaceitáveis (art. 3.º, *caput*, do Regulamento das Competências da SDE), mesmo porque, embora livre dos riscos da sucumbência, inaplicável na espécie, responde o Representante, civil e criminalmente, pela Representação de má-fé e pela denunciação caluniosa. A Representação dispensa reconhecimento de firma, salvo, é claro, se houver dúvida de autenticidade (art. 22, § 2.º, da Lei n. 9.784/99).

Embora prevalecendo o princípio da forma escrita, recomendável seria que futura legislação fizesse concessão à oralidade (aliás admitida pelo art. 6.º da Lei n. 9.784/99). Assim, exemplificativamente, poderia o DPDE, ao qual compete propor a instauração de averiguação preliminar e processos administrativos relativos ao abuso do poder econômico e à defesa da concorrência (Regimento Interno da SDE, art. 14, VI), ser admitido a receber delações verbais, a exemplo das reclamações feitas à Justiça do Trabalho, de forma a permitir que pessoas naturais ou jurídicas desprovidas de maior assistência possam adequadamente expor a lume argüidos abusos do poder econômico. As reclamações assim formuladas, reduzidas a termo pelo DPDE, poderiam engendrar a iniciativa *ex officio* do Departamento.

De qualquer modo, diante da *notícia* da prática de abuso do poder econômico, e recebendo o requerimento, a SDE, com base no art. 12, I, do Regimento Interno, e art. 3.º, § 1.º, do Regulamento das Competências da SDE, instaurará "procedimento administrativo" tendo por objeto a avaliação prévia das circunstâncias de fato e de direito referentes aos atos e sucessos apresentados como constitutivos do alegado abuso.

Trata-se de procedimentos investigatórios, que não se confundem com a instrução processual. Busca a obtenção de dados para que o DPDE, substituindo a Procuradoria do CADE, na qualidade de órgão da acusação, verifique se deve ou não propor a ação penal-econômica e não uma colheita de provas tendentes a corporificar a formação da culpa ou a legitimidade do direito de defesa. O "procedimento administrativo", tal qual as sindicâncias, é a forma por excelência da investigação.[61]

Trata-se de trâmite pré-processual, não se confundindo, portanto, com os procedimentos (processuais) componentes do *processo penal-econômico* propriamente dito.

[61] MARQUES, José Frederico, Elementos de Direito Processual Penal, v. I, p. 142.

A investigação preliminar é instituição indispensável à justiça penal-econômica, sendo seu primeiro mérito proteger o inculpado. Daí a natureza policialesca da Medida Provisória n. 2055/2000, que nela vê apenas o interesse inquisitivo do Estado. Em realidade e ao revés, dá à defesa a faculdade de dissipar suspeitas, combater indícios, explicar os fatos e destruir prevenções no nascedouro; propicia-lhe meios de desvendar prontamente precipitações e inverdades e de evitar a sempre prejudicial e por vezes escandalosa publicidade de julgamentos indevidos. Por outro lado, é meio de caracterização precisa dos eventos e um crisol decantador da moralidade das ações.

Trata-se de instrumento de desenganado valor e utilidade, por sua rapidez, objetividade e precisão, desde que não descaracterizado pela Autoridade processante. Não se reveste, porém, de caráter obrigatório. Assim, dispensável: (*a*) quando se trate de representação de Comissão do Congresso Nacional ou de qualquer de suas Casas (art. 30, § 2.°, da LDC), (*b*) quando presentes indícios (no sentido do art. 239 do Código de Processo Penal) de infração à ordem econômica (arts. 14, III, e 30, da LDC) ou, obviamente, quando flagrante, fundamentada e comprovada, *ab initio*, a tipicidade do abuso do poder econômico ou, ainda, (*c*) quando, também, evidentemente, mas ao reverso, seja atípica a conduta acoimada de violadora da Lei do CADE ou óbvia a incompetência do órgão em relação à proposta da lide. Inaplicável, porém, a rejeição liminar e imprescindível a instauração de "procedimento administrativo", nos casos de mera insuficiência da representação.

Na primeira hipótese (representação de Comissão do Congresso Nacional ou de uma de suas Casas), trata-se de comando legal coativo que determina a imediata instauração do processo administrativo (não sem antes: (a) certificar-se a SDE de que a representação atende os requisitos formais mínimos previstos no art. 30 da LDC e no art. 6.° da Lei n. 9.784/99, de que não está isenta e (b) tenha o DPDE, embora sem possibilidade de recusa, sobre ela se manifestado, quer adotando suas conclusões, quer aditando-a, de modo a assumir a posição de *dominus litis* por via de denúncia). Na segunda (na presença de indícios de infração à ordem econômica ou de tipicidade e autoria evidentes), basta ao DPDE, mediante despacho sumário, propor ao Secretário de Direito Econômico a instauração de averiguação preliminar (art. 12, VII, do Regimento Interno da SDE) ou, desde logo, requerer a instauração da ação penal-econômica, com lastro nos elementos vestibularmente trazidos à colação (art. 14, VI, do Regimento Interno da SDE). Na última (atipicidade ou incompetência flagrantes), rejeitando o DPDE, *in limine*, a representação, segue-se o arquivamento definitivo dos autos, mediante despacho do Secretário de Direito Econômico. Nesta hipótese, o despacho de arquivamento não se sujeita a recurso de ofício ao CADE (à míngua de previsão legal, como o confirma o art. 5.º do Regulamento das Competências da SDE), nem a recurso hierárquico ao Ministro da Justiça (art. 41 da LDC). *Ex vi* do mesmo preceito legal, por outro lado, a decisão do Secretário de Direito Econômico de abertura de averiguação preliminar ou de encaminhamento dos autos ao DPDE para a propositura da ação penal-econômica também é imune a qualquer recurso administrativo.

Não há confundir o "procedimento administrativo" com a *sindicância administrativa*, meio sumário de que se utiliza a Administração Pública para, sigilosa ou publicamente, com indiciados ou não, proceder à apuração de ocorrências anômalas no serviço público (J. CRETELLA JR., *Tratado de direito administrativo*, v. VI, p. 153). De fato, não só diversos seus objetivos e destinatários, como também suas características. Assim, por exemplo, sem um indiciado, seria inconcebível o "procedimento administrativo" perante o DPDE.

O "procedimento administrativo" tem caráter inquisitivo, nele não interferindo o infrator, salvo na exata medida de sua convocação para esclarecimentos. Não dispõe o DPDE, ao qual compete a execução das atividades investigatórias em sua função como titular da ação penal-econômica, de poderes arbitrários, conduzindo-se, porém, de maneira *discricionária.*

Processa-se de forma sumária, sem prejuízo do esmero na coleta de elementos que fundamentem a ação. Cabe ao DPDE, nesta fase, investigar e apurar o que de real existe, mesmo porque a justiça penal-econômica não se cinge à mecânica aplicação de *norma agenda* do direito punitivo, mas se ampliem em face do princípio da individualização da pena e dos imperativos de ordem social contra a delinqüência econômica. Com tais responsabilidades, não pode o "procedimento administrativo" conter-se dentro de prazos herméticos (tais como os exigidos para a conclusão das averiguações preliminares), sob pena de se tornar inservível às suas finalidades, devendo desenvolver-se por período compatível com a necessidade de esclarecimento dos fatos. Não poderá eternizar-se, sob, pena de, ofendendo ao princípio da economicidade, sujeitarem-se as autoridades, servidores e funcionários causadores da injustificada delonga à de promoção da responsabilidade (art. 40 da LDC).

No exercício de suas funções, poderá o DPDE, entre outras atividades, com a devida vênia do Secretário de Direito Econômico, pedir informações, solicitar diretamente providências e determinar diligências necessárias à sua instrução, inclusive sob pena de multa (art. 26, § 5.º, da Lei n. 8.884/94, com a redação dada pela Medida Provisória n. 2.055/2000). É evidente que a faculdade não é irrestrita: não poderá, por exemplo, o DPDE exigir do acusado elementos ou informações auto-incriminadoras, sob pena de ofensa a seus direitos e garantias individuais (art. 5.º, LXIII, da Constituição Federal).

A nefanda Medida Provisória n. 2.055/2000 criou a possibilidade de tanto a SDE como a SEAE promoverem a realização de inspeção na sede social, estabelecimento, escritório, filial ou sucursal de empresa investigada (arts. 35, § 2.º, e 35-A, § 1.º da LDC, com a nova redação), independentemente de ordem judicial. A margem de arbítrio e de desvio de poder é translúcida. É evidente, porém, que a Autoridade responderá pelos danos causados, tanto civil como criminalmente, pela eventual violação de sigilo legalmente garantido (*e.g.* sigilo fiscal, bancário, telefônico etc.), caso, evidentemente, a diligência não seja obstada por competente mandado de segurança. De qualquer modo, há que se recordar que a Autoridade inspetora não poderá ter acesso ao Departamento Jurídico da empresa investigada, sendo invioláveis os arquivos, dados, correspondência e comunicações, inclusive telefônica ou afins, dos advogados que lá trabalhem (art. 7.º, II, da Lei n. 8.906, de 4 de julho de 1994 Estatuto da Advocacia e da OAB), salvo, é claro, ordem judicial de busca ou apreensão e desde que a diligência seja acompanhada de representante da Ordem dos Advogados do Brasil – OAB.

O "procedimento administrativo" deve desenvolver-se, indiscriminadamente, em caráter reservado (art. 3.º, § 1.º, do Regulamento das Competências da SDE), sob duplo pretexto de resguardo do interesse do acusado e da atividade investigatória, na medida do necessário à elucidação dos fatos ou no interesse da sociedade. Entenda-se a sigilosidade do procedimento como significando "não-público", sem que com isso se obste o acesso do advogado do indiciado aos autos, que poderá não só examiná-los a qualquer tempo, como também copiar peças, tomar apontamentos e deles ter vista, sob sua responsabilidade profissional (art. 7.º, XV, do Estatuto da Advocacia, Lei n. 8906, de 4 de julho de 1994). A licença, porém, não é irrestrita, não podendo o causídico interferir no desenvolvimento do "procedimento administrativo". Já o patrono do representante não poderá ter acesso aos autos, posto não ser seu constituinte *parte* na ação penal-econômica, não lhe possibilitando a lei sequer admissão como assistente do DPDE (ou da Procuradoria).[62]

Uma vez recebido o requerimento e acolhida a Representação, no exercício de suas funções de órgão condutor do "procedimento administrativo", o DPDE deve, a final, emitir nota técnica conclusiva, propondo ao Secre-

---

[62] FRANCESCHINI, José Inácio Gonzaga, A lei antitruste brasileira e o Conselho Administrativo de Defesa Econômica - CADE: alguns aspectos», *Revista de Informação Legislativa*, v. 88, p. 337 e ss.

tário de Direito Econômico (art. 12, VII, do Regimento Interno da SDE), a instauração das "averiguações preliminares", ou mesmo, na dependência da qualidade e profundidade da prova coletada, de Processo Administrativo.

8. Averiguações preliminares

Destinam-se as averiguações preliminares a verificar, na presença de indícios insuficientes à instauração de Processo Administrativo (art. 30 da LDC) se há *real motivo* para tanto. Regida pelo art. 30 da LDC, a matéria encontra-se, atualmente, regida pelos arts. 7.º a 10 do Regulamento das Competências da SDE.

As averiguações preliminares não são obrigatórias se existente um começo de prova bastante ao reconhecimento da materialidade de uma infração à ordem econômica e de sua autoria. Sua propositura compete ao DPDE (arts. 12, VII, e 14, VI, do Regimento Interno da SDE), tendo este absorvido as atribuições da extinta Inspetoria-Geral.

Por outro lado, não podem ser abertas na ausência de indícios de abuso do poder econômico, não servindo, portanto, como instrumento investigatório da eventual existência daqueles. Entende-se por "indício" a circunstância conhecida e provada, que, tendo relação com o fato, autorize, por indução, concluir-se pela existência de outra ou outras circunstâncias (art. 239 do Código de Processo Penal), não sendo, portanto, "qualquer coisa".

Por presunçosa disposição legal, fonte de freqüentes abusos visando a atender interesses políticos, dispensam-se as averiguações apenas quando o processo tiver por peça inicial representação de Comissão do Congresso Nacional ou de qualquer de suas Casas (art. 30, § 2.º, da LDC).

Qual sua natureza jurídica?

Trata-se de procedimento de formação de culpa que objetiva um juízo de acusação (*judicium accusationis*). Não determina o fundamento condenatório ou absolutório, mas, apenas, o alicerce acusatório, exprimindo o direito de inculpar e seus limites. As averiguações preliminares foram instituídas para salvaguardar a inocência contra acusações infundadas e o CADE contra o custo e inutilidade que destas redundariam. O mal causado pela ação penal-econômica deixada ao arbítrio dos acusadores seria uma injustiça, na hipótese de absolvição.

Recebida a Representação, caberá ao DPDE opinar, preliminarmente, sobre: (a) o cabimento da "denúncia", (b) os documentos probatórios e (c) a instauração (ou não) do procedimento apuratório.

Verificando o DPDE que a Representação não preenche os requisitos da forma escrita e/ou da fundamentação (art. 30 da LDC e art. 5.º do Regulamento das Competências da SDE) ou que apresenta defeitos e irregularidades capazes de dificultar o julgamento de mérito (art. 284 do Código de Processo Civil c/c art. 83 da LDC), poderá ele oficiar o Representante para complementar o expediente em 15 (quinze) dias. Por outro lado, em se mostrando a peça inepta ou versando ela sobre matéria não concorrencial (art. 295 do Código de Processo Civil), será ela indeferida, arquivando-se os autos liminarmente.

Emitido o parecer preliminar, os autos serão encaminhados ao Secretário da SDE para instaurar a averiguação preliminar ou lhe dar outro andamento administrativo cabível (art. 5.º, § único, do Regulamento das Competências da SDE).

Abertas por despacho do Secretário de Direito Econômico, as averiguações são dirigidas pelo DPDE (art. 12, VII, do Regimento Interno da SDE) e processam-se de forma *sumária*, sem intervenção obrigatória do Representado, devendo estar concluídas no prazo de 60 (sessenta) dias (art. 30 da LDC e art. 10 do Regulamento das Competências da SDE).

Não cabe ao DPDE, porém, a presidência da colheita de elementos probatórios. A Lei atribuiu tal incumbência ao Secretário da SDE (art. 30, § 1.º, da LDC e art. 9.º do Regulamento das Competências da SDE), que poderá adotar quaisquer providências admitidas em Direito, inclusive dispondo de todo o arsenal do art. 35 da LDC e de autoridade para demandar esclarecimentos, por escrito, em 5 (cinco) dias, do Representado.

Os poderes instrutórios conferidos à SEAE pelo art. 35-A, § 1.º, da LDC, acrescido pela Medida Provisória n. 2.055/2000 cessam com o início das averiguações preliminares. É que estes foram legalmente limitados à fase de "procedimento administrativo", destinada à instrução de representação a ser encaminhada à SDE, momento processual já ultrapassado.

Findas as averiguações preliminares, e não sendo caso de seu arquivamento, o DPDE oferecerá espécie de antecipado *libelo acusatório*, ou seja, um resumo articulado e delimitativo da acusação, com a sugestão ao Secretário da SDE de instauração do Processo Administrativo (art. 14, VI, do Regimento Interno da SDE).

Se o Secretário da SDE se convencer de que não há nos autos indícios veementes da existência de infração à ordem econômica ou de sua autoria, ao invés da pronúncia, equivalentemente decretará a impronúncia, decisão de não instauração do Processo Administrativo, verdadeira *absolutio ab instancia*, recorrendo *ex officio* de sua decisão ao CADE (art. 31 da LDC e art. 10 do Regulamento das Competências da SDE).

As averiguações preliminares não comportam apreciação de questões de alta indagação e nem permitem amplas considerações atinentes ao mérito da pretensão punitiva. Em face dos meios de prova até então coligidos, devem apenas determinar a presença ou não de *real motivo* para a instauração de Processo Administrativo, ou seja, se existem indícios veementes de que houve ou há uma infração à ordem econômica (tipicidade) e de que é ele imputável a determinada pessoa, física ou jurídica (culpabilidade).

9. Processo Administrativo

Concluídas as averiguações preliminares, caberá ao DPDE não só verificar a possível ocorrência de um delito econômico punível, mas também *fixar os limites da acusação*, tipificando, com base no libelo, uma das formas de infração à ordem econômica previstas no art. 20 da LDC, de modo a se impedir o futuro julgamento *ultra* ou *extra petita* do Processo Administrativo. Caracteriza-se a denúncia do DPDE, uma vez formulada, pela (a) *irretratabilidade* (art. 42 do Código de Processo Penal), (b) *inalterabilidade* (art. 264 do Código de Processo Civil) e (c) *imutabilidade* (art. 303 do Código de Processo Civil), devendo sua interpretação ser *restritiva* (art. 293 do Código de Processo Civil).

A manifestação do DPDE, quando positiva, equipara-se à *denúncia* (*opinio delicti*), no sentido processual penal, iniciadora, desde que aceita pelo Secretário da SDE, da ação penal-econômica. Não há confundir inicio da ação penal-econômica com seu requerimento e muito menos com a instauração da relação processual. Aquele se dá com a oferta da peça vestibular pelo DPDE (art. 14, VI, do Regimento Interno da SDE); o requerimento com a Representação ou indiciamento *ex officio* do DPDE e a relação processual se perfaz, triangularmente, com a notificação do indiciado (chamamento - art. 33 da LDC).[63]

De qualquer modo, a manifestação do DPDE, com tais efeitos, é imprescindível diante do sistema acusatório, *ne procedat judex ex officio*, separando-se a "acusação" da "quase-jurisdição". Tem o DPDE oito dias (art. 32 da LDC), prorrogáveis a critério do Secretário da SDE, contados do conhecimento do fato ou da Representação (quando dispensáveis as averiguações preliminares), ou do encerramento das averiguações preliminares, para

[63] TOURINHO FILHO, Fernando da Costa, "Processo penal", v. 1, p. 338

propor a instauração de Processo Administrativo. Recebendo os autos ou a Representação, poderá o DPDE, na dependência do caso concreto: (*a*) solicitar novas providências (art. 14, V, do Regimento Interno da SDE) essenciais ao oferecimento da inicial; (*b*) requerer a decretação da extinção da punibilidade; (*c*) pedir o arquivamento; (*d*) se entender que o CADE não é competente, pleitear a remessa dos autos à autoridade que o for; ou (*e*) oferecer a peça vestibular da ação penal-econômica (art. 14, VI, do Regimento Interno da SDE).

A denúncia é o ato processual por meio do qual o Estado-Administração, por seu órgão competente, no caso o DPDE, se dirige ao Secretário da SDE, dando-lhe conhecimento de um fato que se reveste dos caracteres de infração penal-econômica, manifestando a vontade de ver aplicada ao acusado a *sanctio juris*.

Clássica, a respeito, é a lição de JOÃO MENDES JÚNIOR segundo a qual a instauração válida do processo pressupõe a existência de uma peça vestibular contendo a exposição clara e precisa de um fato delituoso, com todas as suas circunstâncias (art. 41 do Código de Processo Penal), isto é: "... não só a ação transitiva, como a pessoa que a praticou (*quis*), os meios que empregou (*quibus auxiliis*), o malefício que produziu (*quid*), os motivos que o determinaram a isso (*cur*), a maneira por que a praticou (*quomodo*), o lugar onde a praticou (*ubi*), o tempo (*quando*)".

De outra banda, constitui requisito essencial da exordial (art. 83 da Lei n. 8.884/94 c/c art. 282, III, do Código de Processo Civil) a indicação precisa do *fato e dos fundamentos jurídicos do pedido*, que constituem a *causa de pedir*.

Em resumo, ao oferecer a exordial, deverá o DPDE cuidar para que a peça contenha, sob pena de nulidade (art. 564, III, alínea *a*, do Código de Processo Penal): (*a*) a exposição de fato presuntivamente delituoso, com todas as suas circunstâncias; (*b*) a qualificação do acusado ou esclarecimentos pelos quais se possa identificá-lo; (*c*) a classificação da argüida infração à ordem econômica; e (*d*) quando necessário (*neste momento e não em qualquer outro*), o rol das testemunhas de acusação (art. 41 do Código de Processo Penal).

A LDC não indica quantas testemunhas poderão ser listadas pelo DPDE, mas o faz mercê da sua fonte subsidiária, o art. 398 do Código de Processo Penal, ou seja, 8 (oito). É bem verdade que a LDC, neste ponto, ofende ao princípio da igualdade das partes, uma vez que caberá ao Representado indicar, no máximo, três (art. 37, § único, da LDC), razão pela qual deverá o Secretário da SDE admitir a oitiva de testemunhas de defesa adicionais - até 8 (oito).

Embora seja sabido que o agente econômico representado não se defende de artigos de lei e sim de fatos, nem por isso deixa de ser nulo o processo penal-econômico quando ausente ou imprestável a inicial acusatória. A falta de denúncia[64] ou queixa significará, por decorrência lógica, a inexistência do processo, uma vez que seria impossível iniciar o caminho procedimental sem a concretização do primeiro ato da seqüência a ser percorrida.

Pelo mesmo motivo, se o DPDE, em vez de apresentar a denúncia, requerer o arquivamento da Representação ou de quaisquer peças de informação, o Secretário de Direito Econômico, ainda que considere improcedentes as razões invocadas, estará obrigado a atender ao pleito (art. 28 do Código de Processo Penal). Não prevalece, pois, o princípio da subordinação hierárquica, eis que, no caso, o DPDE é o *dominus litis*, único órgão dotado de *legitimatio ad causam*.

Por outro lado, oferecida a denúncia, ao DPDE ,é vedado retratar-se da acusação e requerer o arquivamento do processo. Embora *dominus litis*, o DPDE não *é dono da ação penal-econômica*. Dado o impulso inicial à ação, pelo princípio da indisponibilidade, deve o DPDE ficar subordinado tão-somente à lei, no desenvolvimento de sua atividade processual.

Apresentada a vestibular acusatória, na presença dos requisitos legais, caberá ao Secretário de Direito Econômico recebê-la mediante despacho fundamentado, que instaurará o *Processo Administrativo* (arts. 31 e 32 da LDC). A existência ou não de abuso do poder econômico será por este apurada.

Cuida-se, o despacho inicial, de ato privativo e *indelegável* do Secretário da SDE, uma vez que exercido em decorrência de competência punitiva (art. 11 da Lei n. 9.784/99). O *Poder Sancionador* não se delega por ato administrativo, salvo permissivo legal expresso. O Representado tem direito subjetivo de ser o pólo passivo da sanção tão-somente pela autoridade que a lei expressamente designe.[65] O despacho instaurador de Processo Administrativo resulta de um *juízo de valor*, qual seja o de *admissibilidade* da persecução penal-econômica.

A competência, mormente em função punitiva, é tema adstrito à *estrita vinculação legal*, dela resultando sua *intransferibilidade* e *improrrogabilidade*. Assim, a delegação há de resultar da Lei e, quando ad-

[64] GRINOVER, Ada Pellegrini; FERNANDES, Antônio Scarance; e GOMES FILHO, Antônio Magalhães, As Nulidades no Processo Penal, p. 76.

[65] LAZARINI, Álvaro, Do Procedimento Administrativo, *Revista de Informação Legislativa*, v. 135, p. 133.

mitida, há de ser explícita, clara e precisa[66]. A competência é irrenunciável, reza o art. 11 da Lei n. 9.784/99, que conclui: e se exerce pelo órgão administrativo a que foi atribuída como própria

O despacho do Secretário da SDE, exige a lei (art. 32 da LDC), por configurar um ato interlocutório simples (e não ato de mero expediente), há de ser fundamentado, sob pena de invalidade. Exige-o, igualmente o art. 2.º da Lei n. 9.784/99, com respaldo nos arts. 5.º, II e LV, e 37, da Constituição Federal). O art. 32 da Lei n. 8.884/94 demanda a válida instauração do Processo Administrativo, a *especificação dos fatos a serem apurados* (entenda-se dos "fatos típicos" – art. 20 da LDC - e não dos "meios" alegadamente empregados, como os arrolados no art. 21 da LDC). Outros requisitos complementares são relacionados no art. 12 do Regulamento das Competências da SDE.

Trata-se de um *ato decisório* que resulta de um processo lógico de indução e dedução, não podendo, assim, nem devendo, ser guardado interiormente pelo Secretário, pois a sua subjetividade não impede, mas pelo contrário, autoriza sua objetivação.

Lícito, portanto, não é ao Secretário encerrá-lo na *turris eburnea* de seu pensamento e autoridade. Não pode nem deve a autoridade dizer *tout court* que atingiu o fim porque há de revelar todo o caminho percorrido, motivando seu despacho. É, portanto, insuficiente a tal desiderato que o Secretário se limite, por exemplo, a fazer simples remissão ou, genericamente, acolher por mera remissão os fundamentos de fato e de Direito expostos na inicial oferecida pelo DPDE. Sem nenhum efeito, portanto, o disposto no § único do art. 12 do Regulamento das Competências da SDE, que considera "motivado" o despacho que se limite a declarar a concordância do Secretário com a denúncia oferecida pelo DPDE, sem que se fundamente essa concordância. Exigem-no as garantias constitucionais do devido processo legal, do contraditório e da ampla defesa, cuja observância cabe ao mesmo Secretário velar (art. 11, § 1.º, do mesmo Regulamento das Competências da SDE) Também não basta a invocação *simpliciter* do "art. 20 c/c o art. 21" ou postura símile.

A função da motivação é a de justificar a edição do ato administrativo motivado[67] e se destina a ser conhecida não apenas pelo interessado direto mas também pelo Juiz (quando submetido ao controle judicial) e pelo público

[66] MOREIRA NETO, Diogo de Figueiredo, Curso de Direito Administrativo, p. 99. V. também MEIRELLES, Hely Lopes, Direito Administrativo Brasileiro, p. 638.

[67] CINTRA, Antônio Carlos de Araújo, Motivo e Motivação do Ato Administrativo, p. 112 e 130-131

em geral, a fim de que possa atingir às múltiplas finalidades que lhe são atribuídas. Não basta dar publicidade ao conteúdo do ato instaurador mas deve-se igual forma dá-la ao seu elemento decisório.

A motivação[68] constitui garantia de legalidade e sua ausência ou a indicação de motivo falso invalidam insanavelmente o ato administrativo.[69] Como tal, integra a cláusula *due process of law*, não podendo[70], ser relegado à maior ou menor flexibilidade hermenêutica do aplicador ou à iniciativa normativista de menor hierarquia, sujeitas a inseguras mutações, muitas vezes de natureza política, subjetiva e/ou pessoal.

O devido processo legal exige, entre seus princípios basilares, a especificação da acusação e a fundamentação da peça inicial, sendo esta nula quando não descreva os fatos com suficiente especificidade de modo a delimitar o objeto da controvérsia e a permitir a plenitude da defesa[71].

Em suma: seja no tocante à denúncia, seja no que tange ao despacho instaurador do Processo Administrativo, a eventual ausência de pressupostos de constituição e desenvolvimento válido e regular do processo penal-econômico

---

[68] PIETRO, Maria Sylvia Zanella di, Direito Administrativo, p. 160.

[69] Em paradigmático despacho datado de 4 de setembro de 1998 (*DOU*. de 9 de setembro de 1998, Seção I, p. 1, o Sr. Secretário de Direito Econômico no PA 08000.022487/97-81, reconheceu a natureza insanável do despacho instaurador desmotivado e desatento aos demais pressupostos legais, nos seguintes termos: "Convenço-me da nulidade e não da revogação, porquanto esta última ensejaria a supressão do ato administrativo legítimo e eficaz, por não lhe convir sua existência. Não sendo um ato legal e perfeito, opta-se pela anulação do mesmo, pelos meios previstos pela Administração Pública (STF, Súmula 473). 3) Os requisitos para a declaração da invalidação do ato administrativo prescindem de sua efetiva demonstração, dentro do devido processo legal, nos limites exatos de sua nulidade e da forma como foi praticada. Motivo este, que a nulidade do mesmo cinge-se aos seguintes aspectos; a) a indicação genérica da prática da infração da ordem econômica, não consentânea com os limites da aplicação da Lei nº 8.884/94; b) a tipificação dentro do arcabouço jurídico que o legitime, para o fim de vir a Representada a sofrer a ação do Estado em processo administrativo competente; c) a Ausência dos requisitos essenciais no despacho instaurador que o compõe por três aspectos: relatório (em que se diz o que se houve no procedimento administrativo), motivação (análise da prova coligida e a lei aplicável as questões suscitadas) e o dispositivo (pelo qual se decido)". No mesmo sentido, despacho proferido no P.A. n. 08000.005529/97-82, aos 16 de setembro de 1998, *DOU*. de 17.de setembro de 1998.

[70] FRANCESCHINI, José Inácio Gonzaga, A Cláusula "devido processo legal" e a Lei Antitruste Nacional, *Revista de Informação Legislativa do Senado Federal*, v. 104, p. 217.

[71] MEIRELLES, Hely Lopes, Direito Administrativo Brasileiro, p. 584.

implicam a extinção do Processo Administrativo sem julgamento do mérito (art. 267, IV, do Código de Processo Civil).[72]

Não se invoque, neste ponto, o princípio do informalismo administrativo (de resto inaplicável em sede de processo penal-econômico), eis que este cede lugar ao rigor do devido processo legal quando esteja em questão a aplicação de penalidades[73].

Tendo-se em conta a natureza repressiva da legislação de defesa da concorrência, atingindo o *status libertatis* dos agentes econômicos e balizando a legitimidade do princípio constitucional da liberdade de iniciativa, por sua importância e gravidade, não poderia ela satisfazer-se com regras processuais de aplicação informal.

Cabe, portanto, aos mecanismos processuais específicos tornarem eficazes as normas constitucionais, e, assim sendo, no dizer de LIEBMAN, o processo de instrumento de Justiça, desvenda sua real vocação para transformar-se em garantia da liberdade. As formalidades do processo, por conseqüência, são veículos das garantias constitucionais.

---

[72] A respeito da extinção do processo na ausência do pressuposto processual, v. o voto do Conselheiro-Relator, LEÔNIDAS RANGEL XAUSA, na Representação nº 47/93, de 24 de julho de 1996, quando acolheu as conclusões do Parecer nº 39/96, da Procuradoria-Geral do CADE, que assim se manifestou:"28. Objetivamente, falta no processo a especificação dos fatos que constituem a infração sujeito ao julgamento do CADE, dado o caráter genérico daquela representação. E esta especificação dos fatos, que deve conter as circunstâncias que permitem classificar a conduta como uma infração administrativa contra a ordem econômica, especialmente quando o representante é um dos órgãos integrantes do sistema de defesa da ordem econômica, é condição indispensável para a constituição e o desenvolvimento válido e regular dos processos a serem julgados pelo CADE. 29. Não que seja necessária uma tipificação da conduta de acordo com a enumeração do art. 21, dado o caráter exemplificativo deste. Mas a especificação dos fatos a fim de que se verifiquem se têm por objeto ou podem produzir os efeitos previstos no art. 20 e fundamental para que se respeitem os princípios constitucionais do contraditório e da ampla defesa, bem como os requisitos que deverão estar contidos nas decisões do CADE, nos termos do art. I da Lei 8.884/94, quando concluir este Colegiado pela existência de infração contra a ordem econômica. (...). 31. Por essa razão, esta Procuradoria se manifesta pelo conhecimento do recurso de ofício para manter a decisão de arquivamento das representações, entretanto não por seus próprios fundamentos, mas porque a Lei 8.884/94 prevê a aplicação subsidiária das regras do Código de Processo Civil que, no caso, autorizam a extinção do presente processo sem julgamento do mérito, nos termos do art. 267, VI".

[73] CASTRO, Carlos Roberto de Siqueira, O devido processo legal e a razoabilidade das leis na nova Constituição do Brasil, p. 347-348

Tratando-se de ação penal-econômica, tem o Processo Administrativo (Título VI da LDC) essa denominação apenas e tão-somente em homenagem à natureza administrativa do órgão colegiado julgador.

Aplicam-se-lhe subsidiariamente, por via de conseqüência necessária, dada a natureza jurídica (penal-econômica) da norma substantiva, primordialmente, as disposições do Código de Processo Penal. Expressamente, consignava-o o art. 36 da Lei n. 4.137/62, ao determinar a observância do rito dos feitos e do julgamento dos crimes comuns de competência do Juiz singular, conforme enunciado no Livro II, Capitulo lll, Titulo I, do Código de Processo Penal, obviamente com as alterações exigidas pela então vigente Lei Antitruste[74].

A menção expressa, evidentemente, é despicienda, mesmo porque a natureza da norma não se altera por fatores exógenos. O hibridismo da matéria concorrencial, todavia, resultado sinergético do "jurídico" com o "econômico", e a peculiaridade de sua predominância no mundo das pessoas jurídicas, recomendava o aproveitamento de princípios e procedimentos do Processo Civil.

Para tanto, contudo, fazia-se mister a norma expressa, dado o caráter de excepcionalidade. Consagrou-a o art. 83 da LDC, tornando, ainda que secundária, porém também subsidiariamente, aplicáveis as disposições do Código de Processo Civil aos processos administrativos e judiciais de que tratam a Lei de Regência.

Do processo penal comum, haure o processo penal-econômico os princípios fundamentais. São eles seis: (*a*) o princípio da ação; (*b*) o da *indisponibilidade*; (*c*) o do *contraditório* e da *imparcialidade*; (*d*) o da *verdade real*; (*e*) o da *persuasão;* e (*f*) o da *publicidade*.

Pelo princípio da ação ou *oficialidade* não se admite procedimento penal-econômico *ex officio*. Para constituir-se, a relação processual depende sempre de acusação do DPDE, órgão oficial. Igualmente, o princípio delimita o campo do poder de decisão do CADE, pela determinação do fato submetido à sua apreciação, impedindo, desta forma, o julgamento *ultra petita*.

Pelo princípio da *indisponibilidade* ou *irretratabilidade* se reconhece que o Estado não tem apenas o direito, mas o dever de punir. Portanto, o DPDE não dispõe de poderes discricionários para apreciar a oportunidade ou conveniência da instauração, quer do processo penal-econômico, quer do inquérito preliminar, desde que, evidentemente, enquadrado um fato na tipificação legal da infração à ordem econômica (*princípio da obrigatoriedade*). O DPDE

[74] Já o antecipara ALBERTO VENÂNCIO FILHO, "Intervenção do estado no domínio econômico", p. 341.

não age senão em nome do que ela representa, tendo, portanto, o exercício, mas não a disposição, da ação penal-econômica, que lhe não pertence. O princípio comporta abrandamentos, tal como ocorre no processo penal comum, mas com maior razão. O crime, em geral, acarreta lesão irreparável ao interesse coletivo, tornando a pena indispensável à restauração da ordem jurídica violada. Já em tema da Lei da Concorrência, prevalece o aspecto utilitário-preventivo do Direito Penal-Econômico, pondo em relevo o processo competitivo e o desempenho econômico desejável. Competitividade, eficiência e progresso são palavras-chave, interessando muito mais o restabelecimento da ordem econômica ofendida do que propriamente sua reparação. Daí a instituição do *Compromisso de Cessação* da prática economicamente indesejável (art. 53 da LDC), instituto de enorme valia social, somente desconhecido dos mentores da inadmissível Medida Provisória n. 2.055/2000, que visaram sua extinção parcial (art. 53, § 5.º, da LDC, com a redação dada pela referida MP), visando fazer prevalecer o interesse político-repressor do Estado sobre o da Coletividade, em flagrante desrespeito ao disposto no art. 1.º, § único, da Lei de Regência.

Pelo princípio do *contraditório*, garantia fundamental de Justiça, consagra-se a igualdade da acusação e defesa dentro do processo penal-econômico. Coloca-se o CADE eqüidistante em face da parcialidade das partes, possibilitando a ambas expor suas razões, apresentar provas e influir no convencimento do Conselho. O contraditório é composto de dois elementos: a informação ou notificação do indiciado (art. 33 da LDC) e a possibilidade de reação. Ao contrário, porém, do princípio da indisponibilidade, este não comporta exceções, prevalecendo em sua aplicação o aspecto substancial (direito de defesa constitucionalmente garantido) sobre o formal (art. 33, § 4.º da LDC). Não lhe representa desvio a revelia, desde que se conceda à parte omissa a oportunidade de exercer seu direito em qualquer fase do processo (art. 34 da LDC), mesmo porque aquela, por si só, é insuficiente à condenação. Por outro lado, a isenção dos Conselheiros do CADE é condição *sine qua non* para que o Conselho exerça suas funções no processo penal-econômico. É pressuposto para que a relação processual se instaure validamente. As partes têm o direito de exigir a retidão dos Conselheiros, razão pela qual louvável a referência à *exceção de suspeição* no art. 7.º do Regimento Interno do CADE, aprovado pela Resolução n. 12, de 31 de março de 1998, posteriormente consagrado no art. 18 da Lei n. 9.784/99.

Desde as averiguações preliminares desponta a aplicabilidade do princípio da *verdade real* ou *material* (que se contrapõe à da *verdade formal*, prevalecente no processo civil), predominando o sistema da livre investigação da prova. O

CADE, notadamente o Conselheiro-Relator (art. 9.º, III, da LDC) e, bem assim, o Secretário da SDE (enquanto encarregado da fase de conhecimento – art. 35 da LDC), não pode manter-se como simples espectador da contenda, permitindo-se-lhe ampla gama de atividades instrutórias. Ainda quando se tenha por origem a Representação, desenvolve-se o Processo Administrativo por impulso oficial (art. 262 do Código de Processo Civil), dirigido pelo Conselheiro-Relator (ou pelo Secretário de Direito Econômico, conforme o caso) (art. 125 do Código de Processo Civil). É claro que sua atuação não pode ser arbitrária, pautando-se, porém, pelo poder discricionário na condução do processo instrutório.

Podem, assim, requisitar informações, esclarecimentos e documentos a quaisquer pessoas físicas ou jurídicas, públicas ou privadas, determinar diligências, perícias e outras provas, inclusive complementares etc. Poderá, ainda, realizar inspeções (embora respondendo civil e criminalmente por eventual violação de sigilo legal, salvo se judicialmente autorizado) e requerer ao Poder Judiciário, pela Advocacia-Geral da União – AGU, buscas e apreensões (arts. 35, § 2.º, e 35-A, da LDC, com a redação dada pela Medida Provisória n. 2.055/2000, e art. 19 do Regulamento das Competências da SDE).

Outrossim, ao CADE (e por decorrência, o Secretário da SDE) é vedado decidir com base em provas ou elementos inexistentes nos autos, embora possa avaliar os colhidos segundo critérios críticos e racionais (princípio do *livre convencimento*), desde que, é claro, o faça de forma motivada, observando as regras legais existentes e as máximas de experiência.

Finalmente, a *publicidade* dos autos e dos julgamentos configura o instrumento de fiscalização popular do CADE e da SDE. Constitui princípio amplamente reconhecido no processo administrativo. Não só as decisões do CADE são publicadas no *Diário Oficial* (art. 46, § único, da LDC), como também se permite a qualquer interessado requerer certidão de atos, pareceres ou decisões ou informações sobre qualquer matéria que se inclua na esfera de competência do Conselho (art. 9.º, § 3.º, do Regimento Interno do CADE), com ligeiras e compreensíveis restrições, preservadoras do direito à privacidade ou de situações de reserva previstas em lei (art. 9.º, § 4.º, do Regimento Interno do CADE).

O Processo Administrativo é célere, mas não sumário. Deve ser conduzido e concluído com a maior brevidade, compatível com o pleno esclarecimento dos fatos (art. 40 da LDC). Observa o rito dos feitos e do julgamento dos crimes comuns de competência do Juiz singular, com as alterações constantes da LDC. Inicia-se com despacho fundamentado do Secretário da SDE, que especificará os fatos a serem apurados (art. 32 da LDC) e determinará a notificação do Representado para apresentar defesa em quinze dias (art. 33 da LDC).

Trata-se da citação que será feita pessoalmente por carta com recibo de volta ou por editais, quando baldados os esforços de notificação pessoal (art. 33, § 2.º, da LDC). A notificação conterá, obrigatoriamente, o inteiro teor do despacho de instauração do Processo Administrativo e da Representação, se for o caso (art. 33, § 1.º, da LDC). O prazo para resposta contará a partir da data de juntada aos autos do aviso postal de recebimento ou da publicação do edital, conforme o caso (art. 33, § 2.º, da LDC). Oferecida esta, descabida é qualquer reconvenção do Representado em relação à Representação, mesmo porque, como visto, não é o Representante parte no feito.

O Representado terá amplo acesso aos autos (art. 33, § 4.º, da LDC). Assim, em relação a àquele, não se concebe qualquer restrição, não sendo admitido ao DPDE pleitear a autuação, em apartado ou por linha, de quaisquer "anexos confidenciais". Tanto o Representado (art. 3.º, II, da Lei n. 9.784/99) como seu advogado terão pleno direito de vista (art. 7.º, XV, do Estatuto da Advocacia, Lei n. 8906/94), sendo-lhe portanto facultada a extração de cópias de peças, inclusive mediante retirada dos autos da Seção Processual do DPDE, mediante carga em livro próprio.

Chama-se a atenção para a faculdade de o Representado defender diretamente a própria causa. Trata-se de permissivo a ser abolido, além de ser de duvidosa constitucionalidade (art. 133 da Constituição Federal), notadamente por se tratar de processo de natureza repressiva.[75] De fato, em sua grande maioria, os indiciados são maus defensores da própria causa, não estando a seu alcance o que devem ou não dizer, nem o que calar. Supondo que estão se desculpando, poderão estar se comprometendo definitivamente. Ao patrono cabe, profissionalmente, proteger seus interesses.

Não apresentando defesa no prazo legal, o Representado considerar-se-á revel (art. 34 da LDC). Estabelece a lei que, nesta hipótese, reputar-se-á o Representado confesso quanto à matéria de fato. A confissão (haurida ancilarmente do processo civil), por conflitar com o princípio superior da verdade real, não pode, em qualquer hipótese, ser considerada suficiente à prolação de decisão condenatória.

Em consonância com o art. 18 do Regulamento das Competências da SDE, decorrido o prazo para a apresentação da defesa, com ou sem a

---

[75] V. a respeito, FONSECA, João Bosco Leopoldino da, *Lei de proteção da concorrência*, p. 122.

manifestação do Representado, a SDE "decidirá" (*sic*) eventuais matérias preliminares. Trata-se de arroubos de competência auto-outorgada, por simples Portaria ministerial, e, portanto, inócua por falta de amparo legal. Ao Secretário caberá tão-somente acolher a preliminar, quando procedente, ou tão-somente recomendar ao CADE sua rejeição (art. 7.º, III, da LDC), ao qual caberá, sempre, a última palavra.

Instaurada a instância e tendo início a fase de conhecimento, caberá ao Secretário da SDE a direção do processo, competindo-lhe assegurar igualdade de tratamento às partes (art. 125, I, do Código de Processo Civil). Assim, por exemplo, sempre que aberta a possibilidade de uma das partes se manifestar no feito, obrigatoriamente deverá o Secretário da SDE assegurar-se da abertura do contraditório.

A prova será iniciada logo após a instauração da instância (art. 35 da LDC), o que ocorrerá com a especificação da prova, inclusive testemunhal, pelo Secretário da SDE (art. 35 e seu § 1.º, da LDC e art. 130 do Código de Processo Civil), não pelo DPDE, parte que é no processo acusatório, cabendo àquele indeferir as diligências inúteis ou meramente protelatórias.

Quanto ao DPDE, determinará o Secretário de Direito Econômico a realização de diligências e a produção de provas do interesse da acusação, a serem apresentadas no prazo de 15 (quinze dias) (art. 35 da LDC). Nesse mister deverá o Secretário pautar-se pelos princípios da legalidade, finalidade, razoabilidade, proporcionalidade, moralidade, interesse público e eficiência, dentre outros (art. 2.º da Lei n. 9.784/99), princípios estes freqüentemente ignorados pela *praxis* (não obstante sua previsão no art. 2.º do Regulamento das Competências da SDE), em geral às custas do Representado e em ofensa ao princípio da menor onerosidade previsto no art. 29, § 2.º, da Lei n. 9.784/99. Não é à toa que o legislador precisou expressamente relembrar à Administração Pública que, nos processos administrativos, deverão seus agentes observar os princípios, dentre outros, da atuação conforme a lei e o Direito (art. 2.º, § único, I, da Lei n. 9.784/99).

Outrossim, são inadmissíveis no processo administrativo as provas obtidas por meios ilícitos (art. 5.º, LVI, da Constituição Federal, e art. 30 da Lei n. 9.784/99), aliás outro preceito constitucional olimpicamente ignorado em plúrimas oportunidades.

Estabelece o art. 26 da LDC que a recusa, omissão, enganosidade ou retardamento injustificado de informação ou documento solicitados pelo CADE, SDE ou SEAE constitui infração punível com multa diária de 5.000 UFIR (limitada a noventa dias – art. 26, § 2.º, da LDC, com a redação proposta pela Medida Provisória n. 2.055/2000), que poderá ser aumentada em até vinte vezes, se necessário. Referida multa, pela inconstitucional Medida Provisória n. 2.055/2000, é de ser aplicada pela autoridade requisitante (art. 26, § 3.º, da LDC, com a redação por aquele "diploma"). É evidente que algumas ressalvas hão de ser feitas: (a) a multa somente poderá ser aplicada em se tratando de informação ou documento *solicitado* pela Autoridade (art. 26, *caput*, da LDC) (a solicitação é *conditio sine qua non*) e não por elemento de prova trazido à colação pelo Representado a título de defesa; (b) a multa poderá ser aplicada pela autoridade requisitante, mas apenas após o competente Processo Administrativo em que seja ensejado ao infrator o pleno exercício do direito ao devido processo legal, ao contraditório e à ampla defesa (art. 5.º, LV, da Constituição Federal e art. 2.º da Lei n. 9.784/99), sendo sua cobrança atribuição da Procuradoria-Geral da União - PGU; e (c) descabida e ilegal é a cobrança de multa do Representado se o documento ou informação solicitada implicar auto-incriminação, dado que a este é constitucionalmente garantido o direito de permanecer calado e de não se auto-incriminar (art. 5.º, LXIII, da Constituição Federal) em ação de natureza punitiva, natureza esta, aliás, expressamente reconhecida pelo art. 35-B, § 4.º, da LDC, com a redação dada pela Medida Provisória n. 2.055/2000. Também descabida a imposição de multa a título de "recusa" na prestação de informações ou na entrega de documentos se estes se encontrarem em poder de outro órgão da Administração Pública, cabendo à Autoridade processante ou judicante diligenciar por sua obtenção junto a este, como aliás expressamente prevê a Lei n. 9.784/99.

Por fim, igualmente inconcebível entender-se "enganosa" a alegação de defesa do Representado, seja no tocante à matéria de fato ou de direito (art. 16 do Regulamento das Competências da SDE), ainda quando a visão, versão ou inteligência do Representado não esteja em consonância com a da Autoridade processante ou judicante, cabendo-lhe apenas repeli-la ou julgá-la improcedente.

Quanto ao Representado, terá ele 45 (quarenta e cinco) dias, a contar da defesa, para apresentar as provas de seu interesse, inclusive para indicar testemunhas, exceto no que se refere à prova documental, que poderá ser apresentada a qualquer momento, antes de encerrada a instrução na SDE (art. 37 da LDC). Poderá o Representado apresentar toda e qualquer prova admitida em Direito, sendo, portanto, ilegal e de triste memória a já revogada Portaria n. 3, da SDE, de 25 de junho de 1996, que, *a priori*, vedava a juntada de alguns papéis, como cartazes de propaganda, livros de relatórios históricos de empresas, revistas, periódicos, *folders*, folhetos e documentos similares ou da mesma natureza, sob o abstruso argumento de que tais elementos teriam, por antecipação, caráter protelatório.

A SEAE, do Ministério da Fazenda, será sempre informada da instauração do Processo Administrativo (art. 38 da LDC), não sendo porém seu parecer (de caráter meramente opinativo) prejudicial ao andamento ou à conclusão do feito. Ao contrário do que possa à primeira vista parecer, o art. 35-A, § 1.º, da LDC, com a redação dada pela absurda Medida Provisória n. 2.055/2000 não conferiu à SEAE, nesta fase, qualquer competência instrutória, restrita que foi à de procedimento preliminar, objetivando o eventual oferecimento de Representação à SDE.

Em qualquer hipótese, o *onus probandi* é da acusação (art. 156 do Código de Processo Penal), ou seja, do DPDE, lembrando-se sempre dois princípios fundamentais a regular a matéria: (a) o primeiro é o de que não se admite a prova obtida por meio ilícito (art. 5.º, LVI, da Constituição Federal) e (b) o segundo o da necessidade de prova bastante e coerente, mesmo porque *in dubio pro reo*. Assim, é de se acolher a pretensão absolutória no caso de o DPDE não provar o alegado na denúncia, pois tanto maior o risco da injustiça quanto maior a tolerância de prova capenga. No balanço das versões, não tem maior confiabilidade a do órgão acusador em relação à do Representado, somente em razão de sua proveniência, posto que sobreleva o princípio da presunção de inocência do acusado.

Não obstante a apresentação da defesa, poderá o Representado ser convocado pelo Secretário da SDE para interrogatório, que poderá ser acompanhado pelo DPDE e pelo defensor do acusado, não lhes sendo permitido interferir, salvo para apresentação de questões de ordem. O interrogatório é o meio privativo atribuído ao Secretário (e ao Conselheiro-Relator do CADE) para se instruir, pessoalmente, sobre a verdade real e firmar sua convicção, registrando nos autos os elementos colhidos.

Além dos depoentes de acusação e os de defesa, poderá o Secretário da SDE ouvir informantes (dentre eles o Representante), que não prestarão compromisso, e testemunhas referidas, sem prejuízo de poder convocar quantas mais entender necessárias (art. 35 da LDC), sempre, é claro, sem perder de vista os critérios da prudência e celeridade do processo, sob pena de responsabilização (art. 40 da LDC).

As testemunhas estão sujeitas à coação processual e à imposição de multa (cf. art. 26, § 5.º, da LDC, com a redação dada pela Medida Provisória n. 2.055/2000), cabendo à SDE (e não às partes), as providências para seu comparecimento. Seus depoimentos serão tomados pelo Secretário da SDE sob compromisso. Se não for encontrada qualquer delas, o Secretário da SDE poderá deferir pedido de sua substituição, desde que não tenha por fim frustrar o disposto nos arts. 42, *in fine*, e 395 do Código de Processo Penal, suprindo imperdoável anterior omissão das partes. Se os depoentes de defesa não forem encontrados e o acusado, dentro de 3 (três) dias, não indicar outros em substituição, prosseguir-se-á nos demais termos do processo (art. 405 do Código de Processo Penal). Podem as partes, por outro lado, desistir da oitiva de testemunhas arroladas (art. 404 do Código de Processo Penal), sem que isto impeça que o Secretário da SDE tome seus depoimentos se assim entender necessário ou conveniente à instrução.

A audiência das testemunhas, a exemplo do interrogatório do Representado, também constitui indelegável e irrenunciável (art. 11 da Lei n. 9.784/99) ato de autoridade, regendo-se, aqui sim, pelo princípio da *identidade física do julgador* (art. 37, § único, da LDC, art. 212 do Código de Processo Penal e art. 132, do Código de Processo Civil). Assim, manteve-se a LDC, a exemplo do Código de Processo Civil, fiel ao sistema presidencialista de inquirição: só o Secretário interroga a testemunha[76] (art. 83 da LDC c/c art. 416 do Código de Processo Civil).

Ilegal, portanto, o preceito do art. 20, § 2.º, IV, do Regulamento das Competências da SDE, que confere poderes para tomar o depoimento de testemunhas não apenas ao Diretor, mas, também ao Coordenador-Geral do DPDE e, ainda, a "outra autoridade ou servidor designado" (*sic*) (o que revela o nenhum prestígio ou dignidade de que gozam os princípios da ampla defesa e do contraditório quando estes se contrapõem ao interesse punitivo do Estado em matéria de Direito da Concorrência). De qualquer sorte, não cabe ao Ministro da Justiça, signatário da Portaria n. 849/2000, delegar poderes que a Lei confere a outra autoridade, ainda quando seja esta hierarquicamente subordinada àquele. Ademais, a delegação, quando admitida, há de ser excepcional, individualizada e fundamentada e não genérica, de modo a despir a autoridade legítima (o Secretário de Direito Econômico) de sua competência legal (especialmente quando se o faz por meio de uma simples Portaria), além de atender aos demais requisitos cogentes do art. 14 (*caput* e, em especial, §§ 1.º e 3.º) da Lei n. 9.784/99.

A inquirição deverá observar o disposto nos arts. 202 a 225 do Código de Processo Penal, devendo, assim, o depoimento ser oral (art. 204 do Código de Processo Penal), sujeitar-se à contradita (art. 214 do Código de Processo Penal e art. 20, § 1.º, do Regulamento das Competências da SDE) e às perguntas e reperguntas das partes (art. 212 do Código de Processo Penal e art. 20, § 1.º,

[76] AGUIAR, João Carlos Pestana de, Comentários ao Código de Processo Civil, v. IV, p. 344.

do Regulamento citado). Os depoentes de acusação, como é intuitivo, serão ouvidos primeiramente (art. 396 do Código de Processo Penal), já que os de defesa se destinam a contrariar as provas de incriminação. Ao Representante, simples informante, é defeso intervir na audiência ou formular questões. Poderá, entretanto, nesta qualidade, ser ouvido, sendo certo, porém, que aproveitará ao Representado tudo o que o Representante porventura disser em seu favor, independentemente de compromisso.

Já contempla o Regimento Interno do CADE (art. 12), a realização de audiências de instrução presididas pelo Conselheiro-Relator (mesmo porque, como visto, cuida-se de ato indelegável) e perante o Plenário do CADE.

A Medida Previsória n. 2.055/2000 (art. 35-B da LDC com a redação dada por aquela Medida Provisória) hauriu do Direito Comparado e introduziu na legislação brasileira de defesa da concorrência o instituto do "acordo de leniência" (*immunity*) propondo aos interessados a confissão e delação de prática infrativa em troca da extinção da ação penal-econômica (ou punitiva) ou a redução da pena, no âmbito do CADE, sendo dispensada sua aprovação pelo Conselho (art. 35-B, § 4.º, da LDC). Todavia, caso a confissão retrate a prática de crime, de nenhuma eficácia será a medida se não for possível seu enquadramento no regime de delação previsto na legislação penal, como aliás o antecipou o art. 30 do Regulamento das Competências da SDE.

Terminadas as inquirições, as partes, primeiro o DPDE, em 24 (vinte e quatro) horas, e, depois, a defesa, dentro de igual prazo, sem interrupção, esta última sem prejuízo das provas requeridas no prazo do art. 37 da LDC, poderão requerer as diligências, inclusive perícias, cuja necessidade ou conveniência exsurja das circunstâncias ou de fatos apurados na instrução (art. 499 do Código de Processo Penal). Tem o Secretário da SDE, desde que não prejudique o direito de defesa ou o de acusação, autoridade para repelir qualquer pretensão probatória que repute abusiva, impertinente, ilegal ou meramente protelatória.

Na realização da prova pericial, cabe ao Secretário da SDE assegurar a independência do perito em relação às partes, reconhecendo tratar-se de auxiliar seu (art. 139 do Código de Processo Civil) e não do DPDE, ainda quando o *expert* seja autoridade ou servidor habilitado da SDE (art. 20, § 4.º, III). Em verdade, as partes não poderão intervir em sua nomeação (art. 276 do Código de Processo Penal), sendo óbvio, entretanto, que o perito não poderá ser designado dentre as autoridades ou servidores do DPDE, parte acusatória no feito penal-econômico. Tem o louvado a obrigação de aceitar o encargo, salvo escusa atendível (art. 277 do Código de Processo Penal) e de cumpri-lo escrupulosamente, independentemente de termo de compromisso (art. 422 do

Código de Processo Civil). Rege-se a perícia pelos arts. 420 e ss. do Código de Processo Civil, no que couber. Às partes é facultada a indicação de assistentes técnicos de sua confiança, que não estão sujeitos a impedimento ou suspeição (art. 422 do Código de Processo Civil), além do direito amplo à formulação de quesitos, inclusive suplementares, e de pedidos de esclarecimentos ao perito (art. 20, § 4.º, II, do Regulamento das Competências da SDE).

A prova documental, por seu turno, poderá ser oferecida pelas partes em qualquer fase do processo, admitindo a prática interna do CADE, em homenagem ao princípio constitucional da ampla defesa, que possa sê-lo até o julgamento (não obstante o art. 37 da LDC e o art. 20 do Regulamento das Competências da SDE, que se restringem ao âmbito dessa Secretaria). A única restrição à colheita de prova documental é, lido a *contrario sensu*, o art. 181 da Constituição Federal: ao DPDE é vedado requisitar documento ou informação de natureza comercial a pessoa física ou jurídica residente ou domiciliada no exterior salvo mediante autorização do Poder forâneo competente e avaliada a conveniência de tal iniciativa em face dos interesses internacionais do País.[77]

Para que a instrução não se eternize, a prova determinada pelo Secretário da SDE, bem como a requerida pelo acusado, a inquirição de testemunhas e a realização de diligências (inclusive perícias) deverá estar concluída em 45 (quarenta e cinco) dias, prorrogável por igual período em caso de justificada necessidade (art. 35, § único, da LDC), que deverá ser consignada nos autos (art. 402 do Código de Processo Penal). Esses prazos, porém, não são fatais (art. 23, § 2.º, do Regulamento das Competências da SDE). Nem poderiam sê-lo. Não há exigir do órgão julgador a decisão da causa quando ainda não tenha pleno conhecimento dos fatos que lhe permitam adequadamente exercer a prestação quase-jurisdicional. Porém, sempre que concluir a instrução fora dos prazos, o Secretário da SDE deverá consignar nos autos os motivos da demora (art. 402 do Código de Processo Penal). Delonga não justificada configuraria constrangimento ilegal e sua responsabilidade (art. 40 da Lei n. 4.137/62).

Outrossim, farta é a jurisprudência do CADE[78] no sentido de que a distância excessiva entre a data dos fatos e o julgamento pelo Conselho frusta

---

[77] Sobre as chamadas leis de bloqueio (*blocking laws*), vide o ilustrativo comentário de PAULA A. FORGIONI, Os Fundamentos do Antitruste, p. 392 e ss.

[78] Cf. Representações nºs 89/92, 90/92, 94/92, 96/92 e 106/92, Relator, Antônio Fonseca; Representação nº 276/92 e Processos Administrativos nºs 128/92 e 275/92, Relator Leônidas R. Xausa; Averiguação Preliminar nº 08000.003514/92, Relator Arthur Barrionuevo; e Processos Administrativos nºs 69/92, 70/92 e 78/92, Relator Lúcia Helena Salgado.

o objeto da decisão pela evolução do quadro econômico, resultando em homenagem ao cognominado princípio da *utilidade*, na extinção do processo (art. 267, IV, do Código de Processo Civil). Como efeito, com o caminhar do tempo, modificam-se as condições pessoais do infrator que logrou subtrair-se à ação da justiça, deixando a pena, possivelmente, de ser útil. De outro lado, o alarma social que, por anomalias do mercado e/ou o abuso do poder econômico causou já se teria esvanecido com o lento perpassar dos anos, não tendo a pena a exata correspondência do reclamo público, sem contar que os longos intervalos importam em incertezas perigosas na apreciação do fato.[79]

Já a negligência do DPDE, quando acarrete a paralisação do feito por mais de um ano, resultará *ipso facto*, na extinção do processo (art. 267, II, do Código de Processo Civil). Outrossim, verifica-se prescrição intercorrente no processo administrativo paralisado por mais de três anos, pendente de julgamento ou despacho, sem prejuízo da apuração da responsabilidade funcional decorrente da paralisação, se for o caso (art. 1.º, § 1.º, da Lei n. 9.873/99.

Esgotada a fase probatória (art. 26 do Regulamento das Competências da SDE), será elaborado relatório sucinto dos atos do processo e indicadas as conclusões preliminares da SDE, devendo o Secretário, acolhida (leia-se, fundamentadamente) a nota técnica de responsabilidade do DPDE, abrir vista dos autos para alegações finais, sucessivamente, por 5 (cinco) dias (art. 39 da LDC), ao DPDE e à defesa (art. 500 do Código de Processo Penal).[80] Trata-se de garantia reforçada pelo art. 2.º, § único, X, da Lei n. 9.784/99. Esse prazo correrá na Seção Processual da SDE, independentemente de intimação (art. 501 do Código de Processo Penal). Subseqüentemente, os autos serão de pronto conclusos ao Secretário da SDE, que poderá ordenar diligências para sanar nulidades ou suprir faltas que prejudiquem o esclarecimento da verdade (art. 26, § único, do Regulamento das Competências da SDE). Poderá, inclusive, se não houver ele próprio, em decorrência de substituição, interrogado o Representado ou inquirido as testemunhas, determinar a reiteração desses atos instrutórios (art. 502 e seu § único, do Código de Processo Penal, regulamentado pelo art. 26, § único, do Regulamento das Competências da SDE).

---

[79] FRANCESCHINI, José Inácio Gonzaga, "Introdução ao direito da concorrência", *Revista de Direito Econômico*, nº 21, p. 101.

[80] Segundo JOÃO BOSCO LEOPOLDINO DA FONSECA, (*Lei de proteção da concorrência*), p. 123, "o certo é que, concluída a instrução processual, somente o representado é que apresentará alegações finais, no prazo de cinco dias. Aqui se tem uma analogia com o art. 500 do Código de Processo Penal".

Concluído o processo de conhecimento, o Secretário da SDE, em relatório circunstanciado, decidirá pela remessa dos autos ao CADE para julgamento, ou pelo seu arquivamento, recorrendo de ofício ao CADE nesta última hipótese (art. 39 da LDC e art. 27 do Regulamento das Competências da SDE). A decisão conterá, obrigatoriamente, o nome das partes, a exposição sucinta da acusação e da defesa, a indicação dos motivos de fato e de direito em que se fundar a decisão, a indicação dos artigos da LDC aplicados, o dispositivo, a data e a assinatura do Secretário (art. 381 do Código de Processo Penal e art. 2.°, § único, VII, da Lei n. 9.784/99). Acresça-se ao rol de requisitos as exigências detalhadas no art. 27, § 1.°, do Regulamento das Competências da SDE.

É evidente a ilegalidade e ineficácia do § 2.° do art. 27 do Regulamento das Competências da SDE, que elimina, mediante simples Portaria, a obrigação legal do Secretário de Direito Econômico de fundamentar sua manifestação final, que, segundo o herético preceptivo regulamentar, admite motivação mediante singela declaração de concordância com nota técnica do DPDE. O ato careceria de validade a menos que, por seu turno, fundamentasse o Secretário sua "declaração".

O Secretário da SDE formará sua convicção pela livre apreciação da prova, embora adstrito ao conjunto probatório (princípio do *livre convencimento* - art. 157 do Código de Processo Penal).

A decisão do Secretário da SDE não comporta recurso hierárquico ao Ministro da Justiça (art. 41 da LDC). Todavia, qualquer das partes poderá, no prazo de 2 (dois) dias, pedir ao Secretário da SDE que declare a decisão, sempre que nela houver obscuridade, ambigüidade, contradição ou omissão (art. 382 do Código de Processo Penal).

O processo administrativo culminará no julgamento no CADE em Plenário.

10. Julgamento no CADE

Recebido o processo da SDE, o Presidente do CADE distribui-lo-á, mediante sorteio, ao Conselheiro-Relator (art. 42 da LDC). Uma leitura mais apressada do preceptivo indica que somente após a conclusão do processo de conhecimento seria designado o Conselheiro-Relator. Não parece ser a melhor interpretação. O princípio constitucional do Juízo Natural autoriza -mais do que isso, exige- que, instaurado o Processo Administrativo seja o fato comunicado ao CADE para a imediata designação do Relator, para que este não apenas venha presidir a prova, como aliás dispõe o art. 11 do Regimento Interno do

CADE. A matéria tem exigido melhor regulamentação complementar (art. 51 da LDC).

De posse dos autos provindos da SDE, o Conselheiro-Relator abrirá vistas à Procuradoria (art. 42 da LDC), que assim reassume a titularidade do pólo ativo do processo penal-econômico. Terá ela 20 (vinte) dias (art. 42 da LDC), contados a partir do recebimento dos autos (art. 14,§ 1.º, do Regimento Interno do CADE). Trata-se de prazo preclusivo, de tal sorte que, transcorrido o prazo, com ou sem a manifestação da Procuradoria, deverá o Conselheiro-Relator incluir o processo em pauta para julgamento, salvo se julgar o processo insuficientemente instruído (art. 14, § 2.º, do Regimento Interno do CADE). Deixando de fazê-lo por escrito, terá ainda a Procuradoria a oportunidade de sustentar sua posição oralmente, na Sessão de julgamento (art. 45 da LDC e art. 14, § 2.º do Regimento Interno do CADE).

A manifestação da Procuradoria sujeita-se ao princípio do contraditório (art. 14, § 4.º, do Regimento Interno do CADE). Exige-se para tanto que o Representado pleiteie e fundamente o pedido para análise do parecer da Procuradoria, comprovando sua "indispensabilidade". Trata-se de requisito manifestamente inconstitucional. Tem o Representado direito, no exercício da ampla defesa, de ter vista dos autos e de replicar o entendimento da Procuradoria. Tem o Representado o prazo de 5 (cinco) dias úteis a contar da data da publicação da ata de julgamento (art. 14, § 5.º, do Regimento Interno do CADE) para fazê-lo, repita-se, independentemente de qualquer manifestação prévia.

A conclusão da fase instrutória na SDE não preclui a autoridade do Conselheiro-Relator de realizar diligências complementares, requerer informações e admitir às partes a produção de novas provas, sempre que entender insuficiente o conjunto probatório para a formação de sua convicção (art. 43 da LDC), inclusive a solicitação de esclarecimentos a qualquer pessoa (art. 44 da LDC) e audiências públicas (art. 12 do Regimento Interno do CADE), porém sempre *ad referendum* do Plenário (9.º, III, da LDC).

Cumprirá ao Conselheiro-Relator distribuir o Relatório do processo aos demais membros do Plenário do CADE, ao Procurador-Geral e ao Representado, com antecedência mínima de 5 (cinco) dias úteis à Sessão de Julgamento. Do Relatório constará o resumo dos fatos e as ocorrências havidas no curso do processo (art. 15 do Regimento Interno do CADE).

Iniciada a Sessão, o Relator exporá sucintamente os elementos relevantes de fato constantes do Relatório, sendo dispensada, porém, sua leitura (arts 15 e 16 do Regimento Interno do CADE). Em seguida, a Procuradoria e, após, o acusado ou seus advogados terão, nessa ordem, direito à palavra por 15 (quinze) minutos cada um (art. 16 do Regimento Interno do CADE).

Segue-se o julgamento. As questões preliminares hão de ser decididas antes do mérito (art. 560 do Código de Processo Civil), deste não se conhecendo se incompatível com a decisão daquela. No que tange a nulidades processuais, não há declará-las se não houverem influído na apuração da verdade substancial ou na decisão da causa (art. 566 do Código de Processo Penal). Outrossim, quando se puder decidir no mérito a favor do Representado, o CADE não deve pronunciá-la, nem mandará repetir o ato ou suprir-lhe a falta (art. 249, § 2.º, do Código de Processo Civil).

Rejeitada a preliminar ou se com ela for compatível a apreciação do mérito, seguir-se-ão a discussão e julgamento da matéria principal, pronunciando-se sobre esta os Conselheiros vencidos na preliminar (art. 561 do Código de Processo Civil). O período de discussão não ultrapassará 15 (quinze) minutos (art. 18 do Regimento Interno do CADE).

Proclamada a decisão pelo Presidente do CADE, caberá ao Conselheiro-Relator (ou o primeiro Conselheiro a proferir voto vencedor, se vencido aquele) a redação do Acórdão (art. 19, § 1.º, do Regimento Interno do CADE). Este será fundamentado (art. 46 da LDC) e dele constará ementa (art. 563 do Código de Processo Civil) e a remissão aos registros da Sessão de Julgamento, que dele farão parte integrante (art. 19, § 2.º, do Regimento Interno do CADE). Dele, obrigatoriamente constarão, sob pena de nulidade (art. 381 do Código de Processo Penal): (a) o nome das partes; (b) a exposição sucinta da acusação e da defesa; (c) a indicação dos motivos de fato e de direito em que se fundar a decisão; (d) a indicação dos artigos da LDC aplicados; (d) o dispositivo; e (e) a assinatura do Presidente do CADE e do Conselheiro-Relator (ou do Conselheiro que o tenha redigido) (art. 19, § 3.º, do Regimento Interno do CADE). O Acórdão será publicado no *Diário Oficial da União* em 5 (cinco) dias (art. 46, § único, da LDC), sendo assim ilegal o prazo de 15 (quinze) dias úteis após a proclamação do resultado do julgamento, previsto no art. 19, § 4.º, do Regimento Interno do CADE).

A Lei n. 9.784/99 (art. 50, VII) conferiu à jurisprudência administrativa (no caso, do CADE) caráter semivinculante. Exige-se, assim, expressamente, a motivação da decisão do Conselho, com indicação dos fatos e dos fundamentos jurídicos, quando esta deixar de aplicar jurisprudência firmada sobre a questão. Por outro lado, não poderá a decisão do CADE resultar em aplicação retroativa de nova interpretação (art. 2.º, § único, XIII, da Lei n. 9.784/99), salvo se em benefício do Representado (*in mitius*), mesmo porque, como é cediço em Direito Intertemporal, a lei penal-econômica mais gravosa não retroage.[81]

Com o julgamento conclui-se o processo de apuração da ofensa à ordem econômica na atual legislação do CADE, não sendo a decisão passível de recurso administrativo ou hierárquico (art. 50 da LDC). O Conselho, Órgão dotado de autonomia, não está subordinado a qualquer superior, nem mesmo ao Ministro da Justiça. As partes podem, porém, opor embargos de declaração em quaisquer das hipóteses previstas no art. 535 do Código de Processo Civil. Já não o pode o Representante por não ter legitimidade recursal, à míngua de interesse jurídico.

11. Controle judicial

Por força do preceito constitucional consagrador do princípio da inafastabilidade do Poder Judiciário (art. 5.º, XXXV, da Constituição Federal), inestimável salvaguarda dos direitos individuais, poderá o condenado pelo CADE pleitear, sempre, o controle judicial do ato administrativo representado pela decisão final adversa que repute ilegal. Sabe-se ser essa resolução colegiada um ato administrativo *vinculado* ou *regrado*, sujeitando-se, portanto, à revisão. Caberá, então, à Justiça Federal civil (e não à criminal, posto que, como visto, se trata de ação anulatória de ato administrativo) reexaminar o pronunciamento quase-jurisdicional impugnado, reapreciando o *mérito* da causa (*thema decidendum*) com ampla liberdade (não há confundir esse conceito com o de *mérito administrativo*, ou seja, a oportunidade ou conveniência da decisão), podendo anular ou confirmar (mas não modificar) o decisório proferido. A revisão judicial se aplica tanto às decisões de cunho condenatório por ofensas à ordem econômica, como às deliberações plenárias proferidas no exercício de sua competência fiscalizadora, relativas a atos de concentração econômica.

Esse, aliás, o expresso intuito de AGAMEMNON MAGALHÃES ao elaborar o projeto de lei que culminou com a promulgação da Lei n. 4.137/62 (cf. Justificação do Projeto de Lei n. 122/48): "A repressão aos abusos do poder econômico será feita pelo Poder Judiciário".

É essa característica que define a natureza jurídica daquele Conselho como auxiliar do Poder Judiciário, a exemplo do que ocorre com o Tribunal

[81] Cf. R. LIMONGI FRANÇA e CARLOS MAXIMILIANO, apud FRANCESCHINI, "Introdução ao direito da concorrência", *Revista de Direito Econômico*, n. 21, p. 28- 29.

Marítimo. Suas decisões, portanto, configuram verdadeiros laudos técnicos especializados, a serem submetidos ao crivo da autoridade judiciária.

A própria jurisprudência do CADE, desde seus primórdios, reconhece tratar-se de um órgão judicante, verdadeiro tribunal parajurisdicional, equiparado àquela Corte marítima especializada, como se verifica do voto do Conselheiro NESTOR DUARTE no Processo SC-GB n. 675/64 (cf. ementa n. 182, in FRANCESCHINI, Poder econômico: exercício e abuso - direito antitruste brasileiro, p. 181):

"Este Conselho, o CADE, é órgão ou agência do poder público, singulariza-se dentro da ordem pública por ter um caráter, uma missão, um fim jurídico-administrativo de executor e fiscal de uma lei de repressão e punição a abusos e crimes que possam ocorrer na ordem econômica. É órgão único, autônomo, criado por autorização e determinação constitucional para cuidar e reprimir um novo ilícito penal. É um tribunal claro que não judicial, mas um tribunal que funciona até como primeiro grau do Judiciário, aonde chegará para requerer e obter a chancela judicial nas hipóteses que sua lei indica.

A Lei n. 3543, de 11de fevereiro de 1959, que modifica a Lei n. 2180, de 5 de fevereiro de 1954, a lei do Tribunal Marítimo diz no seu: "Art. 1.º O Tribunal Marítimo, com jurisdição em todo o território nacional, é um órgão autônomo, auxiliar do Poder Judiciário, na apreciação dos acidentes e fatos na navegação sobre água, vinculando-se ao Ministério da Marinha no que se refere ao provimento de recursos orçamentários para o pessoal e material destinados ao seu funcionamento."

No mesmo sentido a decisão tomada no Processo Administrativo n. 69, aos 26 de abril de 1983, sendo Relator o Conselheiro WANOR PEREIRA DE OLIVEIRA[82]: "É o CADE órgão autônomo, porém auxiliar do Poder Judiciário, com jurisdição sobre todo o território nacional".

Quanto à primeira hipótese, diga-se desde logo que o recurso ao Judiciário não poderia ser impedido pela legislação de defesa da concorrência, posto que a isto se opõe o princípio da inafastabilidade do Poder Judiciário consagrado no art. 5.º, XXXV, cujo teor não deixa margem a dúvidas: "A lei não excluirá da apreciação do Poder Judiciário lesão ou ameaça a direito".

---

[82] FRANCESCHINI, José Inácio Gonzaga, *Poder econômico: exercício e abuso - direito antitruste brasileiro*, ementa n. 166-A, p. 172.

À função jurisdicional do Estado cabe o papel de fazer valer o ordenamento jurídico toda vez que seu cumprimento não se dê sem resistência. Tendo o Estado subtraído à parte a faculdade de exercitar seus direitos pelas próprias mãos, compareceu esta perante a autoridade judiciária competente que lhe substituiria a vontade, para que esta dirimisse a lide. Agiu no lídimo exercício de seu direito de ação e nos limites estritamente necessários para alcançar a prestação jurisdicional. Nada mais escorreito e legítimo.

Em matéria concorrencial, o princípio da acessibilidade ampla ao Judiciário já se encontra assente na jurisprudência pátria, mesmo nas hipóteses em que o *ex adverso* se encontre (o que não é o caso) em flagrante desvantagem financeira em relação ao autor. É o que nos demonstra a ementa n. 109 encontradiça em FRANCESCHINI, ob. cit., p. 114: "O ajuizamento de ação com pedido de cominação, ainda que elevada contra parte em flagrante desvantagem financeira e sem possibilidades de enfrentar os eventuais ônus da sucumbência, não se pode confundir com o abuso do poder econômico de que trata o art. 2.º, I, *g*, da Lei n. 4137, de 1962. É que o direito de ação, constitucionalmente garantido, não se equipara com a certeza ou mesmo possibilidade de uma sentença favorável, mas sim, e apenas, ao direito a um pronunciamento sobre o *meritum causae*".

A decisão citada foi proferida pelo MM. Juiz da 7ª Vara da Justiça Federal no Rio de Janeiro, JOSÉ GREGÓRIO MARQUES, em 5 de agosto de 1980, no Processo n. 2.452.847.

Toda lesão de direito, toda controvérsia, pode (e deve) ser levada ao Poder Judiciário. O apelo ao Judiciário, portanto, ainda que atinja a concorrência ou concorrentes específicos, em princípio configura conduta atípica.

Ainda que assim não fosse (apenas *ad argumentandum*), teria a iniciativa nítida característica de exercício regular de direito, o que configuraria uma causa de exclusão da antijuridicidade.

É pacífico que não é antijurídica a ação praticada no exercício regular de direito. Como afirma HELENO CLÁUDIO FRAGOSO (*Lições de direito penal*, p. 197): "(...) é inconcebível que o ordenamento jurídico, por um lado, confira um direito, e pelo outro, torne ilícita a ação que corresponde ao exercício de tal direito".

Evidentemente, a expressão "direito" não tem uma conotação exclusivamente penal, devendo ser entendida de forma a compreender todo o ordenamento jurídico.

Por outro lado, não há litispendência no curso simultâneo do Processo Administrativo e do processo civil cominatório e/ou indenizatório eventualmente ajuizado pelo prejudicado direito do abuso do poder econômico ou por seu legitimado, como aliás expressamente admite o art. 29 da Lei n. 8884/94.

Todavia o mesmo não se poderia falar em relação a processos criminais. Em face da natureza penal do Direito de Concorrência e especialmente diante da derrogação da Lei n. 8137/90 pela Lei n. 8884/94 (art. 2.º, § 1.º, da Lei de Introdução ao Código Civil - *Lex posterior derogat priori*), no que tange aos crimes contra a ordem econômica, não se concebe a existência de duplo procedimento penal contra a mesma pessoa.

Diante da competência exclusiva fixada pela Lei n. 8884/94 em favor do CADE (art. 7.º, II), nula e ilegalmente constrangedora seria qualquer instauração de inquérito policial e/ou de processo judicial penal para a apuração de infrações contra a ordem econômica. Inaceitável o *bis in idem*.

O controle judicial pode ser exercido sob qualquer forma admitida em Direito, seja mediante ação ordinária direta (precedida ou não de medida cautelar) ou mandado de segurança, seja em sede de embargos à execução. Estabelece o art. 65 da LDC que o oferecimento de embargos ou o ajuizamento de qualquer outra ação que vise à desconstituição do título executivo não suspenderá a execução se não garantido o juízo no valor das multas aplicadas, assim como de prestação de caução a ser fixada pelo Juízo que garanta o cumprimento da decisão final proferida nos autos, inclusive no que tange a multas diárias. O dispositivo é claramente inconstitucional, representando óbice indevido ao acesso do Administrado ao Poder Judiciário (art. 5.º, XXXV, da Constituição Federal).

12. Execução judicial

O cumprimento das decisões do CADE será fiscalizado por órgão diretamente subordinado à Presidência do Conselho, a que deverão ser encaminhados os processos após a decisão final do Plenário (art. 23 do Regimento Interno do CADE). Descumprida a decisão, no todo ou em parte, o fato será comunicado ao Presidente do CADE, que determinará ao Procurador-Geral que providencie sua execução judicial (art. 48). A decisão do CADE constitui título executivo extrajudicial (art. 60 da LDC) e sua execução será promovida na Justiça Federal do Distrito Federal ou da sede ou do domicílio do executado, *à escolha do CADE* (art. 64 da LDC). A parte final da norma de regência, porém, padece de flagrante inconstitucionalidade por ofensa ao art. 109, § 1.º, da Carta Magna. Se as causas em que a própria União for autora forem aforadas na Seção Judiciária onde tiver domicílio a outra parte, é inconcebível que o CADE, autarquia integrante da Administração Pública indireta, tenha maiores privilégios e possa optar pelo foro que a ele mais lhe convém em detrimento do Administrado.

O processo de execução das decisões do CADE terá preferência sobre as demais espécies de ação, exceto *habeas corpus* e mandado de segurança (art. 68 da LDC). A essas deve-se acrescer o mandado de injunção (art. 5.º, LXXI, da Constituição Federal), haja vista que as decisões do CADE não gozam de maior dignidade que o exercício dos direitos e liberdades constitucionais e das prerrogativas inerentes à nacionalidade, à soberania e à cidadania.

Ao Procurador-Geral do CADE caberá a execução judicial das decisões do CADE que imponham obrigações de fazer e não fazer (arts. 10, II, e 48 da LDC). Goza a decisão de execução específica (art. 461 do Código de Processo Civil). O art. 12, § único, da LDC, faculta ao CADE requerer ao Ministério Público Federal promover a execução de seus julgados ou do compromisso de cessação, bem como a adoção de medidas judiciais, no exercício da atribuição estabelecida pela alínea *b* do XIV do art. 6.º da Lei Complementar n. 75, de 20 de maio de 1993. O preceito, porém, conflita com a vedação ao Ministério Público Federal da representação judicial de entidades públicas (art. 129, IX, da Constituição Federal), e, nesse particular, é inconstitucional. Ademais, a representação sugerida pela LDC exigiria Lei Complementar à sua admissibilidade.

Quanto à cobrança de multa, será feita de acordo com o disposto na Lei n. 6.830, de 22 de setembro de 1980 (relativa à cobrança judicial da Dívida Ativa da Fazenda Pública) (art. 61 da LDC), carecendo, entretanto, a Procuradoria-Geral de legitimidade para figurar no pólo ativo da execução, que, no caso, caberá à Procuradoria-Geral da União (PGU).

A dívida resultante da sanção pecuniária há de ser inscrita antes de executada. À guisa de regulamentação da cobrança das penalidades pecuniárias por ele imposta, pretendeu o CADE, ilegalmente, atribuir-se competência para sua inscrição na Dívida Ativa, mediante esdrúxulo procedimento instituído pela Resolução n. 9 do CADE, de 16 de julho de 1997. Ocorre que a dívida não pode ser inscrita no CADE pelo simples fato de que não é dela titular e não tem poder para efetuar a cobrança.

Estabelece o art. 84 da Lei n. 8.884/94 que o valor das multas previstas nesse diploma será convertido em moeda corrente na data do efetivo pagamento e *recolhido ao Fundo de que trata a Lei* n. *7.347, de 24 de julho de 1985*, do qual constituirá recurso próprio. Trata-se do Fundo de Defesa de Direitos Difusos (FDD), gerido pelo Conselho Federal Gestor do Fundo de Defesa dos

Direitos Difusos (CFDD), órgão colegiado integrante da estrutura organizacional do Ministério da Justiça. A SDE funciona como Secretaria-Executiva do CFDD.

A multa, em sendo aplicada em decorrência de infração ou descumprimento da norma penal-econômica (ou mesmo administrativa), classifica-se como *receita derivada* do Poder Público, decorrente de relação de direito público disponível e, nessa condição, não pode ser repassada a outra pessoa jurídica (o CADE, sendo autarquia - art. 3.º da LDC - tem personalidade jurídica própria e distinta da do Poder Público central).[83] O fato de ser a multa arrecadada por um fundo - de qualquer forma administrado pelo Poder Público - em nada altera essa posição.

A razão da existência dos fundos é explicada por FÁBIO ULHOA COELHO: "Todos os recursos do Poder Público, tributários, não tributários, provenientes de crédito bancário, etc., são geridos, em regra, por sistema de caixa único. (...) Todo o dinheiro arrecadado pelo Poder Público é, por via de regra, utilizado para pagamento das despesas em geral, inexistindo vinculação necessária para a origem do pagamento e sua desatinação".[84]

Assim, constitui fundo especial o produto de receitas especificadas que, por lei, se vinculam à realização de determinados objetos ou serviços, facultada a adoção de normas peculiares de aplicação (art. 71 da Lei n. 4320/64). O fundo especial é uma exceção ao princípio da unidade de tesouraria.[85]

Os fundos, portanto, não são pessoa jurídica, mas simples expedientes de direito financeiro, de utilização do recurso público, destinados à vinculação de determinadas receitas públicas a certas despesas públicas. Os valores correspondentes às multas aplicadas pelo CADE, com base na LDC, durante o exercício correspondente devem ser consignados como receita do FDD no orçamento da União.[86] Quando utilizados, será a União Federal que praticará o ato jurídico e realizará a despesa. A União, no caso, é o sujeito de direito e não o FDD, que sequer é órgão ou entidade despersonalizada.[87]

---

[83] OLIVEIRA, Régis Fernandes de, *Receitas Públicas Originárias*, p. 83

[84] COELHO, Fábio Ulhoa, *Direito antitruste brasileiro*: comentários à lei n. 8.884/94, pp. 152/153.

[85] MACHADO JÚNIOR, J. Teixeira, A Lei 4.320 comentada, p. 136.

[86] COELHO, Fábio Ulhoa, *Direito antitruste brasileiro: comentários à lei n. 8.884/94*, p. 153.

[87] COELHO, Fábio Ulhoa, *Direito antitruste brasileiro: comentários à lei n. 8.884/94*, p. 154.

Em outra ordem de idéias, em sendo da União a *titularidade* da multa cobrada pelo FDD, não tem o CADE legitimidade para inscrevê-la, em seu próprio nome. Por conseguinte, não pode igualmente cobrá-la e executá-la, devendo, na ilegal insistência, embora carecer da ação, arcar com os ônus da aplicação do princípio da sucumbência.

A inscrição da dívida ativa resulta em um ato administrativo autônomo, distinto do lançamento. Representa *conditio juris* à sua exigibilidade, conferindo-lhe presunção de liquidez e certeza.[88] A decisão do CADE que comine obrigação de fazer ou de não fazer constitui, *ipso facto*, título executivo extrajudicial (art. 60 da LDC). Já aquela que aplica multa pecuniária, sendo executável judicialmente sob o rito da Lei n. 6.830/80 (art. 61 da LDC), exige um ato posterior, a inscrição, somente então resultando em um título obrigatório para cobrança mediante execução fiscal, tendo em vista a presença de certeza e liquidez.[89]

O que se conclui, assim, é que a inscrição da dívida é um controle suplementar de legalidade dos lançamentos, instituído pelo legislador como compensação para a concessão à mesma administração do direito de formar os seus títulos executivos extrajudiciais.[90]

Constitui dívida ativa da Fazenda Pública aquela definida como tributária ou não tributária na Lei n. 4.320, de 17 de março de 1964, com as alterações posteriores (art. 2.º da Lei n. 6830/80). Sua inscrição, ato de controle administrativo de legalidade, será feita pelo órgão competente para apurar a liquidez e certeza do crédito e suspenderá a prescrição (art. 2.º, § 3.º, da Lei n. 6830/80). Não sendo o CADE a autoridade competente, resta identificá-la, sabendo-se que o ato de inscrição deriva da lei ou do regulamento. Assim, a dívida ativa da União será apurada e inscrita na Procuradoria da Fazenda Nacional - PGFN (§ 4.º do art. 2.º da Lei n. 6830/80), o que levaria, num primeiro momento, à conclusão de que, mesmo as dívidas não tributárias, como as resultantes de multas aplicadas pelo CADE, deveriam ser inscritas naquela Procuradoria.

Entretanto, a Lei Complementar n. 73, de 1993 - regulamentando, aliás, preceito constitucional -, definiu as competências de modo diverso, estabelecendo que a Advocacia-Geral da União - AGU é a instituição que representa a União judicial e extrajudicialmente (art. 1.º). Compreende ela, como órgãos de direção superior, as Procuradorias-Gerais da União - PGU e a da Fazenda Nacional –

[88] MORAES, Bernardo Ribeiro de, *Compêndio de direito tributário*, p. 787-788.

[89] NASCIMENTO, Carlos Valder do, *Dívida Ativa*, p. 52.

[90] GRINBERG, Mauro, Dívida tributária inscrita, *Enciclopédia Saraiva do Direito*, p. 92.

PGFN (art. 2.º, I, "a"). A PGU, por seu turno, subordina-se direta e imediatamente ao Advogado-Geral da União, incumbindo-lhe a representação judicial, nos termos e limites da referida Lei Complementar (art. 9.º). Quanto à PGFN, é ela órgão administrativamente vinculado ao titular do Ministério da Fazenda, competindo-lhe especialmente a apuração da liquidez e certeza da dívida ativa da União *de natureza tributária*, inscrevendo-a para fins de cobrança, amigável ou judicial, e a representação privativa da União na execução de sua dívida ativa *de caráter tributário* e nas causas de *natureza fiscal* (art. 12, I, II e V).

Verifica-se, assim, que toda a atividade da PGFN é hoje restrita à *matéria tributária*, restando, neste ponto, alterado o § 4.º do art. 2.º da Lei n. 6830/80, no que toca à dívida ativa da União de natureza *não tributária*. Embora a previsão da competência da PGU não inclua expressamente a inscrição da dívida ativa não tributária, é certo que, divididas as funções entre a PGU e a PGFN, e sendo esta circunscrita à matéria tributária, obviamente àquela compete a inscrição da dívida ativa *não tributária* da União, como aquela resultante de multa aplicada pelo CADE.

Que as multas impostas pelo CADE têm essa natureza é inquestionável em face do disposto no art. 3.º do Código Tributário Nacional: "Tributo é toda prestação pecuniária compulsória, em moeda ou cujo valor nela se possa exprimir, que não constitua sanção de ato ilícito, instituída em lei e cobrada mediante atividade administrativa plenamente vinculada". Embora tratando-se de prestação pecuniária que se expressa em moeda, as multas aplicadas pelo CADE constituem sanção de atos ilícitos.[91] A distinção entre o tributo e a multa reside precisamente no fato de que, na hipótese de incidência da norma de tributação não pode figurar a ilicitude enquanto que na hipótese de incidência da norma sancionatória ou punitiva a ilicitude é essencial.[92]

Ademais, as multas aplicadas pelo CADE não são instituídas por lei. Embora previstas na lei, não são aplicáveis *em decorrência da mesma lei*, até porque a lei não fixa valores, deixando-os ao critério do órgão aplicador.

Ao contrário, a legislação tributária fixa os valores devidos como tributos, não havendo possibilidade da autoridade decidir para mais ou para menos; as multas tributárias são devidas independentemente de alguém declará-las devidas, o que não ocorre com as multas aplicadas pelo CADE.

As multas aplicadas pelo CADE também não decorrem de atividade administrativa plenamente vinculada, sendo, ao contrário, pelo menos em parte,

[91] AMARO, Luciano, *Direito tributário brasileiro*, p. 18-19.

[92] MACHADO, Hugo de Brito, O Conceito de Tributo no Direito Brasileiro, p. 59.

resultantes de atividade discricionária. O poder da Administração é *vinculado* quando a lei não deixa opções ao Administrador; é discricionária quando a Administração, diante do caso concreto, tem a possibilidade de apreciá-lo segundo critérios de oportunidade e conveniência e escolher uma dentre duas ou mais soluções, todas válidas para o direito.[93] Ora, pode o CADE aplicar multas ou não, podendo limitar-se à expedição de uma ordem de cessação, ou, se entender de impô-la, goza o órgão de enorme flexibilidade em sua dosimetria.[94]

Em suma: não tendo as multas aplicadas pelo CADE natureza jurídica tributária, sua inscrição (e cobrança) incumbe, exclusivamente, à PGU.

Bibliografia

AGUIAR, João Carlos Pestana de. *Comentários ao Código de Processo Civil*. São Paulo: Revista dos Tribunais, 1977. v. IV.

ALMEIDA, J. Canuto Mendes de. *Princípios fundamentais do processo penal*. São Paulo: Revista dos Tribunais, 1973.

____________. *Processo penal, ação e jurisdição*. São Paulo: Revista dos Tribunais, 1975.

ALTAVILLA. *Manuale di procedura penale*. Torino: Fratelli Bocca.

AMARO, Luciano. *Direito tributário brasileiro*. São Paulo: Saraiva, 1997.

AREEDA, Phillip. *Antitrust analysis*. 2. ed. Boston: Little, Brown and Company, 1974.

AZEVEDO, Paulo Vicente de. *Curso de direito judiciário penal*. São Paulo: Saraiva, 1958.

BARRETO, Tobias. *Estudos de direito*. Salvador: Livraria Progresso, 1951.

BASTOS, Celso Ribeiro; MARTINS, Ives Gandra da Silva. *Comentários à Constituição Federal*. São Paulo: Saraiva, 1995. v. 2.

BELLAMY, Christopher e CHILD, Graham. *Common market law of competition*. 4. ed. London: Sweet & Maxwell, 1993.

BEVILÁQUA, Clóvis. *Código Civil*. 1916. v. I.

[93] PIETRO, Maria Sylvia Zanella di, *Direito Administrativo*, p. 161.

[94] COELHO, Fábio Ulhoa, *Direito antitruste brasileiro: comentários à lei n. 8.884/94*, p. 87.

CASTRO, Carlos Roberto de Siqueira. *O devido processo legal e a razoabilidade das leis na nova Constituição do Brasil.* Rio de Janeiro: Forense.

CINTRA, Antonio Carlos de Araújo. *Motivo e motivação do ato administrativo*. São Paulo: Revista dos Tribunais, 1979.

CINTRA, Antonio Carlos de Araújo; GRINOVER, Ada Pellegrini; e DINAMARCO, Cândido Rangel. *Teoria geral do processo*. São Paulo: Revista dos Tribunais, 1974.

COELHO, Fábio Ulhoa. *Direito antitruste brasileiro: comentários à Lei n. 8.884/94*. São Paulo: Saraiva, 1995.

CRETELLA JÚNIOR, José. *Comentários à Constituição brasileira de 1998.* Rio de Janeiro: Forense Universitária, 1992. v. I.

____________. *Comentários à Constituição Federal.* Rio de Janeiro: Forense Universitária, 1993, v. VIII.

DELMANTO, Celso. *Crimes de concorrência desleal*. São Paulo: Bushatsky/ USP, 1975.

DELMANTO, Celso; DELMANTO, Roberto; e DELMANTO, Roberto Jr. *Código Penal comentado*. 4. ed. Rio de Janeiro: Renovar.

DI PIETRO, Maria Sylvia Zanella. *Direito administrativo*. São Paulo: Atlas, 1990.

ESPÍNOLA FILHO, Eduardo. *Código de Processo Penal brasileiro anotado*. Rio de Janeiro: Borsoi, 1954.

FONSECA, João Bosco Leopoldino da. *Lei de proteção da concorrência*. Rio de Janeiro: Forense.

FORGIONI, Paula A. *Os fundamentos do antitruste*. São Paulo: Revista dos Tribunais, 1998.

FRANCESCHINI, José Inácio Gonzaga. A cláusula "devido processo legal" e a lei antitruste nacional. *Revista de Informação Legislativa do Senado Federal*, v. 104.

____________. A lei antitruste brasileira e o Conselho Administrativo de Defesa Econômica – CADE: alguns aspectos. *Revista de Informação Legislativa*, v. 88.

____________. Introdução ao direito da concorrência. *Revista de Direito Econômico*, n. 21.

____________. *Poder econômico: exercício e abuso – direito antitruste brasileiro*. São Paulo: Revista dos Tribunais, 1985.

FRANCO, Alberto Silva e STOCO, Rui. *Código Penal e sua interpretação jurisprudencial*. 6. ed. São Paulo: Revista dos Tribunais.

GARCIA, Basileu. *Instituições de direito penal*. São Paulo: Max Limonad, 1959. v. I, t. 2.

GRINBERG, Mauro. Dívida tributária inscrita. *Enciclopédia Saraiva do Direito*. São Paulo: Saraiva, 1977. v. 29.

GRINOVER, Ada Pellegrini. *Processo constitucional em marcha*. São Paulo: Max Limonad.

GRINOVER, Ada Pellegrini; FERNANDES, Antonio Scarance; e GOMES FILHO, Antonio Magalhães. *As nulidades no processo penal*.

HOVENKAMP, Herbert. *Federal antitrust policy – the law of competition and its practice*. 1964.

KAYSEN, Carl e TURNER, Donald F. *Antitrust policy – an economic and legal analysis*. Cambridge: Harvard University Press, 1959.

LAZZARINI, Álvaro. Do procedimento administrativo. *Revista de Informação Legislativa*, v. 135.

LEVADA, Cláudio Antônio Soares. Anotações sobre o abuso de direito. *Revista dos Tribunais*. São Paulo, Revista dos Tribunias, v. 667.

MACHADO, Hugo de Brito. *O conceito de tributo no direito brasileiro*. Rio de Janeiro: Forense, 1987.

MACHADO JR., J. Teixeira. *A Lei 4.320 comentada*. Rio de Janeiro: Instituto Brasileiro de Administração Municipal, 1984.

MARQUES, José Frederico. *Elementos de direito processual penal*. Rio de Janeiro: Forense, 1961.

_____________. *Manual de direito processual civil*. 2. ed. Campinas: Bookseller,1997. v. I.

MEDAUAR, Odete. *A processualidade no direito administrativo*. São Paulo: Revista dos Tribunais, 1993.

MEIRELLES, Hely Lopes. *Direito administrativo brasileiro*. São Paulo: Revista dos Tribunais, 1988 e 1989.

MESQUITA JÚNIOR, Sídio Rosa de. *Prescrição penal*. São Paulo: Atlas, 1997.

MORAES, Bernardo Ribeiro de. *Compêndio de direito tributário*. Rio de Janeiro: Forense, 1987.

MOREIRA NETO, Diogo de Figueiredo. *Curso de direito administrativo*. Rio de Janeiro: Forense, 1966.

NASCIMENTO, Carlos Valder do. *Dívida ativa*. Rio de Janeiro: Forense, 1988.

NORONHA, E. Magalhães. *Curso de direito processual penal*. 6. ed. São Paulo: Saraiva, 1973.

OLIVEIRA, Régis Fernandes de. *Receitas públicas originárias*. São Paulo: Malheiros, 1994.

OPPENHEIM, S. Chesterfield; WESTON, Glen E. e McCARTHY, J. Thomas. *Federal antitrust laws*. 4. ed. St. Paul: West Publishing Co., 1981.

PEREIRA, Edgard Antônio; SILVA, Eleni Lagroteria da. Denúncia de práticas anticompetitivas. *Revista de Direito Econômico*, v. 26.

PIMENTEL, Manoel Pedro. A figura do assistente do Ministério Público no direito processual brasileiro. *Revista Interamericana de Direito Processual Penal*, v. 1/2.

PONTES DE MIRANDA, Francisco Cavalcanti. *Comentários ao Código de Processo Civil*. t. I.

____________. *Tratado de direito privado*. 1971. t. XVII.

PRATES, Renato Martins. O processo administrativo e a defesa do administrado. *Revista de Direito Público*, v. 86.

SILVA, José Afonso da. *Curso de direito constitucional positivo*. São Paulo: Revista dos Tribunais, 1989.

SILVA, Lúcia Helena Salgado e. *A economia política na ação antitruste*. São Paulo: Singular, 1997.

SULLIVAN, Lawrence Anthony. *Antitrust*. St. Paul: West Publishing Co., 1977.

THEODORO JÚNIOR, Humberto. *Processo de conhecimento*. Rio de Janeiro: Forense, 1993. t. I.

TOURINHO FILHO, Fernando da Costa. *Processo penal*. 5. ed. Bauru: Jalovi, 1979.

VENÂNCIO FILHO, Alberto. *Intervenção do estado no domínio econômico*. Rio de Janeiro: Renovar, 1998.

A LEI E O FORO DE ELEIÇÃO EM TEMA DE CONTRATOS INTERNACIONAIS *

José Inácio Gonzaga Franceschini

1. Introdução

1.1 Competência legislativa e competência judiciária

Segundo o vetusto provérbio jurídico: *qui elegit judicem elegit jus.*

No âmbito da *Common Law*, a pertinência da máxima é sensível em face da primazia que tal sistema jurídico confere ao princípio da autonomia da vontade (sujeito, é claro, a certos limites, dentre os quais o da boa fé e o da legalidade) na determinação da chamada *proper law ou applicable law.* Com efeito, ensinam Dicey e Morris,[1] *regra 127, que* "the term *proper law of a contract* means the system of law by which the parties intended the contract to be governed, or where their intention is neither expressed nor to be inferred from the circumstances, the system of law with which the transaction has its closest and most real connection". Porém, ressalvam os mesmos autores,[2] *sub-regra 2*, "when the intention of the

* Originalmente publicado em *Contratos internacionais*, coord. João Grandino Rodas, 3 ed. rev., atual., e ampl., São Paulo, Revista dos Tribunais, 2002

[1] *The conflict of laws*, p. 691.

[2] Op. cit., p. 704

parties to a contract with regard to the law governing the contract is not expressed in words, their intention is to be inferred from the terms and nature of the contract, and from the general circumstances of the case, and such inferred intention determines the proper law of the contract". Assim sendo, por exemplo, na ausência de fatores em contrário, elegendo as partes contratantes um determinado foro para dirimir as questões eventualmente decorrentes de um contrato, poder-se-á presumir, perante o Direito inglês, que, em assim fazendo, fora a intenção das partes eleger a *lex fori* como lei regente da avença.[3]

Perante os sistemas de influência latina, a distinção entre as competências legislativa e judiciária se impõe desde a clássica questão formulada por Petrus a Bella Pertica, no século XIII ("pone: duo litigant coram judice in casu determinatu; una est consetudo in loco Rei, alia est consuetudo in loco Actoris, alia in loco Judicis; perquam consuetudinem terminabitur?"), sendo certo que alguns autores, tais como Batiffol,[4] a consideram o próprio fundamento da concepção atual do Direito Internacional privado (apud Agustinho Fernandes Dias da Silva).[5]

No Direito Internacional Privado brasileiro vigente, embora ainda haja certa confusão entre lei aplicável e foro, notadamente em face de uma quase irresistível tendência em favor da aplicação da lei do foro aos contratos internacionais, fenômeno aliás também freqüente entre juízes alemães e ingleses, como relembra Ole Lando,[6] seja em face da complexidade e dificuldades práticas que se antepõem à aplicação do Direito Privado estrangeiro, seja em decorrência da relativamente pouca tradição dos tribunais e juízes brasileiros no trato de questões de Direito Internacional Privado em sede de contratos internacionais, os dois temas são absolutamente distintos um do outro.

As teorias fundadas na intransigência da soberania estatal absoluta não encontram, em matéria contratual, respaldo maior na Doutrina ou apoio no Direito Positivo, ressalvados os limites universais à aplicabilidade da lei alienígena decorrentes dos princípios de ordem pública, soberania e bons costumes de que trata o art. 17 de nossa Lei de Introdução ao Código Civil. Assim é que, como regra geral, lucidamente observa o Ilustre Des. Luiz Antônio Severo da Costa:[7]

[3] Op. cit., p. 705.

[4] *raité elémentaire de droit international privé.* p. 752.

[5] *Direito processual internacional*, p. 31.

[6] The conflict of laws of contracts with especial reference to contracts of sale, in the Member States of the European Communities, *Commercial operations in Europe*, p. 147-149.

[7] *Da aplicação* do *direito estrangeiro pelo juiz nacional*, p. 13.

"Normalmente, o juiz aplica o direito, as leis de seu próprio país, mas, por força desses mesmos dispositivos legais, tem, algumas vezes, que dar aplicação a normas jurídicas de outras nações".

Pode-se afirmar, em resumo, que no sistema jurídico brasileiro a determinação da competência judiciária nos contratos internacionais não tem qualquer influência na verificação da competência legislativa e vice-versa, não havendo confundir jurisdição competente com lei aplicável. Assim sendo, e como conseqüência dessa conclusão, temos que, não admitindo o Direito brasileiro que uma cláusula de foro de eleição implique automática ou indiciária aplicabilidade da *lex fori* para reger um determinado contrato, os tribunais estrangeiros não devem inferir que pela eleição dos tribunais brasileiros (ou de arbitragem no Brasil) para dirimir questões oriundas de um acordo tiveram as partes a intenção de eleger a lei brasileira como lei aplicável à avença. Como observa Ole Lando,[8] "where the parties have agreed to submit to the jurisdiction of the court of a country where a well-known practice exists of not regarding a submission clause as a tacit choice of the law of that country, courts elsewhere should not either regard such a clause as a tacit choice of that law". E complementa o autor: "Furthermore, a submission to an arbitral tribunal which does not itselt consider the submission as an indication of a choice of the law of the country [este aliás, o caso brasileiro][9] where the arbitration is to be held such as the *Soviet* and other arbitrations commissions of the *Socialist* countries cannot be treated anywhere as evidence of a choice of law". O mesmo princípio deve ser estendido à cláusula de arbitragem em favor de organização internacional, a exemplo da Câmara de Comércio Internacional.

2. Competência legislativa

2.1 Liberdade contratual e autonomia da vontade

Relembra Wilson de Souza Campos Batalha[10] que a doutrina da autonomia da vontade encontra como precedente mais remoto as *professiones legis* ou *juris*

[8] Op. cit., p. 140.

[9] Cf. José Ignacio Botelho de Mesquita, Da competência internacional e dos princípios que a informam, *RePro* 5/63 e ss.

[10] *Tratado de direito internacional privado*, v. II, p. 237.

do Direito bárbaro. A questão, porém, tomou maior impulso no período estatutário, com a doutrina professada por Molinaeus (Dumoulin), ao examinar, no século XVI, a questão da lei competente dos contratos no "Consilium LIII". Trata-se de teoria, segundo Oscar Tenório,[11] com fundamento no controvertido Direito Natural, o qual admite a existência de preceitos jurídicos à margem da vontade do legislador.

No âmbito da *Common Law*, observa Chesire[12] que a autonomia da vontade, segundo a qual podem as partes livremente selecionar a lei aplicável ao contrato por ocasião de sua celebração, constitui princípio aceito desde 1796.[13] Desde então transformou-se em regra básica de conflito de leis em todo o Direito anglo-norte-americano.[14]

Os princípios voluntaristas, em verdade, são atualmente adotados não só pelos países da *Common Law*, mas também por diversos outros (entre os quais a maioria dos quinze membros do Conselho da União Européia), a ponto de Ole Lando,[15] talvez exageradamente, ter chegado à conclusão de que a autonomia da vontade configuraria um "general principle of law recognized by civilized nations". Não obstante, e por outro lado, diversos códigos latino-americanos,[16] bem como a legislação de Portugal, da extinta União Soviética e do Japão, além da do Brasil,[17] consagrariam regras conflituais fixas em tema de obrigações.

O fato é que, notadamente, em decorrência dos abusos a que deu origem, a autonomia da vontade como elemento de conexão em tema de obrigações não teve desenvolvimento pacífico. Com efeito, já em 1841 sofreu uma das primeiras grandes críticas na palavra de Mailher de Chassat: [18] "C'est bien là, en effet, la grande erreur de cette doctrine! Faire perdre à la loi son caractere essentiel de loi, régissant tous les intérêts, régnant souverainement pour le bien commun, sur toutes les volontés, et élever audessus d'elle la volonté privée! La convention présumée des parties absorbant la loi avec tous ses attributs, sa majesté, son autorité, l'intérêt individuel seul maître de la disposition; l'intérêt général nul ou anéanti!"[19]

---

[11] *Direito internacional privado*, v. II, p. 174.

[12] Contracts, *Private international law*, p. 205.

[13] V. *Gienar v. Meyer*, 2-B 1, 1796, p. 603.

[14] Cf. Restatement Second, *Conflicts of law*, § 186, p. 558.

[15] Op. cit., p. 131.

[16] Cf. Rabel, *The conflict of laws: a comparative study*, v. II, p. 362.

[17] Cf. Ole Lando, op. cit., p. 144.

[18] *Traité des status*, p. 54.

[19] Apud Wilson Batalha, op. cit., p. 239-240.

Porém, foi em Pillet[20] e Niboyer[21] 1 que a autonomia da vontade encontrou seus mais ferrenhos adversários. Para o primeiro, "chaque fois que le principe d'autonomie viendra se heurter à la disposition impérative ou prohibitive d'une loi applicable à la cause, il devra céder et disparaîte car il n'existe que sous réserve du respect de l'autorité légitime de la loi".[22] Da mesma forma, segundo Niboyet, "a autonomia da vontade, considerada como o poder de escolha da lei competente, não existe".[23]

No Direito brasileiro, a doutrina da autonomia da vontade mereceu acolhida expressa no sistema da Introdução ao Código Civil de 1916, cujo art. 13 rezava: "Regulará, 'salvo estipulação em contrário', quanto à substância e aos efeitos das obrigações, a lei do lugar onde forem contraídas...". Dava-se, desta forma, continuidade à tradição brasileira favorável à autonomia da vontade em matéria de obrigações contratuais, de que é exemplo remoto o art. 5.º do Regulamento n. 737, de 1850 ("Presumem-se contraídas conforme a legislação do Brasil as dívidas contraídas entre brasileiros no estrangeiro").

Observa Haroldo Valladão,[24] no que foi secundado por Oscar Tenório,[25] que a Lei de Introdução ao Código Civil, de 1942, premida, de um lado, pela crítica surgida contra o critério da liberdade de escolha e, de outro, pela natureza férrea do regime político da época, não se referiu à autonomia da vontade em tema de obrigações (art. 9.º), fazendo intencional omissão da expressão "salvo estipulação em contrário", encontradiça no art. 13 da antiga Introdução. Chega-se, assim, à inarredável conclusão de que, perante o Direito Internacional Privado brasileiro, em face da meridiana *mens legis*, produto de momento histórico de fácil interpretação, a autonomia da vontade não pode ser reconhecida como elemento de conexão contratual.

É bem verdade que a doutrina contrariada deu origem a inconformismos lastreados ora na tradição histórica[26] ora em elaboradas e inteligentes construções

[20] *Principes*, p. 430 e ss.

[21] La théorie de l'autonomie de Ia volonté, *Recueil des Cours*, 1927, t. 16, p. 7.

[22] Apud Wilson Batalha, op. cit., p. 240.

[23] Apud Oscar Tenório, *Direito internacional privado*, p. 174.

[24] *Direito internacional privado*, v. I, p. 371.

[25] Apud Miguel Maria de Serpa Lopes, *Comentário teórico e prático da Lei de Introdução ao Código* Civil, v. II, p. 317.

[26] Cf. Haroldo Valladão, op. cit., p. 370-371.

jurídicas, como a formulada por Oscar Tenório,[27] segundo a qual "o art. 9.° não exclui a aplicação da autonomia da vontade se ela for admitida pela lei do país onde se constituir a obrigação". Contudo, se, por um lado, a tradição ou, como é cediço, o costume *contra legem*, não pode prevalecer sobre uma norma de Direito Positivo, por outro, referidas construções causam grande perplexidade científica, como ressalta Serpa Lopes:[28] "Passemos, porém, ao âmago da questão. A lei anterior referia-se à autonomia da vontade. A atual calou, silenciou. Fê-lo, assevera O. Tenório, premida pela crítica surgida contra o critério da liberdade de escolha. Se assim é, como harmonizar esse movimento do legislador com a conclusão generalizada do ilustre professor e juiz, que não faz restrições, quanto às leis imperativas, desde que nenhuma referência se encontre na lei do lugar da obrigação? (...) Se é certa a premissa estabelecida por Oscar Tenório, de que o legislador pretendeu seguir a corrente doutrinária contrária à autonomia da vontade, a única solução para o caso consistirá em se admitir a autonomia da vontade tão-somente no caso em que não esteja em jogo uma lei imperativa".

Ora, como bem observa Wilson Batalha,[29] "não nos parece merecer dúvida que o art. 9.° da Lei de Introdução se reveste de caráter imperativo". Aliás, observa Amílcar de Castro,[30] as normas de Direito Internacional Privado têm a mesma natureza das normas de Direito Processual, ou seja, são de caráter secundário. As normas primárias, diz o mestre, dizem quais são os direitos e obrigações das pessoas, ou como podem ser adquiridos, conservados, modificados, transferidos ou extintos, ao passo que as secundárias servem apenas de meio, modo ou instrumento de bem se efetivarem as primárias. Assim, a norma secundária não compõe conflitos de interesses, mas constitui instrumento para a composição desejada. E resume:[31] "Feita essa distinção, vê-se logo que as normas de Direito Internacional Privado são de natureza absolutamente secundária, pois nenhuma é primária. Pode-se dizer que o Direito Internacional Privado e o Direito Processual Civil são espécies do mesmo gênero: ambos têm a mesma natureza secundária". E complementa:[32] "E, adotado esse critério, o Direito Internacional Privado deve ser tido como ramo de Direito 'Público'. Todo direito secundário é público, enquanto o Direito Privado é invariavelmente

[27] Direito internacional privado, p. 179.

[28] *Direito internacional privado*, p. 317.

[29] Op. cit., p. 248.

[30] *Direito internacional privado*, v. I, p. 73 e ss.

[31] Op. cit., p. 76.

[32] Op. cit., p. 80.

primário. As regras 'de aplicação' do direito objetivo são de Direito Público. Evidentemente resolver se determinado fato deve ser apreciado, avaliado ou julgado por critério fixado pelas normas jurídicas indígenas, ou por normas jurídicas alienígenas, não pode ser questão de Direito Privado".

Assim sendo, constitui regra fundamental de hermenêutica aquela segundo a qual as normas de Direito Público, sendo imperativas ou cogentes, não podem, salvo disposição expressa em contrário de lei, ser derrogadas pela vontade das partes ou por seus interesses particulares.

De lege ferenda, quiçá, a exemplo do art. 51 do Anteprojeto de Lei Geral de Aplicação das Normas Jurídicas de Haroldo Valladão, os motivos que levam os adeptos da doutrina da autonomia da vontade a abraçá-la poderão, eventualmente, influenciar a futura legislação pátria. Enquanto isso, *ex vi legis*, na expressão de Wilson Batalha,[33] "o que se nos afigura possível é, quer afastar elemento de conexão que a lei do foro estabeleceu em caráter imperativo (o que converteria a lei imperativa em facultativa), quer afastar a aplicação de lei imperativa, cuja aplicabilidade foi imposta pela norma de conexão de foro".

A verdade é que, como cientificamente anota Amílcar de Castro,[34] "não existe, portanto, a imaginada autonomia da vontade em Direito Internacional Privado: o objeto próprio da vontade das partes é a 'escolha do lugar' onde queiram realizar o contrato, e não a escolha 'do direito'. Em resumo, diz Osiris Rocha:[35] "a referência à autonomia da vontade é uma impropriedade jurídica, ainda que muito divulgada". No mesmo sentido, Wilson Batalha:[36] "Face à Lei de Introdução ao Código Civil não pode pairar dúvida: inaceitável é a autonomia da vontade para a indicação da lei aplicável. A autonomia da vontade só pode exercer-se no âmbito das normas dispositivas do Direito reputado aplicável".

De fato, como muito bem salienta Serpa Lopes,[37] não há confundir "liberdade contratual" do Direito interno com "autonomia da vontade" do Direito Internacional Privado, nem pode esta modelar-se na primeira. Diz o art. 9.° da Lei de Introdução ao Código Civil, imperativamente, que "para qualificar e reger as obrigações, aplicar-se-á a lei do país em que se constituírem", não havendo lugar para a "autonomia da vontade". Fixado este elemento de conexão,

---

[33] Op. cit., p. 248.

[34] Op. cit, v. II, p. 174.

[35] *Curso de direito internacional privado*, p. 140.

[36] Op. cit. p. 247.

[37] Op. cit. p. 316.

por norma cogente, verificar-se-á, no âmbito do Direito substantivo (e não do Direito instrumental) do país em que constituída a obrigação, quais as normas supletivas sobre as quais poderão as partes contratantes fazer prevalecer os princípios da "liberdade contratual".

"Como ficou visto", ensina Amílcar de Castro,[38] "os contratos em geral são essencialmente dominados pela 'liberdade das convenções', mas isso não quer dizer que as partes possam fugir do direito que lhes deva ser imposto, escolhendo outro mais de seu agrado, e sim que, dentro de certos limites, mais ou menos amplos, 'traçados por disposições imperativas', as disposições facultativas deixam à vontade dos particulares a regulamentação contratual 'de seus interesses privados', o que é coisa muito diferente de escolha do direito por autonomia da vontade". "E isto porque[39] as partes não 'fazem direito' por sua vontade, nem podem 'escolher direito' à vontade; na esfera do Direito Privado, ou na esfera do Direito Internacional Privado, estão sempre à mercê do direito, independentemente de sua vontade". E conclui: "Pode-se dizer que, em matéria de obrigações convencionais, a vontade das partes tem a liberdade de pássaro na gaiola: pode mover-se em certos limites, mas em qualquer direção encontra barreira intransponível".

Em resumo, o Direito Internacional Privado brasileiro vigente não acolhe a autonomia da vontade como elemento de conexão em tema de competência legislativa relativa a contratos, podendo as partes contratantes, tão-somente, exercer sua liberdade contratual no âmbito das regras supletivas da lei aplicável imperativamente, determinada pela *lex loci contractus.*

A regra comporta uma única exceção relativa aos contratos de trabalho.

Neste campo, embora inexistente texto legal específico, a natureza da legislação trabalhista é reconhecidamente territorialista e de ordem pública, decorrente do intervencionismo estatal, que procura estabelecer um regime de efetiva proteção do hipossuficiente em nome do supremo interesse nacional e social. A respeito, acrescenta Gilda Maciel Corrêa Meyer Russomano[40] que "a pouca importância que, modernamente, se atribui ao princípio da autonomia da vontade no Direito do Trabalho nos termos em que situamos a questão - é o primeiro argumento para se pôr em dúvida a conveniência de usá-la no plano do Direito Internacional Privado, no que concerne aos conflitos relativos aos contratos individuais". Nesse ponto, entre nós, Pontes de Miranda, falando de modo a abarcar todo o horizonte do

[38] Op. cit. v. II, p. 171.

[39] Amílcar de Castro. Op. cit., v. II, p. 173.

[40] *Direito internacional privado do trabalho*, p. 178-179.

Direito Internacional Privado, disse: "A autonomia da vontade não existe, no Direito Internacional, nem como *princípio*, nem como *teoria* aceitável. Porque: a) na parte de cogência, há uma lei aplicável, que poderá conferir à vontade, por estranha demissão de si mesma, o poder de desfazer imperatividade, quer dizer - um *imperativo* que se nega a si mesmo, que se faz *dispositivo;* b) fixados pela lei aplicável os limites da autonomia, 'dentro deles' não há escolha de lei, há *lei* (ou outra coisa, lei revogada, página de livro, *memoranda*, cartas), que constitui conteúdo, citação, parte integrante de um querer". E conclui:[41] "No campo próprio dos conflitos de leis trabalhistas - mesmo deixando de lado essa posição doutrinária radical e genérica - nós não podemos chegar, ao contrário do que se verifica na Itália, com fundamento diverso, a outra posição, não menos radical, que afasta o princípio da autonomia da vontade pela circunstância de que a legislação interna trabalhista é de Direito Público".

Assim, em face dos princípios territorialistas que amoldam a matéria, resume-se[42] que o elemento de conexão em tema de contratos individuais de trabalho não é aquilo que as partes subjetivamente quiserem, mas, sim, objetivamente, como regra geral, o lugar de execução do trabalho, visto que o trabalho é o objeto do contrato e o lugar de sua execução surge como elemento relevante. Dizemos regra geral, posto que algumas variações existem, como salienta a juslaborista.[43] Essas variações, porém, relativas à pluralidade, mobilidade ou eventualidade dos locais de prestação do trabalho, em nada alteram o fato do desprestígio dos princípios voluntaristas em tema de competência legislativa perante o Direito Internacional Privado brasileiro.

2.2 Liberdade contratual e incorporação

Tendo-se chegado à conclusão de que não há confundir autonomia da vontade com liberdade contratual, cumpre neste momento fazer referência, ainda que sucinta, ao instituto da incorporação, aliás pouco examinado no Brasil, posto que o mesmo integra o âmbito da liberdade contratual.

De fato, faz-se mister distinguir a lei aplicável ao contrato e a incorporação a este de uma lei estrangeira ou nacional diversa da primeira. Assim, por exemplo, embora determinado acordo deva ser regido pela lei francesa, por exigência das regras de Direito Internacional Privado pátrio, podem as partes

---

[41] Op. cit., p. 179.

[42] Gilda Russomano. op. cit., p. 180 e ss.

[43] Idem, Ibidem

desejar que certas cláusulas da avença sejam regidas conforme previsto em artigos pertinentes de uma lei alemã ou do Código Civil brasileiro. Neste caso, como bem observam Dicey e Morris,[44] o diploma legal mencionado (estranho à lei aplicável) não atua como estatuto legislativo mas, antes, como conjunto de disposições contratuais mutuamente acordado pelas partes. Assim sendo, impende notar que referidos preceitos legais tomados de empréstimo ao ordenamento jurídico diverso do da lei aplicável são incorporados ao contrato tal como vigentes na data da celebração da avença, assim permanecendo, inalterados, independentemente de qualquer derrogação ou ab-rogação posterior.[45]

A incorporação pode ser concretizada de duas formas: a) pela transcrição *ipsis litteris* dos preceitos do diploma legal que se pretenda incorporar; ou b) pela simples remissão contratual a referidas previsões legislativas.

Obviamente, porém, a incorporação encontra seus limites não só nos preceitos de ordem pública, mas também nos imperativos da lei aplicável ao contrato, restringindo-se a possibilidade de seu emprego aos lindes das disposições supletivas ou facultativas. Corolário dessa conclusão é o entendimento de que a validade e a eficácia da incorporação são questões afeitas à lei aplicável ao contrato.[46]

A incorporação pode referir-se não só a leis internas (em sentido amplo), mas, também, a tratados ou costumes internacionais (codificados ou não). Assim, por exemplo, em diversos contratos de empréstimo externo com a fiança da União Federal, o Brasil admitiu a incorporação, em cláusulas de arbitragem, de regras procedimentais estabelecidas na Convenção para a Solução de Controvérsias Relativas a Investimentos entre Estados e Nacionais de outros Estados, de 18.3.65 (que entrou em vigor em 14.11.66), registrada na ONU sob n. 8.359. O mais interessante é que o Brasil não é parte de referida Convenção nem a ela aderiu. Em verdade, não se pode deixar de observar, cuida-se de iniciativa que poderá ser interpretada como tendo produzido efeitos jurídicos em tema de Direito dos Tratados, por força da teoria do *estoppel* (*forclusion* para os franceses e "doutrina dos atos próprios" para o mundo de língua espanhola), na medida em que outro Estado tenha porventura se vinculado juridicamente ao Brasil com lastro em tais manifestações.[47]

De qualquer forma e em resumo, pode-se concluir com Ole Lando[48]

---

[44] Op. cit., p. 702.

[45] Cf. Dicey e Morris, op. cit., p. 703; e Chesire, op. cit., p. 210.

[46] Cf. Chesire, op. e loc. cits.

[47] Cf. Marco Gerardo Monroy Cabra, *Derecho de los tratados*, p. 149, citando Waldock

que "there can be no objection to an incorporation of parts of a legal system not related to the matter, if the validity of such reference is derived from the proper law of the contract and does not exceed the limits set by the substantive rules of that law". Perfeitamente aplicável o entendimento, exceção feita, é claro, à referência à *proper law*, que deve ser, perante o sistema brasileiro, interpretada como a lei aplicável ao contrato.

2.3 Devolução ou retorno e autonomia da vontade

No dizer de Irineu Strenger,[49] "o princípio da liberdade convencional inexistente na redação da lei, de certa forma deu maior amplitude à sua aplicação, porquanto tal possibilidade fica adstrita ao preceito alienígena que, assim, não pode ser desrespeitado, salvo por imposição de ordem pública, ou algumas restrições contidas no art. 17 da Lei de Introdução". Configura o entendimento apoio às teses defendidas por Oscar Tenório, já acima referidas, segundo as quais a autonomia da vontade regerá as obrigações se for ela admitida pela *lex loci celebrationis.*

Busca-se, desta forma, por vias transversas, a preservação dos princípios voluntaristas.

A orientação, todavia, foi prontamente questionada por Serpa Lopes[50] ao indagar: "E essa conclusão não importaria numa forma de reenvio, tão condenado pela atual lei? A contrata num país que admite a autonomia da vontade, e assim indica a lei de outro país para reger a obrigação. A nossa lei, que dá preponderância à lei do lugar da obrigação, a seu turno, terá de se reportar a uma segunda lei".

Cumpre relembrar, neste ponto, alguns breves aspectos elementares a respeito da teoria da remissão.

Preleciona Irineu Strenger[51] que "os que sustentam a validade da devolução argumentam que quando se determina a competência de uma legislação qualquer, esta deve ser aplicada como um todo indivisível, não somente levando em consideração a lei de fundo, como também suas normas

---

[48] Op. cit., p. 134.

[49] *Autonomia da vontade em direito internacional privado*, p. 205-206

[50] Op. cit., p. 317

[51] *Curso de direito internacional privado*, p. 534.

de conflito, que, eventualmente, enviem a outra legislação". É a teoria conhecida por *Gesamtverweisung*, ou seja, de referência ao ordenamento jurídico em sua totalidade.

Em oposição, situa-se a doutrina da *Sachnormverweisung*, ou seja, de referência ao Direito substancial, que repele o reenvio com dois argumentos básicos salientados por Wilson Batalha.[52] Assim, por um lado, observa-se que o Direito Internacional Privado é Direito Público interno e o juiz só pode seguir a ordem de seu legislador, vale dizer, só pode decidir segundo os preceitos de seu próprio Direito Internacional Privado. Aliás, no ano de 1900, por ocasião da reunião do Instituto de Direito Nacional em Neuchâtel, Von Baur já defendia a tese de que quando a lei do foro quer ser aplicada, o juiz não poderia deixar de fazê-la, sob pena de ofensa à própria soberania do Estado.[53] Por outro lado, anota-se que a adoção dos princípios da devolução implicaria *um perpetuum mobile*, um jogo de tênis (*lawn-tennis*) internacional ou, como preferem alguns, um gabinete lógico de espelhos (*salon à miroirs*). De fato, aceita a remissão feita pela regra de Direito Internacional Privado do foro ao Direito estrangeiro como um todo (e portanto nele incluídas as respectivas regras conflituais), não se poderia evitar que a devolução feita por este último sistema jurídico operasse, por seu turno, em favor das regras de Direito Internacional Privado do foro ou de terceiro Estado. Estaria, assim, formado verdadeiro *circulus inextricabilis* impeditivo da aplicabilidade de qualquer Direito substancial.[54]

Até mesmo no âmbito da *Common Law*, a aplicação da teoria do reenvio configura exceção à regra. Salientam Dicey e Morris[55] que "in the absence of strong evidence to the contrary, the parties must be deemed to have intended to refer to the domestic rules and not the conflict rules of their chosen law, and the connection with a given legal system is a connection with substantive legal principles, and not with conflict of law rules". No mesmo diapasão, o § 187 (3) do "Restatement Second" norte-americano: "in the absence of a contrary indication of intention, the reference [à lei aplicável] is to the local law of the state of the chosen law"; sendo digna de nota a observação encontradiça ao rodapé do § 186 (Comentário "b", p. 560), no sentido de que "the doctrine [do reenvio] has rarely been applied in the contracts area".

[52] Op. cit., v. I, p. 174.

[53] Cf. Irineu Strenger, *Autonomia da vontade em direito internacional privado*, p. 535.

[54] BATALHA, Wilson de Souza Campos Batalha, *Tratado de direito internacional privado,* 1977. vols. I e II.

[55] Op. cit., p. 695.

A doutrina brasileira manifestou-se, de início, de forma oscilante. Gradativamente, porém, demonstrou dominante tendência contrária à teoria do retomo (ressalvada a brilhante exceção de Haroldo Valladão, conforme anota Wilson Batalha).[56]

A orientação majoritária culminou por desaguar no Direito Positivo, adotando o art. 16 da Lei de Introdução ao Código Civil brasileiro a seguinte redação: "Quando, nos termos dos artigos precedentes, se houver de aplicar a lei estrangeira, ter-se-á em vista a disposição desta, sem considerar-se qualquer remissão por ela feita a outra lei". Portanto, a doutrina da devolução encontra-se taxativamente condenada pelo Direito Internacional Privado brasileiro vigente. A regra geral admite uma única exceção: tanto a Convenção Destinada a Regular certos Conflitos de Leis em Matéria das Letras de Câmbio e Notas Promissórias, assinada em Genebra aos 7.6.30, como a Convenção Destinada a Regular certos Conflitos de Leis em Matéria de Cheques, assinada igualmente em Genebra aos 19.3.31, promulgadas respectivamente pelos Decretos 57.663, de 24.1.66, e 57.595, de 07.1.66, recomendam expressamente o reenvio em matéria de capacidade para obrigar-se mediante letra de câmbio, nota promissória ou cheque, rezando os respectivos arts. 2.° que referida capacidade é regulada pela lei nacional, ressalvando que, se esta declarar competente a lei de um outro país, será aplicada a última. A exceção, contudo, deve ser interpretada à luz da lição de Haroldo Valladão:[57] "De outra parte - e isto é *importantíssimo*- a Lei uniforme integraria a legislação interna que seria por ela substituída - mas a Convenção sobre Conflitos de Leis *não suprimiria nem revogaria* as leis internas de DIP, pois a Convenção *valeria apenas entre as partes contratantes*, dizendo o seu art. 1.°: 'As Altas Partes Contratantes *obrigam-se mutuamente* (em francês, *les unes vis-à-vis des autres*, 'umas relativamente às outras'), a aplicar para a Solução dos Conflitos de Leis em matéria de Letras e Notas Promissórias as disposições constantes dos artigos seguintes... '". A mesma ressalva, lembre-se, encontra-se no art. 1.° da Convenção relativa a conflitos de leis em matéria de cheques. Assim, referidas Convenções se aplicam tão-somente aos Estados que as ratificaram, ou seja, até 1962, Alemanha (ex-RFA e RDA), Áustria, Bélgica, Brasil, Dinamarca, Finlândia, Polônia, França, Grécia, Itália, Japão, Mônaco, Noruega, Países Baixos, Índias Holandesas e Curaçau e Suriname, Portugal, Suécia, Suíça, Rússia,[58] Indonésia e mais, até 1992, Hungria, Luxemburgo e Nicarágua (este país apenas a Convenção

[56] Op. cit., v. I, p. 173.

[57] Op. cit., v. III, p. 30.

[58] Apud Haroldo Valladão, op. cit., V. III, p. 30.

relativa a conflito de leis em matéria de cheques), conforme gentil informação da Divisão de Atos Internacionais do Ministério das Relações Exteriores do Brasil.

Ora, considerando-se que a doutrina brasileira, em sua grande maioria, repele a devolução; considerando-se que o retomo foi expressamente vedado pelo art. 16 da Lei de Introdução ao Código Civil brasileiro (feita a única ressalva acima mencionada); considerando-se que até mesmo os países que consagram o princípio da autonomia da vontade admitem o reenvio apenas em caráter absolutamente excepcional e raramente o aplicam, parece-nos, com o devido respeito aos que entendem em contrário, ser desarrazoada a tese segundo a qual o art. 9.° da Lei de Introdução ao Código Civil não excluiu a aplicação da autonomia da vontade se ela for admitida pela lei do país onde se constituir a obrigação.[59] Impõe-se a solução, máxime quando se sabe que o Direito Internacional Privado brasileiro é de caráter público e portanto imperativo, não sendo possível, salvo disposição expressa em contrário, a aplicação do Direito conflitual estrangeiro pelo juiz nacional. Como prontamente alertado por Serpa Lopes, a adoção da tese em questão constituiria forma de reenvio, em flagrante ofensa ao Direito Positivo vigente e sua *mens legis*, sendo certo que outro entendimento configuraria curiosa contradição: enquanto os ordenamentos jurídicos que admitem a autonomia da vontade aceitam, com grandes reservas, o reenvio, o sistema jurídico brasileiro, que expressamente veda a devolução e que por sua essência cogente determina a imperativa aplicação da *lex loci celebrationis*, admitiria generalizada e abrangente franquia ao princípio da autonomia da vontade. Isto seria um verdadeiro contra-senso, *data venia.*

Por outro lado, a tese voluntarista implicaria inexplicável discriminação em favor de um único elemento de conexão. De fato, não se compreende por que motivo o Direito Internacional Privado brasileiro (que não faz qualquer ressalva a respeito) permitiria a adoção de um elemento de conexão (autonomia da vontade) em detrimento de outro eventualmente consagrado pelas regras conflituais da *lex loci contractus.* Considerando-se que o art. 16 da Lei de Introdução ao Código Civil brasileiro repele a remissão eventualmente feita pela lei do país onde constituída a obrigação, não poderia o diploma legal pátrio aceitar a remissão à lei de um terceiro país ou a devolução à lei do foro simplesmente porque a *lex loci celebrationis* arrola a vontade das partes entre os elementos de conexão por ela aceitos.

Em resumo, diante do mencionado art. 16, em conjunto com a natureza

[59] Cf. Oscar Tenório, *Direito internacional privado*, p. 179.

cogente do art. 9,°, ambos da Lei de Introdução ao Código Civil, ressalvadas as hipóteses restritivas das convenções genebrinas sobre conflito de leis em matéria de letras de câmbio, notas promissórias e cheques, verifica-se que o Direito Internacional Privado brasileiro repele peremptoriamente qualquer forma de reenvio, seja direta ou indireta. Em regra, portanto, a única lei aplicável aos contratos internacionais, de acordo com as normas conflituais vigentes no País, é a consagrada pelo Direito substantivo do país onde tiver sido constituída a obrigação. As exceções, como visto acima, em nada socorrem aos princípios voluntaristas.

3. Competência judiciária

3.1 Jurisdição e competência

Preliminarmente, cumpre distinguir a jurisdição da competência. Ensina a respeito Pontes de Miranda que a jurisdição constitui a competência judiciária distribuída a cada Estado pela ordem supra-estatal. "É o poder de julgar, indiferente à repartição desse poder feita pelo Estado. Quando o Estado reparte essa jurisdição, essa *iudicis dandi licentia*, então se chama, ao poder de julgar 'repartido', 'competência', A jurisdição, lembra o mestre, supõe exclusividade e permanência (ou exclusividade no tempo). A permanência, por sua vez não é excluída pelo fato de se admitirem os juízes árbitros, 'se bem que se trate, muitas vezes', alerta, 'de expediente internacional para se obter a justiça com quebra da exclusividade jurisdicional do Estado débil. Por isso mesmo, o interesse pelo juízo arbitral, invasão dos quadros judiciários pela autonomia da vontade, corresponde à tendência antinacional, 'internacionalista', do capitalismo tardio".[60] Não obstante a autoridade do comentarista, porém, não vemos motivos para qualquer generalização do sentimento adverso por ele exposto.

A revogada Introdução ao Código Civil, ao contrário da lei vigente, dispunha expressamente em seu art. 15 que "rege a competência, a forma do processo e os meios de defesa a lei do logar onde se mover a ação". Trata-se, em verdade, de preceito intuitivo, razão pela qual sua omissão na Lei de Introdução ao Código Civil não implicou derrogação do princípio. Isto porque, como explica J. M. de Carvalho Santos:[61] "a competência, que, no conceito geral da doutrina, é a medida da jurisdição, isto é, do poder do juiz, por sua natureza, é territorial, constituindo um verdadeiro princípio de ordem pública. Fora do território, em que é exercida a jurisdição, não é

[60] *Comentários ao Código de Processo Civil*, t. II, p. 172-173.

[61] *Código Civil brasileiro interpretado*, v. I, p. 181.

possível se conceber a competência, desde que esta é precisamente a medida daquela. Claro está, pois, que a 'lei do logar' é que deve reger a competência". Da mesma forma, após ressaltar que a doutrina consagra o princípio geral da aplicabilidade da *lex fori* em matéria de competência, complementava Clóvis Beviláqua[62] que "as leis que regulam a competência dos tribunais são de ordem pública, formam uma secção do direito constitucional. Daí a sua territorialidade".

O princípio da territorialidade, não obstante a omissão da Lei de Introdução ao Código Civil, encontra outrossim respaldo no Direito Positivo pátrio ao ser consagrado, no Direito interno, no art. 1.° do Código de Processo Civil, que reza: "A jurisdição civil, contenciosa e voluntária, é exercida pelos juízes, em todo o território nacional, conforme as disposições que este Código estabelece". Da mesma forma, encontra suporte nas disposições de Direito Internacional convencional. De fato, assim reza o art. 314 do Código Bustamante, promulgado pelo Dec. n. 18.871, de 13.8.29: "A lei de cada Estado contratante determina a competência dos tribunais, assim como a sua organização, as formas de processo e a execução das sentenças e os recursos contra suas decisões".

Em resumo, pacífico é o entendimento no sentido da aplicabilidade da *lex fori* em tema de jurisdição e competência, notadamente em face da natureza essencialmente territorialista das regras em questão. Resulta daí, porém, que as referidas regras são unilaterais, sem que se sobreponham a elas regras de Direito Internacional (ressalvadas algumas poucas hipóteses previstas em convenções internacionais, de que é exemplo o mencionado Código Bustamante - art. 318,[63] que possam dirimir conflitos de jurisdição.

3.2 Foro de eleição

Salientam Henry S. Steiner e Detlev F. Vagts[64] que a autonomia da vontade em tema de competência judiciária constitui princípio de grande utilidade, notadamente em contratos transnacionais, na medida em que elimina a incerteza

[62] *Código Civil dos Estados Unidos do Brasil*, v. I, p. 141.

[63] *Rectius*, contrariando jurisprudência do STF: tem toda a razão José Inácio Botelho de Mesquita, (op. cit., p. 69) quando conclui que o art. 318 do Código Bustamante não mais teria aplicação entre nós, nessa parte, por força da ressalva nele mesmo contida, uma vez que incompatível com o art. 90 do CPC, quanto mais em relação a países não signatários do tratado. Não tendo sido revogado, entretanto, prevalece, para reconhecer a "nacionalidade" como elemento admissível de conveniência de foro.

[64] *Transnational legal problems*, p. 809.

das partes contratantes no tocante ao local onde os eventuais litígios hão de ser dirimidos, o que facilitaria as atividades comerciais transnacionais. Esse conceito utilitarista, porém, é de aceitação recente no sistema jurídico norte-americano, tendo em vista a tendência histórica contrária ao foro de eleição existente nos tribunais dos Estados Unidos. Como anotou o Min. Burger, da Suprema Corte daquele país, no famoso caso *M/S Bremen vs. Zapata Off-Shore Co.* (407 U.S. 1,92 S. Ct. 1907, 32 L. Ed. 2d513), em 1972: "Forum-selection clauses have historically not been favored by American courts. Many courts, federal and state, have declined to enforce such clauses on the ground that they were 'contrary to public policy', or that their effect was to 'oust the jurisdiction' of the court. Although this view apparently still has considerable acceptance, other courts are tending to adopt a more hospitable attitude towards forum-selection clauses". E o pragmático motivo de alteração gradativa de atitude foi igualmente explanado pelo supracitado Min. Burger: "The expansion of American business and industry will hardly be encouraged if, notwithstanding solemn contracts, we insist on a parochial concept that all disputes must be resolved under our laws and in our courts".[65]

A influência do pragmatismo mercantil, tão tardiamente notada no Direito norte-americano, já era sentida entre nós desde as Ordenações do Reino,[66] tendo como antecessor remoto as práticas existentes entre os romanos. Lembra a respeito Moacyr Amaral Santos[67] que "entre os romanos havia além do *forum domicilii* o *forum contractus*, ou foro da convenção, instituto este que tomou grande impulso na Idade Média como decorrência do grande desenvolvimento do comércio. As relações comerciais entre povos de diferentes regiões, regidos por leis diferentes, aconselhavam as partes contratantes a estabelecerem um foro por cuja lei se regulasse o contrato e por onde respondessem os contratantes. A manifesta conveniência do instituto fê-lo consagrado na doutrina e nas mais diversas legislações, entre as quais a brasileira, que sempre o admitiu". Com efeito, consoante dispõe o art. 111 do CPC brasileiro, "a competência em razão da matéria e da hierarquia é inderrogável por convenção das partes; mas estas podem modificar a competência em razão do valor e do território, elegendo foro onde serão propostas as ações oriundas de direitos e obrigações". Outrossim, observa Haroldo Valladão[68] que o foro de eleição e a prorrogação foram adotados enfaticamente no Direito convencional, de que é

[65] Cf. Willis L. M. Reese e Maurice Rosenberg, *Cases and materials on conflict of laws*, p. 182.

[66] Cf. Haroldo Valladão, op. cit, v. III, pó 1.139.

[67] *Primeiras linhas de direito processual civil*, v. I, p. 206.

[68] Op. cit, v. III, p. 138.

exemplo o art. 318 do Código Bustamante: "O juiz competente, em primeira instância, para conhecer dos pleitos a que dê origem o exercício das ações cíveis e mercantis de qualquer espécie, será aquele a quem os litigantes se submetam expressamente ou tacitamente, sempre que um deles, pelo menos, seja nacional do Estado contratante a que o juiz pertença ou tenha nele o seu domicílio e salvo o direito local em contrário".

A doutrina brasileira, outrossim, sempre o admitiu?[69]

A franquia, porém, não é generalizada.

De fato, não pode obviamente prevalecer quando haja preceito vêdativo específico, embora não sejam tais disposições freqüentes. Assim, por exemplo, a par de argumentos constitucionais, inadmissível é o foro de eleição nos contratos administrativos que se regem pelos preceitos de Direito Público (art. 54 da Lei n. 8.666, de 21.6.93) e que, versando temas de ordem pública, não admitem foro diverso do brasileiro para dirimir eventuais controvérsias deles decorrentes (art. 55, § 2.°, da Lei n. 8.666, de 21.6.93). No mesmo sentido, sujeitam-se, com exclusividade, à jurisdição dos tribunais pátrios os contratos financeiros ou de crédito externos que envolvam a responsabilidade da Administração Pública, embora, neste caso, com menor rigidez, dada a admissibilidade expressa do recurso à arbitragem, mesmo internacional (arts. 11 do Dec lei n. 1.312, de 15.2. 74, e 21, § único, da Lei n. 8.029, de 12.4.90). É que, ainda partidários do princípio da soberania absoluta (embora, cada vez mais temperado), não poderiam o Estado brasileiro, suas unidades federadas e respectivas entidades paraestatais de Direito Público submeter-se ao poder soberano (representado pelo Poder Judiciário) de um Estado estrangeiro, mesmo em matéria comercial. Cuida-se, aqui, de princípio arraigado no Direito Positivo nacional, presente desde o já revogado Regulamento Geral de Contabilidade Pública (Dec. n. 15.783, de 08.11.22, cujo art. 775, § 1.°, alínea *e*, dispunha: "A estipulação dos contratos administrativos compreende cláusulas essenciais e cláusulas acessórias. § 1.° São cláusulas essenciais e como tais não podem ser omitidas em contrato algum, sob pena de nulidade: (...) *e*) nos contratos com pessoas naturais ou jurídicas domiciliadas no estrangeiro, a cláusula

[69] Cf Espínola e Espínola Filho, *Tratado de direito civil brasileiro*, VIII-C, p. 1.569; Serpa Lopes, op. cit, v. III, p. 236 e ss., citando jurisprudência do STF; Oscar Tenório, *Direito internacional privado*, v. II, n. 1.200 e 1.201, também citando jurisprudência do STF; Agustinho Fernandes D. da Silva, op. cit, p. 86-92; Haroldo Valladão, op. cit, v. III, p. 137 e ss.; Wilson Batalha, op. cit., v. II, p.. 386.

que declare competente o foro nacional brasileiro para dirimir quaisquer questões judiciárias originadas dos mesmos contratos".

Outrossim, tratando-se de contratos celebrados por falidos, não prevalecerá a cláusula relativa ao foro de eleição sobre o art. 7.° e seu § 2.° da Lei de Falências (Dec.-lei 7.661, de 21.6.45), que dispõem: "Art. 7.° É competente para declarar a falência o juiz em cuja jurisdição o devedor tem o seu principal estabelecimento ou casa filial de outra situada fora do Brasil" e "§ 2.° O juízo da falência é indivisível e competente para todas as ações e reclamações sobre bens, interesses e negócios da massa falida, as quais serão processadas na forma determinada nesta lei".[70]

Da mesma forma, em tema de contratos de trabalho, a liberdade contratual é restringida sobremaneira em defesa do hipossuficiente, nos termos do art. 651 e seus §s, que rezam: "Art. 651. A competência das Juntas de Conciliação e Julgamento é determinada pela localidade onde o empregado, reclamante ou reclamado, prestar serviços ao empregador, ainda que tenha sido contratado noutro local ou no estrangeiro. § 1.° Quando for parte no dissídio agente ou viajante, é competente a Junta da localidade onde o empregador tiver o seu domicílio, salvo se o empregado estiver imediatamente subordinado à agência, ou filial. § 2.° A competência das Juntas de Conciliação e Julgamento, estabelecida neste artigo, estende-se aos dissídios ocorridos em agência ou filial no estrangeiro, desde que o empregado seja brasileiro e não haja convenção internacional dispondo em contrário. § 3.° Em se tratando de empregado que promova realização de atividades fora do lugar do contrato de trabalho, é assegurado ao empregado apresentar reclamação no foro da celebração do contrato ou no da prestação dos respectivos serviços".[71]

Arrola-se, também, entre as hipóteses de competência absoluta, a prevista no art. 628 do Código Comercial que reza que "o contrato de fretamento de um navio estrangeiro exeqüível no Brasil, há de ser determinado e julgado pelas regras estabelecidas neste Código, quer tenha sido ajustado dentro do Império, quer em país estrangeiro".[72]

[70] Cf. Haroldo Valladão, op. cit., v. III, p. 134.

[71] Cf. Haroldo Valladão, op. cit., v. III, p. 135-136; Mozart Victor Russomano, *Comentários à Consolidação das Leis do Trabalho*, v. IV, p. 1.146 e ss., citando jurisprudência do TST.

[72] Cf. Wilson Batalha, op. cit., v. II, p. 386; Antonio Bento de Faria, *Código Commercial brazileiro*, p. 498, citando jurisprudência do STF.

No Direito Aeronáutico, estatui o Código Brasileiro de Aeronáutica (Lei n. 7.565, de 19.12.86), em seu art. 10, que "não terão eficácia no Brasil, em matéria de transporte aéreo, quaisquer disposições de direito estrangeiro, cláusulas constantes de contrato, bilhete de passagem, conhecimento e outros documentos que: I - excluam a competência de foro do lugar do destino; II - visem à exoneração de responsabilidade do transportador, quando este Código não a admite; III - estabeleçam limites de responsabilidade inferiores aos estabelecidos neste Código".

Informa José da Silva Pacheco[73] que o diploma legal abeberou-se, quanto à competência, na Convenção de Varsóvia de 12.10.29 (promulgada pelo Dec. n. 20.704, de 20.11.1931), cujo art. 32 dispõe que "são nulas quaisquer cláusulas do contrato de transporte, e quaisquer acordos particulares anteriores ao dano, pelos quais as partes contratantes pretendem derrogar as regras da presente Convenção, quer por uma determinação da lei aplicável, quer por uma modificação das normas de competência".

Ainda no Direito convencional, o art. 318 do Código Bustamante, a contrário senso, se por um lado expressamente admite o foro de eleição, por outro restringiu a extensão da liberdade contratual ao exigir "sempre que um deles (partes contratantes), pelo menos, seja nacional do Estado contratante a que o juiz pertença ou tenha nele o seu domicílio e salvo o direito local em contrário". Assim, ainda que o Direito Processual Internacional de um Estado contratante admita outros critérios de determinação de foro além do "domicílio" e da "nacionalidade", esses não poderão ser considerados em conflito de jurisdição entre Estados ratificantes do Código de Havana (Brasil, Cuba, República Dominicana, Haiti, Panamá, Costa Rica, Nicarágua, Honduras, Salvador, Guatemala, Chile, Bolívia, Equador, Peru e Venezuela),[74] ressalvada a eventual hipótese de reservas, não apresentadas, no particular, pelo Brasil. A respeito confirmam Espínola e Filho:[75] "Quanto à restrição do art. 318 do Código Bustamante, isto é - a circunstância de ser cidadão, ou domiciliado, no Estado, a que pertence o juiz admitido - cumpre reconhecer que prevalece obrigatoriamente em relação aos Estados contratantes; não assim quanto aos outros Estados". A bem da verdade, até desnecessária a ressalva final, não só por força do princípio corrente de que em geral os tratados, a exemplo do que sucede com os contratos,

[73] *Comentários ao Código Brasileiro de Aeronáutica*, p. 43.

[74] Apud Haroldo Valladão, op. cit., v. III, p. 34.

[75] Op. cit., VIII-C, nota "d", n. 1.569

só produzem efeitos entre as partes contratantes,[76] sendo *res inter alios acta* em relação a terceiros, mas também porque, consoante o adágio latino, *exceptio strictissimi juris*, ou seja, a lei que abre exceção a regras gerais, ou restringe direitos, só abrange os casos que especifica.[77] Como se sabe, este preceito de exegese, expresso no art. 6.º da antiga Introdução ao Código Civil brasileiro, foi omitido na atual Lei de Introdução tão-somente por ter sido considerado matéria mais apropriada à esfera doutrinária e não por qualquer condenação dessa regra fundamental de interpretação.[78]

3.3 *Competência internacional*

Consoante aduz Serpa Lopes,[79] a vontade das partes litigantes pode exteriorizar-se no sentido de modificar a competência internacional de dois modos: "ou por meio de convenção, na qual se haja estipulado, como condição contratual, a eleição de determinado foro, para conhecimento de todas as questões inerentes às obrigações contratuais assumidas ou por meio da prorrogação de jurisdição, fenômeno processual que forma o foro da jurisdição prorrogada, definindo como sendo o em que 'as partes, ou por disposição de lei ou por vontade própria, quando lhes seja lícito, se submetem, posto que originariamente fosse incompetente'". A citação final pertence a João Monteiro.[80]

Segundo o Código Bustamante, "entender-se-á por submissão expressa a que for feita pelos interessados com renúncia clara e terminante do seu foro próprio e a designação precisa do juiz a quem se submeter" (art. 321) e "entender-se-á que existe a submissão tácita do autor quando este comparece em juízo para propor a demanda, e a do réu quando este pratica, depois de chamado a juízo, qualquer ato que não seja a apresentação formal de declinatória. Não se entenderá que há submissão tácita se o processo correr à revelia" (art. 322).

Neste ponto, é importante esclarecer, desde já, que tanto a "modificação" da competência internacional como a "submissão" da parte a um determinado juízo são aqui expressões imprecisas, na medida que, em verdade,

[76] Cf. Hildebrando Accioly, *Manual de direito internacional público*, p. 148; e Celso D. de Albuquerque Mello, *Curso de direito internacional público*, v. I, 79, p. 132.

[77] Cf. Alípio Silveira, *Hermenêutica do direito brasileiro*, v. I, p. 231 e ss.

[78] Cf. Alípio Silveira, op. cit., p. 236.

[79] Op. cit., v. III, p. 231-232.

[80] João Monteiro, *Teoria do processo civil*, 6. ed., t. I, parágrafo 43.

a vontade de particulares não modifica ou cria jurisdição ou competência, estas já preexistem à manifestação privada.

Não obstante (feita a ressalva terminológica), seja em termos de derrogação de jurisdição, seja de prorrogação, as partes contratantes ou litigantes não gozam de licença absoluta. Isto porque, esclarece Antonio Sanchez de Bustamante y Sirven:[81] "La voluntad de las partes está en situación idéntica. A primera vista resulta muy sencillo que ellas escojan su juez; pero la regla se prestaría a buen número de combinaciones ilícitas, llevando los litigios al lugar en que convinieran las reglas vigentes a los intereses de una de las partes o de ambas. En principio hay que dejar a los interesados escoger sus jueces cuando no se interpone otra consideración superior y legítima".

Algumas dessas considerações, por exemplo, se encontram referidas no art. 318 do Código de Havana, que também leva seu nome, conforme já mencionado. Restrições adicionais podem ser encontradas nos arts. 319 ("a submissão só se poderá fazer ao juiz que exerça jurisdição ordinária e que a tenha para conhecer de igual classe de negócios e no mesmo grau") e 320 ("em caso algum poderão as partes recorrer, expressa ou tacitamente, para juiz ou tribunal diferente ao qual, segundo as leis locais, estiver subordinado o que tiver conhecido do caso, na primeira instância").

Considerando-se, outrossim, que a competência judiciária é regulada pela *lex fori*, em face da territorialidade das respectivas regras, não poderia um Estado reconhecer jurisdição a um Estado que a nega. Portanto, como é cediço, a vontade das partes não poderia submeter à jurisdição de um Estado uma lide afastada de um modo absoluto, pelo seu ordenamento jurídico. De fato, cumpre distinguir as lides que o Estado tem interesse em compor das que não tem e que, dada a sua irrelevância para o Estado, são subtraídas ao seu poder jurisdicional.[82] Nesta hipótese desprovida de eficácia é a cláusula de eleição do foro.

Ao reverso, em termos de Direito interno brasileiro, igualmente inadmissível a vontade das partes na escolha do foro cuja competência geral não seja aceita pelo Direito Processual Internacional brasileiro (seja em decorrência de nossa competência internacional absoluta, seja de inconveniência do foro estrangeiro eleito) ou seja aqui considerada ofensiva à ordem pública, soberania ou bons costumes (art. 17 da Lei de Introdução ao Código Civil).

---

[81] *Derecho internacional privado*, t. III, § .1.644, p. 86.

[82] Cf. Serpa Lopes, op. cit., v. III, p. 235.

Outrossim, quando o foro escolhido for o brasileiro, cumpre notar que não basta a existência, tão-somente, de um critério determinador da competência *ratione loci* conhecido pelo Direito pátrio. Faz-se mister a verificação da competência internacional brasileira nos termos do art. 88 do Código de Processo Civil. De fato, salienta Celso Agrícola Barbi[83] que, "assim, pelo sistema atual, o juiz, na sua função de examinar a questão de competência, deve, em primeiro lugar, recorrer às normas do capítulo sobre a competência internacional. Se a causa não estiver entre aquelas ali mencionadas, ele não poderá conhecer dela".

Observa, outrossim, Amílcar de Castro,[84] com fundamento em Chesire[85] apoiado por José Frederico Marques,[86] e por José Ignacio Botelho de Mesquita,[87] que, segundo o princípio da efetividade, o tribunal deve declarar-se incompetente quando não tenha razoável certeza de que poderá executar o julgado. Assim, em princípio, o juiz nacional também não deveria conhecer originariamente de feitos quando, embora admitida nossa competência geral pelas regras de Direito Internacional Privado vigentes, a sentença definitiva fosse executável ou devesse produzir efeitos exclusivamente em país que não reconheça a competência internacional brasileira. Não se poderia, 'porém, concordar com a conclusão, embora aparentemente lógica. De fato, em face da territorialidade das normas relativas à competência, não poderia o juiz nacional recusar a prestação jurisdicional (art. 1.° do CPC brasileiro), ainda que sendo a tutela inócua ou vã exibição de força (*brutum fulmen*), mesmo porque o juiz brasileiro não aplica o direito estrangeiro. Salienta Agustinho Fernandes Dias da Silva,[88] em acréscimo, que o princípio da efetividade deve ser usado mais para justificar do que para excluir a competência. "Quando não tenha o juiz nenhuma outra razão para julgar a causa, deverá considerar que, se não o fizer, talvez ninguém mais o poderá fazer com efetividade, e por isso, então, julgar". Ademais, o Estado não é propriamente detentor de um *poder* de julgar (ao qual corresponderia a faculdade de *não julgar* por motivos de oportunidade ou conveniência), mas antes de um *poder-dever* de processar e julgar. Adite-se o fato de que entendimento contrário constituiria sério revés ao combate dos chamados "foros exorbitantes", de que é exemplo a condenada competência

[83] *Comentários ao Código de Processo Civil*, v. I, p. 396.

[86] Op. cit., v. II, p. 253-254.

[85] Op. cit., p. 101-104.

[86] *Manual de direito processual civil*, v. I, p. 186.

[87] Op. cit., p. 59.

[88] Op. cit., p. 43.

dos tribunais gálios em benefício dos franceses, prevista nos arts. 14 e 15 do Código Civil gaulês.[89]

Questão interessante é saber se a liberdade contratual em matéria de competência judiciária (foro de eleição ou submissão tácita) poderia ser exercida em favor de tribunal ou juiz pertencente a Estado não reconhecido. A doutrina tem-se dividido, como lembra Celso D. de Albuquerque Mello,[90] na apreciação da jurisprudência interna dos Estados sobre a validade dos atos emanados de coletividade estatal não reconhecida: uns (Kelsen) admitindo a validade desses atos, outros (Lauterpacht) negando-a. Porém, salienta-se que Lauterpacht não deixou de reconhecer duas exceções a seu entendimento, em prol da validade: a) quando o não reconhecimento, conforme informação do Poder Executivo, ocorrer em virtude de fatores políticos; e b) quando existirem razões de justiça para aceitar a validade dos atos, tais como o risco de cometimento de injustiças a simples particulares. O melhor entendimento parece-nos ser aquele que admite a validade das sentenças proferidas em Estado não reconhecido, para efeitos de sua homologação no Brasil. Com efeito, lembra Celso Mello,[91] a prática internacional se manifesta a favor da teoria segundo a qual o reconhecimento, sendo simples ato unilateral e político, tem efeitos meramente declaratórios e não atributivos. Isto porque o Estado nasce independentemente da ação dos demais.[92] Assim, a Convenção sobre Direitos e Deveres dos Estados (Montevidéu, 1933) cujos arts. 3.° e 6.° rezam: "A existência política do Estado é independente de seu reconhecimento pelos demais Estados" e "O reconhecimento de um Estado apenas significa que aquele que reconhece aceita a personalidade do outro com todos os direitos e deveres determinados pelo Direito Internacional", e a carta da OEA, assinada em Bogotá aos 30.4.48 e emendada pelo Protocolo de Buenos Aires de 1967 (promulgada pelo Dec. n. 67.542, de 12.11.70) cujo art. 12 reza: "A existência política do Estado é independente do seu reconhecimento pelos outros Estados. Mesmo antes de ser reconhecido, o Estado tem o direito de defender a sua integridade e independência, de promover a sua conservação e prosperidade, e, por conseguinte, de se organizar como melhor entender, de legislar sobre os seus interesses, de administrar os seus serviços e de determinar a jurisdição e a competência de seus tribunais. O exercício desses direitos não tem outros limites senão o de exercício dos direitos

---

[89] Haroldo Valladão, op. cit., v. III, p. 144; e Steiner e Vagts, op. cit., p.751-753.

[90] *Curso de direito internacional público*, v. I, p. 266-267

[91] Op. cit., v. I, p. 264.

[92] Cf. Hildebrando Accioly, *Manual de direito internacional público*, p. 27.

de outros Estados, conforme o direito internacional". A própria jurisprudência internacional (sentença do tribunal arbitral alemão polonês) já se mostrou favorável à teoria declarativa.[93] Nestas condições, os tribunais nacionais (máxime diante das disposições da carta da OEA), deverão tirar todas as conseqüências decorrentes da posição adotada pelo Brasil, sob pena, inclusive, de violação dos princípios da soberania do outro Estado e da igualdade jurídica.[94] Em favor da teoria declarativa pesa igualmente o pensamento da maioria dos internacionalistas (Balladore Pallieri, Beviláqua, Borchard, Bustamante, Fauchille, A. de La Pradelle, Le Fur, Louter, Scelle, Siberti, Sperduti, T. Perassi, G. Venturini, Briely, Verdross, Ch. de Visscher, François, Ross, Kunz etc.), tendo no mesmo sentido se pronunciado o Instituto de Direito Internacional, na reunião de Bruxelas.em 1936.[95] Perfeitamente lícito e eficaz, portanto, o *pactum de foro prorrogando* ou a submissão voluntária em favor de tribunal de Estado não reconhecido.

Hipótese não cerebrina (haja vista, por exemplo, a Convenção para a Solução de Controvérsias Relativas a Investimento entre Estados e Nacionais de Outros Estados, de 1965, da qual alguns preceitos procedimentais foram incorporados a contratos de empréstimo externo afiançados pela União Federal) é a eleição de tribunal internacional para dirimir eventuais litígios decorrentes de contratos, máxime na medida em que o homem e as empresas (notadamente as multinacionais) forem sendo gradativamente reconhecidos como sujeitos de Direito Internacional, a exemplo do que já ocorre com a Corte de Justiça das Comunidades Européias,[96] com o Tratado da Euratom, assinado em Roma, em 1957.[97] e com o Tratado da Ceca, assinado em Paris, aos 18.04.51 (vide art. 33).

Lembra Haroldo Valladão[98] que a criação de jurisdições internacionais para litígios de Direito Privado foi sugerida em trabalhos doutrinários, sobretudo na Union International des Avocats, onde, na reunião do Rio de Janeiro, em 1951, assim se manifestou o mestre: "Pensamos, atendendo em parte a certos projetos, sobretudo aos dos Professores Seferiades e Maxime Chrétien, que a solução deve ser encontrada na ampliação da competência da Corte Internacional de Justiça. É necessário precipuamente assegurar a aplicação

[93] Cf. Celso Mello, op. cit., p. 264.

[94] Cf. Celso Mello, op. cit., p. 267-272.

[95] Cf. Hildebrando Accioly, *Manual de direito internacional público*, p. 27.

[96] V. Tratado de Roma de 25 de março de 1957, art. 173.

[97] Cf. Celso Mello, ap. cit., p. 538.

[98] Op. cit., v. II, p. 220-221.

das normas de direito internacional, das regras estabelecidas nos tratados e convenções internacionais e, mesmo, dos princípios reconhecidos do direito internacional. Foi com esta finalidade que se criou um tribunal internacional, competente, organizado pela grande maioria dos Estados: a Corte Internacional de Haia". A idéia, porém, embora aprovada naquele Congresso, teve, ao menos até o presente, pouca repercussão entre nós. Não se pode, porém, deixar de fazer menção honrosa ao Protocolo de Brasília para a Solução de Controvérsias,[99] destinado a dirimir controvérsias no âmbito do Tratado Mercosul, que admite (art. 25) o recurso de particulares (pessoas físicas e jurídicas) a um Tribunal Arbitral em caso de violação, por qualquer Estado-parte, do Tratado de Assunção decorrente de medidas legais ou administrativas. Salienta-se que os laudos do Tribunal Arbitral são inapeláveis, obrigatórios para os Estados-partes na controvérsia e terão força de coisa julgada (art. 21).

De qualquer modo, cumpre notar que os tribunais internacionais têm sua origem em tratados, razão pela qual sua jurisdição e competência promanam do diploma que os criou. No dizer de Geraldo Bezerra de Moura:[100] "O termo competência é próprio do conceito de soberania; mas nenhuma organização é soberana, porquanto somente os Estados o são. Axioma que fundamenta um princípio de Direito Internacional donde provém a dicotomia: competência de atribuição e competência de soberania. A primeira é a competência das organizações e a segunda é a competência dos Estados". E complementa: "Fim e objeto, eis as coordenadas que especificam e delimitam o campo das competências de atribuição. Do ponto de vista jurídico, cada organização repousa sobre um tratado; e esse tratado é, por sua própria contextura de fim e objeto, o compasso que estabelece os círculos de competência". Outrossim, os tratados, por força do adágio *pacto tertiis nec nocent nec prosunt*, produzem efeitos, em princípio, limitados às partes contratantes.[101] A Convenção de Viena sobre Direito dos Tratados, de 1969 (assinada pelo Brasil, porém ainda não em vigor, na pendência de aprovação legislativa e ratificação, mas que, em grande parte, consagra princípios de Direito Internacional consuetudinário), em seus arts. 34 e 35 dispõe que: "Um tratado não cria nem obrigações nem direitos para um terceiro Estado sem o seu

---

[99] O Protocolo de Brasília foi aprovado pelo Conselho do Mercado Comum (Decisão Mercosul/CMC/Dec. n. 1/91, de 17.12.91), foi promulgado pelo Dec. 922, de 10.9.93, e publicado no *DOU* 174 de 13.9.93, tendo sido ratificado por Brasil, Argentina, Paraguai e Uruguai.

[100] *A competência da OACI em matéria de arbitragem internacional*, p. 30.

[101] Celso Mello, op. cit., p. 132-133.

consentimento" e "uma obrigação surge para um terceiro Estado, de uma disposição de um tratado, se as partes no tratado têm a intenção de criar a obrigação por meio dessa disposição e o terceiro Estado aceita expressamente por escrito essa obrigação". Assim sendo, a indicação pelas partes contratantes de um tribunal internacional para a solução da lide eventual somente pode ser aceita no Brasil na medida em que a eleição for expressamente admitida ou consagrada por um tratado internacional em vigor e ratificado pelo Brasil, de que é exemplo o Tribunal Arbitral previsto no protocolo de Brasília, sob os auspícios do Tratado Mercosul (e na exata extensão dos poderes e jurisdição conferidos a tal tribunal), ou, na hipótese, por exemplo, de uma decisão proferida por tribunal criado por tratado de que o Brasil não seja parte contratante, tal como a Corte de Justiça das Comunidades Européias, o Centro Internacional para a Solução de Controvérsias Relativas a Investimentos, ligado ao Bird, as cortes criadas pelo Tratado da Euratom ou outras, se porventura o Brasil admitir, por escrito e expressamente, a obrigação de aceitar a jurisdição e a competência do tribunal em questão. Ressalva-se, apenas, neste último caso, a eventual possibilidade de equiparação da decisão proferida por tribunal internacional a laudo arbitral, seguida de sua "nacionalização" mediante homologação por tribunal de Estado cuja competência geral seja admitida pelo Direito Processual Internacional brasileiro.

Não obstante, e como fecho ao tema, não se pode olvidar que a questão da jurisdição internacional foi prevista no art. 433 do Código Bustamante, que prevê regras de execução de "sentenças cíveis, pronunciadas em qualquer dos Estados contratantes, por um tribunal internacional, e que se refiram a pessoas ou interesses privados". Mais recentemente, como já referido, celebrou o Brasil com a França (30.1.81), e, subseqüentemente, com a Espanha (13.04.1989) acordos de cooperação judiciária, no primeiro caso em matéria civil, comercial, trabalhista e administrativa, e no segundo apenas em matéria civil, comercial e trabalhista.[102]

De acordo com a Convenção celebrada com a França, as sentenças e laudos arbitrais (arts. 20 e 25) haverão de ser "reconhecidas de pleno direito no território do outro Estado", desde que reúnam algumas condições, dentre as quais: "que a sentença seja oriunda de uma jurisdição competente de acordo com as regras de conflitos de competência vigentes no território do Estado onde a sentença seja reconhecida" (na apreciação dessa competência do tribunal de origem, a autoridade requerida ficará vinculada às condições em matéria de fato nas quais tal tribunal tenha fundado sua competência, salvo se se tratar de sentença proferida à revelia - art. 21) e "que a sentença tenha aplicado a lei

[102] França: Dec. n. 91.207, de 29.4.85; Espanha: Dec. n. 166, de 3.7.91.

aplicável ao litígio em virtude das regras de solução de conflitos de leis vigentes no território do Estado onde a sentença seja reconhecida".

Já nos termos do Convênio com o Reino da Espanha, em tema de reconhecimento e execução de decisões judiciais, transações e laudos arbitrais, fixou-se a competência em matéria de obrigações (art. 17, I), "aquele eleito pelas partes, desde que pertença ao Estado 'contratante do domicílio de uma delas, e que a cláusula de eleição de foro conste de instrumento referente a relação jurídica concretamente determinada e, ainda, que tal competência não tenha sido estabelecida de modo abusivo' e 'subsidiariamente, o do Estado Contratante onde, ao ser proposta a ação, o réu tiver seu domicílio ou residência habitual ou, em caso de pessoa jurídica, o do lugar de sua sede ou estabelecimento principal. Se entretanto, no momento da propositura da ação, o réu mantiver estabelecimento, sucursal ou agência com organização própria em local diverso, neste poderá ser demandado, quando o litígio se referir a atividade desenvolvida em tal estabelecimento, sucursal ou agência".

Na mesma linha há que se mencionar, ainda, o Protocolo de Cooperação e Assistência Jurisdicional em Matéria Civil, Comercial, Trabalhista e Administrativa, acordado entre os Estados-partes (Brasil, Argentina, Uruguai e Paraguai) do Mercosul (Anexo Mercosul/CMC/ Dec. n. 5/1992) em Las Leñas, Argentina, em 27.6.92, com texto bastante similar às Convenções Brasil-França e Brasil-Espanha, mas que ressalva, expressamente (art. 20), que "as sentenças e os laudos arbitrais (pronunciados nas jurisdições dos Estados-partes) terão eficácia extraterritorial nos Estados-partes (desde) que emanem de um órgão jurisdicional ou arbitral competente, segundo as normas do Estado requerido sobre jurisdição internacional". O protocolo, por força de seu art. 33, é aplicável provisoriamente nos Estados-partes desde sua assinatura, independentemente, portanto, de aprovação legislativa (questionável - CF, art. 49, I).

3.4 Competência geral e competência especial

De qualquer modo, quando se tratar de eleição de foro estrangeiro, a questão da competência geral deste é indiscutivelmente relevante, notadamente quando se busque, *a posteriori*, homologação da sentença alienígena no Brasil. De fato, consoante o art. 15 da Lei de Introdução ao Código Civil brasileiro, "será executada no Brasil a sentença proferida no estrangeiro, que reúna os seguintes requisitos: a) haver sido proferida por juiz competente" *et coetera.*

Seguindo orientação franco-romanista, o Código de Processo Civil brasileiro distinguiu a competência internacional ou geral da competência interna ou especial, dispondo sobre aquela nos arts. 88 (competência cumulativa) e 89 (competência exclusiva).

Não informa, porém, o Direito Positivo vigente, se em tema de homologação de sentença estrangeira deve o Supremo Tribunal Federal considerar tão-somente a competência geral ou se deve igualmente examinar a competência interna do juiz estrangeiro prolator da decisão homologanda.

Segundo Wilson Batalha,[103] "deve-se a Bartin[104] a distinção nítida entre o problema da competência geral e o problema da competência especial. O primeiro consiste em saber qual o Estado cuja Justiça é competente para o deslinde da controvérsia. O segundo consiste em saber qual dentre os juízes e tribunais de determinado país é competente (*ratione materiae, ratione personae, ratione loci*) para apreciar o litígio. Aquele é problema 'prévio'; este, 'posterior'. Aquele é de Direito Internacional processual; este de Direito interno".

Na Itália, no século XIX, lembra Amílcar de Castro,[105] vinha-se entendendo que, na instância de delibação, caberia ao juiz do *exequatur* apreciar não só a competência geral como também a especial. Tal orientação contou com o apoio de eminentes juristas, tais como Batiffol,[106] que sustentava peremptoriamente que a competência interna ou especial deveria ser verificada para a concessão do *exequatur*, tendo sido acompanhado, embora sem a mesma veemência, por Liebman,[107] que ponderou: "O art. 15 da Lei de Introdução ao Código Civil, que substitui integralmente o citado art. 791 (do CPC de 1939), não reproduz, entretanto, essa referência e limita-se a exigir um 'juiz competente'. Essa fórmula genérica deixa a questão aberta, mas seria arbitrária qualquer limitação ou especificação da parte do intérprete. Por isso, deveria verificar-se caso por caso tanto a competência geral quanto a especial". Não deixa de reconhecer, porém, que a competência especial interna do juiz estrangeiro, segundo sua legislação, é um requisito secundário e que deve ser tomado em linha de conta apenas como garantia elementar da regularidade do processo.

Atualmente, porém, é interpretação predominante aquela segundo a qual o juiz de delibação deve restringir-se ao exame da competência geral, sem

[103] Op. cit., v. II, p. 354

[104] Op. cit., v. I, p. 310.

[105] Op. cit., v. II, p. 281.

[106] Apud Wilson Batalha, op. cit., v. II, p. 442.

[107] Apud Wilson Batalha, op. e loc. cits.

indagar da competência interna, que deve ser presumida.[108]

Taxativo a respeito é Serpa Lopes,[109] no sentido de que "quando nossa lei fala em 'competência do juiz que proferiu a sentença estrangeira', significa a 'competência geral, internacional' e não 'competência especial' ou 'interna'". "Vale afirmar", complementa Amílcar de Castro,[110] em apoio: "o juiz da delibação deve considerar sempre como prorrogável a competência especial estrangeira". De fato, consoante a lição de Hans Sperl,[111] o Estado estrangeiro não está obrigado nem tem interesse em ser guardião da observância das regras de competência interna do Estado onde foi proferida a sentença, mas certamente tem interesse de averiguar se, pelo Direito Internacional, esse Estado era competente para julgar o litígio. Oscar Tenório[112] apresenta dois argumentos decisivos: "Constituiria interferência indevida da justiça brasileira na vida soberana de país estrangeiro a apreciação dos elementos da competência interna, o que tiraria ao sistema brasileiro da homologação o caráter de delibação. Ainda mais, a aceitação da tese contrária incorreria em desprezo da certidão de ter passado em julgado a sentença estrangeira. Se a sentença, para ser homologada, necessita de tal requisito, o exame da competência segundo o direito estrangeiro levaria a justiça brasileira a violar o respeito à coisa julgada estrangeira".

Em suma, em tema de homologação de sentença estrangeira, o Supremo Tribunal Federal deve restringir-se ao exame da competência geral (que é matéria de Direito Processual Internacional) sem ingressar no exame da competência especial (que é de Direito interno estrangeiro).

A conclusão, porém, é insuficiente, fazendo-se mister indagar se, na apreciação da competência internacional, deve o juiz da delibação fazê-lo de acordo com as regras de competência geral do foro ou do país de onde proveio a sentença homologanda.

Afirma Haroldo Valladão[113] ser interpretação predominante aquela segundo a qual a competência deve ser examinada de acordo com a lei do Estado

[108] Chiovenda, *Instituições*, v. II, p. 77; Carnelutti, *Sistema*, v. I, p. 162; Hans Sperl, La reconnaissance et l'exécution des jugements étrangers, *Recueil des Cours* 36/400; Henry de Cock, Effets et exécution des jugements étrangers, *Recueil des Cours* 10/444.

[109] Op. cit., v. III, p. 375.

[110] Op. cit., v. II, p. 283.

[111] Apud Amílcar de Castro, op. cit., v. II, p. 283.

[112] *Direito internacional privado*, v. II, p. 378.

[113] Op. cit., v. III, p. 199.

do juízo prolator da sentença estrangeira; no mesmo sentido, Batiffol.[114] *Data venia*, não nos parece a conclusão mais acertada nem majoritária.

Em primeiro lugar, como observa Vicente Greco Filho,[115] nossas regras sobre competência internacional são unilaterais, sem que se sobreponham a elas regras de Direito Internacional, sendo certo que o juiz nacional aplica tão'-somente o Direito Processual brasileiro e não estrangeiro. De fato, observa Agustinho Fernandes Dias da Silva[116] que a principal norma sobre competência judiciária no Direito brasileiro é a que consagra a aplicação da *lex fori*, não sendo admissíveis outros critérios para a indicação da lei competente para reger a matéria, tais como o da *lex causae*.

Waechter[117] defendeu o princípio segundo o qual, para estabelecer a competência, em geral, deve prevalecer o Direito vigente no país do juiz ao qual a execução da sentença estrangeira seja eventualmente pedida: "La legge del giudice cui si domanda l'esecuzione di una sentenza straniera, deve determinare se i magistrati in genere del paese dove la sentenza è stata pronunciata, fossero competenti". Portanto, o requisito legal deve referir-se apenas à competência geral, apurada segundo o critério do *forum executionis*.[118] Mais próximo de nós, Liebman, comentando a legislação brasileira sobre o assunto, ensinou: "Enfim, com referência aos critérios que devem orientar o exame do requisito da competência geral, é evidente que não podem ser fornecidos pela legislação do Estado no qual foi proferida a sentença, porque nessa mesma legislação poderiam alojar-se as fontes dos abusos e das usurpações que o legislador brasileiro se recusa a reconhecer. Tais critérios deveriam antes ser indicados pelo Direito internacional; isto, contudo, só é possível nos casos em que um tratado internacional haja atendido a uma distribuição da competência entre as Justiças dos vários Estados, o que não é muito freqüente. Por esse motivo, deverão, em regra, prevalecer os critérios instituídos pela lei brasileira para a delimitação da jurisdição do Brasil, quer dizer, dever-se-á considerar competente o juiz de um Estado, a favor do qual subsistir, no caso concreto, um título de competência que, se verificado a favor do Brasil, teria permitido o desenvolvimento do processo perante um tribunal brasileiro".

[114] Cf. Wilson Batalha, op. cit., v. II, p. 442.

[115] *Homologação de sentença estrangeira*, p. 140.

[116] Op. cit., p. 89.

[117] Apud Castellani, op. cit., v. II, p. 82 e ss.

[118] Cf. Wilson Batalha, op. cit, v. II, p. 441.

Impõe-se a solução, máxime porque o juiz nacional, como já reiterado, não aplica o Direito Processual Internacional estrangeiro, ainda que em sede de delibação, mas antes e apenas os preceitos de nosso próprio ordenamento jurídico, sendo certo que a competência geral é regulada exclusivamente pelo *ius fori* (ressalvada a hipótese de tratado ou convenção internacional, de que é exemplo o Código Bustamante). Sobre o tema, confiram-se Amílcar de Castro,[119] Wilson Batalha[120] e Vicente Greco Filho.[121]

Pode-se, portanto, concluir que a liberdade contratual das partes contratantes em tema de foro de eleição (*choice-of-forum clause*, do Direito anglo-norte-americano), seja em tema de derrogação de jurisdição, seja de prorrogação por submissão tácita, somente pode ser exercida quando o foro eleito for admitido pelo Direito Processual Internacional brasileiro, ou seja, quando presente ao menos um dos critérios ou elementos determinadores de jurisdição competente conhecidos pela ordem jurídica interna brasileira (*ius fori*). Em suma, ainda que o Direito Processual Internacional alienígena admita sua própria competência geral sobre o litígio, não poderá a sentença estrangeira ser homologada ou produzir efeitos no Brasil, por incompetência geral do juiz estrangeiro prolator de decreto homologando, seja por motivos de ofensa aos princípios de ordem pública, soberania ou bons costumes vigentes no Brasil, seja em decorrência da competência absoluta dos tribunais brasileiros exigida pelo Direito Positivo alienígena, seja em face da inconveniência (*forum non conveniens*) do foro estrangeiro decorrente da inaplicabilidade de qualquer dos critérios determinadores de competência admitidos pelo ordenamento jurídico nacional.

3.5 Conveniência de foro

No Direito norte-americano, lembra Robert A. Leflar,[122] as "choice-of-forum contract provisions are today generally regarded as neither absolutely binding nor absolutely void, but rather as factors which help a court to exercise its discretion on a reasonable basis as to whether its legally existent jurisdiction ought to be exercised. The modern cases say that contracts limiting judicial jurisdiction will be respected if there is nothing unfair or unreasonable about

---

[119] Op. cit, v. II, p. 281.

[120] Op. cit, v. II, p. 444.

[121] Op. cit, p. 140.

[122] *American conflicts of law*, § 52, p. 52-53.

them, but will be disregarded if they are unfair or unreasonable". O entendimento tem apoio na decisão proferida pela Suprema Corte dos Estados Unidos no famoso caso *The Bremen vs. Zapata Off-Shore Co.*, 407 U.S. 1 (1972), em que o Min. Burger salientou: "Courts have also suggested that a forum clause, even though it is freely bargained for and contravenes no important public policy of the forum, may nevertheless be 'unreasonable' and unenforceable if the chosen forum is seriously inconvenient for the trial of the action".[123]

Primeiramente, em tema de contratos transnacionais, anotam Steiner e Vagts[124] que "like other provisions in a contract, the choice-of-forum clause may be rendered invalid by contract law, whether of the forum or of another country indicated under choice-of-law principles. The clause may be hold to violate the public policy of the forum, to reflect the exercise of unfair bargaining power by one party, or otherwise to exceed the scope of party autonomy in contract matters. Such contract principles often become decisive in so called adhesion contracts, generally contracts prepared (often in a standard printed form) by a party of superior bargaining power rather than through active negotiations. Common examples include insurance contracts, standard lease provisions, and many contracts for the transportation of persons or goods". A lição é plenamente aplicável ao nosso ordenamento jurídico. De fato, como lembra Haroldo Valladão:[125] "A Jurisprudência do STF, citada por mim e pelos outros autores (acima), consolidou-se no sentido de 'admitira eleição do foro e a prorrogação'. Destaquem-se os acórdãos dos eminentes e saudosos Mins. Carlos Maximiliano, Sento Estr. 993, de Portugal, *RT* 136/824; Hahnemann Guimarães, Sent. Estr. 1.080, *DJ* ;09.08.1949, p. 2.035; Annibal Freire, Sent. Estr. 1.095, *DJ* 24.09.1949, p. 3.003-3.004 com referência a minha opinião, Estudos, 726, e José Linhares, *Arq.Jud.* 45/298-300, 'mas sempre com as restrições da ordem pública e da fraude à lei' (parecer Proc. Geral acolhido, *Arq. jud.* 73/88). Perdurou nessa diretriz, Sents. Estrs. 1.546, *RTJ* 10/401, 1.855, *RTJ* 34/404, 1.820, *RTJ* 35/155. E continuou nos últimos acórdãos, avultando-se os de lavra do eminente Min. Luiz Gallotti, Rec. Extr. 10.419, *DJ* 09.12.1950, p. 3.218, 'reconhecendo plenamente a submissão voluntária'; no Rec. Extr. 34.606, *RTJ* 4/313, não a admitindo, com toda procedência, 'nos contratos de adesão' (transportes, seguros etc.) 'onde não existe um verdadeiro e inequívoco acordo

[123] Apud Willis L. M. Reese e Maurice Rosenberg, *Case and materials on conflict of laws*, p. 184.

[124] Op. cit., p. 811.

[125] Op. cit., v. III, p. 139-140.

de vontades'; e Sent. Estr. 1.649, *DJ* 23.04.1959, 380, 'prorrogação pelo comparecimento sem alegat a incompetência'".

Em outras palavras, permite-se o *pactum de foro prorrogando expresso ou tácito*, quando inexista fraude à lei, violação aos princípios de, ordem pública, desatenção aos lindes da liberdade contratual em tema de Direito Processual Internacional ou ofensa aos princípios fundamentais de Direito das Obrigações em matéria contratual.

Modernamente, avoluma-se a discussão em torno da possibilidade da escolha de um foro chamado "neutro". Realçam Reese e Rosenberg[126] as palavras do Min. Burger no mencionado processo *The Bremen vs. Zapata Off-Shore Co.* no sentido de que "not surprisingly, foreign businessmen prefer, as do we, to have disputes resolved in their own courts, but if that choice is not available, then in a neutral forum with expertise in the subject matter". Diante do Direito Processual Internacional brasileiro a adoção de foro neutro pode ser admitida, desde que, porém, não ultrapasse os limites acima descritos, ou seja, da ordem pública, da competência geral admitida pelo ordenamento jurídico nacional e dos princípios que regem as obrigações em matéria contratual. Não poderá ser acolhida, assim, a eleição de foro sem qualquer conexão de caráter objetivo ou subjetivo admitido pelo Direito Processual Internacional brasileiro, tão-somente em decorrência da experiência ou tradição de um determinado foro em certas matérias (*e.g.*, do foro inglês para as questões relativas a Direito Marítimo, empréstimos em eurodólares ou ao comércio internacional de grãos etc.). A única exceção refere-se à possibilidade de eleição de juízo arbitral em país neutro diverso daquele a cuja jurisdição esteja submetida cada uma das partes litigantes, desde que se trate de disputa a respeito de matéria comercial e que envolva Estados ratificantes do Protocolo Relativo às Cláusulas de Arbitragem, assinado em Genebra aos 24.9.23 (art. 1.° do Protocolo).

Resta saber quais os elementos de conveniência de foro indicativos da competência internacional *ratione loci* em matéria contratual.

Observa Vicente Greco Filho[127] que referidos elementos devem ser "reconhecidos como razoáveis" pela ordem jurídica brasileira, como o domicílio, o local do cumprimento da obrigação, a nacionalidade, o local da ocorrência do fato que originou a obrigação etc.

---

[126] Op. cit., p. 183.

[127] Op. cit., p. 140.

Referidos critérios de "razoabilidade" ou, como preferimos, de conveniência do foro, não devem ter por fundamento, porém, ilações de natureza subjetiva do intérprete, mas, antes, lastro objetivo no Direito Positivo. Na vigência do Código de Processo Civil brasileiro de 1939, que não previa as hipóteses de competência internacional, ao contrário do diploma hodierno, procurava a doutrina encontrar na disciplina da competência interna, implicitamente, a competência geral de que versava o art. 12 da Lei de Introdução ao Código Civil. Assim, Fernandes Dias da Silva[128] afirmava que, "embora as normas dos arts. 133 e ss. do CPC (revogado) tenham sido estabelecidas com o fim principal de determinar a competência judiciária no âmbito interno, tendo como pressuposto a competência internacional do Brasil, não se pode negar que a sistemática do nosso Direito não lhes veda efeitos internacionais". Conclui, porém, Vicente Greco Filho[129] que, "em virtude de novo tratamento legal, 'todas' as disposições de competência interna pressupõem, necessariamente, pelo menos um dos fatores determinantes da competência internacional, afastando-se, portanto, definitivamente, a interpretação de que as regras do art. 91 e ss. (do CPC vigente) possam encerrar também disposições de competência internacional". Ocorre, porém, que uma posição não é necessariamente oposta à outra.

Com efeito, já se disse que o juiz brasileiro não poderia conhecer de feitos quando, recorrendo às normas do capítulo sobre a competência geral (arts. 88 e 89 do CPC), verificasse não ser a Justiça brasileira competente para dirimir a lide. Não obstante, os preceitos de competência territorial interna previstos no diploma instrumental básico arrolam, em conjugação com o mencionado art. 88, os elementos de conveniência indicativos da competência geral *ratione loci* conhecidos da lei brasileira em matéria contratual e que, como tais, podem ser admitidos na determinação da competência geral estrangeira, a exemplo da redação do art. 13 da Lei de Introdução ao Código Civil em tema de provas. Nesse sentido, os arts. 94 e seus §§ 98, 99 e 100, incs. IV e V, do atual CPC continuam a produzir efeitos internacionais. Dá-se, assim, seguimento à orientação do Supremo Tribunal Federal que admite que o Código de Processo Civil contém dispositivos pertinentes ao Direito Processual Internacional.[130] Não se trata, obviamente, de aplicar preceitos de competência territorial interna a contratos internacionais, mas, antes, da pesquisa, através da análise sistemática do ordenamento jurídico nacional, dos elementos de

[128] Op. cit., p. 88.

[129] Op. cit., p. 68.

[130] Cf. Oscar Tenório, *Lei de Introdução ao Código Civil brasileiro*, p. 384.

conveniência de foro conhecidos e admitidos pela ordem jurídica pátria, na determinação da competência *ratione loci*. Assim, se, por exemplo, eleito o foro brasileiro com lastro em um desses elementos e verificando-se, contudo, não ser o mesmo previsto no art. 88 do CPC, não poderia o juiz nacional conhecer do feito; mas indicado o foro estrangeiro com fundamento no mesmo elemento, seria a escolha perfeitamente válida e eficaz e a sentença a final proferida no exterior homologável pelo Supremo Tribunal Federal.

Os elementos de conveniência indicativos da competência internacional brasileira seriam, portanto, com exclusividade, em tema de contratos, o domicílio do réu no Brasil (art. 88, I), o cumprimento da obrigação no País (art. 88, II), a ocorrência no Brasil do fato que der origem à ação ou a prática neste País do ato que tiver o mesmo efeito (art. 88, III) e a localização no País de agência, filial ou sucursal da pessoa jurídica estrangeira, no que tange às ações oriundas de negócios de que tenham aquelas participado (art. 88, § único).

Por outro lado, os elementos de conveniência indicativos da competência *ratione loci* conhecidos e admitidos pelo ordenamento jurídico nacional, e portanto "razoáveis" em termos de aceitação da competência internacional estrangeira, seriam:

a) o local de domicílio ou residência do réu, independentemente de sua nacionalidade (arts. 88, I, 94 e seus parágrafos e 98).

Actor sequitur forum rei. Como observa Hélio Tornaghi,[131] "é fácil entender a razão pela qual o réu deve ser perseguido no foro de seu domicílio (*actor sequitur forum rei*). Convém que o processo corra no lugar mais idôneo para a solução rápida, econômica e acertada. Essas vantagens são tão mais prováveis quanto mais próximo estiver o juiz das partes, das cousas disputadas, dos meios de que os sujeitos do processo (autor, réu, juiz, auxiliares desse e daqueles) necessitam para fazê-lo chegar a bom termo". Mas, salienta o mestre, não estando as partes domiciliadas no mesmo local, "é inegável que se deve optar em favor do réu; ele é o acionado; ele é que vai ter de defender-se; já basta que é compelido a isso sem que se possa de antemão saber da procedência do pedido".

Anota-se, contudo, que, enquanto a competência geral brasileira exige o "domicílio", para fins de determinação da competência internacional estrangeira, permite-se também a "residência". O primeiro, domicílio, é o único

[131] *Comentários ao Código de Processo Civil*, v. I, p. 323.

critério previsto no art. 88, I, do CPC. Comentando o dispositivo, esclarece Celso Agrícola Barbi[132] que "a referência legal é a do domicílio, e não a residência. A matéria do domicílio, quer das pessoas naturais quer das pessoas jurídicas, é determinada segundo as normas dos arts. 31 e 42 do CC". Já a residência é acolhida nos arts. 94, §§ 2.° e 3.°, do diploma instrumental. Em posição contrária, vide Hélio Tornaghi;[133]

b) o local de cumprimento da obrigação (arts. 88, II, e 100, IV, *d*).

Actor sequitur forum executionis. Neste particular, pouco importa o lugar onde foi contraída a obrigação, devendo-se tomar em linha de conta apenas o *locus destinatae solutionis.* Por outro lado, observa Hélio Tornaghi[134] que se trata do local onde deva ser satisfeita a mesma obrigação cujo cumprimento é pedido, sendo certo porém que o juiz "deve levar em conta a relação jurídica tal qual foi apresentada em juízo e que será objeto da controvérsia judicial (*quid disputandum*), deixando-se de lado a questão, que é de mérito, da efetiva existência da obrigação (*quid decidendum*);

c) o local da ocorrência do fato ou da prática do ato que der origem à ação (arts. 88, III e 100, V).

Actor sequitur forum facti causans. Anota a respeito Celso Agrícola Barbi[135] que se cuida de ação que "tenha como causa de pedir esse fato ou ato", exemplificando: "o contrato aqui assinado, ainda que exeqüível no estrangeiro";

d) o local da situação da agência, filial ou sucursal da pessoa jurídica (arts. 88, par. ún., e 100, IV, *b*).

Trata-se do fenômeno da irradiação ou projeção da pessoa jurídica. Como bem observa Celso Agrícola Barbi, "naturalmente dentro dos princípios que levam

---

[132] Op. cit., v. I, t. II, p. 397.

[133] Op. cit., v. I, p. 305.

[134] Op. cit., v. I, p. 306.

[135] Op. cit., v. I, t. II, p. 398.

os países a limitar sua jurisdição, deve-se interpretar esse § (referindo-se ao § único do art. 88) como aplicável às demandas oriundas de negócios dessas agências, filiais ou sucursais, pois só essas causas é que podem interessar à ordem jurídica do País. Do contrário, um canadense residente em seu país natal poderia vir acionar aqui uma empresa norte-americana por questões surgidas nos Estados Unidos, e sem qualquer ligação com o nosso País, apenas porque a ré tem agência em nosso País". O entendimento é ainda mais facilitado na medida em que o art. 100, V, *b*, é expresso em mencionar a exigência "quanto às obrigações que ela contraiu". Interessante a respeito foi o precedente criado com o caso da "Investors Overseas Services - IOS", em que a 2.ª Câm. Cível do Tribunal de Justiça do Estado da Guanabara (Reclamação n. 7.511, Apenso ao *DOGB*, Parte III, n. 190, de 5.10.72, p. 543) afirmou que "a sociedade mercantil sediada no estrangeiro pode ser citada na pessoa de seu representante no país, para as ações derivadas de negócios efetuados no Brasil com a interferência do mesmo representante";[136]

e) o local de estada do réu, quando incerto ou desconhecido seu domicílio (art. 94, § 2.°).

Não se trata, obviamente, de respaldo à repudiada regra de Direito dos Estados Unidos que dá competência aos seus tribunais se o réu apenas for ali citado, pela simples presença, mesmo em trânsito, "even for an instant" (Restatement Second, § 28, *a*), regra esta também do Direito inglês[137] Exige-se, neste caso: que o domicílio do réu seja incerto ou desconhecido, sob pena de tratar-se de foro exorbitante a ser repelido pelo princípio da ordem pública.[138]

Cuida-se aqui do vagamundo: aquele a quem Plínio chamava *errabundus*, isto é, que erra pelo mundo; a quem Tito Livio denominava *erroneus;* de quem Cícero dizia que é *inops laris et fundi;* a quem Horácio definiu como *qui sedem stabilem et domicilium certum non habet.*[139] Igualmente aqueles que, como salienta o autor precedentemente citado, empregam a vida em viagens, sem ponto central de negócios e que têm domicílio no lugar onde são encontrados (CC, art. 33);

---

[136] Apud Sérgio Sahione Fadei, *Código de Processo Civil comentado*, t. I, p. 184-185.

[137] Cf. Graveson, op. cit., p. 113; e Fragitas, *Recueil*, 104/217, apud Haroldo Valladão, op. cit., v. III, p. 131.

[138] Haroldo Valladão. op. cit., v. III., p. 124.

[139] Apud Hélio Tornaghi, op. cit., v. I, p. 324.

f) o local de domicílio ou residência do autor (art. 94, §§ 2.° e 3.°).

Trata-se, como visto, de critério de competência *ratione loci* interno. Portanto, bastante apenas para a eventual aceitação da competência geral alienígena e insuficiente para a fixação da competência internacional brasileira. Enfatiza Celso Agrícola Barbi:[140] "Convém insistir em que essa regra (art. 94, § 3.°) é de competência interna e não de competência internacional. Será aplicada quando, pelo exame das normas dos arts. 88 e 89, o juiz concluir que a causa é da competência da Justiça brasileira";

g) o local da Capital da pessoa jurídica de Direito Público (art. 99).

Trata-se, apenas, de especialização do critério do local do domicílio, acima referido; e

h) o local da sede da pessoa jurídica ou o local onde a sociedade que carece de personalidade jurídica exerce a sua principal atividade (art. 100, IV, *a* e *c*).

No primeiro caso, considera-se como domicílio o lugar onde funcionam a diretoria e a administração; é a sede da sociedade, conforme previsto no estatuto ou contrato social (salvo disposição em contrário prevista nestes instrumentos).[141]

No segundo, tratando-se de sociedade de fato, prevalece não o local de situação da sede, mas, antes, o *situs* de sua atividade principal, que pode não coincidir com o da administração. Saber qual é a atividade da sociedade sem personificação é matéria de fato que deve ser apreciada em cada caso concreto.[142]

Observa-se que Vicente Greco Filho[143] arrola entre os critérios "razoáveis" de indicação da competência geral a "nacionalidade". Segundo Bustamante y Sirven,[144] a nacionalidade constitui um elemento adequado para

[140] Op. cit., v. I, t. II, p. 421-422.

[141] Cf. Celso Agrícola Barbi, op. cit., v. I. t. II, p. 451.

[142] Cf. Hélio Tornaghi, op. cit., v. I, p. 337.

[143] Op. cit., p. 141

[144] Op. cit., p. 87.

evitar casos de fraude ou de má-fé, observando Amílcar de Castro[145] que "no entender do Min. Hahnemann Guimarães nunca é mais lícita essa prorrogação (de foro) do que quando o estrangeiro domiciliado no Brasil procura voluntariamente o foro de seu domicílio de origem ou do Estado de sua nacionalidade". Como visto, porém, a nacionalidade não se encontra arrolada entre os elementos de conveniência de foro indicativos da competência *ratione loci* acima descritos, tendo até mesmo sido desprezado pelo art. 88 do CPC. Imprestável, portanto, para a determinação da competência geral, tanto da Justiça brasileira como da estrangeira. A conclusão, porém, não é absoluta, posto que se há de ressalvar as hipóteses em que estejam envolvidos países ratificantes do Código Bustamante (mas apenas entre estes), tendo em vista que a nacionalidade foi expressamente consignada no art. 318 do diploma convencional.

Em resumo, em matéria contratual, verificada a existência de qualquer dos elementos de conveniência de foro conhecidos pela lei brasileira, em termos de competência territorial, válida e eficaz é a derrogação de jurisdição mediante foro de eleição, bem como a prorrogação de jurisdição pela submissão tácita desacompanhada da exceção *declinatória fori.*

3.6 *Juízo arbitral*

Como já se verificou, a competência judiciária distribuída a cada Estado pela ordem supra-estatal (jurisdição) supõe exclusividade e permanência, esta nada mais sendo que a exclusividade no tempo. Todavia, os juízes árbitros não excluem ou eliminam tais características.[146] Não obstante, não se pode olvidar que, na arbitragem, o órgão judicante não haure sua função da soberania do Estado, mas, antes, da liberdade contratual concretizada na avença, de onde extrai seu poder.[147]

Salvo, é claro, quando o tribunal arbitral for estabelecido por força de convenção internacional (*e.g.*, o Tribunal Arbitral criado pelo Protocolo de Brasília para os efeitos do Tratado Mercosul).

No sistema jurídico da *Common Law* as cláusulas de arbitragem foram inicialmente recebidas com extrema suspeita,[148] passando a ser aceitas apenas

[145] Op. cit., v. II, p. 256.

[146] Cf. Pontes de Miranda, op. cit., t. II, p. 173-174.

[147] Cf. Serpa Lopes, op. cit, v. III, p. 242.

[148] Cf. Leflar, op. cit., p. 101.

recentemente. Lembram Steiner e Vagts[149] que "the path towards international arbitration has been marked by serious obstacles. Courts in the common law systems suspected domestic arbitration of attempting to 'oust' them of jurisdiction, and were even more skeptical towards out-of-state or international arbitration. Gradually the states of this country (EUA) enacted statutes departing from the earlier roles, in some cases adopting the Uniform Arbitration Act with its provisions for recognition and enforcement of arbitration clauses. Civil law countries, particularly in Latin America, have shown much skepticism. However, as of the 1970' s the prospects for international arbitration stood much improved as a result of treaty developments".

Entre nós, a arbitragem constitui instituição de longa tradição no Direito Positivo, de que é exemplo o art. 160 da Constituição do Império de 1824 ("Nas cíveis, e nas penais civilmente intentadas, poderão as partes nomear juízes árbitros. Suas sentenças serão executadas sem recurso, se assim o convencionarem as mesmas partes"), chegando mesmo a ser considerada procedimento obrigatório para algumas questões, tais como as de seguro, de locação de serviços (Leis de 1831 e 1837)[150] e de litígios comerciais (art. 2.° do Título Único do Código Comercial de 1850). Atualmente, a matéria é consagrada nos arts. 1.072 e ss. do CPC.

A faculdade das partes de eleger o foro arbitral, porém, não é ilimitada no Direito brasileiro. Embora admitida nos contratos de crédito externo, mesmo nos que acarretem encargos para o Estado (art. 11 do Dec.-lei 1.312/74 e art. 21, par. ún., da Lei n. 8.029/90), é a instituição da arbitragem explicitamente vedada nos contratos administrativos resultantes de licitações públicas com pessoas físicas ou jurídicas domiciliadas no estrangeiro (art. 55, § 2.°, da Lei n. 8.666, de 21.6.93). De qualquer modo, porém, não obstante a longa tradição histórica, a arbitragem, na prática, não teve sucesso no Brasil, tendo sido raramente adotada,[151] máxime diante do entendimento atualmente dominante sobre os princípios constitucionais da inafastabilidade do Poder Judiciário art. 5.°, XXXV, da Constituição Federal de 1988, que presentemente impedem a execução específica de simples cláusula compromissória, consoante

[149] Op. cit., p. 825.

[150] Cf. Haroldo Valladão, op. cit., v. III, p. 210.

[151] Cf. Haroldo Valladão, op. cit., v. III, p. 211. Das entidades existentes no País, a Comissão de Arbitragem da Câmara de Comércio Brasil-Canadá e o Instituto Nacional de Mediação e Arbitragem (Inama) apenas a primeira, embora criada em 1979, apreciou um único caso, em 1989, tendo a segunda, fundada em setembro de 1991, apenas mediado conflitos trabalhistas, mas não realizado nenhuma arbitragem.

tranqüila jurisprudência pátria, sendo importante ressaltar aqui que, em 23.09.1996, foi publicada a Lei n. 9.307, que dispõe sobre a arbitragem.

De qualquer modo, a legalidade das cláusulas de arbitragem é plenamente reconhecida, seja no plano interno seja no internacional. Pimenta Bueno,[152] por exemplo, conclui que "o Juiz arbitral é com efeito o tribunal o mais natural, é o fruto do aprazimento e da escolha das partes, sem delongas, sem despesas, sem inimizades e injúrias".[153] Suas qualidades são ressaltadas por Steiner e Vagts (op. cit., p. 824): "Even in domestic transactions, businessmen often prefer arbitration (a) as quicker, cheaper and more informal process and (b) as a means of securing as arbitrators experts in the particular field of commerce involved. In an international transaction the question oon the question of neutrality ofs) may become paramount. Neither party maybe willing to subject itself to the hazards of litigating in the other party's home ground under unfamiliar procedures and before judges belonging to the other party's social, economic and political system. Through arbitration they can select and intermediate ground politically, linguistically and geographically". Por este motivo é que, notadamente a partir da década de 1920 tomou grande surto o processo arbitral internacional, com a criação e desenvolvimento de associações, comissões, centros, câmaras de comércio e outras instituições que consagraram o procedimento arbitral. São exemplos desse fenômeno a Câmara de Comércio Internacional, a London Corn Trade Association, a London Rubber Trade Association, a London Rice Brokers Association, a London Cattle Food Association, a London Copra Association, a Liverpool Cotton Association, a Comissão de Arbitragem Comercial Interamericana, de Nova Iorque, a American Arbitration Association etc.

No plano convencional de interesse brasileiro, a arbitragem foi acolhida pelo Código Bustamante (art. 432) e antes dele pelo Protocolo Relativo a Cláusulas de Arbitragem, firmado em Genebra aos 24.9.23 (promulgado pelo Dec. n. 21.187, de 22.3.32). Mais recentemente, o Brasil constituiu-se em parte signatária da Convenção Interamericana de Arbitragem Comercial Internacional, assinada no Panamá aos 30.1.75, promulgada pelo Dec. 1.902, de 09.5.96, e publicada no *DOU* 90, de 10.5.96, ratificada pelos seguintes países: Brasil, Argentina, Bolívia, Chile, Colômbia, Costa Rica, El Salvador, Equador, Estados Unidos da América, Guatemala, Honduras, México, Panamá, Paraguai, Peru, Uruguai e Venezuela.

[152] *Direito público brasileiro*, p. 342.

[153] Cf. Haroldo Valladão, op. cit., v. III, p. 210, nota 3.

Primeiramente, cumpre observar que as cláusulas arbitrais constituem em si mesmas um contrato antes de um procedimento. Por esse motivo, deve-se atentar da aplicabilidade das regras gerais internas e internacionais sobre conflito de leis em matéria obrigacional, bem como de Direito Processual.[154] Nestas condições, em geral, as cláusulas arbitrais são regidas, na forma do art. 9.° da Lei de Introdução ao Código Civil brasileiro, pela lei do país em que for constituída a obrigação. Esta premissa, todavia, não basta à exigibilidade específica da simples cláusula compromissória, ao menos no Brasil, ainda que regida pela lei estrangeira que admita a *specific performance*, posto que o entendimento esbarra no princípio constitucional, de ordem pública, consagrado pelo art. 5.°, XXXV, da Carta Magna em vigor. Na opinião de Haroldo Valladão:[155] "todavia a cláusula compromissória é válida entre o Brasil e os Estados que também ratificaram o Protocolo de Genebra de 1923, antes referido, que manda reenviar a causa, a pedido de uma das partes, ao julgamento dos árbitros (art. 4.°)". No mesmo sentido Vicente Marotta Rangel.[156] Essa orientação chegou, recentemente (24.4.90), a ser corroborada pela 3.ª Turma do Egrégio Superior Tribunal de Justiça (RE 616-RJ), embora por maioria de votos.[157] *Data maxima venia*, ousamos pensar, porém, que, perante o Direito brasileiro vigente, embora a questão seja altamente controvertida, inexiste a chamada primazia do Direito Internacional sobre o Direito interno - aliás veementemente sustentada na lição de Celso Mello[158] em seu *Curso de direito internacional público*, apoiado por Hildebrando Accioly:[159] De fato, os tratados internacionais constituem diplomas da mesma hierarquia das leis federais (ambos sujeitos à declaração de inconstitucionalidade pelo STF, nos termos do art. 102, I, *a*, da CF), e, nestas condições, como aliás consagrado no Rec. Extr. n. 80.004, decidido em 1978 pelo STF, são eles revogáveis pela lei interna posterior (máxime quando constitucional).[160] A questão, aliás, não é nova e nem peculiar ao Direito brasileiro, como observam Steiner e Vagts:[161] "The Supreme Court there observed [referindo-se ao caso *Edye vs. Robertson*, 112 U.S. 580, 597,5 S.Ct. 247,28 L.Ed. 798 (1884)] that the Constitution gave the

[154] Cf. Haroldo Valladão, op. cit, p. 213.

[155] Op. cit, v. III, p. 214.

[156] Brazil, *Yearbook - commercial arbitration*, v. III, p. 33.

[157] Lex, JSTJ e TRF, v. 18, p. 108 e ss, e *DJ* de 13.08.1990.

[158] Op. cit, v. I, p. 62 e ss.

[159] *Manual de direito internacional público*, p. 6.

[160] Cf. Celso Mello, op. cit., v. I, p. 70.

[161] Op. cit, p. 559.

treaty 'no superiority over an act of congress', and that lacking any 'superior sanctity', the treaty was 'subject to such acts as congress may pass for its enforcement, modification, or repeal. The same principle appears in the case on the Chinese Exclusion Act of 1892 (including Fong Yue ting *v.* United States, p. 23, supra) and in Whitney *v.* Robertson, 124 V.S. 190, 8 S.Ct. 456, 31 L.Ed. 386 (1888) (treaty between the United States and Santo Domingo providing for dutyfree admission of sugar and a later statute imposing a duty)". Infelizmente, em relação à questão específica do Protocolo de Genebra de 1923, inexistem precedentes judiciais que possam socorrer o intérprete.[162]

Assim, também, aplicáveis as restrições contidas em tema de Direito das Obrigações, com fundamento nos princípios relativos à validade das convenções, quando a cláusula arbitral não resulte da livre vontade das partes, mas, antes, de um abusivo exercício de poder de barganha (notadamente diante dos contratos-tipo ou de adesão). Haroldo Valladão[163] destaca a respeito a disposição da alínea 2.ª do art. 1.025 do SPO, do CPC da Alemanha, desde 1933: "El compromiso será nulo si una parte se aprovecha de su superioridad económica o social para inducir a la otra a contraerlo o a acordar disposiciones que lo coloquen en situación de ventaja con respecto a la misma especialmente en lo que atañe al nombramiento o recusación de árbitros".

Porém, se, como visto, pela aplicação dos princípios que regulam a competência legislativa, inexiste em tema de cláusulas arbitrais a autonomia da vontade, a liberdade contratual é plenamente eficaz no tocante à competência judiciária, observados os princípios desta balizadores.

Por via de conseqüência, embora seja visto como objetivo corriqueiro em sede de transações transnacionais a fixação de um foro arbitral neutro (v. Steiner e Vagts),[164] este somente será possível uma vez atendidas as limitações à liberdade contratual na matéria. Portanto, não é de ser admitido, por exemplo, um juízo arbitral realizado em terceiro país cuja competência internacional seja reputada ofensiva à ordem pública, à competência nacional absoluta ou aos preceitos de conveniência de foro, conforme já exposto, por mais especializados que sejam os árbitros ou o sistema jurídico ou econômico em questão. A Convenção de Varsóvia, de 1929, sobre unificação de certas regras relativas ao transporte aéreo internacional, por exemplo, em seu art. 32 estabelece que "no transporte de mercadorias, se admitirão

[162] Cf. Vicente Marotta Rangel, op. cit., p. 44.

[163] Op. cit., v. III, p. 220.

[164] Op. cit., p. 824.

as cláusulas de arbitramento, nos limites da presente Convenção, desde que o arbitramento se haja de efetuar nos lugares da competência dos tribunais, previstos no art. 28, 1; e reza referida alínea que "a ação de responsabilidade deverá intentar-se, à escolha do autor, no território de alguma das Altas Partes Contratantes, seja perante o tribunal do domicílio do transportador, da sede principal do seu negócio, ou do lugar onde possuir o estabelecimento por cujo intermédio se tenha realizado o contrato, seja perante o tribunal do lugar de destino".

A exceção que se destacava aos obstáculos opostos ao foro neutro relaciona-se com as partes contratantes do Protocolo de Genebra relativo às Cláusulas de Arbitragem, de 1923, promulgado pelo Dec. n. 21.187, de 22.3.32, e publicado no *DOU* de 29.3.32 (Brasil, Albânia, Alemanha, Áustria, Bélgica, Império Britânico (Grã-Bretanha e Irlanda do Norte), Dinamarca, Espanha, Estônia, Finlândia, França, Grécia, Itália, Japão, Luxemburgo, Mônaco, Noruega, Nova Zelândia, Países Baixos (com as Índias Neerlandesas, Suriname e Curaçau), Polônia, Portugal, Romênia, Sião, Suécia, Suíça, Tcheco-Eslováquia e, por adesão, Bahamas, Ceilão, Costa do Ouro (inclusive Achanti e Togo), Ilhas Falkland (e dependências), Gâmbia, Gibraltar, Granada, Guiana Britânica, Iraque, Jamaica (com as ilhas Turcas e Caicos e as Ilhas Caiman), Quênia, Malta, Maurício, Palestina, Rodésia do Norte, Rodésia do Sul, Santa Helena, Tanganica, Transjordânia, Uganda, colônias e dependências japonesas (Carafuto, Chosen, Taiwan, o território arrendado de KuanTung, os territórios sob mandato japonês, e Terra-Nova).[165] Para estes Estados, vigora o art. 2.° do Protocolo, que reza: "Cada Estado contratante reconhece a validade, entre as partes submetidas respectivamente à jurisdição de Estados contratantes diferentes, do compromisso ou da cláusula compromissória pela qual as partes num contrato se obrigam, em matéria comercial ou em qualquer outra suscetível de ser resolvida por meio de arbitragem por compromisso, a submeter, no todo ou em parte, as divergências, que possam resultar de tal contrato, a uma arbitragem, ainda que esta se deva verificar em país diferente daquele a cuja jurisdição se ache sujeita qualquer das partes do contrato". Portanto, admissível a indicação de juízo arbitral localizado em terceiro país, neutro, dentro da *ratio essendi* da norma convencional, inspirada por princípios de natureza nitidamente internacionalista vigentes no momento histórico da Sociedade das Nações. Todavia, não se pode olvidar, a licença se restringe a matéria de cunho comercial, tão-somente (em face da reserva apresentada pelo Brasil, nos termos do próprio protocolo), e, *exceptio strictissimi iuris*, envolvendo, com exclusividade, Estados contratantes.

[165] Apud Hildebrando Accioly, *Actos internacionais vigentes no Brasil,* t. I, p. 28-29.

4. Resumo

A questão da lei aplicável e foro de eleição em tema de contratos internacionais perante o Direito Positivo brasileiro pode ser resumida no seguinte:

4.1 Competência legislativa e competência judiciária

Perante o sistema judiciário brasileiro, não há confundir competência legislativa e competência jurídica. A lei aplicável ao contrato internacional constitui tema diverso das questões de foro, sendo certo que o Juízo competente (nacional ou estrangeiro) deve aplicar a lei indicada pelo Direito conflitual positivo como sendo regente da avença, ainda que diversa da *lex fori* ou da lei apontada pelas partes contratantes.

Conseqüentemente, pela adoção de tais princípios, os tribunais estrangeiros não devem concluir que, elegendo os tribunais brasileiros para dirimir eventuais litígios, teriam as partes contratantes, tão-só por esse fato, igualmente intenção de escolher a lei brasileira como aplicável.

4.2 Liberdade contratual e autonomia da vontade

A autonomia da vontade não pode ser atualmente reconhecida no Brasil como elemento de conexão em matéria contratual, em face da omissão intencional do legislador ao extirpar da redação do art. 9.º da Lei de Introdução ao Código Civil a expressão "salvo estipulação em contrário" do art. 13 da Introdução de 1916.

Não há confundir liberdade contratual e autonomia da vontade. As regras conflituais são imperativas e portanto insuscetíveis de modificação pela vontade dos interessados. Esta pode exercer sua influência tão-somente no âmbito das disposições supletivas ou facultativas da lei aplicável indicada pelo Direito Internacional Privado positivo, aí se exaurindo a liberdade contratual das partes.

A *lex loci contractus* determinada pelo art. 9.º supracitado somente cede lugar a regras de ordem pública que exigem a incidência de elemento de conexão diverso do local da constituição da obrigação, de que são "exemplos os contratos de trabalho. As exceções, porém, como visto, em nada socorrem ao princípio da autonomia da vontade.

4.3 Liberdade contratual e incorporação

Admissível é a incorporação ao contrato de dispositivos de lei estranha à lei aplicável, ressalvados os preceitos imperativos e de ordem pública desta.

As normas assim incorporadas (e que podem ser extraídas não só de leis internas - em sentido amplo - mas também de tratados ou costumes internacionais), são impermeáveis aos efeitos de sua posterior modificação, revogação, denúncia ou desaparecimento por ato dos Poderes Legislativo ou Executivo, conforme o caso.

4.4 Devolução ou retorno e autonomia da vontade

O Direito Internacional Privado brasileiro vigente repele "peremptoriamente" a teoria do reenvio. Cuidando-se de regras de Direito Público, a remissão somente é admissível diante de expressa disposição de lei nesse sentido, de que são exemplos isolados o art. 2.° das convenções genebrinas sobre conflitos de leis em matéria de letras de câmbio, notas promissórias e cheques.

A devolução é vedada quer de forma direta quer indireta. Destarte, a indicação de lei aplicável (*ex vi* dos preceitos conflituais do Direito Positivo brasileiro) que porventura acolha os princípios da autonomia da vontade não basta à admissão do voluntarismo, por via transversa, no sistema jurídico nacional.

4.5 Jurisdição e competência

Não há confundir jurisdição e competência. A primeira constitui o poder de julgar e o de praticar atos necessários para a execução da sentença, enquanto a competência é a possibilidade, não o poder, de exercer a jurisdição.[166]

A jurisdição e a competência configuram matéria de ordem pública e, como tal, regida pela *lex fori* e pelos princípios da territorialidade.

4.6 Foro de eleição

O sistema jurídico brasileiro tem historicamente admitido o foro de

[166] Cf. Hélio Tornaghi, op. cit., p. 289.

eleição, seja em termos de doutrina, seja de Jurisprudência e de Direito Positivo.

A liberdade contratual das partes, nesse aspecto; encontra, porém, limites em preceitos vedativos específicos e em princípios de ordem pública que afetam, por exemplo, os contratos administrativos em que a União Federal seja parte, os contratos celebrados com falidos, os contratos de trabalho e certos contratos marítimos e de transporte aeronáutico. Da mesma forma, pode ter sua expansão restrita *ex vi* dispositivos convencionais, tais como o encontradiço no art. 318 do Código Bustamante.

4.7 Competência internacional

As partes contratantes, em tema de contratos internacionais, podem, em regra, derrogar a jurisdição, mediante convenção expressa, bem como prorrogá-la, por meio de submissão voluntária. A licença, todavia, não é absoluta, haja visto o disposto nos arts. 318 e 319 do Código Bustamante. Da mesma forma, diante dos princípios territorialistas relativos à competência, não poderia um Estado reconhecer a jurisdição de outro Estado que a negue. Assim também, e ao reverso, não admite o sistema jurídico brasileiro competência geral não aceita pelo Direito Processual Internacional pátrio ou ofensiva à ordem pública, soberania e bons costumes. De seu turno, a eleição do foro brasileiro para dirimir litígios encontra-se igualmente sujeita à competência internacional brasileira de que trata o art. 88 do CPC.

O princípio da efetividade, segundo o qual o tribunal deve declarar-se incompetente quando não tenha razoável certeza de que poderá executar o julgado, não parece, *data venia*, aceitável, tendo em vista que o Estado não é detentor de um poder de julgar, mas antes de um poder-dever de faze-lo.

Diante do princípio declarativo de que o reconhecimento de um Estado é ato unilateral e político, sem efeitos atributivos, lícito e eficaz é o *pactum de foro prorrogando* e a submissão voluntária em favor de Estado não reconhecido.

Válida, outrossim, é a indicação pelas partes contratantes de um tribunal internacional para a solução de uma lide, desde que, porém, a eleição seja admitida por um tratado internacional em vigor de que o Brasil seja parte ou decorrente de jurisdição e competência de tribunal criado por tratado de que o Brasil não seja parte, mas que tenham sido expressamente aceitas pelo Estado nacional.

4.8 Competência geral e competência especial

O Juízo de delibação, no Brasil, deve ater-se ao exame da competência internacional do juízo prolator da sentença estrangeira homologanda, sem indagar da competência interna, que deve ser presumida ou considerada prorrogável. Impõe-se a solução, sob pena de ofensa à soberania do país estrangeiro bem como ao princípio da coisa julgada.

O exame da competência geral do Juízo estrangeiro deve ser realizado de acordo com os critérios fornecidos pela *lex fori* e não pela lei do Estado do juízo prolator da sentença estrangeira, mesmo porque o juiz nacional não aplica o Direito Processual Internacional alienígena mas apenas os preceitos do próprio ordenamento jurídico.

Assim, a liberdade contratual das partes, em tema de foro de eleição, somente pode ser exercida em favor de jurisdição admitida pelo Direito Processual Internacional do país onde se pretenda ver executada a sentença definitiva.

4.9 Conveniência de foro

O foro de eleição, seja expresso ou tácito, é admissível no Brasil, desde que inexista fraude à lei, violação aos princípios de ordem pública, desatenção aos limites da liberdade contratual em tema de Direito Processual Internacional ou ofensa aos princípios fundamentais de Direito das Obrigações em matéria contratual. Dentro de referidos parâmetros, aceitável é o chamado foro "neutro", não bastando, porém, em favor deste, como regra geral, a mera tradição ou experiência de um determinado foro em certas matérias, desacompanhada de conexão de caráter objetivo ou subjetivo conhecido do Direito Processual Internacional brasileiro.

Os elementos de conveniência indicativos da competência internacional brasileira encontram-se no art. 88, I a III, e seu § único, do CPC. Os elementos de conveniência indicativos da competência *ratione loci* de razoável aceitação no Brasil na determinação da competência internacional estrangeira em tema de contratos seriam: a) o local de domicílio ou residência do réu; b) o local de cumprimento da obrigação; c) o local da ocorrência do fato ou da prática do ato que der origem à ação; d) o local da situação da agência, filial ou sucursal da pessoa jurídica; e) o local de estada do réu cujo domicílio seja incerto ou desconhecido; f) o local de domicílio ou residência do autor; g) o local da Capital da pessoa jurídica de Direito Público; e h) o local da sede da pessoa jurídica ou o local onde a sociedade de fato exerça sua principal atividade, todos elementos de conveniência conhecidos do estatuto procedimental básico brasileiro.

A nacionalidade, exceto quando envolvendo países ratificantes do Código Bustamante (na forma de seu art. 318), é imprestável na determinação da competência geral tanto brasileira como estrangeira.

4.10 Juízo arbitral

A arbitragem constitui instituto de longa tradição no Direito Positivo brasileiro, inclusive convencional, porém de pouco sucesso na prática (máxime diante do atual entendimento dominante sobre os princípios constitucionais da inafastabilidade do Poder Judiciário, impeditivo da execução específica da simples cláusula compromissória).

As cláusulas arbitrais, configurando em si mesmas um contrato, estão, em princípio, sujeitas às regras conflituais em matéria obrigacional. São elas indubitavelmente válidas e legais, porém, como visto, presentemente insuscetíveis de execução específica, mesmo nos casos em que seja aplicável o Protocolo de Genebra, de 1923 (diante de inexistência de primazia, no ordenamento jurídico brasileiro, do Direito Internacional sobre o Direito interno, em face do art. 102, III, *c*, da CF). Por outro lado, sua validade encontra-se balizada, igualmente, pelos princípios relevantes do Direito das Obrigações, obstativos de abusivo exercício de poder de barganha.

Se, por um lado, igualmente inaplicáveis os princípios voluntaristas às cláusulas arbitrais, observados os limites da liberdade contratual, esta pode exercer toda sua plenitude no tocante à competência judiciária.

Por via de conseqüência, a fixação de foro arbitral neutro somente será possível quando observados os princípios e preceitos relativos à ordem pública, à competência nacional absoluta e à conveniência do foro eleito. Destaca-se como exceção permissiva da eleição irrestrita de foro arbitral neutro a regra especial contida no art. 2.º do Protocolo de Genebra, de 1923, originária da tendência internacionalista então vigente, observada a reserva apresentada pelo Brasil, que restringiu a licença de eleição de juízo arbitral localizada em terceiro país sem conexão com o litígio às matérias de natureza comercial.

Bibliografia

ACCIOLY, Hildebrando. *Actos internacionais vigentes no Brasil.* 2. ed. Rio de Janeiro: Irmãos Pongetti, 1936.

____________. *Manual de direito internacional público.* 9. ed. São Paulo: Saraiva, 1970.

ANDRADE JÚNIOR, Attila de Souza Leão. *O capital estrangeiro no sistema jurídico brasileiro.* Rio de Janeiro: Forense, 1979.

BARBI, Celso Agrícola. *Comentários ao Código de Processo Civil.* Rio de Janeiro: Forense, 1975.

BATALHA, Wilson de Souza Campos. *Tratado de direito internacional privado.* 2. ed. São Paulo: Revista dos Tribunais, 1977. v. I e II.

BATIFFOL, Henri. Les conflits de lois en matière de contracts. *Recueil Sirey.* Paris: Sirey, 1938.

BEVILÁQUA, Clóvis. *Código Civil dos Estados Unidos do Brasil.* Rio de Janeiro: Francisco Alves, 1916. v. I

____________. *Princípios elementares de direito internacional privado.* 3. ed. Rio de Janeiro: Freitas Bastos, 1938. v. I, t. II.

BUSTAMANTE Y SIRVEN, Antonio Sanchez de. *Derecho internacional privado.* 3. ed. Havana: Cultural, 1943. t. III.

CABRA, Marco Gerardo Monroy. *Derecho de los tratados.* Bogotá: Temis, 1978.

CASTRO, Amílcar de. *Direito internacional privado.* Rio de Janeiro: Forense, 1956. v. I e II.

CHESIRE & NORTH. *Private international law.* 12. ed. Butterworths, 1992.

CHIOVENDA, Giuseppe. *Instituições de direito processual civil.* 2. ed. Trad. J. Guimarães Menegale. São Paulo: Saraiva, 1965. v. III.

COSTA, Luiz Antônio Severo da. *Da aplicação do direito estrangeiro pelo juiz nacional.* Rio de Janeiro: Freitas Bastos, 1968.

DANIEL, Denis Allan. INPI vitorioso nos dois primeiros litígios judiciais relativos a contratos de exploração de patente e de transferência de tecnologia. *RDM.* São Paulo: Revista dos Tribunais, n. 37, p. 174.

DICEY A. V. e MORRIS, J. H. C. *The conflict of laws.* London: Stevens & Sons, 1967.

ESPÍNOLA, Eduardo e ESPÍNOLA FILHO, Eduardo. *Tratado de direito civil brasileiro.* Rio de Janeiro: Freitas Bastos, 1943. v. VIII, t. c.

FADEL, Sérgio Sahione. *Código de Processo Civil comentado.* Rio de Janeiro: José Konfino, 1974. t. I.

FARIA, Antonio Bento de. *Código Commercial brazileiro.* 2. ed. Rio de Janeiro: Jacintho Ribeiro dos Santos, 1912.

GRECO FILHO, Vicente. *Homologação de sentença estrangeira.* São Paulo: Saraiva, 1978.

LANDO, Ole. The conflict of laws of contracts with especial reference to contracts of sale, in the member states of the European Communities. *Commercial operations in Europe.*

LEFLAR, Robert A. *American conflicts of law.* 3. ed. New York: The Bobbs-Merril Co., 1977.

MARQUES, José Frederico. *Manual de direito processual civil.* 2. ed. São Paulo: Saraiva, 1974. v. I.

MELLO, Celso D. de. Albuquerque. *Curso de direito internacional público.* 6. ed. Rio de Janeiro: Freitas Bastos, 1979. v. I.

MERCADO JÚNIOR, Antonio. *Nova lei cambial e nova lei do cheque.* 3. ed. São Paulo: Saraiva, 1971.

MESQUITA, José Ignacio Botelho de. Da competência internacional dos princípios que a informam. *RePro*, v. 50, p. 51.

MONTEIRO, João. *Teoria do processo civil.* 6. ed. t. I, parágrafo 43.

MOURA, Geraldo Bezerra. *A competência da OACI em matéria de arbitragem internacional.* São Paulo: Revista dos Tribunais, 1967.

NATTIER, Frank E. "Brazil", technology transfer: laws and practice in Latin America. *American Bar Association,* 1978.

PACHECO, José da Silva. *Comentários ao Código Brasileiro de Aeronáutica.* Rio de Janeiro: Forense, 1990.

PIMENTA BUENO, José Antonio. *Direito público brasileiro e análise da Constituição do Império.* Rio de Janeiro: J. Villeneuve, 1857.

PILLET, A. *Principes de droit international privé.* Paris & Grenoble, 1903.

PONTES DE MIRANDA, Francisco Cavalcanti. *Comentários ao Código de Processo Civil.* Rio de Janeiro: Forense, 1973. t. II.

____________. *Tratado de direito internacional privado.* Rio de Janeiro: José Olympio, 1935. t. I.

RABEL. *The conflict of laws: a comparative study.* v. II, cap. XXVIII – Choice of law by the parties – party autonomy.

RANGEL, Vicente Marotta. *Brazil. Yearbook – commercial arbitration.* Deventer: Kluwer, 1978. v. III – International council for commercial arbitration.

____________. *Direito e relações internacionais.* São Paulo: Revista dos Tribunais, 1971.

REESE, Willis L. M. e ROSENBERG, Maurice. *Cases and materials on conflict of laws.* 7. ed. Mineola: The Foudation Press, 1978.

RESTATEMENT OF THE LAW SECOND. *Conflict of laws.* 2. ed. St. Paul: American Law Institute, 1971. v. I.

ROCHA, Osiris. *Curso de direito internacional privado.* 3. ed. São Paulo: Saraiva, 1975.

RUSSOMANO, Gilda Maciel Corrêa Meyer. *Direito internacional privado do trabalho.* 2. ed. Rio de Janeiro: Forense.

RUSSOMANO, Mozart Victor. *Comentários à Consolidação das Leis do Trabalho.* 6. ed. Rio de Janeiro: José Konfino, 1963. v. IV.

SANTOS, J. M. de Carvalho. *Código Civil brasileiro interpretado.* 3. ed. Rio de Janeiro: Freitas Bastos, 1937. v. I.

____________. *Primeiras linhas de direito processual civil.* 5. ed. São Paulo: Saraiva, 1977. v. I.

SCAVONE, Rubens Teixeira. *Legislação de direito internacional privado.* São Paulo: Revista dos Tribunais, 1977.

SERPA LOPES, Miguel Maria de. *Comentário teórico e prático da Lei de Introdução ao Código Civil.* Rio de Janeiro: Jacintho Ribeiro dos Santos, 1944 e 1946.

SILVA, Agustinho Fernandes Dias da. *Direito processual internacional.* Rio de Janeiro: Villani Filhos, 1971.

SILVEIRA, Alípio. *Hermenêutica no direito brasileiro.* São Paulo: Revista dos Tribunais, 1968. v. I.

STEINER, Henry J.; VAGTS, Detlev F. *Transnational legal problems.* 2. ed. Mineola: The Foundation Press, 1976.

STRENGER, Irineu. *Autonomia da vontade em direito internacional privado.* São Paulo: Revista dos Tribunais, 1968.

____________. *Curso de direito internacional privado.* Rio de Janeiro: Forense, 1978.

TENÓRIO, Oscar. *Direito internacional privado.* 8. ed. Rio de Janeiro: Freitas Bastos, 1966. v. II.

____________. *Lei de Introdução ao Código Civil brasileiro.* 2. ed. Rio de Janeiro: Borsoi, 1955.

TORNAGHI, Hélio. *Comentários ao Código de Processo Civil.* São Paulo: Revista dos Tribunais, 1974. v. I.

VALLADÃO, Haroldo. *Direito internacional privado.* Rio de Janeiro: Freitas Bastos, 1971 e 1978. v. I e III.

WALD, Arnoldo. Validade das convenções sobre foro do contrato. *Estudos e pareceres de direito comercial.* 1.ª série. São Paulo: Revista dos Tribunais, 1972.

CONDIÇÕES IMPOSTAS PELO CADE À APROVAÇÃO DE ATOS DE CONCENTRAÇÃO: UM ERRO DE PARADIGMA [*]

José Inácio Gonzaga Franceschini

SUMÁRIO: 1. Introdução – 2. O estudo das concentrações pelo SBDC – 3. As escolas que influenciaram o modelo brasileiro – 4. A retórica do paradigma comparada à realidade do mercado – 5. A inconstitucionalidade do paradigma – 6. Conclusão.

1. Introdução[1]

O propósito do presente artigo é, primordialmente, mais levantar questionamentos do que propriamente discorrer doutrinariamente, buscando incutir no leitor o interesse pelo debate construtivo e pela busca por soluções. O tema analisado refere-se às condições impostas pelo Conselho Administrativo de Defesa Econômica – CADE, muitas vezes sugeridas pelos demais órgãos que compõem o chamado Sistema Brasileiro de Defesa da Concorrência - SBDC,[2] à aprovação dos impropriamente cognominados "atos de concentração", com apresentação, no útil, das escolas que influenciaram a formação da cultura da concorrência brasileira na atualidade e a discussão de possíveis ajustes para uma melhor aplicação da legislação vigente.

Desde logo, indaga-se até que ponto os esforços e recursos das empresas e do Estado merecem ser despendidos na análise de atos de concentração em detrimento, principalmente, de questões relativas a condutas de mercado. Questiona-se, assim, o porquê dos privilégios que vêm merecendo os atos de concentração em face das infrações à ordem econômica.

---

[*] Originalmente publicado na Revista de Direito da Concorrência.n. 2, abr.-jun. 2004

[1] Artigo baseado na palestra proferida no 1° Colóquio ForoCompetencia, realizado na Argentina aos 24/10/2003. Agradeço ao Colega, Dr. Pablo Goytia Carmona, pela ajuda na conversão da palestra neste artigo e, em especial, à brilhante economista Marcela Jannucci pelas valiosas contribuições prestadas na elaboração do trabalho.

[2] O SBDC é composto pelo CADE, Secretaria de Direito Econômico – SDE, do Ministério da Justiça, e Secretaria de Acompanhamento Econômico – SEAE, do Ministério da Fazenda.

O objetivo da política de defesa da concorrência, em tema de análise de atos de concentração, certamente não é a prevenção a condutas anticompetitivas, uma vez que esta é uma função *a posteriori*, de cunho repressivo, penal-econômico, diversa do preventivo, apenas teoricamente presente no atual monitoramento[3] das concentrações. Todavia, considerando-se que os atos de concentração, segundo o paradigma atualmente aplicado no Brasil, alteram ou podem alterar de forma definitiva as estruturas do mercado, busca-se em princípio impedir que produzam eles efeitos líquidos negativos sobre o bem-estar social como decorrência da eliminação da concorrência.

Inquestionavelmente, a maior parte dos trabalhos desenvolvidos pelos órgãos de defesa da concorrência está relacionada a atos de concentração, provocando um enorme e fútil dispêndio de esforços em estudos de casos que raramente provocam alterações substanciais nas estruturas do mercado. As raras concentrações (considerando-se a totalidade dos processos "julgados" pelo CADE) que potencialmente seriam capazes de provocar modificações consideráveis nas estruturas, sofrem tão demorado processo analítico que resultam em, quando da formulação de exigências à sua aprovação, decisões anacrônicas, "de laboratório" e em regra destoantes e perturbadoras da realidade do mercado e de suas leis próprias.

Pode-se afirmar que, decorrido longo trato de tempo desde a realização do negócio, certamente o mercado já absorveu e se adaptou à nova realidade muito antes da decisão do CADE, sendo verdadeiro contra-senso qualquer tentativa de "prevenção retroativa". Isto significa que talvez um tempo excessivo venha sendo perdido no Brasil com a análise de atos de concentração, o que poderia ser reduzido a um mínimo, apenas nos casos em que efetivamente e *ictu oculi* demonstrem real potencialidade lesiva à concorrência (aliás como comanda o *caput* do art. 54 da Lei n. 8.884/94, em vigor). Ter-se-ia, assim, certamente, melhor utilização de recursos, que são escassos, seja do Estado, seja das empresas, em favor da dedicação que merecem as condutas de mercado, mais especificamente os cartéis. De fato, entre as condutas, ganha destaque o combate aos cartéis, posto que as demais muito freqüentemente

---

[3] O artigo 174 da Constituição Federal não admite o "controle" das concentrações econômicas, como freqüentemente se lê, mas apenas a fiscalização pelo Estado, razão pela qual, dentre outras, não há falar em exercício de "poder de polícia" pelo CADE, conceito inaplicável ao Direito da Concorrência à falta dos pressupostos da discricionariedade, auto-executoriedade e coercibilidade das decisões proferidas pelo Tribunal Administrativo.

fazem jus a defesas de eficiências, pela regra da razão, que não raramente resultam no reconhecimento de atipicidade ou de saldos líquidos positivos ao bem-estar da Coletividade.

2. O estudo das concentrações pelo SBDC

A análise do tema é fruto da verificação de que as condições impostas pelo CADE aos casos paradigmáticos, apresentaram-se quase que rotineiramente neutras ou negativas. Em verdade, o Autor não conhece um único ato de concentração cujas condições exigidas tenham sido frutíferas, ou seja, que tenham apresentado benefícios para o consumidor ou para a evolução dos respectivos mercados relevantes. Dentre outros motivos causadores dessa ineficácia, além do citado tempo despendido na apreciação de casos mais complexos, pode-se mencionar o fato de que o próprio paradigma adotado para análise de atos de concentração é equivocado.

Assevera-se que a análise das concentrações possui caráter preventivo. Contudo, como dito, dada a inexistência de eficácia na "prevenção retroativa", a análise preventiva da concentração anos depois de sua realização é uma *contradictio in terminis*, posto não haver possibilidade de se "prevenir" algo anos depois da sua consumação. O mercado já será necessariamente diverso daquele existente no termo inicial do procedimento, e a decisão do CADE a respeito da transação ou versará sobre um mercado "histórico" ou será ilegítima, porque resultará em uma interferência indevida em "outro" mercado não objeto da operação. A atuação do Conselho, nestes casos, só se legitimaria à guisa de repressão a condutas anticoncorrenciais subseqüentes, o que só se admite na presença de indícios efetivos de infração à ordem econômica (o chamado "real motivo").

Como é cediço, a metodologia empregada pelo SBDC na análise de atos de concentração é norteada pelo modelo "estrutura-conduta-desempenho". Trata-se de um paradigma importado de sistema alienígena, sem maior cautela sobre sua propriedade, e que produz situações de inconsistência perfeitamente adequadas a uma lógica retórica mas carentes de um elemento essencial: sua conexão com a realidade do mercado.[4] Do ponto de vista formal,

---

[4] Examinando o paradigma adotado nos Estados Unidos após a promulgação do *Hart-Scott-Rodino Antitrust Improvements Act*, de 1976, importado pelo SBDC, WILLIAM BLUMENTHAL (*Reconciling the debate over merger remedies: a discussant's*

as análises realizadas são sofisticadas, complexas e realizadas de maneira perfeita; sob o ponto de vista da realidade ou do mercado, inconsistentes ou ineficientes.

Nos termos da lei, concluído o estudo do caso concreto, o CADE pode reprovar o acordo ou aprová-lo em três situações específicas: a) quando o ato de concentração não resultar no controle de uma parcela significativa do mercado, b) quando, em havendo o controle de uma parcela significativa do mercado, não resultar ele na probabilidade de exercício de poder de mercado ou c) quando existir esta probabilidade, o efeito líquido da operação for positivo para o consumidor ou para o próprio mercado (verificação de eficiências).

Proceda-se neste ponto a um correr d'olhos no paradigma ("estrutura-conduta- desempenho).

De acordo com a teoria econômica ortodoxa, a estrutura e a conduta de mercado são responsáveis pela determinação da atuação do agente econômico; a estrutura influenciaria a atividade da empresa e seus resultados e a conduta referir-se-ia aos vários meios que a empresa possua para fazer frente à concorrência. Joe Bain[5] foi o precursor deste modelo, apresentando em sua obra estudo de cada um dos elementos integrantes do paradigma separadamente e sua interação.

Segundo Scherer,[6] o desempenho seria conseqüência da conduta dos agentes no mercado; a conduta, por sua vez, seria determinada pela estrutura e esta seria, por seu turno, influenciada por características objetivas, "dadas" ou "postas", tanto pelo lado da oferta (matéria-prima, grau de tecnologia, durabilidade dos produtos etc.) quanto pelo da demanda (elasticidade-preço da demanda, taxa de crescimento da demanda, existência de bens substitutos etc.). Em síntese, segundo o paradigma, a estrutura determinaria necessariamente a conduta do agente que, assim determinada, desaguaria quase que automaticamente no desempenho do mercado. Este o paradigma adotado pelo SBDC, u'a metodologia rígida, com pretensões a precisão laboratorial, quase

proposed decision rule) assim concluiu: "The process is largely regulatory. The process is not guided by compelling empirical evidence by which to assess the success of alternative approaches to remedies.The fashioning of merger remedies is not materially governed by case law. In the absence of fact and law, the fashioning of merger remedies is subject to standards that are not well-defined or consistent".

[5] BAIN, J., *Barriers to new competition.*

[6] SCHERER, F. M. e ROSS D.M. , *Industrial market structure and economic performance.*

que "robotizada", do que resulta verdadeira e incompreensível *via crucis* para os agentes econômicos que a ela cogentemente se submetem *ex vi legis*, assolados com freqüência por um sem número de exasperantes solicitações de informações para eles incompreensíveis (conhecedores que são da realidade do mercado) ou absolutamente desnecessárias.

Conforme o modelo desenvolvido por Scherer, a primeira etapa da análise consiste na identificação da estrutura do mercado, caracterizada pela delimitação do mercado relevante seguido pela determinação das parcelas que as partes nele possuam. Na hipótese de a operação resultar em uma concentração das participações de mercado, dá-se prosseguimento ao exame com o estudo da conduta do agente (conduta esta, como visto, condicionada pela estrutura de mercado anteriormente verificada). O objetivo desta fase é o diagnóstico da probabilidade do exercício do poder de mercado. Reconhecida esta, debruça-se sobre as possíveis eficiências resultantes da concentração. Nesta última etapa é avaliada a relação custo-benefício, em que são sopesadas as vantagens da concentração em tela e os malefícios dela decorrentes, encerrando-se, assim, em resumo, a análise sugerida pelo modelo.

No caso de empresas que detenham pequena participação de mercado, a concentração terá um efeito diminuto sobre a estrutura concorrencial, dada a baixa participação conjunta. Neste caso, o comportamento do agente, por estar condicionado a esta estrutura, seria incapaz de alterar as condições do mercado bem como seu desempenho. Independentemente de a concentração alterar as condições vigentes da concorrência, as três etapas do paradigma são objeto do estudo.

Todavia, o paradigma e a metodologia tal como aplicados comprovam-se excessivamente morosos, apresentam-se frágeis em termos de consistência (inclusive em seus próprios ícones formadores) e perniciosos quanto ao resultado.

De início, o modelo adotado parte da estrutura do mercado relevante, que é definida, principalmente, pelo emprego do teste do monopolista hipotético, um método que mais se aproxima do prisma da oferta realizada pelo monopolista ao mercado. Todavia, curiosa e contraditoriamente, no Brasil aplica-se o teste não obstante se declare a preferência pela definição do mercado relevante primordialmente sob o prisma da demanda. Isto quando as definições não são formuladas *ad hoc*, lastreadas na intuição do formulador quanto às próprias conclusões, restritivas ou lenientes diante do caso *sub examinem*. Veja-se por exemplo, a dificuldade ou quase inviabilidade, em alguns casos, de se adotar uma definição de mercado relevante de produtos diferenciados.

O teste do monopolista hipotético, de acordo com a teoria econômica, define o mercado relevante como o menor grupo de produtos, no menor território, em que um hipotético monopolista tenha condições de impor um pequeno, porém significativo, aumento de preços, de uma forma não transitória. A simples leitura da definição, como se vê, torna contraditória a idéia de relação do teste com a demanda do mercado, aproximando-a muito mais do comportamento da oferta.

De qualquer forma, uma vez determinado o mercado, identificam-se as participações relativas das empresas fazendo-se uma comparação do total das vendas de cada um dos agentes econômicos em relação ao total das vendas deste mercado. Acaso a participação conjunta das empresas seja igual ou superior a 20% do mercado ou, se a participação for igual ou superior a 10% quando o índice de concentração C4[7] for igual ou superior a 75%, haveria uma probabilidade, hipotética, de que as empresas poderiam exercer poder de mercado.

O paradigma é, assim, formado com base em hipóteses e análises subjetivas: por que 20% do mercado? O SBDC vem absorvendo, de forma cabalística, a idéia de que a empresa que responda por 20% do mercado relevante gozará de posição dominante ou, em outras palavras, de posição de domínio de mercado.[8] Não explica, porém, como, em um mercado oligopolístico suprido por três empresas, sendo duas delas titulares de participação equivalente a 40% e a restante com 20%, como poderia esta arvorar-se a uma posição de domínio! Outrossim, de certa forma incompreensível a idêntica preocupação que tem o SBDC com a análise de mercados de produtos intermediários, quando os impactos reais sobre os mercados consumidores se revelem quase que exclusivamente presentes nos mercados de produtos finais.

A verificação do poder de mercado, seguindo-se as regras aplicadas pelo CADE, implica afirmar que tais empresas teriam controle de uma parcela significativa do mercado, capaz de provocar uma variação de preços por um período razoável mediante uma redução de quantidades. Frise-se que se trata apenas de probabilidades. Disto resulta o binômio, sempre presente, de quantidade em relação a preços, o que significaria, desde logo, uma apreciação da análise antitruste pelas

[7] O índice C4 é a participação percentual conjunta das quatro maiores ofertantes do mercado relevante.

[8] Existem até mesmo manifestações, obviamente frutos de ignorância sobre a matéria, que entendem tipificar "crime de abuso de poder econômico" a participação de mercado superior a 20%. O caráter meramente presuntivo, *iuris tantum*, desse percentual e a faculdade de o CADE alterá-lo para setores específicos da economia, conforme previsto no § 3.º do art. 20 da Lei de Regência é praticamente letra morta na *praxis*.

eficiências alocativas, que, dentre os critérios analíticos de eficiência, são aquelas que possuem menor importância ou dignidade.

Para a apuração da probabilidade de exercício do poder de mercado, algumas variáveis predeterminadas são avaliadas. Nesta etapa, são analisados fatores tais como a participação das importações, possibilidade de entrada de novos competidores, barreiras à entrada e rivalidade, dentre outros.

Em sendo encontrada a probabilidade de exercício de poder de mercado, as eficiências passarão a ser objeto de perquirição. As eficiências aludidas e que podem ser analisadas pelo CADE são as eficiências inovativas, produtivas e eficiências alocativas, presentes nos mercados submetidos à concorrência imperfeita.

O problema fundamental, porém, da análise antitruste sob o ângulo das eficiências é que estas sequer são mensuráveis; o próprio sistema reconhece a dificuldade.[9] Não é possível mensurá-las, à eventual exceção das produtivas, e isso apenas *a posteriori*, ou seja, depois da realização do processo de concentração. Isto significa que o processo de análise, utilizando-se deste paradigma, nada mais é que um exercício especulativo de adivinhação. Assim, o paradigma nada mais é do que uma fórmula mágica, não necessariamente vinculada ou relacionada com a realidade do mercado. Não obstante, sua implementação pode resultar, eventualmente, em graves conseqüências e ofensas ao princípio constitucional maior da livre iniciativa, corolário que é do *status libertatis* do agente econômico, seja pela sujeição deste a ineficientes condições à aprovação de seu negócio ou mesmo a ordens de desfazimento deste, em desestímulo ao investimento.

As eficiências, entretanto e de fato, são consideradas aspecto importante para a aprovação ou não de um ato de concentração. E, o que é o mais grave, ao fazê-lo, a prática vem demonstrando a primazia que se outorga à eficiência menos nobre, a alocativa, que é, na verdade, o elo final do processo produtivo. Depreende-se, assim, que a análise preocupa-se muito mais com os *efeitos* de uma estrutura de mercado do que com as *causas* desta estrutura, relevando a segundo plano a eficiência de maior valor e merecedora de maior estímulo, a inovativa.

---

[9] "Os incrementos (*sic*) de eficiências são difíceis de se verificar e quantificar, em parte porque as informações necessárias se referem a eventos futuros. Em particular, incrementos (*sic*) de eficiência projetados, ainda que com razoável boa fé, podem não se concretizar" (Guia para Análise de Atos de Concentração Econômica Horizontal publicado pela Portaria Conjunta SEAE/SDE n.°50, de 1° de agosto de 2001).

A eficiência inovativa é a única responsável pelas principais mudanças ocorridas mundialmente e que origina, na linguagem schumpeteriana, uma criação destrutiva do estado-da-arte, dando origem a novos produtos, a uma nova realidade. O tão propalado "estado-da-arte", recorde-se, nada mais é que o prenúncio da obsolescência e não o ponto desejável, o melhor aspecto que o consumidor poderia ter. A importância da eficiência inovativa é subestimada pelas autoridades, prejudicando de maneira substancial o real objetivo social da legislação antitruste, qual seja o desenvolvimento econômico.

A análise como atualmente realizada desvirtua-se de seu objetivo verdadeiro e considera como finalidade da legislação antitruste o estudo do aumento das quantidades *versus* redução de preços, o que não é necessariamente verdadeiro. A eficiência inovativa pode, e deve, gerar produtos novos, ainda que mais caros, porque a criação move o mundo; a mesmice deste só é alterada pela destruição criativa de que falava Schumpeter, sendo o produto dela resultante indiferentemente mais caro ou barato, o que não é sequer levado em consideração na grande maioria, senão na totalidade dos processos de análise de atos de concentração.

O paradigma "estrutura-conduta-desempenho" leva à conclusão de que o procedimento de análise de atos de concentração pode resultar na aprovação condicionada das operações, podendo as condições serem de ordem estrutural ou comportamental. O paradigma propõe a celebração, nestes casos, de um Termo de Compromisso de Desempenho,[10] definido como o acordo firmado entre as empresas e o CADE com metas qualitativas e/ou quantitativas a serem realizadas pelas compromissárias por um período predeterminado e com o acompanhamento formal (e não crítico) dos órgãos de defesa da concorrência.

As medidas estruturais relacionam-se aos ativos das empresas envolvidas na concentração e consistem na alienação de determinados ativos com a finalidade de reestruturar a operação como vistas à eliminação dos seus efeitos, tidos por anticompetitivos. Entre outras, são medidas estruturais a determinação da alienação de marca, unidade produtiva ou de empresa controlada. Geralmente, tais medidas são aplicadas em operações que envolvam mais de um mercado,[11] impondo-se a alienação de algum dos ativos das partes no mercado relevante prejudicado pela operação.

[10] Art. 58 da Lei n.º 8.884/94.

[11] *Diretrizes para elaboração e implementação da política de defesa da concorrência,* – publicação do Banco Mundial e Organização para o Desenvolvimento e Cooperação Econômica (OCDE)/Editora Singular.

As cláusulas estruturais do Compromisso de Desempenho podem, por seu turno, ser classificadas em medidas completas ou incompletas. As completas relacionam-se à venda da totalidade de um negócio de uma das partes (previamente determinado pelo sistema) a um terceiro não envolvido na operação. Neste caso, é necessário comprovar a possibilidade de segregar o negócio sem prejuízo para a parte vendedora e a possibilidade de atuação e manutenção do negócio pelo terceiro comprador, de forma independente.

Ao contrário das medidas completas, as incompletas versam sobre a alienação de parte do negócio de uma das partes para que seja ele explorado por um terceiro. Neste caso, é necessária a comprovação de que o negócio terá toda a assistência e os bens necessários à continuidade do processo produtivo. Entre as medidas incompletas, cita-se a cessão de patente, *know how* e/ou tecnologia.

Por fim, as medidas comportamentais impõem obrigações e comportamentos tal-qualmente com a finalidade de se eliminarem efeitos anticoncorrenciais da operação. Dentre elas, arrolam-se a suspensão de cláusula de exclusividade, a abertura de mercados de distribuição e o fornecimento de um bem ou serviço a um cliente específico por prazo determinado. A crítica a tais medidas baseia-se no grande dispêndio de esforços das autoridades na verificação e acompanhamento da realização dessas medidas, exigindo-se maior esforço e recursos por parte dos serviços fiscalizadores dos órgãos antitruste.

Cumpre notar que o CADE não é nem poderia ser *órgão regulador* do mercado, no que se tem se transformado amiúde quando da celebração de Termos de Compromisso. O CADE é órgão judicante *executor* da política concorrencial no País e não instrumento formulador de políticas setoriais e seu regulador.[12]

Outrossim, pode-se criticar as medidas estruturais quando, na prática, se revelam elas modificadoras da estrutura de mercados apenas teóricos ou anacronicamente caracterizados, em ambos os casos em mercados inexistentes, ou quando revelarem-se concretamente desproporcionais a temores meramente especulativos ou de menor monta.

A implementação do acordo só ocorre alguns anos depois da concretização do ato de concentração. O Termo de Compromisso não conside-

[12] A mesma preocupação com o desvirtuamento das funções dos órgãos antitruste foi espelhada no recente caso *Verizon Communications Inc. v. Law Offices of Curtis v. Trinko,* LLP, 2004 WL 51011 (2004), julgado em janeiro de 2004 pela Suprema Corte norte-americana.

ra o fato de que o mercado já neutralizou os efeitos do ato de concentração, podendo assim ter um efeito largamente perturbador ou mesmo altamente destrutivo no mercado. Poder-se-ia afirmar que o Termo de Compromisso estaria associado à potencialidade de um posterior efeito danoso de violação da lei. Ora, em sendo assim, em vez de se exigir a celebração de Termo de Compromisso, com propósitos especulativos sobre o impacto, já conhecido, de operações de há muito consumadas, seria muito mais útil a verificação da existência ou não de algum indício de infração à ordem econômica, iniciando-se o processo de apuração em caso afirmativo e arquivando-se *tout court* o procedimento analítico na situação oposta.

A experiência demonstra que os Termos de Compromisso celebrados não atenderam nem os critérios de eficiência, nem os de preservação dos níveis de concorrência do mercado relevante, quando não lhes foram deletérios.

3. As escolas que influenciaram o modelo brasileiro

O paradigma metodológico atualmente utilizado no Brasil ("estrutura-conduta- desempenho) é fortemente influenciado pela escola tradicionalista de Harvard, que revela o pensamento norte-americano ligado a uma cultura de exacerbação do pluralismo igualitário, e que vê na concorrência um valor em si mesmo. Para esta escola, a concorrência vale por si própria, pouco importando o efeito real da concorrência no mercado em relação ao consumidor, posto que o valor a ser protegido é a concorrência em si mesma e não o consumidor ou o mercado.

Em nosso modo de ver, a análise das concentrações sob este prisma resta completamente esvaziada de fundamento; os processos dos órgãos antitruste são direcionados no intuito de coibir práticas comerciais que, *ultima ratio*, prejudiquem o consumidor e não a concorrência, de forma a prevenir que os consumidores sejam sujeitos a preços supracompetitivos. A coletividade e não o processo competitivo em si mesmo é o titular do bem jurídico protegido.[13]

Esta visão, aplicada ao modelo brasileiro, leva a um grave problema conceitual em relação ao dispêndio de tempo e recursos financeiros com a análise de atos de concentração, em sua vastíssima maioria. De acordo com a escola tradicionalista, a concorrência, em sendo um valor em si mesmo, redundaria no nivelamento do mercado pela ineficiência relativa dos agentes

[13] V. parágrafo único do art. 1º da Lei n.º 8.884/94.

econômicos, pois no momento em que alguma empresa pudesse nele se sobressair, esta mesma empresa, por sua eficiência, estaria se opondo ao valor "concorrência". Em resumo, tem-se o nivelamento das empresas pelas respectivas ineficiências.

Segundo a escola tradicionalista, toda concentração seria, em princípio, danosa à concorrência. Na prática, é com base neste conceito que os atos de concentração têm sido em sua maior parte analisados pelo SBDC, dado o viés cultural que tem o Poder Público no Brasil, que vê na atividade empresarial, *não uma fonte de produção de bens e serviços, de progresso e de desenvolvimento social, mas uma fonte permanente de abusos potenciais contra o mercado e o consumidor.* O empresário no Brasil, para o SBDC, é tido muito mais como um agente de abuso, ofensor potencial da Lei, do que um promotor de bem-estar social.

Aliás, esta questão leva a questionamentos constitucionais. Quando assim age, o SBDC atua de forma inconstitucional, na medida em que, ao sujeitar as operações às agruras do procedimento de análise e a eventuais condições estruturais ou comportamentais, presume uma certa dose de ilicitude, ainda que potencial, da operação (e por isso a restringe). Toda concentração, como visto, seria em princípio danosa ao mercado. Ocorre que a Carta Magna comanda em sentido oposto, garantindo a presunção de legitimidade das manifestações da livre iniciativa.[14] Portanto, é passível de questionamento, do ponto de vista constitucional, a sujeição da aprovação de atos de concentração a condições lastreadas em meras presunções ou projeções abstratas de potencialidade lesiva ao mercado, posto que a presunção constitucional é de que os chamados atos de concentração em princípio geram bem-estar social e não condutas abusivas.

Contrapõe-se à escola tradicionalista, como é de conhecimento geral, a Escola de Chicago. Excessos à parte, quiçá esta escola guarde, com seus ensinamentos, maior proximidade com as realidades do mercado.

Para os defensores desta doutrina, as leis antitruste estão direcionadas para a melhoria das eficiências econômicas. Por esta linha de raciocínio, as concentrações são benéficas à concorrência e as condutas consideradas anticompetitivas são restritas àquelas que reduzam a eficiência. A Escola de Chicago, contrariando o paradigma "estrutura-conduta-desempenho", afirma não ser a estrutura do mercado o fator determinante da conduta do agente, mas, ao contrário, a conduta do agente é que seria a determinante da estrutura.

[14] O princípio da livre iniciativa é fundamento e, mais do que isso, um valor da República Federativa do Brasil (art. 1.°, IV) e da ordem econômica (art. 170, *caput*).

Com base neste raciocínio, a retroaplicação do ícone "conduta" na criação de novas estruturas de mercado com a produção de novos mercados, é perfeitamente possível, demonstrando-se, assim, que a concentração econômica, ao contrário de ter uma presunção de dano ao mercado, poderia ter uma presunção de legitimidade, uma presunção *iuris tantum*, mas certamente uma presunção de legitimidade. É, como dito acima, o paradigma adotado pela Constituição Federal brasileira, mas não, na prática, pelo SBDC.

No Brasil, surgiu uma terceira escola que pode ser denominada estatista ou intervencionista. Mencionou-se acima a dificuldade extrema do Estado nacional de aceitar o princípio da liberdade econômica: a gestão das políticas públicas e as diretrizes normativas oscilam entre a democracia econômica e o intervencionismo estatal. A legislação da concorrência é freqüentemente desviada de sua finalidade social para a implementação de políticas públicas, notadamente econômicas e financeiras, ou para o controle envergonhado e sub-reptício de preços; uma heresia jurídica.

A escola intervencionista, que tanto age contra a cultura da concorrência no País, trata a legislação de concorrência como uma regulação jurídica do intervencionismo estatal, privilegiando as eficiências alocativas de forma a priorizar políticas de desempenho na Economia. É imperativo, por esta escola, que a legislação de concorrência resolva problemas circunstanciais, conseqüências dos fatos econômicos, sem se preocupar com, ou dar maior atenção às, causas geradoras de anomalias de mercado. Priorizam-se políticas de desempenho em detrimento de políticas estruturais, mediante as quais haveria maior eqüidade distributiva, maior eficiência econômica e maior aproveitamento de escala entre outros benefícios.

A escola intervencionista é, assim, defensora de posturas francamente anticonstitucionais e autoritárias.

A legislação brasileira que disciplina a concorrência é uma colcha de retalhos, tendo haurido, concomitantemente, mas sem maiores precauções quanto a conflitos conceituais, o ensinamento de *todas* as escolas. A análise dos atos de concentração é realizada sob o pálio do paradigma "estrutura-conduta-desempenho", fruto da escola tradicionalista, cujas lições são de questionável constitucionalidade no Brasil. Ao mesmo tempo, a legislação privilegia a análise das eficiências nos atos de concentração, fruto da Escola de Chicago. Ao fazê-lo, prioriza, como ensina a Escola, a eficiência menos nobre, qual seja a alocativa, de menor interesse da Coletividade e, quando muito, a eficiência produtiva. A sempre presente insinuação de ameaça de (inconstitucional) controle direto ou indireto de preços, a título de formulação de Políticas Públicas, ao sabor da escola intervencionista, sempre permeia a análise de atos de concentração em alguns setores. Nesse mesmo sentido, intervenções no mercado mediante sujeição da aprovação de atos de concentração a condições com base em simples presunções ou projeções decorrentes da aplicação de paradigmas meramente teóricos ou a políticas públicas diversas das de concorrência são francamente inconstitucionais.

4. A retórica do paradigma comparada à realidade do mercado

A estrutura analítica da metodologia aplicada no Brasil é uma situação estanque, um verdadeiro formulário, que pode ser denominado "formulário não-pense", uma série de células em que os dados são colocados de forma diversa da realidade do mercado, cujo resultado é a conclusão "necessária" da "imprescindibilidade" de imposição de condições à aprovação de determinados atos de concentração.

Nesse sentido, a estrutura do mercado passa a ser o resultado não de uma realidade palpável, mas de dados "postos" ao analista, seja do lado da estrutura da oferta, seja do da demanda. Destarte, a estrutura é formada pelo preenchimento de determinados elementos exógenos e objetivos puros, estejam eles ligados ou não à dinâmica do mercado a ser por vezes microscopicamente examinada. Os dados são inseridos que em um computador, gerando um espectro de estrutura de mercado.

Dessa forma, chega-se a conclusões relativamente não apenas à estrutura de mercado, mas igualmente ao número de agentes e respectivas participações, diferenciação dos produtos, existência ou não de barreiras ao ingresso, estruturas de custos e presença ou ausência de integração vertical, dentre outros aspectos. As informações são apresentadas de forma objetiva ao analista, desconsiderando-se aspectos subjetivos das informações e da realidade do mercado. Tais informações são consideradas "irrelevantes".

Seguindo-se o paradigma, esta é exatamente a ordem de análise: definição da estrutura do mercado, que necessariamente determinará a conduta do agente, sendo que dadas as escolhas efetuadas por este agente, o resultado será caracterizado por um desempenho do mercado.

Apesar de o modelo, em sua aparência, ser perfeitamente aplicável, a realidade é diversa; em cada ícone integrante do formulário, a conduta de mercado muitas vezes se retroaplica, alterando ou criando novas estruturas de mercados ou modificando as condições básicas que geraram a definição de mercado relevante. Isto significa afirmar que o paradigma é perfeito, porém retórico.

Há casos paradigmáticos que demonstram que a análise formal não tem consistência com o mercado. São hipóteses em que houve "criação" de mercados a partir de condutas ou de desempenhos inovativos. Por exemplo, recorde-se o caso da IBM, empresa que outrora fora considerada "imbatível", até o momento em que a Microsoft apresentou ao mercado um equipamento pessoal, de pequeno porte: hoje tem-se *palmtops* e *laptops*, que tornam *mainframes* impensáveis. Tem-se aqui que não foi a estrutura do mercado que determinou a conduta ou o desempenho do mercado, mas, ao contrário, gênios da informática que criaram uma nova estrutura, um novo mercado, alterando aquela realidade que hoje se tornou obsoleta.

As hipóteses referentes a mercados de tecnologia de ponta são mais evidentes, porém não exclusivas da demonstração da retroaplicação dos ícones do paradigma prevalecente. Veja-se o caso da empresa Unilever, criadora da maionese "Hellman's", cujas características são de tal sorte distintas que poderia ser considerada um mercado em si; neste caso, as estatísticas demonstram que, em havendo uma elevação de preços da maionese "Hellman's" não haveria um deslocamento da demanda para produtos de marcas concorrentes e sim a simples diminuição na compra de quantidades da referida maionese, a significar que esta é um mercado em si, criado pela inovação.

A retroaplicação dos ícones resulta na contraposição da racionalidade formal do paradigma com o bem-estar social. Aquela privilegia a forma (o formulário "não-pense") em detrimento de operações que poderiam gerar benefícios à sociedade, às custas da própria sociedade e das empresas, que são obrigadas a recolher taxas processuais para que sua operação, presuntivamente lícita, seja examinada e eventualmente objeto de condições refletidas em cláusulas desconectadas com a realidade do mercado. Aliás, causa espécie que transações presuntivamente lícitas, que reflitam o pleno exercício do princípio da livre iniciativa, para terem eficácia,[15] e que, em sua enorme maioria não apresentem qualquer efetiva potencialidade anticoncorrencial, estejam sujeitas a tão oneroso quanto falível processo de fiscalização ou, pior, intervenção.

5. A inconstitucionalidade do paradigma

De acordo com a Lei Maior, o paradigma é inconstitucional. A Constituição brasileira afirma em seu art. 1.º que o País tem como fundamento o princípio

[15] Art. 54, § 7º, da Lei n.º 8.884/94.

da livre iniciativa. O art. 170 da Carta Magna reza que a ordem econômica tem, entre seus fundamentos, a livre iniciativa, e como um de seus princípios a livre concorrência. Nessa linha, qualquer diretriz que classifique a concentração econômica como um dano potencial ao mercado necessária e logicamente haverá de concluir que a livre iniciativa é, em princípio, perigosa.

A Lei Maior, todavia, confere predomínio à livre iniciativa sobre a restrição estatal desta, como atualmente ocorre no Brasil. A idéia de que a concentração econômica é, em princípio, geradora de dano potencial ao mercado viola a *mens legis* da Constituição Federal. Ao contrário, esta estabelece uma presunção *iuris tantum* de legitimidade, de licitude dos chamados atos de concentração.

6. Conclusão

Conclui-se, pelo exposto, que a realidade formal adotada na análise dos atos de concentração resulta em um verdadeiro e palpável erro de paradigma, revelando uma visão maniqueísta de mercado, de certo-errado na Política de Concorrência. Trata-se de um fato perigoso, não só por às vezes criar obstáculos ao regular desenvolvimento de operações lícitas, legítimas e benéficas ao consumidor, como também, por desconhecer o predomínio de eficiências inovativas e por desestimular investimentos.

O tempo despendido com a vasta maioria de atos de concentração irrelevantes é o grande responsável pela sobrecarga de serviço dos órgãos de defesa da concorrência, em prejuízo da análise de condutas efetivamente anticoncorrenciais, o que torna inócua a aplicação da legislação da concorrência em grande parte do País.

A principal questão a ser resolvida, porém, refere-se à ausência de equilíbrio na política de incentivos: não há motivação à destruição criativa da realidade, de que falava Schumpeter. Possivelmente, há que se preocupar menos com atos de concentração, dada sua presunção de legitimidade, mesmo porque as operações analisadas sob o paradigma vigente nada mais são que exercícios de adivinhação, e muito mais com as condutas anticompetitivas, uma análise *a posteriori*. E isto sem maior perda para o mercado (mesmo porque este perde mais com a função dita "preventiva" do que com a maior eficiência na repressão a condutas ilícitas). Ademais, as cominações legais pertinentes aos atos anticoncorrenciais de mercado conferem à Autoridade os mesmos remédios que lhe são colocados à disposição por ocasião da análise de atos de concentração.

7. Bibliografia

BAIN, J. *Barriers to new competition*. Cambridge: Harvard University Press, 1956.

BLUMENTHAL, William. *Reconciling the debate over merger remedies: a discussant's proposed decision rule*.

DIRETRIZES PARA A ELABORAÇÃO E IMPLEMENTAÇÃO DA POLÍTICA DE DEFESA DA CONCORRÊNCIA. São Paulo: Banco Mundial e OCDE/Singular.

GUIA PARA ANÁLISE DE ATOS DE CONCENTRAÇÃO ECONÔMICA HORIZONTAL. Portaria conjunta SEAE/SDE n. 50, de 1º de agosto de 2001.

SCHERER, F. M.; ROSS, D. M. *Industrial market structure and economic performance*. 3 ed. Boston: Boston Houghton Miffling Company, 1990.

ECONOMIC EFFICIENCIES FROM A LEGAL STANDPOINT UNDER BRAZILIAN LAW *1

José Inácio Gonzaga Franceschini

Edgard Antonío Peretra[2]

ABSTRACT: 1. Introduction – 2. Scope of competition law: 2.1 The Traditional or Structuralist School; 2.2 The Chicago School; 2.3 The Statist School; 2.4 Synopsis – 3. Identification and evaluation of economic efficiencies: 3.1 Types and ranking; 3.2 Measurability; 3.3 Criteria for application – 4. The efficiencies in law: 4.1 The Brazilian constitutional system; 4.2 The infra-constitutional system; 4.3 Conclusion.

1. Introduction

The Brazilian Competition Law is a branch of the Penal-Economic Law which governs the market relations between the economic agents and the consumers, ensuring, subject to penalties, the full exercise of the right to free competition as an instrument of free initiative to the benefit of the Community. It represents a symbiosis between Law and Economics.

Establishing a common language accessible to both sciences is therefore imperative not only for the correct application of the law, but for its evolution as well. In dealing with acts of concentration.[3] Such is one of the purposes of the analysis of economic efficiencies within the meaning of article

* *Trabalho apresentado na Fordham Corporate Law Institute Twenty-fifth anniversary Conference, em 1998*

[1] Adapted from the original Portuguese version of the paper "Inteligência do art. 54, § 10, da Lei n.º 8.884, de 11.6.1994".

[2] This paper was reviewed by the lecturer with the collaboration of Edgard Antonio Pereira, one of the partners of the consulting firm "Edgard Pereira e Associados", Professor of the Department of Economic Theory at UNICAMP - Campinas University (State of São Paulo, Brazil) and former visiting scholar at Berkeley University (California, U.S.A.).

[3] In the Brazilian legal system "acts of concentrations» is the expression used to refer to «mergers and acquisitions" of the U.S. legal system.

54, § 1, of the Brazilian Competition Law (Law n. 8884, of June 1, 1994, as amended).[4]

2. Scope of the competition law

The discussion on economic efficiencies from a legal standpoint begins with the determination of the scope of the Law.

The principal legal doctrines engaged in the debate in Brazil are: (a) the Traditional or Structuralist School; (b) the Chicago School; and (c) the Statist School.

2.1 The Traditional or Structuralist School

Pursuant to the Traditional School, originated from the earliest construction of the U.S antitrust laws, competition is a legal and economic asset in itself, i.e., a "process" designed to curb abusive conducts seeking to preserve the

[4] Article 54 of the Brazilian Competition Law governs merger and acquisition notifications and reads as follows (free translation): "Article 54. All acts, no matter how manifested, which may limit or in any manner harm free competition or result in the domination of any relevant market of goods or services, must b e submitted to the review of CADE (the Brazilian antitrust agency). § 1 CADE may authorize the acts referred to in the *caput* as long as they comply with the following conditions: I -(the act shall demonstrate) to have as (its) purpose, cumulatively or alliteratively: a) to increase productivity; b) to improve the qualify of good or services; or c) to promote efficiency and the technological or economic development; II -the benefits resulting (from the act) shall be equitably distributed among its participants, on the one hand, and the consumers and end users, on the other; III -(the act) shall not result in the elimination of competition in a substantial part of the relevant market of goods and services; IV -the limits strictly necessary to achieve the intended objectives are observed. § 2 The acts referred to in this article may also be considered legitimate as long as at least three of the conditions set forth in the items of the preceding § are met, whenever (the act is) necessary for preponderant reasons of the national economy and of the common welfare, but as long (such act) shall not imply a prejudice to the consumer or the end user. § 3 All those acts which seek any form of economic concentration, be it achieved through a fusion or merger of companies, incorporation of a new company to exercise the control of others or any form of corporate grouping, which involve a relevant market share of the (affected) company or group of companies of twenty per cent or more, or in which any of the participants shall have accounted for a gross annual turnover in its last Balance Sheet equivalent to R$ 400,000,000, shall be subject to the provisions (of this article 54)".

consumers' multiple choice and to protect them against supracompetitive prices. Thus, competition would only be useful to the extent it shall cause a waste reduction in the productive process and enhance innovation. For the followers of this legal doctrine, the market structure shall determine the conduct of the economic agents and, therefore, all forms of economic concentration would somehow be damaging to the market.

The usual representation of this school of thought, influenced by the neoclassical theory, is made by the concept of *deadweight loss.* The basic idea is that all forms of market concentration shall generate a loss of efficiency that is not appropriated by any of the economic agents, should they be producers or consumers.

The rationale of this concept is the following:

A market is competitive whenever no individual manufacturer shall be able to sell at a price higher than that permitted by the conditions given by the total market supply and the total market demand. To the extent there shall be no barrier to the entry into such market, such pricing, under conditions of equilibrium, will only be sufficient to recover costs accrued by a "normal" profit margin. In this kind of market, the demand curve is horizontal at the equilibrium price level, with infinite price elasticity. On the other hand, the demand in a concentrated market is characterized by the existence of some "market power" of the manufacturer, expressed by the trade-off between prices and quantities, due to the price elasticity of demand. In both cases, equilibrium shall occur whenever the price shall maximize a product's profitability, subject to the principle of equality between marginal revenue and marginal cost.

The classic diagram graphically demonstrates the equilibrium situation in such markets:

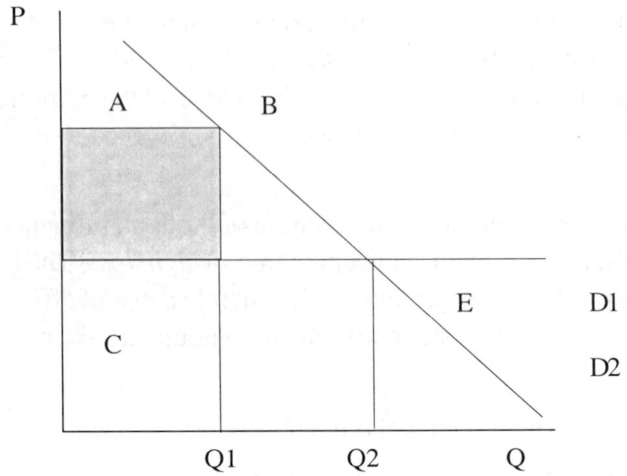

In the above figure, D1 represents the curve of demand of the firm in a competitive market, whereas D2 represents the curve of demand in a concentrated market. The horizontally of the curve D1 indicates the firm's complete lack of power to fix prices in those markets -no product would be sold for a price other than that allowed by the market. The curve D2 indicates that there is some trade-off between prices and quantities, caused by the price elasticity of demand, for which reason, there is room for price manipulation by the enterprises.

The distance AC is the supracompetitive unit profit earned by the firm in a concentrated market and the ABCD area is the total supracompetitive profit. On its turn, the distance Q1 Q2 represents the reduction in output resulting from the raise in supracompetitive prices.

The basic argument for the congenital inefficiency of concentrated market configurations is the existence of the triangular area BDE, defined as the *deadweight loss.* Whereas the supracompetitive profit amount constitutes a transfer from the consumer to the manufacturer resulting from the market concentration, the deadweight loss is something that has not been appropriated by any economic agent, whether consumers or manufacturers. It constitutes nothing but sheer inefficiency in the use of economic resources.

Thus, preserving competition in the market would be an asset in itself; an antidote against the congenital inefficiency of concentrated markets.

Accordingly, it can be inferred that the subject matter of the legal protection would be the competition itself, rather than economic efficiency. The latter would naturally arise from the characteristics of a competitive market.

This is a school of thought largely influenced by U.S. culture which exacerbates the equalitarian pluralism as the highest level of virtuosity. Thence the expression "small is beautiful".

As a result, the School tends to level business enterprises by their inefficiencies, a trend which resulted in the enactment of several laws in the United States (The Robinson-Patman Act, in 1936, outlawing price discrimination, and the Celler-Kefauver Act, in 1950, amending the anti- merger legislation) lenient with economic inefficiency and seeking to protect small firms.

2.2 The Chicago School

The second school of thought was developed at the so-called "Chicago School", having Professor Robert Bork as one of its prominent spokesman. Pursuant to such School, the antitrust laws would be teleologically addressed to the enhancement of economic efficiencies and, therefore, market conducts would only be deemed anticompetitive should they reduce efficiencies.

Consequently, market conduct should determine market structure and, generally speaking, market concentrations should *prima facie* generate efficiencies. The only exception would be if such concentration would result in an output reduction and, consequently, in the generation of supracompetitive pressures on prices. In this case only the consumer would have cause to claim legal protection, as otherwise he would be the beneficiary of the social welfare promoted by the efficiency.

The Structuralist doctrine and the Chicago School have points in common:

Firstly, both schools seek to protect the consumers against supracompetitive prices, and tend to accept allocative efficiency as the primary purpose of competition laws.

Likewise, both theories are concerned with waste minimization (the elimination of *X-inefficiencies* in the productive process) and maximization of social welfare.

In turn, the intent of traditionalists to encourage innovation is not in any way different from the dynamic efficiency taught by the Chicago School.

Summing up: the actual difference between the two apparently opposite schools is simply and only a matter of ideology, that is, the extent that each of such school accepts the role of the State in the Economy, a standing which has been more radically defined by the Statist School.

2.3 The Statist School

The endogenous similarity of the neoclassical theories fostered the creation of a third school, clearly developed at the shadow of Latin cultures, favoring the regulation of State interventionism.

Such strongly interventionist school was largely accepted in Brazil and entrusts upon the Executive the authority to enforce competition laws and to control economic and corporate activities. Such school suffered a severe setback with the enactment of the Brazilian Federal Constitution of 1988, article 174[5] of which limited the role of the State to that of a mere normative and regulatory agent, with powers restricted to the follow up of economic developments, to regulation and to planning. Therefore, the assertions advocated by this school currently faces constitutional challenges.

The survival of this school of thought, however, was ensured by the inappropriate location of § 4, article 173 of the Brazilian Federal Constitutional,[6] which placed the constitutional demand for a competition law in the same chapter governing the direct exploitation of economic activities by the State. Such misplacement has led to the antinomic conclusion that the State could be directed to intervene in the Economy in order to ensure free competition.

Competition laws deal with two types of policies: (a) structural policies aiming at economic efficiency, distributive equality and enhanced use of scale

[5] Article 174 of the Brazilian Federal Constitution (free translation): « Article 174. As a normative and regulatory agent of the economic activity , the State shall exercise, in accordance with the law, the functions of following up with the economic developments, incentive and planning, the latter being mandatory to the public sector and indicative to the private sector».

[6] Article 173 of the Brazilian Federal Constitution (free translation): "Article 173.Except in the cases set forth in this Constitution, the direct exploitation of an economic activity by the State shall only be permitted whenever necessary (in light of) the imperative (demands) of national security or of relevant collective interests, as defined in law. (...) § 4. The law shall repress the abuse of economic power which seeks the domination of markets, the elimination of competition and the arbitrary increase of profits".

and growth; and (b) performance policies, which addresses less noble issues such as those concerned with the *effects* of market anomalies as opposed to the *cause* of such anomalies. Performance policies are the primary focus of the Statist School.

Still largely accepted in Brazil (because of the country's interventionist background), the school considers competition as an integral part of the State Economic Policy. Accordingly, enterprises and competition among them would be mere instruments of the Economic Policy and, eventually, of the concept of "social function of private property" (article 170 (III) of the Brazilian Federal Constitution),[7] as such *concept* is historically misconstrued as a bill of indemnity to ideological interventionist initiatives and offenses to private property and the *status libertatis* of the economic agents.

The acceptance of the doctrine can be easily explained by Brazilian History:

The first Brazilian competition law was enacted in 1938 (Decree-Law n. 869, of November 18, 1938) amid a strong Government which considered competition a matter of "national security", whose offenders were to defend themselves at a National Security Court, of unfortunate memory. The succeeding piece of legislation was the draconian Decree-Law n. 7.666, of June 22, 1945, which called for strictly administrative enforcement and iniquitous treatment of defendants, who could not resort to judicial review, an attitude typical of the dictatorial political system then prevailing.

Democracy was restored in Brazil under the Federal Constitution of 1946,[8] under which a new law was enacted (Law n. 1521, of December 26, 1951). Although passed under a democratic wave, the Law was unable to entirely set aside all interventionist concepts and was primarily geared to protect the so-called "people's

[7] Article 170 of the Brazilian Federal Constitution (free translation): "Article 170. The economic order, based on the valorization of the human labor and on free initiative, shall seek to ensure a dignifying existence to all, in accordance with the commands of social justice, the following principles being observed: 1 - national sovereignty; II - private property; III - social function ofproperty; IV - free competition; V - consumer protection; environmental protection; VII - reduction of the regional and social inequalities; VIII - search for the full employment; IX - favorable treatment to the small sized companies incorporated under Brazilian law, wich are headquartered and (have its) administrtion (located) in the Country".

[8] Article 148 of the Brazilian Federal Constitution of 1946 caused competition laws to enjoy constitutional dignity.

economy".[9] Such mixture of "people's economy" and free competition concepts later resulted in a common confusion between the nature and scope of competition laws *vis-à-vis* consumer laws, with dangerous effects under the Brazilian legal system by importing concepts of strict liability, administrative (often arbitrary) treatment of market conduct and structure, with frequent disregard to the due process of law clause in enforcement policies.

The first truly democratic competition law was finally enacted in 1962 (Law n. 4.137, of September 10, 1962, a poorly adapted translation of the U.S. laws to be applied as competition was seen and understood in Europe, but in essence a well drafted statute, democratically approved by Congress after a long and proficuous debate, which was notwithstanding not fully understood by the business community at the time.

In 1964 Brazil plunged into a military government which promulgated two dictatorial Constitutions, in 1967 and 1969. Such Constitutions consecrated State intervention as a fundamental principle governing the so-called "economic and social order". Law n. 4.137/62 was not repealed, but was virtually disregarded in favor of tax incentive and economic planning mechanisms, as expressly stated in the 2nd National Development Plan drafted by the military.

Although democracy was once again restored in the country, the Statist legacy remained alive and largely influenced the then new Law n. 8.158, of January 8, 1991, which amended Law n. 4.137/62, seeking mostly an "administrative" enforcement of competition laws. Such law was effective for only a short period of time, but was strong enough to support legal theories (still powerful today) which attempt to consider competition laws as a part of Economic Law. Such theory allows circumstantial treatment to competition issues and not seldomly sacrifices certain basic settled constitutional principles, such as the principles of ample defense, of the adversary system and of the due process of law arguably for the sake of an "administrative flexibility" and "swift punishment" of alleged to be offenders.

Finally, the law currently in force (Law n. 8.884, of June 11, 1994) was enacted, a law clearly influenced by the competition laws of the European Community, but largely adapted to the Brazilian legal system and constitutional patterns. It can be said without much room for error that Law n. 8.884/94 is truly the first Brazilian Competition Law.

[9] "People's Economy" is a concept which is primarily concerned with consumer protection against usury , frauds and price abuses.

Meanwhile, however, the Statist School continued to exercise its detrimental influence. Amongst the fruits of such hazardous school of thought two radically interventionist statutes were enacted: (a) Law n.. 8.137, of December 27, 1990 (which turned competition laws into a purely criminal statute, suggesting police treatment of the market) and (b) an amendment to Law n.. 8.884/94 disorderly attempting to convert the competition laws into a price control law, introducing the concept of "abusive raise in prices". The latter resulted for some time (and still occasionally) in the exogenous exercise of price control mechanisms by the competition authorities. It was a typical case of "legal deviation of social purpose", that is, of the application of a law for a purpose other than that resulting from its intrinsic nature.

Such conflicting purposes and scopes sought by the three schools of thought resulted in the taxonomic contradictions faced by scholars, law enforcement agencies and competition authorities in defining the legal nature of the Brazilian Competition Law.

2.4 Synopsis

The Brazilian Competition Law currently in force has generally adopted economic efficiency as its primary target, based on the grounds that such efficiency shall promote the country's welfare based on the rivalry between competing firms in the marketplace. Indeed, article 1, sole §, of Law n. 8.884, of 1994, expressly states that "the Community is the rightful owner of the legal interests protected by this law", while § 1 of article 20 reads that "the conquest of the market resulting from the natural process based on the greater efficiency of the economic agent *vis-à-vis* his competitors shall not characterize the offense of (domination of the relevant market)" (both translations are free).

However, in an economic analysis of efficiencies from a legal standpoint, two aspects should still be preliminarily examined: (a) the ranking of efficiencies; and (b) their measurability.

3. Identification and evaluation of economic efficiencies

As pointed out by Joseph F. Bradley,[10] there are three types of efficiencies: (a) innovative or dynamic; (b) productive; and (c) allocative.

[10] Joseph F. Bradley, *The economic goals of antitrust efficiency, consumer welfare and*

3.1 Types and ranking

It should be forthwith stated that, among all types, innovative efficiencies are the most relevant ones, since they are synonymous to technological progress. It is the engine of the growth of the current global supply.

Technological progress is also the most radical form of competition among business enterprises. In his classic studies, J. A. Schumpeter[11] benchmarked the expression "process of creative destruction" to emphasize the disruptive nature of technological progress. It is an endless destruction and creation of products, techniques, production organization forms etc. that permanently redefine the competition basis in the marketplace. It is on the novelty brought by innovation that lies the major and most radical competitor of an already set up business enterprise. It is this potential unknown competitor that will eventually define the firm conduct.

Further in the ranking of priority, productive efficiency, meaning production of goods or services at the lowest cost, takes the second lead. This type of efficiency affects the growth of future welfare, since production gains at lowest costs are cumulative.

Comparatively, the least relevant type of efficiency is allocative efficiency. It primarily seeks to obtain the lowest price. Concerned with maximization of the consumer's utility, allocative efficiency increases social welfare only circumstantially and marginally, and does not necessarily mean an improvement to the general welfare.

Pursuant to empirical studies conducted in the U.S.,[12] the deadweight loss would, as explained above, reach one tenth of one percent of the U.S. GNP, thus indicating a lower degree of dignity for the allocative efficiency *vis-à-vis* the substantial social gains yielding from innovative and productive efficiencies. Notwithstanding, allocative efficiency is by contradiction, the kind of efficiency that has deserved the greatest attention from politicians and competition enforcement agents in Brazil, since it demagogically affects the consumer's *immediate* welfare.

---

technological progress apud *Revitalizing Antitrust in its Second Century;* organized by Harry First, Eleanora Fox and Robert Pitofsky, pages 95 et seq.

[11] J. A. Schumpeter, *Capitalism, socialism and democracy,* 5th Ed, London, Allen & Unwin, 1976.

[12] Amold Harberger, "Monopoly and resource allocation", 44, *Amer. Econ. Rev.*, 77, 84, 1954.

3.2 Measurability

Once the types of efficiencies and their ranking pursuant to their importance (determination of the facts) are defined, their measurability becomes of essence for the proper applicability of the competition laws. The competition authorities entrusted with the enforcement of the law are faced with such analysis in exercising their duty to search for the prospective facts and their adjudicatory functions in applying the Law to the particular case.

Productive efficiency is, in principle, the only type that can be assayed, since the measurability of the reduction in operating costs is easily assessable.

Nonetheless, such statement is not exempt from difficulties. For instance, productive efficiency may not be measured ex *ante*, but only a *posteriori.* Moreover, some productive efficiencies, such as the efficiency of scope are extremely difficult to be measured.

In turn, innovative efficiency does not permit any calculation a *priori* given the impossibility of measuring the consequences of the alternative decisions regarding innovation.

Allocative efficiency can be measured, but only theoretically, and provided that the economic variables, such as elasticity of demand, the binomial "raise in prices/reduction in output" etc. are known. However, the anticipated knowledge of allocative efficiencies would require an estimate of the demand, costs and future prices, which in essence turns the task into a simple conjectural exercise.

In any event, no efficiency can be measured in advance. Although the competition authorities should give priority to innovative and productive efficiencies, they often prefer, in reviewing restrictive conducts and acts of concentration, to pay more attention to allocative efficiencies (price), merely because of their visibility and to meet such authorities' immediate political interests.

The preference shown to allocative efficiencies, however, is also not - free from challenges. Indeed, it is not uncommon to preemptively find offensive conducts which, ultimately, shall result in allocative efficiencies. By the same token, it is not uncommon to find statements of objections to acts of concentration based only on the *potentiality* of raise in prices, regardless of the enhancement of future innovative and productive efficiencies benefiting the general welfare.

3.3 Criteria for Application

In light of the difficulties of measuring efficiencies as a result of their conjectural nature, the competition authorities should be much more concerned with conduct subsequent to an act of concentration than with the act itself, since the former may result in an increase of competitors' costs and/or discourage of investments in innovative and productive efficiencies.

The antitrust policy should reconcile the interests of social wealth maximization (concept of economic efficiency) and those of the consumer (concept of social welfare). Item II, § 1, of article 54, of the Brazilian Competition Law, requiring acts of concentration to equitably distribute the benefits of the concentration between their participants, on the one hand, and the consumers or end users, on the other, gives the legal support to such understanding.

Enforcement of the competition laws tend to generate social welfare by the binomial "lowest price "better quality". Such statement, however, is to be qualified, as under certain circumstances, "better quality" requires "higher prices", which the consumer is willing to pay in his free exercise of his right to have access to the former.

On the other hand, certain additional exceptions do apply to rule: certain conducts that are *prima facie* offensive may eventually be potentially a generator of benefits and social welfare. Such is the case, for example, of price discrimination, which may eventually result in the growth of output and consequently in an allocative efficiency, while transferring wealth from the consumer to the manufacturer. Similarly, market divisions resulting from exclusivity clauses, may eventually lower costs, alike cooperation among competitors, while enlarging economic efficiencies. On the other hand, such conduct shall reduce the general participation in social wealth (inefficiency). Balancing the pros and cons of such exceptions is the art of practitioners and law enforcers.

In brief, in analyzing economic efficiencies from a legal standpoint, the economic efficiencies must be consistent with the common welfare, prioritizing innovative and productive efficiencies.

Secondly, the insufficiency of allocative efficiency (prices) must be recognized, notwithstanding the immediateness of the benefit to the consumers in the short run. Consumers' interest is not subordinated to allocative efficiency gains.

Finally, priority should be given to infringing conducts (as opposed to a greater concern in reviewing acts of concentration), given the difficulty of measuring efficiencies and the possibility of greater social loss resulting from conducts restrictive to innovative and productive efficiencies. The trade off would obviously be desirable to the extent that the greater losses of immediate social welfare may be overcome by efficiencies yielding a multiplying effect favoring future general welfare. This understanding proves to be more remarkable in the absence of substantial permanent barriers to the entry of new competitors in the market, due to the potential of subsequently restoring greater competitiveness.

4. The efficiencies in law

4.1 The Brazilian constitutional system

The Brazilian Federal Constitution of 1998 emphasizes the neoliberal economic order. Nevertheless, the Constitution is a democratic result conflicting ideological trends and political standings.

While, on the one hand, the Constitution consecrates free enterprise as the general principle of the economic activity, with due respect for the principle of free competition, on the other, it resulted in a proliferation of rules that tend to rigid legal concepts and disguisely allows State ~ intervention in the Economy, the latter, in its extremes, being a freedom-killer.

In other words, the present Constitution consecrates a hybrid economic system, which is simultaneously privatist (neoliberal) and publicist (neokeynesian).

In any event, from a structural point-of-view, the Brazilian Federal Constitution hierarchically ranks the laws the enactment of which is called for thereby. For example, the Federal Constitution indicates those laws or principles which are not subject to change. Such is the principle of free initiative, which is deemed to be an essential principle of the Federative Republic of Brazil.[13]

On its turn, free initiative and the dignity of human labor are considered the fundamentals of the Brazilian economic order (article 170 of the Brazilian Federal Constitution).

[13] Article 1 of the Brazilian Federal Constitution (free translation): "Article 1. The Federative Republic of Brazil, formed by the immutable union of he States, of the Municipalities and of the Federal District, is a lawful and democratic State and has as its fundamentals: I - sovereignty; II - citizenship; III - dignity of the human being; IV - the social values of labor and free initiative; V - political pluralism".

Therefore, it can be concluded that the principle of free initiative enjoys primacy and recognizes in the principle of free competition its most important instrument (article 170, item IV). The sole paragraph of said article 170 reads, in short, that all Brazilian citizens are ensured the free exercise of all economic activities, regardless of any permit from the public authorities, unless otherwise expressly required by law.

The principle of free competition is therefore junior to that of free initiative. The constitutional dignity of such principles, however, allows the adoption of a new concept for the often misused principle of "social function of property" (article 170 (III)). Far from being the usual source of inspiration for the bureaucracy and interventionism, such principle may, from a competition law perspective, be construed as the use of productive means in the search for economic efficiency seeking the generation of common welfare.

In the sequential order of constitutional hierarchy, the chapter of the Brazilian Federal Constitution governing the direct exploitation of an economic activity by the State *follows* the principle of the free initiative (article 173). It is in this particular article, § 4, that the Federal Constitution deals with the repression to the abuse of economic power.

As priory stated, thanks to such unfortunate location of said § 4 (since repression to the abuse of economic power is a matter totally alien to the direct exploitation of an economic activity by the State), certain constitutional sophisms were generated and enabled the rise of the Statist exacerbated interpretation of competition laws, whereby the State would be *required* to intervene in the Economy to ensure freedom of competition: an actual contradiction in terms.

From a historical point-of-view, such interventionist spirit was somewhat construed to implicitly exist in former Law n. 4.137/62. Indeed, at the time, Brazilian Senator Heribaldo Vieira stated before the Brazilian National Congress that the antitrust laws should be praised as a guideline instrument of an anti-capitalist legal and economic system!

The most remarkable change in the Brazilian Federal Constitution of 1988 was that, despite its intrinsic conflicts, it definitely repealed the right of the State to *control* the Economy. Upon a large debate among the members of the Constitutional Assembly, the bill which suggested adding to article 174 of the Federal Constitution the function of *control of the economic activity as one of the functions* of the State was clearly rejected and the only roles admitted by the Constitution to the State were those of inspecting, motivating and planning the economic activity. Notwithstanding, such control *function* is still in the hearts and minds of many officers of the Public Administration.

Conversely, in lieu of a *control function*, the State was entrusted with the duty and the power to ensure free initiative *through* free *competition.* The purpose of the constitutional rule (and, consequently, of all competition laws) is, therefore, indisputable: to defend and ensure the viability of the instrumental principle of free competition, which principle cannot be misused by the State for any other purpose, subject to deviating the competition laws from their only social purpose.

4.2 The infra-constitutional system

Law n. 8.884, of June 11, 1994, also suffers from the same constitutional heterogeneity. It contains both structuralist elements, particularly in the chapter concerning acts of concentration (article 54), and interventionist influences (for example, the concept of abusive price increases - article 21 (XXIV).[14]

The exegesis of the Law, however, may be neither punctual, nor literal, but rather systematic and teleological.

Viewed from this standpoint, Law n. 8.884/94, has unequivocally embraced *economic efficiency* for scope and purpose.

In fact, article 1, *caput*, of the Law clearly states that the Law is based on constitutional principles, such as, *inter alia*, that of "consumer protection" (article 170 (V) of the Brazilian Federal Constitution), a principle which, from a competition law perspective, is to be taken as a synonym of social welfare.

Such reference however is a common source of confusion, since, although related, the principles which govern the Brazilian Consumers' Law cannot be simply used in connection with, or transplanted to, matters dealt with by the Competition Law. The legal nature and purpose of such laws are quite different from one another, in the Brazilian legal system, despite the fact that, *ultima ratio*, the final beneficiary of competition shall always be the consumer.

[14] Article 21 (XXIV) of Law n. 8.884/94 (free translation): "The following conducts, *inter alia*, to the extent they constitute (any of the) hypothesis of article 20 and its items, shall characterize an infringement to the economic order: (...) XXIV - to impose excessive prices, or to increase without just cause the price of a good or service".

As noted by Professor Robert H. Lande, of the Baltimore Law School, in the United States[15] (a lesson which also applies in this respect to Brazil), there is a distinction between an "antirust violation", which can be understood as an activity that unreasonably twists or restricts options that would otherwise be available to consumers, and a "violation of consumer's rights", which can be deemed an activity that unreasonably interferes with the consumer's choices among the options they are offered. Thus, the objective elements of the infringing conducts are also different.

Article 1 of the Brazilian Competition Law is complemented by its sole paragraph, which expressly recognizes Society as the *dominus* of the \-./ protected legal asset (competition).

Finally, article 20, § 1, of Law n. 8.884/94 clearly states the ultimate statutory goal: economic efficiency.[16]

Based on such provisions of the Brazilian Competition Law, it is clear that the legal interpretation of article 54 (governing acts of concentration) and more particularly of its § 1 (dealing with the requirements for approval of acts of concentration) of Law n. 8.884/94 should be teleological and systematic (never literal) and supported by the constitutionally established objectives. To that extent, Law n. 8.884/94 is an infra-constitutional rule.

Article 54, § 1, of Law n. 8.884/94 literally reads that the Brazilian competition agency (the Administrative Council for Economic Defense - CADE) "*may authorize*" acts of concentration. Such a literal interpretation would lead to the unconstitutional permit of a State *contral* of the private economic activity (a function, as seen above, which was definitely abolished by the Brazilian Federal Constitution): free initiative should be subject to the State "authorization".

Conversely, a systematic and teleological interpretation of the Law as a whole requires such statute to be read *contrario sensu, i.e:* the State, in exercising its powers and duties to ensure free initiative through free competition *is not permitted to refuse approval* to an act of concentration which

[15] Robert H. Lande, *"A unified theory of consumer sovereignty: antitrust and consumer protection law combined"*, unpublished version dated June 3, 1996, p. 70-71. Prof. Lande, in this work, however, advocates, under the U.S. legal system, a unified treatment of both fields of Law.

[16] Article 20, § 1, of Law n. 8.884/94 (free translation): "The conquest of the market resulting from the natural process founded in greater efficiency in relation to its competitors shall not characterize the offense set forth in item I1 (of article 20) *(i.e.* a domination of the relevant market)".

meets the requisite conditions set forth in said § 1. Thus, in principle, CADE is not authorized to bar acts of concentration which generate the listed efficiencies. In this case, the administrative act resulting from a CADE decision is bound by the legal purpose and scope set forth in Law n. 8.884/94.

Such understanding is consistent with the provisions of article 54, § 7, of Law n. 8.884/94[17] which expressly acknowledges the fact that no decision by CADE concerning an act of concentration shall have any constitutive nature, but only a declaratory nature. In other words, all acts of concentration are to be presumptively deemed *legal* and *valid* as of the date of their making, regardless of any CADE approval (notably because such acts are based on the senior principle of "free initiative", but their *effectiveness* requires said agency's acknowledgment and declaration.

Further, should an act of concentration yield no substantial negative impact in the marketplace, or no greater potential adverse effect, such act cannot be the subject of a divestiture order, even if it shall not carry the efficiencies mentioned in said § 1. Actually (notwithstanding CADE insisting to the contrary), the agency has no jurisdiction or competence to review acts of concentration which are not potentially anticompetitive within the meaning of article 54, *caput*, of Law n. 8.884/94. This is the case, for instance, of the acquisition of a failing company or of its assets and of transactions which result in merely marginal changes in the market structure (*de minimis non curar praetor*). The same applies to acts of concentration the effects of which on competition are neutral and to the operations which are indispensable to ensure the survival or the competitiveness of the acquiring agent.

4.3 Conclusion

In light of Brazilian Law n. 8.884, of June 11, 1994, as far as acts of concentration are concerned, the following conclusions can be drawn:

a) the economic analysis should prevail over the formal and legal analysis of the efficiency requirements;

[17] Article 54. § 7, of Law n. 8.884/94 (free translation): "The effectiveness of the acts referred to in this article *(i.e.* acts of concentration subject to CADE's approval) shall be conditional to its approval (by CADE). in which case it shall retroact to the date of its making; if not reviewed by CADE within the term (of 60 days. as of the day CADE shall receive the records of the case) established in the preceding paragraph, they shall be considered automatically approved".

b) the systematic and teleological interpretation of the Law, based on the concepts that competition produces social welfare and on the primacy of the constitutional principle of free initiative over free competition, demands a *pro negotio* attitude;

c) market concentration ratio concerns should yield to economic efficiencies, particularly in light of the legal mechanisms available to curb subsequent infringing conducts;

d) the Law does not mandatorily require evidence of efficiencies as a *plus factor* indispensable to the approval of all concentration acts, given the conjectural nature of the efficiencies, mainly when the act under review has no anticompetitive impact (in which case, CADE has no jurisdiction or competence to review such act);

e) for the same reason, the performance commitments referred to in article 58[18] of Law n. 8.884/94, are to be considered fragile and merely optional (no performance commitment can be imposed should the act of concentration result in no substantial risk to the market); the adoption of performance commitments, whenever conceivable, is to be limited to be specific structural issues disclosed by the economic analysis, and never for the purpose of dealing with behavioral issues;

f) CADE has the power and the duty to clear acts of concentration which do not result in the reduction of output or in an artificial pressure on prices, notably whenever innovative and/or productive efficiencies are present;

g) allocative efficiencies are generally inefficient as a factor of social trade off; and

h) non-economic issues may be taken into account for clearance of acts of concentration whenever the analysis of the economic efficiencies come to ambiguous results (see article 54, § 2, of Law No. 8884/94).

[18] Article 58 of Law n. 8.884/94 (free translation): "The Pane I of CADE shall define performance commitments to the interested (parties) submitting acts (of concentration) to the review (of CADE) under article 54, so as to ensure the fulfillment of the conditions set forth in § 1 of said article".

CONDITIONS IMPOSED BY THE CADE TO THE CLEARANCE OF MERGERS:[1]

A MISTAKEN PARADIGM

José Inácio Gonzaga Franceschini[2]

ABSTRACT: 1. Introduction – 2. Study of mergers by the SBDC – 3. Schools that have influenced the Brazilian model – 4. The rethoric of the paradigm compared to the market reality – 5. The inconstitutionality of the paradigm – 6. Conclusion.

1. Introduction

The purpose of this article is primarily to raise more questions rather than to discuss about doctrines, and to strive to arouse the reader's interest in both a constructive debate and a search for solutions. The theme analyzed refers to the conditions imposed by the Administrative Council for Economic Defense – CADE, many times suggested by other government bodies which belong to the Brazilian Competition Defence System - SBDC,[3] to the improperly denominated "acts of concentration" (i.e. mergers), by means, in practice, of the academic Schools that influence the formation of the current Brazilian competition culture

[1] The term "mergers" in this paper includes all kinds of corporate amalgamations and agreements celebrated by horizontal, vertical or functionally related firms. In Brazil, mergers are known as "acts of concentration", which includes "any action intended for any form of economic concentration, whether through merger with or into other companies, organization of companies to control third companies or any other form of corporate grouping" (in § 3, Article 54 of the Law n. 8.884/94).

[2] This article is based on a lecture presented at the 1.º Colóquio Foro Competencia, held in Argentina on 10.24.2003. I thank my colleague, Dr. Pablo Goytia Carmona, for his help on converting the lecture into this article and, in special, the brilliant economist Marcella Janucci for her valuable contributions made to this paper. Further, I would like to thank José Garcez Ghirardi for the translation to English of the paper. The views expressed remain, however, the personal responsibility of the author.

[3] The SBDC is composed of the CADE, Economic Law Office – SDE, Ministry of Justice, and the Economic Control Office – SEAE, Ministry of Finance.

and the discussion of possible adjustments for a more suitable application of the legislation in force.

From the very beginning, it has become questionable how far the efforts and resources of the companies and of the State itself deserve to be expended in analyzing mergers at the expense of, mainly, the issues related to market behavior. What has been actually questioned is why mergers have had so many privileges in the face of competition infringements.

The objective of the antitrust policy, in terms of mergers analysis, certainly is not the prevention of anticompetitive behaviors, once that is *a posteriori* function, of a criminal, economical and repressive nature, rather than preventive, which is present only theoretically in the current monitoring[4] of mergers. Considering, however, that mergers, according to the paradigm currently applied in Brazil, alter or may alter in a definitive way the market structures, one should try, first of all, to prevent them from exerting negative effects on social welfare as a result of the elimination of the other conpetitors.

Unquestionably, most of the works developed by competition defence bodies are concerned with mergers, provoking an enormous and useless waste of effort in analysing cases that seldom create substantial changes in the market structures. The rare mergers (considering the totality of processes "judged" by the CADE) which potentially would be able to cause substantial effects in the markets, are submitted to such a slow analytical process that result in, taking into account the conditions imposed for their approval (i.e. clearance), anachronic decisions, "made in laboratories", regularly a paradox to the market reality and to their own specific laws.

It can be affirmed that, after a long period since the transaction was entered into, the market, certainly, had already absorbed the new reality and has being already adapted to it much earlier than the CADE's decision, being a real paradox any attempt of "retroactive prevention". It means that too much time has been wasted in Brazil with the analysis of mergers, which could be substantially reduced to only those cases in which they truly and *ictu oculi* show a real potential harm to competition (actually as it says in the *caput* of

[4] Article 174 of the Federal Constitution of Brazil does not allow the "control" of the economic concentrations, as it is frequently read, but only the inspection carried out by the State, which is the reason why, among others, one should not talk in terms of exercising "the police power" by the CADE, a concept not applicable to the Competion Law due to the inexistent assumptions of discretionarity, self-execution and coercibility of the sentences pronounced by the Administrative Court.

article 54 of Law n. 8.884/94). By doing so, resources, which are few, whether from the State or from companies, would be best used, in favor of the dedication that anticompetitive behaviors deserve, more specifically the cartels. In fact, among the anticompetitive practices, the battle against cartels is in the highlights, since others conducts often reasonably deserve justification on grounds of efficiencies, which rarely result in acknowledging atypical positive net balances to the Collectivity welfare.

2. Study of mergers by the SBDC

The analysis of the issue results from the assessment that the conditions imposed by the CADE to paradigmatic cases usually are neutral or negative. In fact, the author is not aware of a single merger that imposed conditions of which have been useful, that is, which have produced benefits to the consumer or to the evolution of the corresponding relevant markets. Among other reasons causing such inefficiency, besides the time spent mentioned in the analysis of more complex cases, it can be mentioned the fact that the paradigm adopted to analyze mergers is mistaken.

It can be then asserted that the merger analysis has a preventive nature. However, as mentioned above, because of the inexistence of efficiency in the "retroactive prevention", the preventive analysis of mergers some years after its performance is *contradictio in terminis*, since it is impossible to "prevent" something years after its completion. The market shall necessarily be different from that existing in the start of the procedure, and decision of the CADE concerning the transaction shall either relate to a "historical" market or be unlawful, because it shall result in an undue interference in "another" market not related to the operation. The role of the Council in such cases could only be legal by repressing subsequent anticompetitive behaviors, which can only be admitted in the presence of actual pieces of evidence of infringement (the so-called "real reason").

As already known, the methodology used by the SBDC in the analysis of mergers is based on the "structure-conduct-performance" paradigm. It is a paradigm imported from an alien system with no further care concerning its title, and which produces inconsistent situations perfectly adapted to rhetoric logic, but which lacks an essential element: its relation with the reality of the market.[5] From the formal point of view, the analyses performed are sophisticated,

[5] Examing the paradigm adopted in the United States after the enactment of the *Hart-*

complex and perfect; from the reality or the market point of view, inconsistent and inefficient.

According to the Brazilian Antitrust Law, upon completion of the concrete case, the CADE may issue a full divestiture order or otherwise approve a transaction in three specific situations: a) when the merger does not result in the control of a significant portion of the market, b) whenever there is the control of a significant portion of the market, it does not result in a chance of exercise of market power, or c) whenever this chance exists, the actual effects of the transaction are positive to the consumer or the market itself (efficiencies assessment).

Further, it is of need to examine the paradigm ("structure-conduct-performance").

According to the orthodox economic theory, the market structure and behavior are responsible for determining the role of the economic agent; the structure influences the company activities and results, while the behavior relates to the several means that the company holds to be able to compete. Joe Bain.[6] was a pioneer in this model, presenting in his works a study of each one of the elements which are part of the paradigm, and their interaction.

According to Scherer,[7] the performance is the consequence of the behavior of the agents in the market; the behavior, on its turn, is determined by the structure and is, on its turn, influenced by objective characteristics "given" or "placed" whether by the supply (raw material, level of technology, product shelf life, etc.) and by the demand (elasticity/price of the demand, growth rate of the demand, existence of substitute products, etc.). In summary, according to the paradigm, the structure necessarily determines the behavior of the agent, which, when so determined, would promptly flow into a market performance. This is the paradigm adopted by the SBDC, a severe methodology, intending to

---

Scott-Rodino Antitrust Improvements Act, of 1976, imported by the SBDC, WILLIAM BLUMENTHAL (*Reconciling the debate over merger remedies: a discussant's proposed decision rule*) concluded as follows: "The process is largely regulatory. The process is not guided by compelling empirical evidence by which to assess the success of alternative approaches to remedies.The fashioning of merger remedies is not materially governed by case law. In the absence of fact and law, the fashioning of merger remedies is subject to standards that are not well-defined or consistent".

[6] BAIN, J. (1956), "*Barriers to New Competition*". Cambridge, Mass., Harward University Press.

[7] SCHERER, F. M. and ROSS D.M., *Industrial market structure and economic performance*, 3rd ed. Boston Houghton Miffling Company, 1990

be highly precise, almost a "robot", which results in a real and inconceivable *via crucis* for the economic agents, which are *ex vi legis* subjected to it, frequently destroyed by countless exasperating requests for information that they do not understand (because they know the reality of the market) or which are absolutely unnecessary.

According to the model developed by Scherer, the first step of the analysis consists of the identification of the market structure, characterized by the delimitation of the relevant market and then the determination of the shares that each player has in it. In case the transaction results in a concentration of market shares, the examination shall continue by studying the agent behavior (which behavior, as mentioned above, is subject to the market structure previously assessed). The purpose of this stage is to diagnose the chances to enjoy market power. Upon acknowledgement of the latter, possible efficiencies resulting from the merger are examined. In this last stage, an assessment is made concerning the cost-effectiveness relation, in which the advantages of said transaction are counterbalanced with its harmful effects, thus completing, in summary, the analysis suggested by the model.

In case of companies holding little market participation, the merger shall have minimum effect on the competition structure, because of low joint participation. In this case, the behavior of the agent, because it is subject to such structure, would not be able to change market conditions or its performance. Regardless of the fact that the merger changes the effective conditions of the competition, these three stages of the paradigm are the object of this study.

However, the paradigm and the methodology, as applied, proved to be excessively slow, fragile in terms of consistency (including within its own formation aspects) and harmful as regards their results.

To begin with, the model adopted comes from the structure of the relevant market, which is defined, mostly, by using the test of the hypothetical monopolist, a method that is closer to the aspect of the supply made by the monopolist to the market. However, curiously and conflictingly, the test is used in Brazil notwithstanding the clear preference concerning the definition of the relevant market primarily under the demand aspect. Another problem is when the definitions are formulated *ad hoc*, as inserted in the intuition of the examiner as the conclusions themselves, restrictive or lenient before the *sub examinem* case. Let us take, for instance, the difficulty or almost impossibility, in some cases, to adopt a definition of relevant market of differentiated products.

The test of the hypothetical monopolist, according to the economic theory, defines the relevant market as the smaller group of products, in the smaller territory, in which one hypothetical monopolist have the means to impose a little, however significant, permanent price increase. The mere reading of the definition, as seen, renders contradictory the idea of relation between the test and the market demand, bringing it very closer to the supply side.

Anyway, once the relevant market is determined, the corresponding market shares of the companies are identified by comparing the total sales of each of the economic agents concerning the total sales of such market. In case the joint participation of the companies is equal to or above 20% of the market, or, in case the participation is equal to or above 10% when the C4 concentration index[8] is equal to or above 75%, there would be a hypothetical chance that the companies could exercise their market power.

The paradigm is therefore formed based on subjective hypotheses and analyses: why exactly 20% of the market? The SBDC has been absorbing in a cabalistic manner the idea that a company that is responsible for 20% of the market shall have a dominant position or, in other words, a dominant market position.[9] It does not explain, however, how, in an oligopolistic market supplied by three companies, two of them having participation equal to 40%, and the last one with 20%, could the latter have a dominant position! Also, in a certain inconceivable way, the SBDC has the same concerns as regards the analysis of markets of intermediate products, when the actual impacts on the consumer markets are almost exclusively shown in end-product markets.

The assessment of market power, according to the rules applied by the CADE, involves the statement that such companies would control a significant part of the market, able to cause price variation during a significant period of time through a decrease of quantities. It should be stressed that these are only chances. From this results the "always-present" binomial concerning quantities and prices, which means an appreciation of the antitrust analysis by allocative efficiencies, which, among efficiency analytical criteria, are those having less importance or dignity.

[8] The C4 index is the percentual joint participation of the four larger suppliers of the relevant market.

[9] There are even manifestations, obviously resuting from the ignorance on the matter, which intend to label "crime of economic power abuse" as the market participation above 20%. The merely assumptive character, *iuris tantum*, of such percentage and the power of the CADE to change it according to specific industries of the economy, as set forth in § 3, Article 10 of the Regency Law, is almost inefficient in practice.

In order to assess the chances of exercise of market power, some predetermined variables are assessed. In this stage, factors like the presence of imports, possibility of admission of new competitors, barriers to entry, rivalry, among others, are analyzed.

In case any chance of exercise of market power is found, the efficiencies shall become subject to investigation. Said efficiencies, which may be analyzed by the CADE, are the innovative, productive and allocative efficiencies, present in markets subjected to imperfect competition.

The main problem, however, of the antitrust analysis according to efficiencies is that the latter are not even measurable; the system itself acknowledges the difficulty.[10] It is not possible to measure them, except the productive ones, but only in a later stage, that is, after the concentration process is performed. This means that the analysis process, by using this paradigm, is nothing but a speculative puzzle. Thus, the paradigm is nothing but a magic formula, not necessarily linked or related to the market reality. Notwithstanding, its implementation may occasionally results in serious consequences and offences to the greater constitutional principle of free will, which comes from the *status libertatis* of the economic agent, whether by subjecting it to inefficient conditions for the approval of its business and even to orders to dismantle itself, discouraging investments.

Efficiencies, however, are in fact deemed an important aspect for the approval or disapproval of a merger. And, even more serious, when doing it, practice has shown that priority has been given to the less noble efficiency, the allocative one, which is, in fact, the final link of the productive process. The conclusion is, therefore, that the analysis' concern is more in the *effects* of a market structure than in the *causes* of such structure, giving less importance to a more valued efficiency deserving greater encouragement, the innovative one.

The innovative efficiency is the only one responsible for the main changes worldwide and which creates, according to the Schumpeter language, a destructive creation of the state-of-the-art, giving rise to new products, a new reality. The largely spread state-of-the-art, let us remember, is nothing but a sign of obsolescence and not the desired aspect, the best aspect the consumer could have. The importance of the innovative efficiency is underestimated by

[10] "Increases in efficiencies are hard to assess and quantify, in part because the necessary formations relate to future events. In particular, increases of efficiency designed, even with reasonable good faith, may not be effected. – Guide for the analysis of horizontal economic concentration Acts, published by Joint Ruling SEAE/SDE n. 50, August 1, 2001.

the authorities, thus substantially harming the real social object of the antitrust laws, that is, the economic development.

The analysis, as currently carried out, diverts from its actual purpose, and deems as the purpose of antitrust laws to study quantity increases versus price reductions, which is not necessarily true. The innovative efficiency may and should generate new products, even if more expensive, because creation moves the world; its monotony can only be changed by the creative destruction, which Schumpeter used to affirm, as its results are cheaper or more expensive, which is not even taken into account in most cases, but in all processes of merger analysis.

The paradigm "structure-conduct-performance" leads to the conclusion that merger analysis procedure may result in the conditioned approval of the operations, and such conditions may have a structural or behavioral nature. The paradigm proposes, in such cases, entering an Instrument of Performance Commitment,[11] defined as the agreement entered among the companies and the CADE with qualitative and/or quantitative goals to be attained by the applicants during a predetermined term, and with a formal follow-up (not a critical one) by antitrust bodies.

Structural actions are related to the assets of the companies involved in the transaction and consist of the alienation of certain assets with the purpose of restructuring the operation in order to eliminate effects deemed anticompetitive. Among others, structural measures are determination of brand alienation, production facilities and controlled company. Usually, such actions are applied in operations involving more than one market,[12] which demands the alienation of some of the assets of the parties in the relevant market harmed by the transaction.

The structural clauses of the Performance Commitment may, on its turn, be classified as complete or incomplete actions. The complete ones are related to the full sale of a business by one of the parties (previously determined by the system) to a third party not involved in the operation. In this case, it is necessary to evidence the possibility to segregate the business without prejudice to the seller, and the possibility by the buying third party to do business and maintain it independently.

Contrary to complete actions, incomplete actions concern the alienation of part of the business of one of the parties so that it may be exploited by a

[11] Article 58, Law n. 8.884/94.

[12] *Directives for preparation and implementation of the antitrust policy* – Published by the World Bank and the Organization for the Economic Cooperation and Development (OCDE) – Editora Singular.

third party. In this case, it is necessary to evidence that the business shall be supported and has the tools required to continue the production process. Among the incomplete actions is the assignment of the patent, know-how and/or technology.

Finally, behavioral actions impose obligations and behaviors which have as purpose to eliminate the anticompetitive effects of the transaction. Among them are listed the exclusion of the exclusivity clause, the opening of markets to distribute and supply some good or service to a specific customer for a determined term. The criticism to such actions is based on the great effort made by the authorities to check and follow up the enforcement of such actions, which requires greater efforts and resources by the inspection services of the antitrust bodies.

It is worth stressing that the CADE is not, nor could be, a *regulator* of the market, what has often taken place whenever Instruments of Commitment are entered; the CADE is the judging *executing* body of antitrust policies in Brazil, and not a body that formulates industry policies in order to enforce them.[13]

Besides, structural actions may be criticized whenever they actually change the structure of only theoretical or anachronically-characterized markets, in both cases in inexistent markets, or whenever they are materially unproportional as regards merely speculative fears of little importance.

The implementation of the agreement only takes place some years after the merger is performed. The Instrument of Commitment does not take into account that the market has already neutralized the effects of the merger, and may have a largely disturbing effect or even highly destructive to the market. It would be correct to state that the Instrument of Commitment is connected to a later potential harmful effect, not in compliance with the law. Thus, instead of requiring the execution of an Instrument of Commitment, with speculative purposes on the already know impact of operations long carried out, it would be more useful to check the existence or not of some piece of evidence of infringement by starting an assessment, in case positive, and otherwise filing *tout court* the analytical procedure.

Experience shows that the Instruments of Commitment entered do not meet either the criteria of efficiency or those of preservation of the levels of competition of the relevant market, whenever they are not harmful.

[13] The same concern with the divertion of the functions of antitrust bodies was stated in the recent case *Verizon Communications Inc. v. Law Offices of Curtis v. Trinko,* LLP, 2004 WL 51011 (2004), judged in January 2004 by the U.S. Supreme Court.

3. Schools that have influenced the Brazilian model

The methodological paradigm currently used in Brazil ("structure-conduct-performance") is strongly influenced by the traditional School of Harvard, which reveals the American thought linked to a culture of exacerbated equalitarian pluralism, which sees the competition as a self value. For this School, competition has its own value, and the actual effects of competition in the market as regards the consumer have little importance, because the value to be protected is the competition itself, not the consumer or the market.

In the Brazilian culture, the merger analysis from this point of view has no foundation whatsoever; the cases of antitrust bodies are directed in the sense to restrain business practices that, *ultima ratio*, harm the consumer and not the competition, so as to prevent that the consumers pay too much for a certain product or service. The collectivity and not the competition process itself is the main protected party.[14]

This view, applied to the Brazilian model, in most cases, leads to a great conceptual problem as regards waste of time and financial resources during the merger analysis. According to the Traditional School, competition, as a self value, would fall again in the leveling of the market because of the relative inefficiency of economic agents, because whenever a company could stand out in such market, this same company, because of its efficiency, would be opposing itself to the "competition" value. In brief, companies are leveled through their corresponding inefficiencies.

According to the traditional School, every concentration would be, in principle, harmful to competition. Based on this assumption that mergers have been mostly analyzed by the SBDC, which also takes into consideration the cultural bias of the Public Authorities in Brazil, which sees business activities *not as a source of production of goods and services, of progress and social development, but as a permanent source of potential abuses against the consumer's market.* The businessman in Brazil, according to the SBDC, is seen more like an abuse agent, a potential offender, than a social well-being promoter.

Besides, this matter leads to constitutional issues. Acting like this, the SBDC is acting unconstitutionally as it, when subjecting the transactions to the obstacles of the analysis process and to occasional structural or behavioral conditions, assumes a certain dose of unlawfulness, even potential, of the operation (and thus

[14] See sole paragraph, Article 1, Law n. 8.884/94.

restricting it). Every concentration, as shown above, would be at first harmful to the market. The question is that the Constitution is on the wrong lane, ensuring the assumption of lawfulness of free-will manifestations.[15] Therefore, approvals of mergers being subject to conditions based on mere assumptions or abstract projections of harming the market is subject to questioning from the constitutional point of view, because the constitutional assumption is that the so-called "concentration acts", in principle, generate social well-being and not abusive behaviors.

As widely known, the traditional School is opposed by the Chicago School. Excesses aside, this School, with its teaching, is maybe the School which is closer to the market reality.

For those who defend this doctrine, antitrust laws have as purpose to improve economic efficiencies. According to this thought, mergers benefit competition, and the behaviors deemed anticompetitive are restricted to those that reduce the efficiency. The School of Chicago, refuting the paradigm "structure-conduct-performance", states that the market structure is not the determining factor of the agent behavior, but instead, the agent behavior is the determining factor of the structure.

Based on this thought, the retro-application of the icon "conduct" in the creation of new market structures with the production of new markets is perfectly possible, thus proving that the economic concentration, instead of having the assumption of harming the market, could have an assumption of lawfulness, an *iuris tantun* assumption, but certainly an assumption of lawfulness. It is, as mentioned above, the paradigm adopted by the Brazilian Federal Constitution, but not, in practice, by the SBDC.

In Brazil, a third School appeared which could be named "State School" or "Interventionist School". As mentioned above, it is very hard for the Brazilian authorities to accept the economic freedom principle: the management of public policies and normative directives oscillate between economic democracy and State interventionism. Antitrust laws are usually diverted from their social purpose in order to implement public policies, clearly economic and financial, or in order to shamefully control prices; a legal heresy.

The Interventionist School, so contrary to the competition culture of Brazil, treats antitrust laws as a legal regulation of the State interventionism, privileging

[15] The free-will principle is a foundation, and, more than that, a value of the Federative Republic of Brazil (Article 1, Subparagraph IV), and of the economic order (Article 170, *caption*).

allocative efficiencies so as to prioritize performance policies in the economy. It is imperative, according to such School, that antitrust laws solve circumstantial problems, which result from economic facts, letting aside or giving less attention to causes that generate market anomalies. Performance polices are prioritized in detriment of structural policies, through which there would be more distributive equity, economic efficiency and better scale utilization, among other benefits.

In fact, the interventionist School therefore defends anticonstitutional and authoritative behaviors.

The Brazilian law that governs competition is full of amendments, and has exhausted, concurrently, but without further care concerning conceptual conflicts, the teaching of *all* Schools. The merger analysis is performed under the light of the paradigm "structure-conduct-performance", a result of the traditional School, the lessons of which have doubtful constitutionality in Brazil. At the same time, the law privileges the analysis of the efficiencies in mergers, from the Chicago School. Doing that, it prioritizes, according to the School books, the poorer efficiency, that is, the allocative, the one that matters the least to the Collectivity, and, at most, the productive efficiency. The sign of threat of (unconstitutional) direct or indirect control of prices, as preparation of Public Policies, as taught by the Interventionist School, is always present in the merger analysis in some industries. In this same sense, market interventions by subjecting approvals of mergers to certain conditions based on mere assumptions or projections arising from the application of merely theoretical paradigms or to public policies different of those related to competition are really unconstitutional.

4. The rhetoric of the paradigm compared to the market reality

The analytical structure of the methodology applied in Brazil is a tight situation, a real form, which may be named "do-not-think form", a series of cells in which the data are placed differently from the market reality, the result of which is the "necessary" conclusion of the "indispensability" to impose conditions to the approval of certain mergers.

In this sense, the market structure becomes the result not of a tangible reality, but of data "given" to the analyst, whether concerning the structure of the supply and the demand. Thus, the structure is formed by filling certain pure superficial and objective elements, either related or not to the market dynamics, which were several times microscopically examined. The data are stored like in a computer, generating a specter of the market structure.

So, conclusions are reached relating not only to the market structure, but also to the number of agents and their corresponding roles, product differentiation, existence or not of impediments to enter the market, cost structures and presence or absence of vertical integration, among other aspects. The information is presented objectively to the analyst, disregarding subjective aspects of the information and the market reality. Such information is considered "immaterial".

Still according to the paradigm, this is the exact order of the analysis: definition of the market structure, which necessarily will determine the behavior of the agent, and according to the choices made by such agent, the result shall be characterized by the market performance.

Even though the model appears to be perfectly applicable, the reality is: in each item of the form the market behavior is most times recurrent, changing or creating new market structures, or even changing the basic conditions that generated the definition of material market. This means to state that the paradigm is perfect, however rhetoric.

There are paradigmatic cases showing that the formal analysis is inconsistent with the market. They are cases in which "markets" were created from innovative behaviors or performances. For instance, it should be remembered the IBM case, a company considered unbeatable until Microsoft launched a personal small piece of equipment: today laptops and palmtops are available, which make mainframes indispensable. The conclusion is that it was not the market structure that determined the market behavior, but instead, computer geniuses who created a new structure, a new market, changing that reality that today is obsolete.

The cases concerning top technology markets are more evident; however, they are not exclusive of the recurrence of the items of the prevailing paradigm. The case of the company named Unilever, which created the Hellman's mayonnaise, the characteristics of which are of a totally different nature, which could be considered a market itself; in this case, statistics show that whenever there is price increase concerning the Hellman's mayonnaise, there would be no demand displacement for competing brands, but instead the mere decrease in the purchase of quantities of said mayonnaise, which means that it is a market itself, created by innovation.

The recurrence of the items results in the contraposition of the formal reasonability of the paradigm with the social well-being. The former privileges the form (the "do-not-think" form) in detriment of transactions that could generate benefits to society, at the expense of the society itself and of companies, which are required to pay court fees so that its operation, assumably lawful, is examined and eventually subject to conditions reflected in clauses inconsistent with the market reality. Besides, it makes that assumably lawful transactions, reflecting the full performance of the free will, in order to be effective,[16] and which, most times, have no actual or potential anticompetitive aspects, are subject to a burdensome and fallible inspection processes, or even worse, intervention.

5. The unconstitutionality of the paradigm

According to the Constitution, the paradigm is unconstitutional. The Brazilian Constitution provides for in its Article One that one of the fundamental principles of Brazil is the free will. Article 170 of the Magna Carta states that the economic order has among its fundamental principles the free will and free competition. In this sense, any directive classifying the economic concentration as a potential harm to the market shall necessarily and logically concludes that the free will is in principle dangerous.

The Constitution, however, provides for the predominance of the free will over its State restriction, as currently in force in Brazil. The idea that the economic concentration in principle generates a potential harm to the market violates the *mens legis* of the Federal Constitution. On the contrary, it sets forth an *iuris tantum* assumption of authenticity, lawfulness of the so-called "concentration acts".

6. Conclusion

The conclusion, for all that was mentioned above, is that the formal reality used to analyze mergers results in an actual and tangible paradigm mistake, revealing a Manichean market view, of right or wrong in the Antitrust Policy. It is a dangerous fact, not only for sometimes creating obstacles when regulating the development of lawful, legitimate and beneficial transactions, but also for not knowing the predominance of innovative efficiencies and discouraging investments.

The time spent with the great majority of immaterial mergers is the main cause of overwork in antitrust bodies, thus impairing the analysis of actually anticompetitive behaviors, which makes innocuous the application of antitrust laws in a large part of Brazil.

[16] Article 54, § 7, Law n. 8.884/94.

The main question to be solved concerns the imbalance of incentive policies: there is no motivation to creative destruction of reality, which Schumpeter used to affirm. Possibly, there should be fewer concerns with mergers due to their lawful assumption, and besides because the current method of analysis can be compared to a guessing exercise. On the other hand, the enforcement should be more dedicated to the anticompetitive behaviors. And this would not result in further losses to the market (even because it shall lose more with the so-called "preventive" function than with a greater efficiency in restraining unlawful behaviors). Furthermore, the legal penalties imposed to the anticompetitive practices grant to the authority the same remedies made available to it by virtue of the analysis of mergers.

Impresso nas oficinas da
Gráfica Palas Athena